U0064763

易經繫辭大義

（上傳）

作者 史幼波

目　　錄

愛德法國際培訓的使命

　　本公司主要是培訓資訊系統管理、軟體程式設計、生涯成長管理之專業人才，透過各類培訓課程、圖書出版與研習講座之舉辦，提供一個交流分享共學的平台，以集結來自各個領域如教育界、科技界和商業領域的領導者。

　　本次出版的圖書是〈思想文化〉系列的第一本，本公司本著推廣民間儒學的理念，以及培訓更多儒學實踐者可以進入社區，故經常舉辦孔孟儒學的民間講座，以及促進儒學與企業文化的結合等等。相信透過此書的出版，可以凝聚海內外華人，甚至更多庶民百姓得以更理解聖人之道。尤其在當前社會價值信念普遍混淆、重視功利外相的時代中，若有更多人願意承擔傳遞聖賢君子之道，當是現代人類之福。特別感謝史老師及楊院長的支持與不棄，才促成了此次合作的機緣，深感無比之榮幸。

　　儒學要走進二十一世紀，必須能與時俱進地詮釋孔孟思想精義；儒教要復興以開創大同，不能沒有仁為己任的自我創造性轉化。故本公司對於儒學推廣的基本信念與使命如下，更期盼您的鼎力支持與參與：

- 澄清儒家傳統的核心價值與信念，以彰顯聖人之心
- 邀集有志之士共同開發新的資源，以推廣聖人之學
- 整合各領域專家學者與庶民百姓，以承擔聖人之道

愛德法國際培訓 2022.12

本人出生於二十世紀六十年代末。彼時，中國大陸以「破四舊」為核心之「文化大革命」運動，正進行得如火如荼。

及至咿呀學語，「批林批孔」運動又驟然而至，孔夫子與叛國者同列，受千夫之所指，為萬人之所唾棄。可想而知，吾人自幼對中華傳統便全無好感，於聖人天命則全無敬畏。

少年時期，中國大陸經歷了「粉碎四人幫」、「撥亂反正」、「徹底否定文革」等運動。隨後國門洞開，西風東漸，從少年到成年時光，均伴隨著以「改革開放」為主題的全民經濟、文化之激進大潮。是時，西方文化已席捲中國，尤其是西方的現、當代文學與藝術潮流，引領著求知欲最強的一代中國青年。作為其中之一員，當自己把從歐洲古希臘到美國後現代的理路都粗梳一遍之後，忽然發現，眼前已無路可走，身心性命竟無從安立，文化主體性早已喪失，精神陷入絕望的黑暗中。

上世紀九十年代中期，值遇佛教信仰，如同暗室之中驀然透進陽光，既使絕望之靈魂得以安住，又對人生之未來重新期許。再往後，由佛教信仰而進入中華文化傳統，彷彿壁壘頓破，天光大開，遠古祖先的經典，居然為我打開了一個全然的新世界！

這個全然的新世界，在我本人看來，其貫通一切學問、方法、路徑的主軸，正是大易之道。

2012 年，本人應邀第一次在廣東六祖寺的禪文化大學堂開講座，所講的主題便是「禪與易漫談」。這次歷時三天的講座，初略梳通了易道與整個中華文化傳統的關係，尤其闡發了易道與禪宗修行的關係，內容已根據錄音整理成書稿：《易道入禪海─禪與易略講》。這裡僅摘錄其中的一段話：

大易之道最核心的精神，是要我們從紛繁萬象的「變易」中，尋找到一陰一陽的「簡易」法則，然後再從「簡易」法則中，進一步突破陰陽對立，最後回歸於「不易」這個源頭。《繫辭》裡對「易」有專門的定義，什麼叫易？「易，

無思也，無為也，寂然不動，感而遂通天下之故。」大家注意，這裡已經到了禪與易相通的關鍵之處了！大家想一想，這個「無思」、「無為」是什麼狀態？在這個世界上，一切有情眾生都是能思、能為，但是你要想理解易、明白易，就必須回到無思、無為的狀態。什麼叫易？就是要我們當下「無思也」，當下「無為也」，然後猛著精彩，當下認識這個「寂然不動」同時又「感而遂通天下」的東西。

以易道貫通群經，統領群倫，早有古人開此先河，史上如揚雄、周敦頤、邵雍等一流人物，均於此有大貢獻。本人學易所師法之源頭，為唐代佛教華嚴宗大師李通玄長者所創之方山易。吾師公本光法師，為方山易學第四十三代傳人，著有《禪與易—周易禪觀頓悟指要》一書，首次將方山易學之部分秘笈公諸於世。

這本《易經繫辭大義》，原是面對普羅大眾的通俗講錄，故多為淺言俚語，難登大雅之堂，不值治易方家之一笑。回想在龍江書院課堂上，當年聽講之諸君，多為沒有易學基礎之社會人士，然經過一年半載時間，凡堅持始終一貫者，均對易道禪觀能得個入頭處，亦足以令人欣慰。

不揣淺陋之至，惟無知者無畏。是為自序。

2022 年 7 月 30 日
濟南· 虎泉書院

引章

通達中華傳統文化的總源頭

引章——通達中華傳統文化的總源頭

　　我們的學習需要先從瞭解《易經》在中國傳統文化中的地位開始。對傳統文化瞭解不深的人，往往會以為《易經》不過是打卦算命的東西，實際上，打卦算命僅僅是《易經》的末流而已。那麼《易經》的主流是什麼呢？我們說它是在占卜的外衣之下，用以指導我們面對天地萬物、面對社會倫理、面對世道人心的一個根本經典。

群經之首，三教共尊

　　儒家有眾多的經典，為什麼要首重《易經》呢？因為儒家的經典，大部分在社會性上體現得非常充分，尤其是在人與人的關係上、在社會政治理念上、在個人的修身養性上，講得非常透徹清楚。那麼，這些道理的根源是什麼？一個人在社會上立身處世，為什麼要把「仁義禮智信」作為根本點？

　　我們明確地說，正是從《易經》的精神當中得來的。《易經》是把形而上的精神，把關於宇宙天地最根本的規律都揭示出來了。這種根本的規律，作用在人事上、社會倫理關係上、社會政治理念上，包括我們人與人之間的交往、待人接物，以及建功立業各個方面，都是絲絲入扣，都是不相違背的。同時，《易經》通過數理的變化（易經是中國術數之學的基礎），通過八八六十四卦的推衍變化，把儒家精神規律化、自然化，

從而深入到整個社會體系之中，深入到人的精神的方方面面之中。所以，易學是儒家最根本、最基礎的學問，正是因為它的存在，儒家學術才形成了一整套從形而上到形而下的完備體系。後來儒家把《易經》稱為「群經之首」，地位非常之高。

從我們書院的角度來說，學習《易經》更要側重於個人的心性修養方面。《易經》中有一整套非常詳細、完整的指導心性修養的方法，其作用我們在後面的學習中會逐一體會。《易經•繫辭》是學習《易經》必須要過的關，也是學習《易經》的一把鑰匙。《繫辭》中所揭示的思想、精神內涵，是千百年來各易學大家所公認的學易的基礎。我們通過對《繫辭》的學習，關鍵是要找到心性修養方面的感覺，進一步也要找到對整個《易經》的感覺。

上面是從儒家的角度來看《易經》，若從佛家和道家來看，又是怎樣的呢？佛家有個易學流派叫「方山易」，其創始人是唐代華嚴宗的大師李通玄，人稱李長者，又稱為棗柏大士，每天只以幾粒紅棗和柏籽充饑，在中國文化史上很有名。他是「方山易」的開創者，通過《易經》卦象的內容結構來闡釋佛教的《華嚴經》。

方山易代代傳承，到了近代就傳到本光法師那裡。我們都知道，馮老師在佛法上的啟蒙老師是本光法師，皈依師也是本光法師。我有一次對馮老師做訪談，談到他學修經歷的時候，馮老師說，他一生都會銘記在本光法師那裡受皈依的場景。當時是文革期間，佛教被打成封建迷信、牛鬼蛇神，要全部掃除光的。但是，本光法師在給馮老師他們幾個做皈依的時候，用的竟然是毛主席語錄中的句式。他說：「大家聽好了！領導我們修行的核心力量是三皈依：皈依佛、皈依法、皈依僧！指導我們修行的強大的思想武器是《般若經》、《華嚴經》、《易經》三巨典！」馮老師對我說，本光法師當時就有這麼「膽大包天」，就敢篡改《毛主席語錄》。那個時候如果消息傳出去，肯定沒有腦袋了！但是正是因為老一輩有這樣的膽識，敢於這樣教化，所以那個時候對佛法真的是入木三分、入骨入髓！

大家都知道，般若是佛教的核心，也是佛教與其它宗教相區別的根本精神。所以說佛教的三藏十二部，其所有精神都包含在六百卷《大般若經》中；六百卷《大般若經》的精神又體現在《金剛般若波羅蜜經》中，也就是我們說的《金剛經》中；《金剛經》的核心呢，又體現在二百

六十字的《般若心經》上面。所以不管是《金剛經》還是《心經》，都是以般若為核心的，離開了般若就沒有佛教。馮老師最近的第二批書出來了，其中有一本叫做《心的世界》，就是以《般若心經》為主線，對佛法作了一個很詳細、全面、深入淺出的講解。

《般若經》是佛教的核心，那麼《華嚴經》呢，則是佛教的最高境界，一個是核心，一個是境界。過去有個說法是「不讀華嚴，不知佛家之富貴。」不讀《華嚴經》，你會以為佛教嘛，就是四大皆空、一無所有，你就不曉得佛家原來有多麼富貴！不曉得佛家的精神世界是多麼的豐富多彩！你讀了《華嚴經》就知道了，原來世間帝王的那點富貴，連佛家的一根毫毛都比不上！所以《華嚴經》中所體現的境界是非常高遠、非常博大精深的。學佛的人愛說「一花一世界，一葉一菩提」，這就是《華嚴經》中表現出的境界！一朵花裡面可以表現出一個完整的世界，一片樹葉裡面也可以體現出整個佛教的核心精神，能夠證入菩提。所以「華嚴法界觀」是理事無礙、事事無礙，「如因陀羅網，重重無際」。

既然本光法師都把《易經》與佛教的《般若經》、《華嚴經》並稱為指導佛法修行的「三巨典」，那麼我們學習《易經》，就千萬不要把它當作只是掐指算命的東西來看，否則太糟蹋聖人經典了。我們要把它當作理解人生真諦、回歸生命大道的最根本的經典來學習。

歷代的佛學大師以及大禪師們，對《易經》都是非常精通的。比如六祖的弟子石頭和尚，就寫過一篇叫《參同契》禪修心得，裡面《易經》的味道就很足。曹洞宗的洞山祖師有篇傳世的《寶鏡三昧》，也是把《易經》的內容納入到曹洞宗的學修綱宗裡去，形成了一套很別致的修學方法。當代的禪學大師，比如大家熟悉的南懷瑾先生，他也出過兩本關於《易經》的書，可以當作學易入門的教材。我們馮老師講的《易經片鱗》也馬上要出版了，這本書的電子版一直在書院網站上掛著，大家也可以把《易經片鱗》再好好學習一下。

當然，對於道家來說，就更加重視了，稱《易經》是「大道之源」。比如漢代魏伯陽的《周易參同契》，被稱為「萬古丹經王」，他就把《易經》納入了道家的丹道修煉之中。不管是內丹的心性修煉也好，還是外丹的丹功、燒煉也好，這本書都研究得很詳細、很透徹。《周易參同契》傳入西方以後，甚至成了西方科學的前驅。我看過一些資料，西方現在認為化學的鼻祖就是要從《周易參同契》這裡來。英國人李約瑟在《中

國科學技術史》中，就將這部「萬古丹經王」放在了世界化學史的首要地位上，因為道家在燒煉外丹的過程中，對一些物質間的相互轉化都記錄得非常準確。這是《易經》在道家學術裡面的一些體現。

上面把儒、釋、道拉出來說了這麼多，無非是要給大家提個神，希望大家在《易經》的學修上真正有信心，畢竟它是我們中華傳統文化的總的根源啊！無論是儒家、道家、還是佛家，都對《易經》非常重視。如果我們對《易經》沒有一點感覺，還說自己在學習傳統文化，在學習國學，那就是忽悠人家，所以大家一定要提起精神來。

一旦把《繫辭》從頭到尾認真學完了，我們對整個傳統文化的結構就會有通泰的感覺，就不會產生門戶之見。我們看歷史上很多人，儒家說道家畫符念咒、怪力亂神，很不好；道家又說佛家「只修祖性不修命，此是修行第一病」，也不好；佛教又說儒家學問只在社會倫理上轉，層次太低，不能超出三界外，等等。其實，這些都是不對的，都是片面的。如果我們在傳統文化上真的有了通泰的感覺，就會有周敦頤先生在《通書》中的體會。周敦頤先生真正是把易學、禪宗、道家、儒家都是打通了，尤其是應用在心性之學上面。

所以，我們在學習傳統文化的時候，也應該有所取捨。什麼東西是了義的，能夠自始至終指導我們學修；什麼是不了義的，只是學習的一塊敲門磚，用過了就可以放下，這中間，都需要我們判斷性地選擇、批判性地吸收。

理氣象數，穿越天人之際

前面，我們說了《易經》在中華傳統文化中的地位。下面我們細緻地講一下，為什麼《易經》會有這樣高的地位？

中國傳統文化講究「學通天人之際」。在這裡，「天」與「人」是兩個概念。對佛教比較瞭解的朋友都知道，釋迦牟尼佛有個名號，叫做「天人師」。釋迦牟尼成佛，得了根本智，又得了一切智，一切學問都能夠通達，能夠瞭解，能夠傳播，所以是天人之師，天上人間都把他老人家奉為老師。

　　天，對我們來說是極高極遠，有一種形而上的感覺，也可以說是一種自然的感覺，高到極處就是自然啊！所以老子說：「人法地，地法天，天法道，道法自然」，天的感覺就是自然。人，就是指社會、人文、倫理，就是人在世間生存處世、建功立業的一切學術和方法。按照我們現代學術分工，「天」可以理解為自然科學，不管是愛因斯坦相對論還是數學，都在「天」的範疇裡面；「人」可以理解為人文科學。當然，用科學這個詞來表達人文不是很準確，現在有很多人提出異議，認為科學不足以代表人文。人文嘛，就是人類文化、人類文明的簡稱，所以人文的範疇很廣大、無所不包。人類文明大體可以分為自然科學和社會科學，所以自然科學應該是人文的一部分，與之相對的就是社會科學。總之，人文的概念是很廣大、通達無礙的東西。現在的人把人文的概念縮小了，分成科目，劃分成社會學、倫理學、哲學、文學等等學科，所以現代西方才會有反思「科學主義」、批判「唯科學論」的思潮，因為「科學主義」和「唯科學論」的實用主義立場，已經把人文精神、把人類崇高的理想和道德排擠到了很邊緣的地步。

　　這個說來話長了，我們這裡就不作詳論，姑且還按照現代通行的學科分類法來分吧。那麼，《易經》作為中國傳統文化中的「群經之首」、「大道之源」，它在「天」與「人」、自然與人文的這個學問結構裡面，到底起到什麼作用呢？我們明確地說，易學，就是溝通古代中國自然科學與人文科學之間的一個橋樑。為什麼這麼說呢？這和《易經》的特點有關係。

　　《易經》講究的是理、氣、象、數。易經歷來有很多流派，有義理派、象數派，還有什麼蓋天派、渾天派之類等等。魏晉時期的王弼，他喜歡用老子來解《易經》，稱之為「得意忘言，得言忘象，掃象歸理」，他是義理派的代表。另一派是從漢代京房、焦贛一系演變而來的象數派的。宋代以後流行的許多看相、算命、打卦的流派，都是從象數派發展衍生出來的。但我們的觀點是，《易經》之理、氣、象、數，本來就是一個整體，它是不可以單獨分開講的。

易理，天人共有的規範

易經的理是什麼呢？易理，它是哲學的範疇，也可以說是一個人文學科的範疇。什麼是理呢？原理、道理、原則、規律，都是一個理，都是我們人從自然萬物中通過人的精神、人的理性認識，從而歸納、抽象出來的一套道理。

作為義理派來說，理就是最高的東西，得意就可以忘言，得言就可以忘象，最後還是要掃象歸理。因為理是最高的東西，你得了最高的理，其它枝節問題也就沒得必要管了。從這個角度來說，《易經》的氣、象、數，其實都是理的體現。易氣是一套關於氣之理，易象是一套關於象之理，易數也只是一套關於數之理，總之都是一個理，只是其「理」的側重點不同而已。聖人設卦觀象，通過對天地萬物的觀察，抽象出了這麼一套關於理、氣、象、數的道理來。所以，理這個東西體現在學問當中，確實是整個人文精神中最高的範疇。

宋明理學之所以講究一個理，認為萬事萬物都離不開一個理字。當然我們過去有點誤導，說宋明理學是「存天理，滅人欲」，以為過去一切封建傳統的陋習都是來自于宋明理學的推波助瀾，什麼立貞節牌坊、婦女裹小腳之類，都把帳算到理學頭上，這實際上是不公平的。我們把這個理，當作道理、原理、原則來體會，實際上完全是通泰的。宋明理學把理的觀念提升到本體論的高度，也是有其道理的。我們看這個世界，從無始以來，每天都是日升月落，每年都是四季輪替，一切萬物在天地之間存在，都是自然而然，都是現現成成的，並沒有「理」這個東西的存在。只有人類產生之後，通過人的精神理性的加入，就從萬事萬物中抽象出其中的原理、原則、規律，這就是「理」的來源。正因為有了人的精神加入，於是在天有天理，在地有地理，在人，肯定有仁義禮智信作為立身做人的理。所以理這個概念，的確應該置身於人類精神的最高範疇。

我們在學習傳統文化的時候，一定要注意把以前被誤導的思想打破，把以前的僵化思想打破。我們學習宋明理學的東西，像周子、邵雍，這些把三教學術打通的人物，他們的東西就沒有問題。但後來的朱熹等人，雖然貢獻也很大，注釋了儒家的四書五經，也注釋了部分道家的經典，

但是其思想也有很多局限狹隘的地方，而且門戶之見很重，學問不能徹底。對此，我們在學習時要有所選擇。

易數，推演大道的序列

上面談的是易理。易數又是怎麼一回事呢？如果從自然科學的角度來說，數是世界的基礎，萬事萬物都有它的數，人也有人的數。比如我們出生的年、月、日、時，還有死亡的年、月、日、時就是數；還有我們的五官七竅、八萬四千個毛孔，數不清的頭髮，穿衣戴帽等等，也都是有數的。從自然科學的角度來說，數就是最根本的東西，任何一個東西都離不開數。

《易經》裡面是怎麼表現這個數的呢？我們學《繫辭》，裡面就把數分為天數、地數，後面有「天一地二，天三地四，天五地六，天七地八，天九地十」之說；《繫辭》裡面還說「易有太極，是生兩儀，兩儀生四象，四象生八卦」，然後八卦相重，為六十四卦。如果在六十四卦上再反覆疊加，就可以層層無盡，直到窮盡宇宙天地間的一切事物現象。同時，我們也可以反其道而行之，從宇宙天地的具體現象當中，一步步回歸到六十四卦，六十四卦是八單卦互相重疊產生的，八單卦又可以回到乾坤二卦上來，乾坤二卦又可以回到陰爻陽爻，回到兩儀上來，最後回歸到太極，回歸到玄之又玄的空、無。我們通過這樣從順、逆兩個方向來推演，從無到有，再從有到無，易數所表現出來的宇宙生成論，就是這麼一個過程。

所以過去有個說法：「順則成人，逆則成仙。」我們的社會發展、人生歷練是越來越複雜，我們的學問也是越做越複雜。但是，要想回歸於道，體會天地精神的本來面目，就要「為學日益，為道日損」，要排除雜學，越來越少，以至於無。為道日損，這並不是說我們拿一把掃帚亂掃一氣，不分先後也不管好歹，把什麼都一股腦統統掃掉。這個不是為道，這是胡來。

真正為道日損，是要認識到易數的變化規律，要有步驟、有理性地回歸，要明白順逆演化具體是怎麼回事，要明白太極、兩儀、四象、八

卦都是怎麼變出來的，然後通達這種變化，這才說得上復歸於大道。所以在易數上面，這一套東西也是非常細緻和精確的。

易氣，一氣流行藏生息

易氣又是什麼呢？過去講《易經》，也有人把易氣拿開，不講氣，只講理、象、數，把氣歸於數的範疇。但是如果撇開氣不單獨談，就容易忽略易學中一個很大的流派。

漢易是非常講究易氣的，道家也非常重視這個氣。漢易認為，宇宙萬物都是氣化而成，是天地一氣流行的產物；道家說「老子一氣化三清」，也是在說這個氣的流行變化。我們古代的天文曆法中，易氣是非常重要的概念，在中醫裡面也很講究。雖然萬事萬物都是一氣流行，但是這一氣中間又要分陰分陽。要注意的是，這個「分陰分陽」並不是把這個「一氣流行」變成了兩氣，而是這「一氣流行」的過程中，自然有陰陽消長的關係。

比如一天有十二個時辰，子時開始，一陽初升為《復》卦，經過六個時辰的陽升陰降，由《復》卦經《臨》《泰》《大壯》《夬》，到了午時之前，陽氣達到極盛變為《乾》卦，接著又開始了陰氣升而陽氣降的過程，卦象也經過《姤》《遯》《否》《觀》《剝》，一個時辰一個時辰地，最後到子時之前漸變為《坤》卦。然後又是一陽來復，周而復始。以一年為週期也是如此。一年十二個月，每一個月都有代表性的卦象，也是一氣流行產生的。把易卦納入天文曆法當中，一年的日子從《中孚》卦開始，每一卦主六天七分，加上代表春夏秋冬四季的坎、離、震、兌這「四正卦」，共六十四卦來主宰一年的基本運勢。我們常說這一年「運氣好」、那一年「運氣不好」，運氣的道理也就是這麼來的，這都是一氣流行所產生出來的變化。那麼，用天干地支配合來形成的六十年一個輪迴，也是如此。

在易卦之中，每一卦都有它的卦氣。一卦由六爻組成，有陰爻也有陽爻，六爻不同的陰陽組合變化，就產生了不同的易卦，也就有了卦氣的變化。易卦所代表的精神和內涵，每一卦在天文曆法中的用途，乃至

於天象與人世之間的聯繫，就是通過易氣的道理產生出來。這裡如果要細說，就要把易緯的道理、把十二辟卦的道理、二十四氣與四正卦的卦爻相配，以及天干地支等內容都拿出來說。大家現在還沒有這個基礎，等以後我們在學習《繫辭》時遇到這部分內容時再細講。

上午我們和袁董事長在一起，談到了中醫裡面的針灸，覺得子午流注「按時取穴」的技術好奇妙啊！為什麼非要在一定的時辰，人體相對的經脈、血脈才會打開或者關閉呢？為什麼非要在這個時辰扎這個穴位，如果換一個時辰扎就不起作用了呢？這就是因為一氣流行的道理，它在身體氣脈、血脈中的運行，哪一個時辰運行到哪一個位置，都是有規律的。十二時辰對應著十二個易卦，同時也對應於人體的奇經八脈，因此各個穴位也會在不同的時辰，依次或開或合，井然有序。你只有認識到這個規律，對某個穴位進行針灸才會產生作用，所以中醫的針灸是很有講究的。

從上面就可以看出，我們說的易數和易氣，都是屬於自然科學範疇。數當然是核心，氣作為一個分支，在天文曆法和傳統醫學上也很重要。那麼，《易經》從數到理，又是怎樣統一起來的呢？這就要涉及到易象的基本知識了。

易象，用二儀畫出大千世界

易者，象也。我們可以這樣說，象是《易經》的骨幹，也是《易經》的靈魂。離開了象，就沒有辦法談易，《易經》與其它學術最不一樣的特點，就表現在象上面。我們所說的陰陽二儀是什麼呢？儀，就是儀表，就是外象嘛。《易經》的整個卦象，都是陽儀與陰儀相疊加以後形成的。所謂「一陰一陽之謂道」、「陰陽不測之為神」，以及剛柔、吉凶、數理上的種種變化，都是通過陰儀和陽儀的互動變化表現出來的，這就是《易經》的整套符號系統。

有人說《易經》裡面一陰一陽的變化，與萊布尼茨數學裡面的「二進位」很相像，尤其是電腦理論上，一個 0，一個 1，可以把 0 當作陰爻，把 1 當作陽爻。這裡大家要注意，儀和爻不能混淆，一般形成卦象之後

才叫爻，沒有形成卦象就叫做儀。雖然《易經》的陰陽觀念和數學二進位表面看起來很相似，但實際上卻有很大的差異。說《易經》與二進位很相像，怎麼說呢？就是自降身價的感覺，就像我們說一隻鳳凰很漂亮，漂亮得像只會打鳴的公雞一樣。二進位只是純粹的數學模型，它只有在數學及其應用領域裡才有意義，超出了這個範疇，就什麼也不是了。而《易經》的陰儀、陽儀，它既代表數理的進位模型，也代表精神的相互轉化；既能反映宇宙天地的自然現象，也能反映社會人文的現象；既能代表具體的事物，也可以代表抽象的概念。

不要小看這一陰一陽的兩根杠杠啊！從自然現象來說，陰陽可以代表天地、代表日月、代表生物的雄雌等等；從社會人文上看，陰陽可以代表社會的光明與黑暗、時代進步與落後、制度的完整與缺失等等；從人的內在精神上看，陰陽也可以形容一個人精神的開朗與幽閉、積極與消極、活潑與安靜、正直與險惡等，甚至還能夠代表人的喜怒哀樂等各種情緒。不僅如此，陰陽還可以表現事物抽象的性狀，比如剛柔、正反、內外、方圓等等。可以這樣說，凡是人類感官一動所能感受到的一切現象，凡是人類精神一動所能產生出來的一切內容，都可以用《易經》的陰陽系統表示出來。由陰陽觀念為基礎所形成的《易經》各卦，它不僅能表達天地間的現象、道理，更重要的是，它還能指導我們在社會人生中的行為方式，表達社會人事的變化規律。因此，易象是一整套的象徵體系，也是中華文化非常了不起的地方。

《易經》是中華古聖所作，相傳伏羲畫卦，這個卦不是隨便亂來的，不是一個人發個狠閉門不出，在家中當發明家，發明出兩根杠杠，一個代表男，一個代表女。不是這樣的！它真正是通過遠古聖人「仰則觀象於天，俯則觀法於地。觀鳥獸之文與地之宜，近取諸身，遠取諸物」這麼來的，不然就不可能有這麼強大的涵括能力！所以，通過這一套易象的體系，《易經》就把自然科學和人文精神統一起來，自成一套完整的學術系統。這正是中華文明有別於世界其它古老文明的最獨特、也最值得驕傲的地方。

我們在《易經》的理、氣、象、數上有了基本的瞭解，對於後面的學習相對就要容易一些了。

何謂易之「經」

接下來，我把《易經》的結構給大家簡單介紹一下。我們很多初次接觸《易經》的朋友，拿到書就像看天書一樣，一會兒是爻辭、象辭，一會兒又是卦辭、象辭，一會兒又是說卦、序卦等，不曉得咋個看，相互間的意義也搞不懂。這本書拿到後，如果沒有一個系統的說明，還真是不容易下手。

我們首先要明白，一般說的《易經》，都是指的《周易》，包括「經」和「傳」兩個部分。經指的是卦畫、卦名、卦辭、爻辭。卦畫是什麼呢？比如我們《乾》卦有六爻，整個六爻所形成的這個圖案就是卦畫。所謂的卦畫，就是像畫一樣掛在牆上，讓大家觀察這個畫象，把玩其中的言辭。宋代的易學大師邵雍自己年輕學《易經》的時候，就到百源山上建了一個茅廬，然後把八八六十四卦全部畫在牆上，成天坐在那裡「觀象玩辭」，通過觀摩每一個卦象，來體會每一個卦辭的道理。所以，卦畫是《易經》所形成的、能為人們所用的基本單元。

有了卦畫，肯定也有卦名，這個「乾」就是它的卦名。《乾》《坤》《屯》《蒙》《需》《訟》《師》等等，這些都是卦名，看起很簡單，但每個卦名背後，都還是有其深義，以後我們學到具體每一卦的精神時，再細加分析。

下面我們說說卦辭。每個卦出來後，都有卦辭，我們就以《乾》卦為例。這個「乾」，就是卦名，六根杠杠就是卦畫，下面「元亨利貞」四個字，就是卦辭。卦辭就是這個卦所體現的內容，「元亨利貞」就是《乾》卦所體現的基本內容，過去也叫做「《乾》卦四德」，它所代表的意思我們以後再說。這些古卦辭都是上古時期留下來的內容，孔夫子也不知道是誰寫的。後來有些說法，說是周文王在八卦的基礎上推演出了六十四卦，後來周公又在此基礎上作了卦辭。其實，這種說法準確不準確還是很難說。《易經》既然產生了八卦，那麼六十四重卦及其卦辭也應該同時產生，因為這是一個整體。不然的話，單八卦只是符號基礎，沒有什麼用處。真正起作用的是重卦，兩兩相重變成六十四卦，才有具體的意思。

我們再看《乾》卦的下面：「初九，潛龍勿用；九二，見龍在田，利見大人。」初九、九二，都是陽爻的標法，因為「九」為陽數之極。如

果是初六、六二，就是指陰爻，六為陰數之中，所以代表陰爻。《乾》卦九二後面的內容，「見龍在田，利見大人」就是爻辭，是對這一爻的解釋。為什麼這一爻處在這個位置上？這個位置會有什麼特點和結果呢？是吉是凶？會產生哪些變化？都是通過爻辭表現出來的。那麼爻辭是怎麼來的呢？它來源於卦象。《繫辭》第一章裡面就有具體的說法，我們留待以後講。我們現在只是說《易經》的基本結構，上面說的就是「經」的部分。

凡命名為「經」，都是最古老、最本源、最具有真理性的典籍。過去說「離經一字，即同魔說」，對於經，後人是不能夠隨便改動一個字的，改了就等同于魔鬼在說話。後來有些所謂的這樣大師、那樣大師，說他的話是字字金玉良言，不能更改，不能變動，那是不對的。因為只有「經」才能夠這麼說。

傳，十翼舞翩躚

《易經》中「經」的部分，來源很古老，我們看其中每一個用字都很節約，感覺純粹是精煉的骨架，連皮肉等一點多餘的東西都沒有。正因為如此，隔了千百年後，即使到了孔子時代，也幾乎是難以理解的。所以要想學習《易經》，要從「經」的部分來理解是很難的，比如「元亨利貞」到底說的是什麼，不看解釋的話，就很讓人費解。後來的易學大師們，當然歷史上首推的就是孔聖人，傳說他專門整理了易「傳」，分成七種，每一種「傳」都是對「經」的解釋、說明，乃至於對整個《易經》體系的研究。比如《繫辭》就是研究整個《易經》體系的，我們學《易經》首先要從《繫辭》下手，就是因為它是全面研究《易經》學術思想的一篇最佳論文。

易傳分為《彖傳》、《象傳》、《繫辭》、《文言》、《說卦》、《序卦》、《雜卦》七種，後來說《易經》有「十翼」，就是指這七種易傳。為什麼又稱為十翼呢？因為《彖傳》、《象傳》、《繫辭》都是分上下篇的，加上其它的就正好是十篇。所謂翼，就是翅膀，有輔助的意思。十翼，就是輔助我們學習，輔助我們理解《易經》的十篇優秀論文。

　　「傳」在《易經》的學習當中，幾乎是缺一不可的。十翼過去又被稱為「易大傳」，中國人特別推崇大，只要是帶有「大」字的，都是非常推崇和褒揚的。後來在易學圈子裡，為了提高《繫辭》的地位，人們乾脆把「易大傳」的名號又加在了《繫辭》頭上，所以《繫辭》又稱為《繫傳》，也被稱為「易大傳」，就是為了提高《繫辭》在易學中的核心思想和主導地位。

　　我們把書翻到《乾》卦，來看看《彖傳》是怎麼回事。卦辭之下緊接著是「彖曰」，這就是《彖傳》的內容，又叫「彖辭」。每一個卦都有彖辭，是緊緊跟在卦辭的後面，它的目的就是解釋卦辭。《乾》卦的卦辭是「元亨利貞」，它的《彖辭》就說「大哉乾元！萬物資始，乃統天……」我們看，作者寫得非常有激情，充滿了豐富的感情色彩，要讚揚一番、感歎一番：哎呀！乾真是太了不起了啊！它是萬物的本元、是萬物的主宰啊！什麼是元啊？我們說元旦節，就是新年的第一天，就是開始、源頭。彖曰：「大哉乾元，萬物資始，乃統天。雲行雨施，品物流形。大明始終，六位時成，時乘六龍以御天。……」整個這一段，都是用來解釋乾卦卦辭的，這就是《彖辭》的作用。

　　「彖曰」下面又是「象曰」，象曰就是《象辭》。大家學《易經》，經常會聽到說「大象辭」和「小象辭」，這到底什麼意思呢？大象辭就是解釋整個卦的精神的，而且是通過「象」的方式來解釋。乾屬天，所以大象辭就是「天行健，君子以自強不息」，要我們從全卦的形象上來體會這一句。這就稱為大象辭。我們再看後面，每一爻後面，比如「初九，潛龍勿用」後面也會有「象曰」，這個就叫做小象辭，是用來解釋每一爻的內容。「潛龍勿用」體現在爻象上，是怎麼講呢？就是這句「陽在下也」。我們看《乾》卦的第一爻，就是初九，這根陽爻是在最下面的。樹木要用作棟樑，不能在它剛長苗苗的時候就連根拔起來用，肯定要等它長大，長成百年大樹才能夠用。這句「陽在下也」，就是說它還處於萌芽狀態，所以是不能用的。以上就是對《象辭》的解釋。

　　那《文言》又是什麼呢？《乾》卦的最後，每一爻都講完了，在「用九」之後，就是乾卦的「文言」。有些版本的《易經》，是把《文言》單獨列在後面的「易傳」部分。還有些版本是把《文言》分列在《乾》《坤》兩卦的後面。《易經》裡面只有「乾文言」和「坤文言」，所以「文言」是只有《乾》卦和《坤》卦才能享受的特殊待遇。為什麼呢？因為《乾》

《坤》二卦是《易經》中最根本的卦，又稱為父母卦，由此生出了其它的卦象。不管是中間的精神內涵也好，還是陰陽數理的變化也好，《易經》的其它各卦都是由《乾》《坤》兩卦互相交錯、相互作用變化出來的。馮老師在《易經片鱗》中講完《繫辭》之後，緊跟著講的就是《乾》《坤》二卦的「文言」部分，所以對於《易經》來說，《文言》也是非常重要的內容。

學易的入門路數

要想學易，首先是學習「易傳」，因為「經」的部分我們是搞不懂的，要從「傳」開始學，再由「傳」而理解「經」。那麼，十翼要從哪裡開始學呢？就要從《繫辭》開始。《繫辭》學完了就學《乾》《坤》二卦，學《文言》。這些都學完後，就可以學習《說卦》、《序卦》、《雜卦》。

我個人覺得，《說卦》比《序卦》、《雜卦》更重要，因為《說卦》是講八單卦具體代表的物象，是特別重要的。要想把《易經》弄熟、學精，可以隨時隨地運用，就必須把《說卦》背下來，把乾坤坎離震巽艮兌這些單卦所代表的東西都要背清楚，這樣才能把《易經》真正運用自如。

《序卦》講的是《周易》各卦的排列順序。《周易》的六十四卦分為「上經」和「下經」，都是有具體排列順序的：「乾坤屯蒙需訟師，比小畜兮履泰否……」這一系列下來，六十四卦排列順序的道理是非常精要、細緻入微的，《序卦》就是用來說明這中間的道理的。

《雜卦》在整個「易傳」裡面非常短，它用了簡明扼要的語言，點明瞭《周易》各卦的精要內涵，但在歷代易學家眼中，它的地位不高。不過，在本光法師的「方山易」裡面，《雜卦》是非常重要，也是特別受重視的。本光法師認為，在《雜卦》傳中，隱藏了整個《易經》六十四卦錯綜複雜的種種關係。所以，本光法師重新把《雜卦傳》重新校對訂正了一番。本光法師出過一本書，我們書院好多朋友都有，就是這本《周易禪觀頓悟指要》。其中分為兩個部分，前一個部分是講禪的，比如趙州禪的特點、臨濟禪的特點、藥山禪的特點等等，非常精要簡明；後一部分就是講方山易，主要講了《說卦傳》、《繫辭》、《文言》。本光法師在書

中說《雜卦傳》很重要，但這是沒有公開的方山易秘笈，不能寫在書上。因此我現在也沒看到，等哪天馮老師回來了，我向他老人家討教，就看討得到不。當然，要想知道這些東西，就必須在《易經》的學習上有一定基礎，才看得懂。本光法師的這本書，是他老人家親自寫的，如果我們《易經》的基礎不夠，看起來就會很打腦殼。所以，希望這次大家通過《繫辭》的學習，能夠入易學之門，然後再來看本光法師的這本書，就可以品出味道來。

我們梳理了《易經》的「經」和「傳」，將其基本內容和整體結構都大概說明暸一下。如果沒有「傳」的話，我們是搞不懂「經」的；同時在「傳」的學習上，又要有學習的次第。所以我們要從《繫辭》入手，這也是歷來學習《易經》顛撲不破的通途。

《繫辭》過去認為是孔夫子所作，歷史上的易學大家也大都是這麼認為，但是近代考據發現，有很多內容並非孔子時代的東西，所以現在學界公認，《繫辭》是偽託孔子所作的。雖然孔子的易學傳承是延續下來了的，傳到什麼朝代什麼地方的人得了，這在《史記》裡面都有詳細記錄。但是從《繫辭》的內容來看，有很多證據表明，這是從戰國到漢初期間，眾多學易之人共同完成的，是一篇經過歷代易學者們增補編修的集體創作的產物。雖然如此，因為《繫辭》在易學界的影響極大，甚至於高推到能代表了整個易學精神的高度，所以《繫辭》是易傳裡邊最重要的文章。

對於這一點，本光法師在《周易禪觀頓悟指要》裡面是持有保留看法的。本光法師認為，《繫辭》確實了不起，中間也有很多卓義超絕的地方，但是同時也有一些魚目混珠的文字在裡面，也有些模稜兩可的含糊說法，甚至有膚淺之處。但無論怎樣說，《繫辭》作為歷史上最權威、最全面、也是最深刻的易學論文，說它是易傳中的第一傳，應該是當之無愧的。

我們學習《易經》，首先要研讀的入門篇章就是《繫辭》。我們對《繫辭》的學習，主要是依據歷史上的易學大家對《繫辭》注解，比如說唐代李鼎祚所著的《周易集解》，總結了自漢到唐初的易學成果；還有宋代周敦頤先生在《通書》和《太極圖說》中的觀點；還有明代的來知德，是我們四川人，他創造了來氏易學，也非常了不起。有一次我看到南懷瑾先生的書中說，他們年輕的時候聽說來氏易，簡直是崇拜得不得了，

認為來氏易是四川蜀地的獨門易學,非常了不起。剛才說的這些書,現在書店裡都買得到,只不過要學習這些古人的成就,就要有古文的功夫,更要對《易經》有一定的基礎,才讀得下去。我們這次講解,還參考了王夫之,也就是船山先生的《周易內外傳》,這也是易學名著。我在準備《易經》講義的時候,這些都是主要的參考書籍,另外還參考了其它一些易學書籍。

大家平時如果看到了這些書籍,就算沒有時間看,買回來放在家裡也是好的,這些都是經典的傳世之作,放在家裡裝裝門面也好嘛。這些書買回來,看得進去就看,看不進去就暫時放在一邊,總有看得進去的時候。一旦看進去,找到味道了,就會歡呼雀躍了。那麼,按我們書院的這個傳統下來,本光法師方山易學的《繫辭》部分,也是我們學習參考的重要篇章。總之,通過這次對《易經‧繫辭》的共同學習,結合我們以前學習過的儒家經典、佛家經典、道家經典,能夠從中找到身心性命修養的感覺,就達到目的了。

孔夫子說:「加我數年,五十以學易,可以無大過矣。」我們在座的大多都沒有五十歲,學易的時間比孔夫子還要充分,所以有所成就的希望也很大。

「繫」牢靠,不偏廢一端

我們先來看什麼叫做「繫辭」。王夫之在《周易內傳》裡面給「繫辭」下了一個定義:「繫云者,數以畫生,積畫而象成,象成而德著,德立而義起,義可喻而以辭達之,相與屬系而不相離。故無數外之象,無象外之辭。辭者,即理數之藏也。」

這就是繫辭的定義。這段話是什麼意思呢?繫,實際上是一個動詞,就是用繩子把東西拴到一起,和我們繫鞋帶、繫圍巾、繫領帶等,都是一個意思。這個繫,到底要繫什麼東西呢?實際上就是要把我們剛才說的理、氣、象、數都拴到一起。雖然歷代大儒們都把《繫辭》作為易理的入門文章,但實際上,《繫辭》中也包含了易氣、易象、易數的許多內容。王夫之先生在這裡說,「數以畫生」,數是人類認識客觀世界一切事

物的基礎，那麼，數在《易經》中是怎麼體現出來的呢？就是通過一陽一陰的這種「畫」體現出來的。「畫積而象成」，就是這些杠杠要積累起來，形成完整的卦，易象就形成了。「象成而德著」，就是易象形成以後，這個易卦之德就顯出來了。這個德不是我們現在說的品德、道德，而是每個易卦內在的基本品質，以及其對應於社會人事的基本精神。「德立而義起」，義，已經是帶有人文思想的味道了，有了卦德，就可以通過卦德透出的意義來指導我們立身處世。這個義，有意義的意思，也有「仁義禮智信」中這個「義」的意思，大家可以慢慢體會。「義可喻而以辭達之」。說了一圈，終於說到「辭」上面來了。辭，就是把這一切道理用語言表達出來。繫辭就把上面說的這些內容捆綁在一起，不要割裂開來了。

所以，王夫之得出的結論就是：「故無數外之象，無象外之辭。」我們看《易經》裡面，不管是卦辭也好，爻辭也好，象辭也好，都沒有超出這個卦象所表達的意思。《易經》中的每一句言辭都不能離開象，不能憑空產生。如果我們坐在家裡面大門不出，憑空想像，非要附加一個什麼東西，那就不行。《易經》中的一切言辭都是從卦象中產生的，是以卦象為依據的，所以說沒有象外之辭。「辭者，即理數之藏也。」我們學習《繫辭》，就是學習了一整套的易理、易數、易象，而這一套東西，現在都蘊藏在《繫辭》的語句裡面了。

從這裡我們就可以看出，學習《繫辭》，確實是我們理解《易經》的先決條件，也是我們學習《易經》的基礎和基本功。如果我們找一些歷史上的易學參考書籍來看，就知道各家對易學的解釋非常多，簡直是汗牛充棟，可以說是在五經中注釋最多的。這也形成了一些流派，有些把易理和象數割裂開了，就產生了很多偏執分歧。只重於數者，往往就流於奇伎詭道，把整個心思都花在打卦算命、江湖術士的這套東西中。這是易學中的下流，沒有把易數上升到易理的高度，就不能通過易數的變化來指導自己心性的修養，指導我們在社會中如何建功立業，如何才能立於不敗之地。

有些所謂的易學大師，一見人就口若懸河，好像未來幾輩子的事情掐指一算，什麼都清楚。實際上，這個東西並沒有多了不起，你知道不知道都是那麼回事。任何東西都有數，桌子板凳都有四條腿，都有它們產生的時間，也有毀壞的時間。知道了是這麼一回事，不知道也是這麼一回事。關鍵是我們要把這個數，把事物的成住壞空、人的生老病死的

這套東西上升到一定高度，讓我們能夠心平氣和地面對自然和人生，不論順逆境界現前，都能夠如如不動，泰然處之。不然的話，成天耍小聰明，耍小心眼，就完蛋了。有些江湖術士，看他們出來走路都跟做賊一樣，眼睛滴溜溜轉個不停，隨時都在算計，這種人就登不得大雅之堂了。

當然我們也要看到另一面，光重視易理不重視象數，也有失偏頗，失去了《易經》的基本精神。《易經》的基本精神，就是通過象數之學上升到理性的高度，來指導我們面對社會人生。歷史上很著名的義理派，從晉代的王弼開始，就標榜「得意忘言、得言忘象，掃象歸理」。他認為只要把易理牢牢抓住了，其它的都無所謂了。在中國文化史上，魏晉玄學的發展，王弼貢獻很大。但我們也要看到，魏晉時代，大家往往都流於空口談玄，但是在實修實證上面，還不是那麼到位。同時，這些玄之又玄的東西對當時社會的發展，作用也不大。這個時代的中國變數非常大，王朝的變更也非常快，你方唱罷我登臺，致使戰爭不斷，老百姓的生活極為艱難，社會也極其動盪。當然，並不是說這是魏晉玄學造成的，但這個時代的學術確實有它的局限，我們要從兩方面看到其流弊。

我們學習《繫辭》，這個「繫」一定要繫住、繫緊，不能散了，不能偏廢一端，理氣象數都要認真學習。我們馮老師的老師——本光法師的方山易學，就特別重視理氣象數的結合，所以本光法師在他的書中寫到：「象必具數，數必居位，無象不足以言數。」就是說，任何易象，都是有明確的數蘊含於其中；而任何一個數，也都有它在事物中的本位。因此沒有象數，就談不上易學。本光法師的方山易學，是把象數的道理全部融入到社會人事當中，讓研習者隨時回歸到心性修養當中。他老人家把對《易經》的體會和對佛法的修證，相互融為一體；把易象、易數中吉凶變化的規律完全上升到易理的高度，用以指導我們在社會中建功立業，在心性修養上回歸於大道，目的就是要我們明心見性，開悟得道。

所以，本光法師的方山易學，我也曾多次和朋友們提起過，希望大家把本光老的這本《周易禪觀頓悟指要》找來好好學習。書裡面也談到了禪宗各家的宗風，也談到了如何參禪證道，更談到了方山易學的核心精神。當然，看這本書需要一定的禪學和易學基礎，我相信通過對《繫辭》從頭到尾的學習，以後大家自然可以品嘗到其中的妙處。

小結，這是包羅萬象的綜合性學問

　　以上，我們首先講到了《易經》在傳統文化中的地位，從中國本土的文化來說，儒家認為《易經》是「群經之首」，道家認為是「大道之源」，一個說是領銜的，一個說是源頭上的，都是最了不起的。從佛家的角度來說，對《易經》也是非常重視，從唐代以來，禪宗就與之結下不解之緣，而華嚴長者李通玄開創方山易，一直代代相傳，第四十三代到了本光法師手上。歷來大家把方山易學當作是佛家的獨門易學，視為秘笈。所以，傳統文化中儒、釋、道三家的主流，都把易學當作最重要的學問，所以《易經》在傳統文化中的地位，的確是非凡的。在這裡和大家一起學習《易經》，我也是麻起膽子在講，自己學養不足，也就邊講邊學，逼一下自己。

　　其次我們講了《易經》的理、氣、象、數的內容和基本原理。我們說《易經》講的易理，是從一整套象數之學中昇華出來的在人世間的最高理念。我們經常張口就說要「自強不息」，動不動就說要「厚德載物」，這些都是從《易經》裡面提出來的理念。這套理念既可以指導我們的心性修養，也可以指導我們在社會生活當中如何立足，能夠啟發我們對社會人生的感悟。易氣是指《易經》這套學問運用在天文曆法上面，按照現在的分科來說，就是一整套科學的原理。我們看日月星辰的運行，《易經》中說都是氣的作用，是一氣流行產生出了天地萬物的變化。中國傳統文化裡面，特別講究這個氣。西方人學習中國傳統文化，一學到這裡就覺得很惱火，這個氣是什麼東西呢？是氧氣？二氧化碳？還是我們一呼一吸的這個氣呢？都不是！這個氣的概念很深奧，也是《易經》中很重要的理念。易象是什麼呢？大家應該很清楚了，這是易學與其它學問相區別的最獨特的學問。《易經》就是通過一陰一陽這兩根杠杠的疊加、組合，最後成為六根杠杠所組成的卦象。所謂卦，就是掛在牆上，可供觀察賞玩的意思。六根杠杠，就是一個形象，《易經》的整套學問都是通過六根杠杠組成的變化多端的形象，來揭示天地之間，揭示自然乃至於人類社會、人的心靈的各種變化狀態。《易經》是通過卦象來體現變化的。那易數是什麼呢？數是認識萬物的一個基礎，《易經》這個數的原則是非常簡化的，通過一陰一陽數理疊加的變化，兩儀生四象，四象生八卦，

八八六十四卦，一直推衍開來，宇宙萬象都包括在這裡面了。

以上就是《易經》理、氣、象、數的基本關係和原理。通過這些道理，《易經》把自然科學和社會、人文科學結合起來，成為一個整體，成為了包羅萬象的一套綜合性學問。

第三，我們講了《易經》的結構。好多朋友翻開《易經》這本書，都不知道是什麼意思，這中間又有卦，又有卦辭、象辭、彖辭，後面還有繫辭、說卦、序卦、雜卦，好像不怎麼好下手。《易經》的結構是分為兩個部分：一個是經，一個是傳。經的部分主要是指卦畫、卦名、爻辭，剩下傳的部分就是彖辭、象辭、繫辭、文言、說卦、序卦、雜卦七種，其中有三種又是分了上、下篇的，就像我們現在學的繫辭，就是分了上、下篇的，所以加起來就是十篇。在易學中，這十篇傳也被稱為「十翼」，就是十個翅膀，易傳就是輔助我們理解和學習《易經》的翅膀。

學修本傳的準備

要學習《易經·繫辭》，手裡需要一本《易經》，不論用哪個版本，只要「經」、「傳」兩個部分是完整的就行。有的通俗版本的《易經》，對「經」和「傳」都做了白話翻譯，不過，只是白話翻譯的通俗書，還不能作為《易經》學習的範本。我們希望通過這次對《易經·繫辭》的學修，幫助大家找到學習《易經》的門徑。有了這個基礎，以後大家就可以找一些古今易學大家的注釋和講解來學習，那麼我們這次學習的目的就達到了。

我們一般看到的版本，《繫辭》都是分了上篇和下篇的，我這裡這本書沒有分。分與不分，關係都不大，因為這是整體講解《易經》的一篇文章，之所以要分上下篇，是因為《繫辭》很古老，古代都是用竹簡記錄的。如果文字太長，翻動閱讀起來就非常麻煩，所以後人分了上下篇以便於翻閱，並不是要把文章割裂開來。我們現在的通行本，是以宋代朱熹在《周易本義》裡面的分法，把《繫辭》上下篇各分為十二章，這樣大家學習起來就很方便，也是朱熹對易學很重要的一個貢獻。

大家做好這些準備後，我們就開始《繫辭》的正式講解。

上 傳

第一章

誰讓萬物各歸其位

第一章　　誰讓萬物各歸其位

天尊地卑，乾坤定矣。卑高以陳，貴賤位矣。動靜有常，剛柔斷矣。方以類聚，物以群分，吉凶生矣。在天成象，在地成形，變化見矣。

是故剛柔相摩，八卦相盪；鼓之以雷霆，潤之以風雨；日月運行，一寒一暑；乾道成男，坤道成女。

乾知大始，坤作成物。乾以易知，坤以簡能；易則易知，簡則易從；易知則有親，易從則有功；有親則可久，有功則可大；可久則賢人之德，可大則賢人之業。易簡而天下之理得矣。天下之理得，而成位乎其中矣。

——《繫辭上傳》第一章

先把天地立起來

「天尊地卑，乾坤定矣。」這句話大家非常熟悉了。我們理解客觀世界中的一切事物，天底下最重要的是什麼東西？從易學的角度來說，最重要的就是「定乾坤」。

實際上，這個話對民間影響也非常大。古人說話文縐縐的，你問什麼事情做得怎麼樣了，他就說「乾坤定矣」，意思就是這個事情做得差不

多了，八九不離十了。男女之間介紹物件，覺得差不多了，快要成親了，也會說「乾坤定矣」。所以古人是很有文化的，一句口頭話用的都是《易經》當中的語言。現代人就沒文化了，一見面劈頭就問，那件事情你搞定沒有？你弄好沒有？用的都是「搞」、「弄」這種很粗俗的字眼。我們和古人比，還真的是粗俗不堪的。

我有個寫詩的朋友到美國去訪問，說是國外的詩人在他面前很緊張，他覺得很奇怪。中國的現代詩絕大多數都受西方詩歌的影響，你到國外是去學習的，怎麼人家還會緊張呢？後來人家對他說，你是從一個有著五千年文明的國度來的，中國古人從皇帝到乞丐都出了許多大詩人。我們建國才一兩百年，怕你從心裡看不起我們，把我們當粗人啊！這個朋友一聽，一下子頭就昂起來了，以前還總覺得自己面對西方文學很自卑的。其實，當代的中國詩人往往對傳統詩詞的格律、平仄等都不太懂了，還談什麼自信啊！這幾天今年的諾貝爾文學獎正在評獎，一百多年來，硬就沒有一個中國人能夠得到諾貝爾獎，大多是西方人，日本、印度雖然也有得過，卻是相當少。所以，報紙上也有評論說，諾貝爾獎快要變成歐洲杯了。這確實是東西方文化的隔閡，他們確實不太瞭解。我們東方文化非常悠久、非常深厚，影響面也很廣。西方當代的文學運動，很多都是從中國古典詩歌中得到啟發的。比如有著全球影響的「垮掉派運動」、「意象派運動」等，都是受到唐詩、尤其是古詩中禪文化精神的影響。只不過，我們現在和自己的文化傳統割裂開來了，從禮儀到哲學思想再到文學藝術等各方面都比不過人家，我們對祖先留下來的東西很生疏、很陌生了。

上面說的是題外話。《繫辭》首句是講乾坤，《周易》八八六十四卦，乾坤二卦是排在最前面的。在易卦裡面，八個單卦是以乾坤二卦作為「父母之卦」，其它各卦都是乾坤二卦交互作用產生的。單卦僅僅是易卦的基礎，是基本的符號，在《說卦傳》裡只能作為自然現象存在，還不具備一個完整的卦象。如果要對我們的社會人生真正起作用，就必須要形成重卦。在重卦裡面，乾坤二卦也是居首，所以，「定乾坤」是整個易學裡面最重要的事情。

乾坤二卦代表的是天地。我們看萬事萬物，不管是人還是生物，還是非生命的東西，都是在天地之間產生的，是在天地間得生，在天地間

得養。如果離開了天地，就沒有這些芸芸萬物了。同理，離開了乾坤二卦，也就沒有《易經》了，所以「乾坤定矣」，是第一重要的事情。

尊卑心，平等心

那麼「天尊地卑」呢，句子很簡單，本來是沒有什麼好爭議的。但是把《繫辭》的這句話推衍到人事當中，問題就出來了。在古代的君臣關係之中，皇權至上，君要臣死臣不得不死，父要子亡子不得不亡。在男權社會裡呢，就有了男尊女卑的等級觀念，這也是現代人所不能接受的。所以後來就有人說，中國封建社會一切不平等的根源就在《易經》，再說得直白些，就是來源於《繫辭》的頭一句：「天尊地卑，乾坤定矣」。

本光法師對「天尊地卑」這個觀念也提出了批評。他老人家認為，在先秦學說裡面，在諸子百家的理論裡面，並沒有天尊地卑這個概念。在早期的儒、道思想之中，在他們的天道觀裡面，也沒有所謂天尊地卑的說法。所以，本光法師認為把「天尊地卑」這個概念落實到人事關係上，是漢代以後尤其是董仲舒以後的事。他們把宗法等級制度附會到《易經》中來，並以《繫辭》作為依據。但是在《易經》的古卦辭，包括爻辭、象辭中，只有「位」的變化，並沒有尊卑之說。所以本光老認為，《繫辭》並不是後人所說的是孔子所作，而是從戰國到秦漢之間的易學者們集體創作的產物，其形成時間很漫長，中間也不斷地進行了修改和補充，水準也有參差不齊之處。

本光法師是站在佛教的立場上談《易經》，因為佛教講萬法平等，眾生平等。釋迦牟尼的佛教之所以一產生，就能夠迅速取代印度傳統的宗教，一統當時的整個印度半島，就是因為他破除了古印度嚴格的等級制度，提出了人人皆有佛性、眾生皆可成佛的偉大思想。佛教講「三心」，就要是有平等心、慈悲心和清淨心。所以，平等的觀念是佛教的基礎觀念。

但是話說回來，就普通人直觀的經驗來說，天高高在上，變化多端，充滿了神秘而不可知的崇高感；而地呢，就在我們的腳板底下，我們的吃穿用度、吃喝拉撒，全都在地上，普普通通的，沒有什麼了不起的地

方嘛。所以人在面對天地的時候，自然就有一種尊卑的感覺。大地雖然它生育萬物，養育萬物，很偉大，但大地上也到處都藏汙納穢，骯髒不平之處也是隨處可見，我們司空見慣了就會覺得沒有什麼了不起的。但是天對人而言，就很了不起了，西方大哲學家康德有個名言：「我最敬畏的只有兩樣：頭頂的星空和心中的道德律。」他把無垠的天空與人內心最崇高的道德自律聯繫到一起，也是有一種對天的崇敬心理在裡面。

所以我們要一分為二地來看待「天尊地卑」的觀念。我們放下內心對尊卑的感情色彩，可以換個角度來理解。尊，可以理解為尊高、尊遠；卑，也可以理解為卑近、低下，只是一種位置上的不同，讓我們感覺很不一樣。我們平時也有遠香近臭的說法，越是得不到的東西，越是求之不得的東西就越覺得尊貴；越是平常的東西、越是伸手可及的東西就越覺得沒有什麼了不得。從這個角度來說，也可以看出天地、乾坤確實在「位」上是有差別的。《道德經》裡面也說「人法地、地法天、天法道」，也是有一個由近到遠的主從關係在裡面。落實到具體的人事上面，比如君臣關係，位置不同，主從關係也就不同。

我們這裡有幾個哥們兒在學中醫的火神派，火神派講「陽主陰從」，也有這種感覺。一切東西在本質上雖然是平等的，但是在具體的事情上，確實要遵從一定的做事規矩、規則；在家庭裡面，在夫婦之間、父母與子女之間，也要遵守一定的主從關係，才能保證一家人和睦相處。

不平等處顯平等

過去有個朋友跟我說，你們佛教說眾生平等，人人都有佛性，你們說的平等心，我覺得是假的。我問她，為什麼覺得是假的呢？她說你們嘴上說一套，做的又是另一套。你看寺廟裡面，比丘的戒律是二百五十條，比丘尼的戒律就有三百四十八條，女的比男的要多戒那麼多條啊！所以她認為佛教歧視婦女，很不平等。我就告訴她，那只能說明你沒有真正理解到平等的含義。

真正的平等是什麼呢？是不平等處顯平等。

佛教說眾生平等，世界的本質是平等的，但並不否認大千世界所呈

現出來的千姿百態、五彩繽紛的各種不同的現象。天地之間，萬事萬物都各有自己的位置，有各自的特點。如果說狼和羊是平等的，那麼你把它們關在一個籠子裡面，看養成什麼樣子？如果說狼和羊不平等，為什麼羊見了狼要跑呢？它覺得我與你是平等的，憑什麼我要被你吃掉啊？所以羊就要跑掉嘛。在男女平等上面，我們也要看到，雖然人生來都是平等的，但是所處的位置不同，就有各自在生理、心理上的不同特點。過去大講男女平等，說「婦女能頂半邊天」，那麼讓女人也去下礦井、到建築工地抬石頭、去當兵打仗，能行嗎？如果這些事情都要婦女跟男人平等來做，那才真正是不平等！在這些問題上面，我們應該看得全面一點。佛教在戒律方面，實際上是很科學的。佛教裡出家修行，最大的障礙就是人的情執難破。相對來說，男人對情的執著要少一些，而女人對情的執著普遍就要重得多。你要想修行成就，就非得破掉這些情執不可。所以在佛制裡，比丘與比丘尼在戒律上的要求就有所不同。

　　既然講到戒律，這裡就多說幾句。前兩天，半夜三更有個朋友給我打電話說，師兄啊，我真的想要去受戒啊！我說，你半夜三更發什麼神經啊？他說，哎呀，我覺得自己好多事情都管不住自己，一喝酒就是爛醉，就什麼都管不住了，不行了，必須要去受戒了。我就對他說，受戒不是那麼簡單的事情，不是你說去找個師父給你念念，你就得戒體了。必須要去學習戒本，要清楚為什麼要受戒？受戒有哪些方法和步驟？根本戒和支分戒有什麼差別？犯戒之後該怎麼辦？等等，這些都要學。我推薦給他一本書，叫做《走向解脫》，是一位當代大德寫的，專門講戒律。

　　一般人不瞭解戒律，認為受了戒，就是什麼都不能去做了，就覺得它是一根繩子，是要把自己捆住、拴起，感到手足無措，渾身不自在。實際上正相反，戒律恰恰是你通向心靈自由、走向徹底解脫的一個基本前提。佛教所謂的戒律，實際上與現代社會的法律很相像。社會必須要有法律才能正常運轉，但法律並不是要阻礙我們在社會上的自由，並不是要捆綁住我們，而是要讓整個社會達到公平、和諧，讓每一個人充分享受自由與平等。

　　比如我剛才說的那位兄弟，他特別喜歡喝酒，一喝就要喝到爛醉，醉了以後第二天醒來，家裡人也要罵他，他自己也特別後悔。但是到了晚上，酒肉朋友一喊，酒杯一端就又忍不住了。如果真正受了這個戒，能夠戒下來，實際上在酒這個事情上就是得了自在。不然的話，酒這個

問題就把他給拴住了，他就只有在這個上面轉，在酒的問題上就得不到自在。如果受了戒，能守這個戒，在酒這個事情你就可以不受它的左右，那就證明你能做主，你是自由的；如果管不住自己的貪嗔癡、改不了殺盜淫妄酒這些惡習，這些煩惱就會隨時隨地左右你，你就得不到自在，就只有被它們牽住你的鼻子跑。所以真正得大自在是什麼感覺呢？就是孔夫子說的「從心所欲而不踰矩」，你心裡面想做什麼就去做，但想做的一切事情都沒有違反規矩，沒有違反社會的道德規範，沒有違反社會的法律。作為一個佛教徒來說，你能嚴守佛所制定的戒律，這才能得大自在。

關於戒律的事，我在這裡多說了幾句，也是為了說明什麼是「不平等處顯平等」。理解了這個道理，就不會僵化地看問題，做任何事情的時候就不會一刀切、一根筋，而是要觀其兩端，行其中道。

你能不能照住這個「位」

再看下一句「卑高以陳，貴賤位矣」。卑，我們剛才說了就是低處的東西，就是地，就是坤；高，指的就是天，就是乾。天高地低是明明白白呈現在我們眼前的。但是，這裡「貴賤」兩個字用得不好，帶有人的等級思想在裡面。位雖有高下，但與貴賤無關嘛，所以我們可以換個詞，「卑高以陳，主從位矣」，大概就比較好接受了。處在高位上就要做主，處在低位上就應該輔助，是處於從屬地位，放在社會上也是這樣的。當然，不是說處在高位就可以忘乎所以，高高在上，滿臉驕傲，見到誰都指手畫腳的。

實際上，我們也要隨時從「位」中跳出來，回到平等的本性中來。處在高位的人，一定要隨時反省自己，要保持一顆平常心，能夠謙虛下來；處於低位的人、被領導的人，一方面要服從領導的安排，另一方面也要看到人與人之間是平等的，隨時要提醒自己不要自卑、自棄，仍然要有一顆平等心、平常心。

在這裡，「貴賤位矣」，這句話的「眼」就是「位」。說白了，我們把《易經》的精神放在人事哲學之中，它最根本的就是講一個「位」字。

我們在人與人之間，有沒有找準自己的位置？找準之後，有沒有守住這個位？能不能做到不越位、不錯位？能不能在自己的位上，靈活起來？

當然，這裡面有可能產生一些誤會。比如在單位上，我是個低級的員工，我如果按照上面說的「知位守位」，是不是就是不思進取呢？是不是永遠就沒有機會更進一步，走上更高的位置呢？我們在後面講到六爻變化時會告訴大家，任何一個位，都是會有變化的。但變化的基礎，不是說你不守其位地天天妄想，而是說在你自己的位置上，你要把本分事情做好，隨著經驗的積累、德行的增長，這個位就會自然而然地發生變化。如果你是一個普通員工，真正地把自己的本職工作做好了，並且多學習，掌握更多的技能，老闆發現你的長處後，覺得你確實不錯，自然而然就會提拔你往上走。處在低位的人，如果不從內功上下功夫，成天癡心妄想，或者走些歪門邪道，就算打通了某個關節，坐上了某個位置，往往也待不長就要掉下來。今天社會上這方面的例子太多了。

這個就說這麼多，後面我們具體講到爻象變化時，再來體會這個「位」的感覺。

不動的是什麼

「動靜有常，剛柔斷矣」，這一句也有一定的爭議。實際上，對於《繫辭》的爭議主要都在第一章。歷代的《易經》注家，大多都把這一句和前面的「天尊地卑」結合，一般的說法是，天是動的，地是靜的，乾動而健，坤靜而順，所以是「動靜有常」。如果這樣子來理解，就很僵化，也不符合常情，更不符合《易經》的精神。

《易經》乾卦說「天行健，君子以自強不息」，當然是在講動；但是在講到坤卦的時候，也不是說坤地就靜止不動啊！坤卦是以柔順為性情的，坤卦「利牝馬之貞」，牝馬就是母馬，是很健壯的一匹母馬，「牝馬地類，行地無疆」，它能在大地上自由自在漫遊，足力強勁，一步一個腳印，所以能走很遠的路。我們看這些句子，哪裡有說坤卦就是靜的呢？所以坤地還是動，不過是動的性質與乾天有所差異。乾卦的動是自強不息，是它本身生生不息的；坤卦的動是順從於乾卦之動，所以是「牝馬

地類，行地無疆」。不管從乾坤二卦的卦象上來看，還是從我們日常生活中的體驗來說，天地也都是在動的。毛澤東有句詩是「坐地日行八萬里」，地球自轉動還厲害得很呢！

那麼，「動靜有常」該怎麼理解呢？我們過去學辯證唯物主義，說運動是絕對的，靜止是相對的。但真正進入中國傳統文化之後，我們就能體會到，實際上沒有絕對的、不變的東西。所以，靜止是相對的，運動也還是相對的。只不過我們在這個地方體會易道的變化，《易經》六十四卦，沒有一個是靜止不變的。但是，《易經》雖然講的是變易，它背後卻也有一個不變的東西哦！任何運動，都是相對於靜止的運動；任何靜止，也是相對於運動的靜止。那麼《易經》背後不變的、恒常不動的東西到底是什麼呢？就是易道的變化規律。比如一加一等於二，這個規則是不變的，你可以不斷地往上加減，就能產生無窮的變化，但是加減法的規則是不變的。易道的規則也是如此。

所以「動靜有常」，我們應該理解為《易經》的乾坤二卦、陰陽二氣，它的這種變化是有恒定的一套法則，有它顛撲不破的規律性。這樣來理解，就比較合適了。

預斷吉凶的機關所在

「剛柔斷矣」，這就涉及到《易經》裡面很重要的判斷了。什麼叫「剛柔斷」呢？剛柔，就是指陽陰二氣，陽就是剛，陰就是柔。在整個易學系統裡面，凡涉及到剛柔，我們都可以理解為陽陰二氣。這個「斷」字是很講究的，我們平常說來斷一卦，這個斷，就是判斷的意思。怎麼斷？用什麼原則來斷？用什麼方法來斷？斷出來的結果是吉、凶、悔、吝的哪一種？這就涉及到了非常重要的一套方法。

大家之所以很喜歡學《易經》，其實就是想對未知的事情做個正確的判斷。一件事情的苗頭剛剛生起來，你就能夠判斷到底會產生什麼樣的結果，它的發展前景如何，我應該採取什麼樣的方式來對待等等。這個就需要準確的判斷。所以「剛柔斷矣」，是我們這裡重點要說的內容。剛柔要怎麼斷呢？我記得以前給大家講《通書》的時候，講到了剛善剛惡、

柔善柔惡的道理。但當時只是從理上來講，沒有結合《易經》的卦象。實際上，剛柔是無所謂好壞吉凶的，一陰一陽之謂道嘛，陰陽二氣本身哪有什麼好壞呢？既然無所謂好壞，又怎麼來判斷呢？我們只能從剛柔所處的位置、陰陽所處的時空來進行判斷。剛柔各處其善位則吉，若都處於不善之位，則凶。下面我們談談具體的幾個判斷指標。

首先，我們要理解易卦中「位」的概念。一個易卦有六爻，最下面的稱為初爻，最上面的稱為上爻，中間依次為二、三、四、五。實際上，這六個位置是由兩個單卦組成。上三爻組成上卦，下三爻組成下卦。在不同的解釋環境裡面，上卦又稱為外卦，或者叫做前卦；下卦又稱為內卦，也稱為後卦。這就是一個完整易卦的基本的結構。

對於「位」的理解，我們要記住下面這個基本原則：「三四為進退之機，二五有主輔之別，初上為消長之時。」

第三爻和第四爻是一個時機，進退的時機是很微妙的。為什麼呢？因為第三爻處在下卦之上，第四爻處在上卦之下。如果從內外、前後的角度來說，三、四爻就處在內外之間、前後之間。總之，這是事物在發展變化中的轉捩點，是非常重要的一個位置。在這個位置上，如果處在上卦稍有不慎，就會掉將下來（譯按：將，虛詞，表示動作趨勢或空間趨勢，明清小說中常用）；如果做得很好，知位守位，能夠不斷積攢力量，就能夠進到上卦最有利的位置。所以，三、四的爻位也是非常微妙的。在人事上如果居於三、四這種位置之間，也是非常難以取捨，很難辦的，一定要謹慎又謹慎，小心又小心。俗話說的「不三不四」就是從這裡來的，說明處在這個位置上很尷尬，在進退的選擇上很不容易。這就是對三、四位的一個感覺。

「二五有主輔之別」，第二爻和第五爻都處在比較好的位置上，一個是在下卦的中爻位，一個是在上卦的中爻位，那麼，上卦的中爻位就為主，下卦的中爻位就為輔。雖然二、五的位置都很好，但從整個卦象綜合來說，卻還是有主輔之別。

「初上為消長之時」，初爻是要生長的，它有一種潛力，是要不斷發展到二爻、三爻，以致於全卦。我們要做一件事情，最初策劃、萌芽的階段，就是處在初爻的位置。到了上爻呢，就已經是最高位置了，事情已經完成了，所以就要轉化，要被新的事情替代、消解掉。

所以，面對任何一件事情，我們首先要認識到的就是，我們自己處

在什麼位置上？處在哪個時間點上？事情處在的哪個階段上？還要花多少時間、分幾個階段才能完成？這些，都要認真去把握體會，然後在不同的關節點上採取不同的方法。這就是關於易卦中「位」的感覺。

得中得位，注意爻位

有了上面關於「位」的感覺以後，就要涉及到對「位」的判斷了。我們下面再介紹幾個概念。

先說「得中」的概念。這個意思很簡單，就是指處在上、下卦中間一爻的位置上。任何一件事情，如果打卦出來是在中位，那就沒有什麼可以憂患的。其實，得中的感覺不管是在做事上，還是在人際關係上，你都是處在很主動的位置上。得中了嘛，就能夠照顧兩邊，同時兩邊都能夠為你服務。不管是陽爻得中，還是陰爻得中，都是非常好的位置。放在重卦上來體會，每一卦就有兩個得中的位置，就是要處在第二爻和第五爻的位置上。我們剛才說「二五有主輔之別」，不管是主是輔，它都處在中位，都不錯。我們舉乾卦為例，處在九五這個位置上，如果說「九五之尊」是指皇上的話，那這個九二位，就是宰相之位。皇帝位、宰相位，都是很了得的位置啊，但其中就有一個主輔之別。好了，這個得中的感覺，我們以後慢慢在自己的社會關係、人事關係中去體會，這裡就不多說了。

第二個概念是「得位」。每一爻都有自己的位置。還是以乾卦舉例，其初、二、三、四、五、上位，是六爻全剛，全部是陽爻。《繫辭》在後面有「天數」、「地數」之說，「天一地二、天三地四、天五地六」等等。單純看這些句子，你不知道是說什麼意思。其實，天數就是陽數，地數就是陰數。用現在的說法更簡單，這個天數地數，指的就是奇數偶數。從位置上來說，一三五就是陽位，二四六就是陰位。如果是陽爻處陽位，就很好；陰爻處陰位，也很好。但是如果陽爻處在陰位，就不太好；陰爻處在陽位，也不太好。

前一段時間，有個朋友拿了一本號稱「可以像讀暢銷小說一樣一口氣讀下去」的講解《周易》的書給我看，其中的語言確實有點插渾打科，

很無哩頭，很好玩，但作者對《易經》的整體把握還是很成問題，甚至問題很大。我翻完全書，就記住了一個講「得位」例子很有意思。他說得位的感覺，就好比一個學校有六層樓，男同學和女同學都在裡面上學。男廁所在一三五樓，女廁所在二四六樓。教室在一三五樓的女同學如果要上廁所，就必須到二四六樓去，就要下樓或者上樓，就很麻煩，這就是不得位；如果教室在二四六樓，那女同學上廁所就很方便，不用上下樓，這就是得位。這個比喻不太雅，但很形象，便於理解。陰爻處在陽位就很麻煩，陽爻處在陰位也很麻煩，所以陽爻要處陽位，陰爻要處陰位，這就是「得位」的道理。

乾　卦　　　既濟卦

我們看乾卦是六爻全剛，《易經》六十四卦，乾卦是首出之卦，所以叫做「首出庶物，萬國咸寧」。六爻全剛，在「得中」和「得位」的原則上講起來就很麻煩。按照上面的說法，二、五爻都是得中的，但是二爻得中而沒有得位，五爻是既得中又得位。所以在乾卦中，二爻的爻辭是「見龍在田，利見大人」，龍還在地上爬呢，位置上還不是很好，還飛不起來。只有到了第五爻的時候，稱為「飛龍在天」，這個位置就非常好了。乾卦第四爻同樣如此，「或躍在淵」，如果處理得好，就可能跳將起來，進到九五的位置上，但稍有不慎，也很可能落到深淵裡面，很危險。初爻雖然得位卻沒有得中，所以叫做「潛龍勿用」，要悄悄在家閉門修煉，不能顯山露水。上爻是又不得中又不得位，那就叫「亢龍有悔」，就不好。

那麼，我們來畫一畫，看看哪一個卦象是既得位又得中呢？初爻是陽位，就畫根陽爻；二爻是陰位，就畫根陰爻；依此類推，一陰一陽之後，畫出來的是什麼卦？既濟卦嘛。

既濟卦是《周易》六十四卦中倒數第二卦。這個卦的每一爻都處在得位的狀態下，同時上下卦的中爻也都得位，這個看起來很好，很完美啊。既濟卦的上卦為坎，代表水；下卦為離，代表火。這個卦的卦象就稱之為「水火既濟」，你有事情時打到這個卦是比較好的，一定會有人幫你，能夠互相周濟，事情就容易辦成。

乘承，主人坐的是哪輛車

　　但是，我們翻到既濟卦的卦辭看，是「亨，小利貞，初吉終亂。」這個還是不圓滿啊！我們現代人的欲望都很大，估計都會不滿足於這個「小利貞」，在小事情上還不錯，那大事情咋辦？我們都是辦大事的人呢，現在撿垃圾的人，也都想撿成個垃圾王呢！更何況，後面還有一個「初吉終亂」在那裡嚇著你。還不如打個乾卦，來個「元亨利貞」，這多爽啊！為什麼既濟卦每一爻都是又得位又得中，反而「利」得比較小呢？這就說明在判斷易卦時，還應該有一些參考指標。所以，下面我們再介紹一個概念，叫做「乘承」。《繫辭》的這句「剛柔斷矣」，還要通過「乘承」才能判斷這個卦是好還是不好。

　　簡單地說，乘就是乘坐的意思。剛乘柔，就是陽爻坐在陰爻上面；柔乘剛，就是陰爻坐在陽爻上面。承就是承擔、承受的感覺。其實這個「乘承」只需要一個就可以了，剛乘了柔，柔一定就會承剛；反之柔乘了剛，剛一定是承柔。所謂「剛乘柔則順，柔乘剛則逆」，我們做一件事情，如果發號施令的人有主見、有決斷，而處於下位的人也不七拱八翹，是很順從聽話去做，事情就能順利。如果處在上面的人性格優柔寡斷，左右不定，處在下面的人卻性格剛烈，一意孤行，那一起做事情就會不順，就是逆。這樣看來，既濟卦的初爻和二爻之間是柔乘剛，二爻和三爻之間又是剛乘柔，發展到最上頭又是柔乘剛，結果就不太好。所以既濟卦的卦辭說「初吉終亂」，就是從「乘承」上判斷出來的。

　　我們做一件事情，打出了一個既濟卦，雖然整個感覺不錯，但是要看是哪一爻在動。如果動在中爻，就比較好。如果位置不好就要小心，往後走就要注意變化。《易經》的卦，都不是死卦，是要指導人具體怎麼做的。如果打到了這個卦，會看這個卦，我們在應對事情的時候就有了處理的方法，對比較吉祥的部分就儘量發揮，對比較不利的部分想辦法儘量避免，所以要活學活用。

　　我們這裡講了判斷卦爻的幾個基本原則，就是得中、得位、乘承的道理。「剛柔斷矣」，就是要用這些方法、原則來判斷。《易經》六十四卦，每一個卦都有卦辭、爻辭，那些卜卦的專業人員會花很大的功夫把這些都背下來，我們一般人卻做不到。做不到怎麼辦呢？照樣可以打卦，雖

然記不住卦辭，但可以通過對剛柔位置的判斷，看其是否得中？是否得位？是乘剛還是乘柔？這樣就可以對一個卦象做基本的判斷，看它到底吉與不吉？看它變化的路線是否符合自己內心的想法？看其結果是否符合自己的計畫、符合自己的要求？這就是對「剛柔斷矣」的感覺。

這一段對於學易是非常重要的。我把這些關鍵的地方都點出來了，不像一些易學大師藏得很厲害，一到關鍵地方就說得天花亂墜、似是而非的，讓你頓時覺得這個東西風雲莫測、深奧無比。其實，這些原則都是很簡單的，是符合我們的基本常識的。所以，《易經》是易嘛，應該是容易學習的經典，都是非常簡單的道理，並不是難經。

同群者孚，異群者應

我們再看下一句「方以類聚，物以群分，吉凶生矣」。其實，這裡面又包含了另一個判斷的原則。大家一定要把下面這句話記住，就是「同群者孚，異群者應」。這個「孚」，有信服、誠服的意思在裡面，「應」就是呼應的意思。

「方以類聚，物以群分，吉凶生矣」，用我們日常的經驗來體會的話，也很簡單。這個世界上物種各有各的類，人也要分不同的群體、種族。黑種人、白種人、黃種人，都從屬於不同的種族，有不同的地域劃分，這就是「方以類聚」的感覺。但放在易卦上，我們又怎麼來體會這個「方以類聚，物以群分」呢？

《易經》中的剛陽、陰柔各是一群，性質不一樣，所以要以群分。以既濟卦來看，為什麼叫既濟呢？是因為它各爻之間互相都有周濟，這就是「剛柔相濟」這個成語的由來。我們從上下卦、內外卦，或者從前後卦的角度來看，其剛柔各爻都應該是相互有呼應才好。我們撇開乾卦不談，因為它六爻純陽，是首出庶物，乾為天，天是什麼概念？根本什麼都沒有，無邊無際，看不見摸不著，完全是本體的感覺。而在既濟卦中，上下卦之間，上為水下為火，下卦的第一爻和上卦的第一爻，一陽一陰是相互呼應、相互周濟的；下卦的二爻和上卦的二爻，是一陰一陽，也是相互呼應周濟的；同樣下卦的三爻與上卦的三爻也是這樣的效果。

比如說我們要做某件事情，要做成一筆生意，下卦也可以說是內卦，是說明我們這個團體的內部環境，上卦可以說是外部環境。如果內、外環境都能相互呼應、協調，這件事情就肯定做得成。所以，上下卦之間是要相互呼應的，這就叫做「異群者應」。如果下卦是陽爻，上卦也是陽爻，就對抗起來了，就不相應了。爻位上的相應，是指一四、二五、三六之間的呼應。如果相應的爻位上都是陽爻，或者都是陰爻，那就談不上呼應了。

我們舉例來說，大家都知道唐代的和親政策，都知道文成公主進藏的故事。唐朝中央政府為了和吐蕃搞好關係，就把文成公主嫁到了西藏去，使漢藏民族之間，保持了相當親密的關係，對漢藏民族的和睦共處和文化交流，起到了非常積極的作用。但我們想一想，如果吐蕃當時是個女藏王，那唐朝就不可能把文成公主嫁過去，可能就要派一個帥哥過去了。所以，要「異群者應」才行，不然就要頂牛犯沖。在現代社會的群體當中也是如此，不同的社會組織，職能不同，性質不同，互相間要有呼有應才行。異群者要相應，那就是吉祥的；如果不相應，就會各行其是，容易抵觸，那就不吉祥了。

那麼，「同群者孚」又是什麼意思呢？就是說同一個群體的內部，要相互誠信，相互理解，乾坤二卦就是最好的代表。因為乾為天，包容一切、涵蓋一切，所以天地萬物都在乾卦裡，都是同群。乾卦六爻皆為純陽，所以整個乾卦都是相協調的。坤卦同樣如此，也是「同群者孚」。所以，乾坤二卦是所有易卦中最重要的卦象。《易經》六十四卦，沒有最好的卦，也沒有最差的卦。有種說法是六十四卦中謙卦最好，如果一個人隨時隨地都有謙卑處下的精神，就會吉無不利。但是，這畢竟是後天的東西，和乾坤二卦還不在一個重量級上。

基本上說來，「方以類聚、物以群分，吉凶生矣」，就是這麼一個感覺。從前面的「天尊地卑」到這裡的「方以類聚」，都說的是「乾坤定矣」之後，我們怎樣通過剛柔陰陽的變化，來體會和判斷易卦中所蘊含的吉凶變化規律。

把自己放到天地萬象中

「在天成象，在地成形，變化見矣」，到了這裡，實際上是一個小結。上面說的這一切原則，在天上就顯現成為天象，我們晚上往天空一看，天象就是日月星辰；在地上就顯現成為地形，就是地上的山川草木。象和形，在一般情況下是可以通用的，象形、形象都說得通。這裡有點微小的差別，就是象的距離可以比較遠，所以說觀象，一般是遠觀，是不可觸摸的，天象看得見卻摸不著。形，就是伸手可觸、可摸，可以抵達的東西。象比形的感覺更虛一點，模糊一點，不是很具體；形呢，方形圓形，總之是有具體的形狀。當然現在不一樣了，神六（譯按：神州六號）、神七也上天了，太陽雖然摸不到，但月亮總算是可以摸得到。但是，這些天象也不是普通人可以摸到的，只有那麼幾個宇航員才能摸到，所以天象日月星辰，基本上還是不可觸摸的。

所以，《易經》的精神，就是一種道法自然的精神，沒有那些玄之又玄、神神怪怪的東西。

佛教經常說佛性，佛性是什麼東西呢？佛性就是「在眼曰見，在耳曰聞，在鼻聞香，在口知味，在手執捉，在足運奔」。眼睛有看的功能，耳朵有聽的功能，手是用來抓握東西的，腳是用來走走跑跑的，這些自自然然的就是佛性的體現，一切現成，都是明擺著的。易道的變化也是同樣現成，同樣簡單明瞭。過去有人問善會禪師：「如何是夾山境？」就是說，什麼才是祖師禪的境界呢？善會禪師說：「猿抱子歸青嶂裡，鳥銜花落碧岩前。」很清楚啊！猿猴抱著自己的孩子跑到樹林中去了，一隻小鳥銜著一朵花飛到岩石下邊來了。這就是一切現成！佛法的精神和易道的精神是一味一體的，所以「在天成象，在地成形，變化見矣」，大道本體的力量，都是通過這些自然變化顯現出來的。

乾坤定，一切才搞得一定

下面我們來做個小結。「天尊地卑，乾坤定矣。」乾坤作為《易經》首出的二卦，表明了天之高遠和地之深厚，一切萬物都在天地之間成住

壞滅、生老病死。「卑高以陳，貴賤位矣」，講的就是乾坤二卦以及《易經》的易卦、六爻在位置上的差別，有高下主從之分。通過對「位」的體會，就要我們在社會生活當中，在人事關係中知位、守位，不越位、不錯位。

「動靜有常，剛柔斷矣」，對這句我們講得最多，實際就是易道的動靜變化自有其恒常的規律性。認識易卦變化的吉凶禍福，要從剛柔陰陽二氣在易卦中所處的位置和相互間的作用上來判斷。這就涉及到我們剛才講的一系列「得中」、「得位」、「乘承」這些基本原則。「方以類聚，物以群分，吉凶生矣」，就是我們剛才講的「同群者孚，異群者應」的基本原則，就是要在同群之間相互誠信，在異群之間要相互呼應，這樣才會吉祥順利。我們把這個「孚應」的原則和上面「得中」、「得位」、「乘承」的原則結合起來，就可以對一個易卦以及它的爻位進行綜合判斷。

「在天成象，在地成形，變化見矣」，是一個總結，說明乾坤二卦乃至於整個《易經》的群卦，並非是古人關在屋子裡憑空臆想、主觀發明創造出來的。易道在天地間是現現成成、清晰明瞭的。古代聖人用一種最簡單、最樸素，同時又是最深邃、最完備的象數之理，來描述天地、天道的自然運化，同時將這種變化規律運用到我們的社會人事之中和人的精神內在變化之中。正因為易道的精神來自於天地變化的根本規律，所以它才能正確指導我們的人生觀和宇宙觀，讓我們在天地之間、社會人生當中，找準自己的位置，找到自己生而為人的價值和意義。

我們從「天尊地卑」一直講到了「在天成象，在地成形，變化見矣」。我們說，易道首先要強調的就是定乾坤。只要乾坤定了，一切都好辦。

區分了天地，定了乾坤，後面才有「動靜有常，剛柔斷矣」這些。天地乾坤產生變化以後，吉凶禍福也就有了一系列的判斷標準和原則，總結起來，主要有幾個判斷的標準，就是得中、得位、乘承和孚應。這些所有的變化，都不是我們主觀臆測出來的，不是上古聖人坐在家裡沒事做，編了一些框框來耍。我們看到天上的日月星辰，的確是這樣變化的；在大地上看到春夏秋冬、看到一年四季隨著時間流淌，萬物也都發生相應的變化，都是自然形成的。只不過，我們上古的聖人是從這些現象中總結出了易道的規律而已。這就是「在天成象，在地成形，變化見矣」。

八卦畫的不過是現成世界

我們接著來講下一段:「是故剛柔相摩,八卦相盪,鼓之以雷霆,潤之以風雨;日月運行,一寒一暑。乾道成男,坤道成女。」

平時我們常說「易經八卦」,這裡就需要講引申出一套和八卦有關的概念了。你要談《易經》,最重要的學問就是八卦的學問。八卦是怎麼來的呢?我們在《繫辭》的第二章裡面很快就可以學到,易經是「聖人設卦觀象,繫辭焉而明吉凶,剛柔相推而生變化」得來的。聖人就是通過觀察自然現象,一陰一陽畫成卦,並且用言辭表達出吉凶變化來。

具體來說,萬事萬物都有象。任何東西都有大小、高矮、長短、胖瘦、顏色等等,這些都是象。易經的創造者,我們的遠古聖人,就是從萬物的象中歸納出了八個最明顯,也是最基本的卦象。這八個卦是以抽象的陽儀和陰儀組成並表示出來的。《說卦傳》中說「觀變於陰陽而立卦」,八卦就是通過陰陽變化建立起來的,所以每個卦都有它的卦象,也有它的爻象。上節課我們說過,「象必具數,數必居位,無象不足以言易。」《易經》最大的特點,就是通過觀象來預測宇宙人生的變化,同時納入人事的變化當中。《易經》的八個卦是我們的遠古聖人概括總結的天地間八個基本現象。不管是古代,還是今天,《易經》的八個卦仍然是人類感官所能感受到的最基本、也是最顯著的八個自然現象。讓我們具體來看看這八個卦:

☰ 乾卦

乾卦,乾為天。古人通過觀察,覺得這個世界上最了不起、最厲害的、最高最大、最令人敬畏、最不可捉摸的東西,就是頭頂上的天空。天是無時不在的,我們人類能夠面對的一切事物,都是在天空之下,沒有能夠超過天的範圍。西方的《聖經》裡面有個故事,人類想造個通天塔,想和上帝平起平坐。人類的力量很大啊,智慧也很高啊,當然欲望也是無窮無盡的。眼看通天塔就要造起來了,上帝看到後很緊張,怎麼辦呢?上帝就通過把語言變亂的方式,讓人類各民族的語言產生混亂,語言一混亂,思想就混亂,矛盾就產生,於是集全體人類智慧的通天塔也就建不成了。就是因為人類裡面形形色色的人都有,形形色色的語言都有,形形色色的心思都有,所以就不可能回歸於天,也超不出天的範

圍。

中國人敬天的理念，在全世界範圍內都是很出名的。在我們傳統的政治結構裡面，皇帝最大，最了不得，哪個都管不了他。君要臣死，臣不得不死。但是有個東西能夠管住皇帝，就是上天。皇帝自稱為天子，擔負著代替老天爺管理我們天下蒼生的責任。現實中雖然沒有哪個能管住皇帝，但是幾十年後，老天爺把你收了去，未必就有好果子吃。皇帝做得不好，比如歷史上那些荒淫無道的皇帝，子孫後代都會被人戳脊樑骨。所以，皇帝誰都不怕，但在老天爺面前，還是要保持敬畏之心。天下出現了自然災害，不管是地震還是洪水，皇帝就要降「罪己詔」，要在老天爺面前懺悔，覺得是自己政績沒有做好，沒有把國家管理好，所以天老爺降了罪。

所以乾為天，天最大。乾卦在《易經》的六十四卦中，乾卦首出。所謂首出，它是萬物的開始，是一念未發的那個狀態，《易經》的其它各卦都是從這裡生發出來的，後面我們會繼續談到乾卦的卦德和精神內涵。乾卦的精神就是天道的精神，它無所不在，但是又看不見摸不著。乾卦的具體象徵還可以引申到很多東西上，它不僅代表天，在人類社會也代表君王；在一個家庭裡面，代表的就是父親，是家長。乾天有自強不息的特點，古人講龍馬精神，乾卦也代表龍馬。總之，乾卦既有非常抽象的精神，也有非常具體的象徵物。

所謂的坤卦，可以說是乾卦的另一面，是乾卦的影子。坤卦在《易經》裡面，最大的象徵物就是地。我們看《道德經》裡面有這樣的句子：「人法地，地法天，天法道，道法自然。」天對人來說已經是最高最大的了，除了天之外，人能體會到的最親切自然的就是大地。這就是坤卦的產生。

☷ 坤卦

乾為天，坤為地，以及後面要講到的六個卦的象徵物，大家都需要記住。因為後面的學習涉及到每一個卦，往往都是用這些象徵物來代替的。比如乾坤二單卦重疊，乾在上坤在下，就是否卦，叫做天地否。重卦的上下卦，都是通過八個單卦的象徵物來表達的，所以大家要記住。我們說，大地是人類除了天之外最重視也是最依賴的事物。如果說天像父親一樣高高在上，充滿了威嚴，大家有敬畏的感覺，那麼大地就可以

用母親來形容。大地提供給人類一切生活資料，成為人類的依賴。在古希臘的神話裡面有個故事，地神該亞有個兒子叫安泰，用現在的話來說，也是個到處打架鬥毆，惹是生非的主兒。他出去和人家打架，只要打不贏了，就往地上一躺，他的精神力量馬上源源不斷地得到補充，再起來和人家打的時候，就無往不勝了。後來別人曉得安泰這個特點以後，就有意識把他和大地隔開，把他舉到空中，結果輕而易舉就把他收拾了。

其實，這是個象徵，象徵人類是離不開大地的。人如果兩腳離地，心裡馬上就會發虛，有些人甚至會有恐高症。我們何局長就說，他坐飛機到九寨溝，就是因為雲層厚，顛簸得很厲害，從此就有點恐高，有點怕坐飛機了。這大概是心理學的範疇，這種心理如果非要尋根溯源，那麼心理原型可能就要歸到古希臘這個神話之中。這就是人們對大地的直接感覺。

然而，作為大地之子，人類的存在似乎是蠻不講理，橫行霸道的。我們現在的人類，吃喝拉撒不說，還把整個大地搞得千瘡百孔。比如到處開採石油，搞得油價一會兒漲一會兒跌，總之，給我們惹了不少麻煩，中東地區的混亂、戰爭，很大程度也是由石油而起。人們到處開採石油，到處挖掘礦山，今天上午我們還一起聊到了水壩的問題。現在到處都在修水電站、築高壩、污染河流、破壞森林植被、濫捕濫殺野生動物……人類在大地上做了這麼多壞事，把大地的資源索取殆盡，但大地呢？它本身是沒有任何怨言，總是默默地承受這一切。所以坤為地，它所表現出來的，就是厚德載物的一種精神、一種寬容博大的胸懷、一種柔順沉靜的品格。

現在也有人說，前一段時間的512大地震，造成那麼大的災難，死了那麼多人，就是大地對人類的報復啊！實際上，這個觀點是很牽強的。本質上來說，這次大地震是喜瑪拉雅造山運動，幾千年的板塊運動在龍門山脈積聚的應力突然爆發的結果，這個能量太巨大了。現代人如果不動用原子能，恐怕還沒有這個本事引發這樣大級別的地震。我們要一分為二地來看這些事情，不要動不動就說天災源於人禍。如果僵化地認定天災一定源於人禍，那在古地質年代，比如說冰河時期的地質大變動和物種大滅絕，跟人有什麼關係呢？這就說不過去了。不過話又說回來，在大地上，人類真的是無法無天，欲望無窮，沒有一個限制。總的來說，大地對於生活在它上面的生命，也都在默默承受，沒有對人類產生抱怨，

這就是坤卦體現的精神。

那麼，乾坤二卦對於我們來說又有什麼意義呢？我們說，人要效法乾坤二卦的精神，但到底怎麼效法呢？

首先，我們的精神應該像天空一樣高遠、明朗、富有尊嚴、自強不息。天空那麼純淨，是不受任何污染的，雖然我們有時會看到烏雲密佈，會看到風霜雨雪，但是天空本身是沒有受到任何污染的。我們坐飛機有時看到雲層很厚很低，天氣很不好，但是沖出雲層，就會看到天空永遠都是那麼湛藍、那麼純淨。那麼，我們人的精神也應該像天空一樣，要隨時把我們心裡烏七八糟的東西、烏雲密佈的東西清除掉，隨時保持天空一樣澄明的感覺。

對於乾卦的精神，我們只能在自己精神的內部才能體會得到。如果把這種精神發之於外，在我們的行為上，我們就應該效法坤卦的精神，就是要柔順、要厚德載物、要含弘光大。坤卦說「牝馬地類，行地無疆」，大地就像一匹健壯的母馬，永遠腳踏實地，一步一個腳印地向著遠方的目標邁進。從我們修學的角度來說也是如此。首先我們的心量要廣大，佛教有這樣的說法：「心量廣大猶如虛空，取捨因果細如針頭。」心量廣大猶如虛空，就是乾卦的精神；取捨因果細如針頭，就是坤卦的實踐。我們做每一件事情，都要看清楚因果，哪些東西做得，哪些東西做不得。我們的每一個念頭生起之後，都要好好關注它，看它是好是壞，判斷這個念頭的善惡是非，要把握清楚是否讓這個念頭變成現行、具體落實到行動中去。這種細緻的觀察和修行功夫，就是對坤卦精神的體會。

說了乾坤二卦的由來和對人的啟示，我們繼續往下看。有了這個天地，就會生發萬物。乾坤就像父母一樣，通過乾坤二卦的相互作用、相互施受，就產生了其它各卦。除了天地之外，什麼東西對我們來說是最顯著的現象呢？下面就涉及到了離卦和坎卦，它們分別代表的是日和月。

☲ 離卦

易經八卦，其實就是從天地出發，把與人類有密切關係的一些現象進行符號化，總結出最基本的八個單位。離為日，太陽只是離卦象徵的一個具體物象。離卦更重要的特性，我們在後面學習易卦的時候會強調，它更重要的是代表一種能量。這種能量和太陽密切相關，首先是它的熱能，其次是光能及其引申意義，所以離又為火。大家更願意說「離為火」，

具有熱能和光能，有時又可以為閃電，閃電主要表現的是離卦含有的光明性能；甚至於，它還可以表達一些抽象的概念。比如離卦還有文明之意，因為它有光明照耀的原義，而人類文明，就是用文化之光來照耀人類的生活，人類的精神是因為文明才產生的。而從個人精神的角度出發，離卦又代表人的精神中光明的一面、明明了了的一面。我們每一個人精神中能清楚明白一切事理的能力，就是離卦所賦予的。所以，不管是東、西方的哪個民族，在遠古時期都會有太陽崇拜，因為太陽帶來光明，帶來溫暖的熱能。這就是離卦的感覺。

☵ 坎卦

坎為月。在《易經》的理論中，月也只是一個具體的象徵物，坎卦更能體現的是月所表現出來的性能。所以坎卦又為水，為寒，是一種寒冷、陰性的感覺。坎卦在八卦裡面是陽卦，所謂陽卦多陰，陰卦多陽，坎卦中間只有一根陽爻，稱為坎中一陽，給人的直觀感受最明顯。但是從整個卦象上來說，它體現的又是陰性的事物，坎卦也代表著隱伏之象，它是藏著的；同時，它又代表危險的感覺。我們在太陽之下，在離卦當中，就感到溫暖、明亮，沒有危險的感覺；但是在晚上，在月亮下走路，四周影影綽綽的，就自然會小心，要避免在陰影中磕磕絆絆。坎卦還有陷落的意思，坎險坎險，我們常說什麼事情要翻過這個坎，就有這種感覺。

不管是乾坤，還是離坎，我們接下來會發現，八卦都是成對出現的。除了天地、日月以外，給人類精神產生很大影響的，尤其是對古人來說，感到震撼最大的自然現象，就是風雷二象。

☳ 震卦

我們先說震卦，震為雷。在國慶前有幾天，成都晚上打雷很嚇人，大成都地區甚至還有幾個人被雷電打死了，讓人切身體會到了天地間這種巨大能量釋放的可怕，具有極大的威攝力。在古希臘神話裡面，大神宙斯為什麼那麼厲害，可以成為眾神之神？就是因為他掌握了雷電的力量。

在東、西方文化裡面，的確有很多觀念上很不一樣的地方。在古希臘的眾神中，神的階位是由力量大小顯現出來的，而東方的說法是「聰明正直，死而為神」，中國的神靈世界中，是以德行高低來排位的。不管

是太上老君還是玉皇大帝，只有德行到了一定的程度，才能坐到一定的位置上。西方就不一樣了，是力量取勝。所以古希臘的神靈，有時候會讓我們感到不可思議、啼笑皆非，他們的七情六欲、貪嗔欲望比凡人都重，做出了很多讓我們普通人都覺得很不齒的事情。比如美神阿芙羅狄蒂，動不動就與其他諸神通姦；最高的大神宙斯呢？他只要一看見人間美女就要下手，而且手段很下作，一會兒變成天鵝飛下來把人家姦汙了，一會兒又變成一頭奶牛去靠近、引誘人家良家少女；還有宙斯的老婆——女神赫拉，簡直就是宇宙間最大的嫉妒婆，她把老公看管得比啥都嚴，凡是跟宙斯有染的，不管是天上的女神還是凡間的美女，統統都要遭到殘酷的報復。

總之，從這裡就可以看到，東西方文化的差別確實很大。這個大神宙斯的力量之所以非常強大，就是因為他能控制雷電，天上諸神都怕他。當然凡人就更怕他了，震為雷嘛！所以雷電對我們人類的影響也是顯而易見的。雷電可以引申為龍，取龍為象，可能是古人覺得電閃雷鳴之中，天上雲層間的閃電劃過，彷彿龍紋。乾卦裡面也在談龍，但要注意，《易經》中的象並不是死象，是要在具體環境中解釋不同的象，所以又有「易無達象」之說。

☴ 巽卦

下面說巽卦，巽為風。風可以說是自然界中流動性最強的自然現象了，它和水的流動不一樣。水的流動，總會有個線路，河流有河床的限制，洋流有海岸的限制。但是風的流動在天空中，是沒有什麼限制的，可以四處任意地吹動。對於古人來說，這也是顯而易見的現象。人們對風的體會，除了吹到自己身上有感覺以外，還可以從其它事物上發現它的蹤跡。樹葉動了，風來了；風吹草低，風來了。所以巽卦不僅為風，也為木，想來跟樹木隨風而動有關係。

☶ 艮卦

艮為山，兌為澤。艮卦在《易經》裡面是個很重要的卦，我們知道最古老的易經叫做《連山易》，如今已經失傳了。據說伏羲氏所創的《連山易》就是首出艮卦，是把艮卦排在易卦的第一位。在過去的傳說當中，中國人的祖先是從山上下來的。我們四川也是如此，古蜀人是從川西高原，從阿壩州的茂、汶一帶沿著岷江河谷一步步遷徙到成都平原上來的，

所以，高山對我們中國人的祖先是很有「尋根溯源」的意義的。艮為山、為止，艮卦裡面有「遇山則止」的說法，它不僅是說行旅路上的事，更是說我們在心性修養中的事。在中國文化的傳統中，「知止」是非常重要的概念，《大學》裡面說「知止而後有定，定而後能靜，靜而後能安，安而後能慮，慮而後能得。」艮卦就提醒我們要知止，當進則進，當止則止。《易經》卦象中不僅有具體代表的象，更有抽象的意義。大家如果想要進一步瞭解的話，就要學習《說卦傳》，裡面就是講乾坤坎離震巽艮兌這八個卦在具體環境中所代表的不同的意義。還有，艮卦代表山，這個山也並不是我們狹義理解的山，在易象中，大塊的陸地有時候也用艮卦代表。

☱ 兌卦

兌為澤，古時荊楚有雲夢大澤，就可以用兌卦來代表；同時，地球上的海洋、河流，也都可以用兌卦來代表。那麼，這個兌卦還有其它的象徵意義，比如為悅、為口、為金等，在不同的環境中代表著不同的象，這裡我們就不多說了。

上面就講了八個卦的基本來源。這八個卦是整個《易經》卦象的基礎，是由最基本的八個象徵符號所形成的一套象徵體系。但是，要具體運用，單八卦還不行，必須要兩兩相重，通過六根爻的重卦才能反映社會人生的方方面面。總之，這八個單卦只是一套符號，用來代表天地間對人類最直觀、最密切、最具代表性的八個自然現象。

你的身體也有「八卦」

我們古人講，天地大宇宙，人身小宇宙，這八個卦在人體上又是怎麼來體現的呢？實際上，把八卦運用於人體，也各有具體的所指。比如我們的腦袋就是乾卦，頭為乾，因為乾卦是老大，產生一切，指揮一切，當然就是腦袋了；坤為腹，肚皮是最能含藏東西的，體現了坤卦的收藏之功能。其它還有震為足，巽為腿，離為目，坎為耳，艮為手，兌為口。

為什麼震是足呢？我們學武術的朋友知道，出拳時要震腳，才能很好地發力。腳抬起來往地上這麼一沉，這股力量就通過腰腿傳了上來，

就能在拳掌上爆發出很大的勁道。震就有這種感覺。震為雷，雷只是它的一個自然象徵物，一個卦更重要的是它所體現出的功能、性能，而不單單是一個具體的象徵物。凡是由震動產生的功能、現象，統統都可以歸為震卦。比如我們敲門，如果是輕輕敲就不是震，而是艮；如果用拳頭使勁打門，動靜很大，就可以稱為震了。這一點要注意，要具體問題具體分析，要掌握各卦的實質意義，不能拘泥於文字與具象。在後期的八卦數術裡面，這些記熟了就更重要。比如有人急匆匆跑來擂你家的門，整得大門轟轟烈烈的，你馬上就可以起卦，上卦就是震卦，來者的方位就是下卦，這個時間就是動爻的位置，那麼整個卦就出來了，就可以通過卦象來判斷到底出了什麼事。如果你認為擂門是手在作用，把上卦起成艮卦，那結果就差一大截了。

巽為腿，巽的代表性象徵物是風，是來去自由的表現。人要想來去自由，肯定腿子要跑快點才行，所以巽為腿。這裡把震和巽分得很清楚啊，震指的是小腿以下腳掌的部分，它與地面接觸所以產生震動；而巽是小腿以上的部分，它的交替運動就能產生風一樣來去自由的效果。

離為目，就是說我們的眼睛具有離卦的光明特點。離為火，但是有火就有熱能，就有光明，我們人體最明亮的地方，當然就是眼睛；人體最具熱力的地方，其實也是眼睛。這個熱力不是指客觀的溫度，而是在情緒上、性情上的熱度，所以人們常常會用「火辣辣的目光」來形容那些處於熱戀狀態的人的眼睛。眼睛是心靈的窗戶，所以看一個人內心的靈巧程度、清淨程度、光明程度，往往一看他的眼睛就清楚了。

坎為耳，我們的兩個耳朵就是坎卦，確實也很形象。坎卦上下兩儀為虛，中間為實，就跟耳朵一樣，中間腦袋為實，兩耳為虛。另外，坎還有凹陷、曲折的意思，我們的耳朵凹陷，耳道曲曲折折的，的確也很形象。

艮為手，我們剛才說了，艮為山，為止，它最重要的性能就是止，遇山則止。我們常說一個人沒有定性，腳不停手不住，所以最容易犯錯誤的就是手。我們到青藏高原看那些在繞塔轉經的人，左手持念珠，右手持轉經筒，總之兩隻手是要用這兩種法器管住，免得去造惡業、下地獄，就是要你兩手不要亂動。

最後一個兌卦，兌為澤，為口，為金。我們的嘴巴很大，就像個沼

澤地一樣，什麼東西吃進去就不見了，一生不知要吃多少東西。我們常說沉默是金，禍從口出，所以我們把嘴巴管好了，那就是金口，你這個人就有含金量了。還有，兌為悦，你讓別人很快高興起來、喜悅起來的最好辦法，就是嘴巴乖一些，只要你說好聽的話，說別人愛聽的話，那你保證是人見人愛。所以，兌為口，人的嘴巴確實也太重要了。

這就是八卦在人體上的運用。我曾經看到過一個笑話，有人問學了八卦有什麼好處啊？有兩兄弟就說，嗨，好處大了！我們兄弟跑出去和別人打架，一向無往而不勝，因為我們一邊打一邊大聲商量：動艮啊！我打乾，你打坤，我二龍戲離，你雙風灌坎……當然這只是一個笑話。不過，以前的黑社會、會道門都有一套黑話，可能就是通過這些思路編出來的。我們看那些道家的丹經，五花八門的名詞術語滿天飛，真是玄之又玄的，其實，也就是把具體的物象換了而已。比如你說人體養生，重在調節心氣和腎氣，大家都覺得一般般，沒什麼感覺；但你換一個說法，說金丹大法，貴在乾坤鼎爐，取坎填離，保證你眼睛一下就亮了，就會覺得非常神秘！哎喲，道家的東西好了不得、好高深哦喲！實際上，七葉兄在給我們講《陰符經》的時候，已經把這些竅門給我們剖析得清清楚楚了，這些都是非常自然、非常科學的東西，後人故意把它搞得玄之又玄，神神秘秘的。所以，我們一再說《易經》並不難，它是從天地萬物自然現象中，從我們耳聞目睹的事物中，提煉出來的基本規律。

四面八方都是卦

八卦同時也有方位。剛才我們舉了例子，有人來敲門，根據來人的方位就可以推出卦象。比如他從東方來，代表的就是震卦。如果把門打得轟轟隆隆的，人又是從東方過來的，那上震下震，重卦也就是一個震卦；如果從北方來呢，上震下坎，那就是雷水解卦。下面，我們可以來畫一下八個卦的方位。

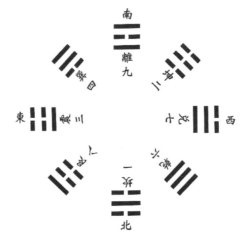

文王八卦（後天八卦）

　　以上是文王八卦，也有稱為後天八卦的。胥老師在太極賓館講《道德經與太極養生》的時候，給我們畫過伏羲八卦，那是先天八卦，也稱為先天太極圖。實際上，那個先天八卦反而是靠後的，這個文王八卦才是最早的八卦。之所以後來把先、後天八卦弄反了，它和歷史上的一些公案也有關係。所謂的先天八卦，是宋初的陳摶老祖創出來的，然後代代相傳，傳到邵雍那裡發揚光大。邵康節在易學中的地位非常之高，他把這個先天八卦的發明權上推到了遠古聖人伏羲氏的頭上，當然是為了讓自己的一套學術能夠在世上更廣泛、更長久地流傳。文王八卦是最公認的，也是最早的八卦圖。

　　本光法師、章太炎、王夫之他們一系，都認為先天八卦是偽作的，中間很多都經不起細推。當然，在邵雍的著作裡面，尤其是他的梅花易數出來後，看相算命運用先天八卦也很嫻熟，我們在這裡就不多說了。

　　文王八卦的方位是怎麼來的呢？為什麼是離南坎北？為什麼乾卦在西北位置，坤卦在西南位置？對此，章太炎先生有個說法，他說中國古人祭拜天地，是「**天祭北極，地祭崑崙**」。北極，指的就是北極星。我們地球有個自轉的角度，地軸始終對應著天上的北極星。過去有個說法就是「眾星皆拱北，無水不朝東」，古人觀察天象的變化時，發現只有北極星沒有轉動，其它星星一年四季都在運轉。在中國這個位置上看北極星，就是在西北方向。所以乾為天，乾卦就擺在西北方位。

　　坤為地，是因為「地祭崑崙」。崑崙山在古代，據很多學者考證，尤

其是我們四川道教學者王家佑先生考證指出，古代的崑崙山並不是我們現在說的崑崙山，而是指的川西高原上的岷山。王家佑先生還考證出，道教中所謂的西王母，也並不是一個人，而是岷山地區的一個部落，叫西王母族。這些考證的細節我記不清了，但它就把這個八卦方位的來歷解釋得很清楚了。乾居西北，坤居西南，所以我們四川這個地方，按照文王八卦的方位就稱為坤地。古書裡面經常說艮地如何、巽地如何、坤地又如何，都是根據文王八卦的方位來的。你不把這個八卦方位記住，就讀不懂這些古書。在風水書中也講二十四山頭，哪一卦是哪一地，這些東西如果對應看的話，也沒有什麼獨特的，就是把文王八卦的方位與陰陽五行、天干地支配合在一起的具體運用。

離代表的是火，作為中國人來說，最熱的方位就是南方。這裡我們也可以看出，文王八卦是站在中國，是以中原為立足點來確立方位的。正南是離火，正北是坎水，中國的極北之地在古代稱為瀚海，極北也是非常寒冷的地方。東方為震，春雷一響，萬物復甦，是因為乾陽在群陰下震動，陽爻一震，萬物萌動。西方是兌，兌為金，西部地區，歷來是礦產資源非常豐富的，中國古代要冶煉金屬，就要從西部去運礦產資源。艮為山，居東北，東北多山林，現在中國也只有東北的山林裡還有老虎出沒了。巽為風，居東南，東南沿海多風，每年都會有很大的颱風預警，前一陣颱風「黑格比」登陸廣東沿海，也造成了不小的災害。

所以我們看這一套八卦方位，是古人所總結出來的非常樸素的一套東西，是很客觀、很容易理解的觀念。

不同的位置感

剛才有同學問，文王八卦的方位為什麼完全跟我們現代的地理方位是相反的？實際上，也只是畫法不同而已，東南西北代表的位置是完全一樣的。如果我們願意的話，也可以顛倒來看。東南西北是平面的，我們隨便怎麼轉都可以，只不過呢，我們現代的地理繪圖方式是來源於西方。奇怪的是，西方文化和東方文化的東西好多都正好相反，思維方式也是如此，真有點「一陰一陽之謂道」的感覺，從畫圖上來說也是如此。

這也是很耐人尋味的東西。我們在座有雅興的話，就這個問題進行比較文化學上的研究，一定是一個很好的博士論文題目。

雖然畫在圖上的方位不一樣，實際應用起來，東西南北並沒有換方向，仍然是一樣的。上面所說的八卦的方位，我們一定要記熟。

我們剛才說震卦代表東方，它還代表春天；離卦在南方，代表夏天；兌卦在西方，代表秋天；坎卦在北方，代表冬天。

剛才也有同學說，還看到一種八卦圖，上面是乾卦，下面是坤卦，左邊是離卦，右邊是坎卦，是怎麼回事？那就是我們剛才提到的所謂的先天八卦圖。這個圖實際上是宋代以後直到明代才形成的，因為邵雍一系的易學家們為了推行邵子的學術，就把這個八卦圖安在伏羲氏的頭上，並把它推崇為先天八卦圖，反而文王八卦，這個正宗的周易八卦圖變成後天八卦了。

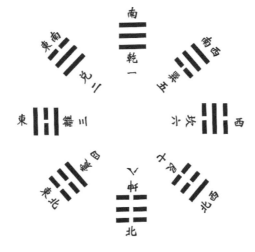

伏羲八卦圖（先天八卦圖）

先天八卦圖排列很漂亮，各卦也是對稱的。上面是乾，下面就是坤；左邊是離，右邊就是坎，總之這八個卦一一對應，很有秩序感。後來的說法是，伏羲八卦講對待，就是各卦是兩兩相錯，一一對應的；而說文王八卦講流行，一年四季、春夏秋冬是一氣流行，一氣呵成的。我們上一節課講到了易氣、卦氣，這是很難讓西方人理解的東西，古代也常寫作「炁」，現在的字典上已經沒有這個字了。天地萬物的背後有一種無形

的力量在推動著自然界的變化，這個力量古人就稱之為「炁」，文王八卦體現的就是這種變化規律。所以在運用方面，還是文王八卦最實在。不管是在中醫裡面，還是在天文曆法裡面，都用的是文王八卦。

我們這本教材上的文王八卦圖邊上還有個注解，邵雍說：「此文王之卦，乃入用之位，後天之學也。」他自己在這裡也承認了，他的這一套先天八卦方位，其實是擺著玩的，漂亮好看，卻大而無用。但是，在先天八卦方位的基礎上形成太極圖以後，這個圖就非常流行了，就是胥老師在太極賓館講的那個「最完善的太極圖」。

後天八卦為用

關於這個太極圖，我估計是明代才形成的。明代來知德的易學是最講究圖形的，來知德的易卦圖顯得比這個先天太極圖還要原始一些。他的書中介紹了明代書法大家任道遜的「太極心性圖」，說是傳自宋初陳摶。但是，在宋代連傳承和發揚陳摶之學的邵雍、周敦頤都沒見過這個圖，這就說不過去了。

估計在宋代這個太極圖還沒有成形，我們看周敦頤的《太極圖說》裡，完全是一個由框圖組成的進程圖，裡面運用了圭峰禪師的阿賴耶識圖。它就是一陽一陰，一陰一陽，最外面一圈是前五識，依次是第六識、第七識，最中間這一圈白的，就是第八識阿賴耶識。周敦頤太極圖的第二個圖就是這個圖。所以，後來出現的陰陽魚的這種太極圖，應該就是從這個阿賴耶識圖衍化出來的。年代上比來知德早一些的任道遜，他精於書畫，遊心於道學，以他的才學和書畫天賦，在前人的基礎上創製出這個「最完美的太極圖」，是極有可能的。如果瞭解了易學發展的歷史，關於這個太極圖的衍化，你就會有一個基本的脈絡。

我們講周易的八卦方位，一定要從文王八卦中來，再配以陰陽五行、天干地支，這樣就可以應用無窮，變化無窮了。

文王八卦與五行配合，東方春天甲乙木，南方夏天丙丁火，西方秋天庚辛金，北方冬天壬癸水。文王八卦也各有其數，這個數的序列來源於《洛書》，一坎、二坤、三震、四巽、五中、六乾、七兌、八艮、九離。

這個數配合得非常好,有一個順口溜可以幫助我們記憶:「一數坎兮二數坤,三震四巽數中分,五寄中宮六乾是,七兌八艮九離門。」

漢易卦氣之學裡面講四正卦,除開坎離震兌四卦代表一年四季之外,再把《易經》其餘的六十個卦平分到一年中,每一卦代表六天零七分,非常清晰和完整。一年的二十四個節氣則是用四正卦的每一爻來代表。如果用先天八卦圖來看,就完全沒有辦法運用到天文曆法中來,因為代表春夏秋冬的四正卦都不對頭了嘛。我們這裡只是點一下,想往深處學的同學,下來後可以參考各種書籍研究一下。我們初學者,現在只要把八卦代表的基本方位和基本物象搞清楚就行了。

相親相愛一家人

我們下面繼續學習原文。「是故剛柔相摩,八卦相盪。」我們上一節課反覆強調了,凡是涉及到剛柔,就要想到是陽陰二氣,剛是陽氣,柔是陰氣,陽陰二氣交相摩擦,交相作用,剛柔相摩,就產生了《易經》的基本卦象。

首先是乾坤二卦,乾卦首出,沒有什麼說的。乾卦的反面就是坤卦,所以乾坤是一體的,跟手心手背一樣。我們在座學佛的同學很多,我們可以來打個比方:乾就是空,坤就是有。後面說「乾知大始,坤作成物」,所以乾是開端,就是空,是產生物質的基礎;但是空、有又是不二的,沒有「有」,就體現不出來「空」,所以坤就是有,就是萬物各具之形態。這個我們下節課還要詳說,慢慢來體會。乾坤二卦相互作用,乾陽入於坤宮產生的第一個卦就是震卦。這一陽繼續上升,到了中間就成了坎卦;再上升就是艮卦。而坤陰入於乾宮,產生的第一卦就是巽卦,一陰升到了中間就是離卦,再上升就成了兌卦。

坤母　　　乾父

兌離巽　　　艮坎震

兌少女　離中女　巽長女　艮少男　坎中男　震長男

得坤上爻　得坤中爻　得坤初爻　得乾上爻　得乾中爻　得乾初爻

文王八卦次序圖

過去有種說法，乾卦是父卦，坤卦是母卦，八卦就像一家人一樣，由父母生了三男三女。初爻在下面就是震卦，是長男，坎卦是中男，艮卦是少男。巽卦是長女，中女是離卦，兌卦是少女。這就是三男三女的說法。在中醫養生和道家的修煉中，是特別講究坎離二卦的，因為二者為中男中女，位居南北之正。所謂取坎填離，就是把坎卦中的一陽取出來，填到離卦中的一陰處。離卦得了這坎中一陽，就變成了純陽之卦，即乾卦；而坎卦得了這離中一陰，就變成了純陰之卦，即坤卦。純陽純陰實際上是一個東西，道家修煉最後要達到純陽之體，就是坎離相交的結果。這就是剛柔相摩的感覺，陰陽二氣相互轉化就產生了八個單卦。

八卦相盪是什麼感覺呢？在注易的各家中有不同的說法，我們在這裡可以理解為六十四個重卦的產生，就是這八個單卦「相盪」的結果。八卦相盪，是非常形象的說法，就是八個基本卦相互像盪鞦韆一樣交互重疊。我們以乾卦為例，它可以對其它七個卦起到作用，這麼盪上一圈。乾卦盪到坎卦上，就形成了天水訟卦；盪到艮卦上面，天山就是遯卦；再盪到震卦上面，就是天雷無妄……這麼一圈盪下來，就產生了八個重卦。坎卦同樣如此，依此類推，八八六十四就是這麼產生的。

本光法師在這裡的見解稍有不同，他老人家純粹講的就是相對立的兩個卦互相推盪。比如坎卦和離卦、震卦和兌卦，只是在這四正卦之間才相互「撞盪」。這裡雖然有不同的說法，但是關係不大。從六十四卦的形成來說，各家的方式雖然不同，但最終總是要形成六十四個卦。我們在這裡也不做定論了。

陰陽消長，風雷動盪

下面一句「鼓之以雷霆，潤之以風雨」。這句講的就是震巽二卦，震為雷，巽為風嘛。鼓之以雷霆，一陽入於坤宮，通過在下的鼓盪之後，產生了雷震的作用，形成了震象。潤之以風雨，則是一陰入於乾宮，消散其上之陽氣而形成風雨，這就是巽卦。

「潤之」這兩個字，大家感覺有點熟悉吧？毛潤之嘛，毛澤東的字就是從這裡來的；而且，潤之就是澤東，巽為東南之卦，所以從名到字，都來自於《易經》，可見這個名和字都是很宏大、很氣派、同時又很有生機的。《說卦傳》中說「帝出乎震，齊乎巽」，就是說的「鼓之以雷霆，潤之以風雨」這兩句。

毛澤東的死對頭蔣介石呢？蔣中正，字介石，這個也是從《易經》中來的哦。豫卦六二的爻辭是：「介於石，不終日，貞吉。」在象辭中解釋說：「不終日，貞吉；以中正也。」他也是從名到字，都得自《易經》哦！從字意上來看，澤東、潤之，均有甘霖普潤之意，配合也天衣無縫；而中正、介石，是說這個人像石頭一樣方正耿直，中正嚴密，還是很吉祥的。石頭擺在那裡，穩穩當當，很中正，這種感覺也很了不起，像一個高人一樣如如不動。一個是有外用而澤被萬物之意，一個是內修中正嚴密之意，都很好。這是中國文化中很有意思的地方，雖然是題外話，卻也能體現出近代史上這兩位大人物，各自在《易經》上面的不同體會。

從前面的「鼓之以雷霆」到下面的「日月運行，一寒一暑」，講的都是除了乾坤二卦外的其它六卦。日月運行，一寒一暑，講的就是坎離二卦。離卦為日，坎卦為月。日月運行，每天日升月落，形成一晝一夜的交替；從一年四季的角度上來說呢，一寒一暑的交替，就形成了春夏秋冬的四季變化。從卦氣這個角度來說，離卦為夏季之卦，坎卦為冬季之卦，所謂寒來暑往，也可以理解成坎離二卦的往來變化。

乾坤宮裡的動靜

下面說「乾道成男，坤道成女。」前面我們說乾坤是父母卦，產生了三男三女。實際上，這只是一個比喻，用家庭比喻方便於我們理解和記憶。「乾道成男，坤道成女」這一句，本光法師在其《周易禪觀頓悟指要》裡面明確表態，他是很不喜歡這種說法的，也不贊成三男三女的說法，認為很牽強。但畢竟這個說法歷代以來已經形成了通說，尤其是道家的丹經裡面，用得很多。雖然這種說法有點牽強，但我們也不必在意，就把它當作一個比較容易記憶的比喻就可以了。

但道教是特別願意把這些東西神秘化，比如我們到青羊宮裡面去，或者去任何一個道觀，你問這個道觀住的是什麼人？道士就會給你說，我這裡住的是乾道，對門子住的是坤道。不知道「乾道成男，坤道成女」這個說法的人，可能就覺得這個說法好玄哦！其實說白了，乾道就是男道士，坤道就是女道士。

但是，我們要看到這句話的誤區。人之所以有男女，或者說任何一男一女，都不是純陽或者純陰的。只要是成了人，就同時都稟有陰陽二氣，並不是男人就是乾，女人就是坤。純陽或者純陰都不可能成長為具體的事物。我們說，乾為馬，坤為牛，都是一個具體的比喻，並不是有具體的事物是乾或者坤。凡是形成了具體的事物，都是同時稟有陰陽二氣的，都是乾坤陰陽共同的產物，只不過其中陰陽的成分比例、變化消長各有不同而已。所以歷來也有「孤陰不生，獨陽不長」的說法。《彖辭》中說「乾道變化，各正性命」，雖然萬事萬物都是從乾道變化中來的，但是每一個具體的事物，包括具體的人，又都因稟受陰陽二氣，其成分不同，稟受不同，就形成了不同的特點，如此而已。後來有人覺得「乾道成男，坤道成女」的說法確實容易造成誤會，於是就改成「一點乾陽入于坤宮成男，一點坤陰入于乾宮成女。」這是王夫之先生的說法，他認為「乾道成男，坤道成女」並不是說乾道就生成了長男、中男、少男；坤道就生成了長女、中女、少女。這兩句話單指的就是艮、兌二卦。乾道成男，指的就是艮卦，一點乾陽入於坤宮，就有了男性之形，是為艮卦；坤道成女，就是一點坤陰入於乾宮，就有了女性之形，即為兌卦。所以在王夫之先生看來，艮、兌二卦，或者說「乾道成男，坤道成女」

這一句話，體現的是男女生命形態的形成過程。

這一段在歷代注家中各有不同的說法。剛才說本光法師對這句話很不贊成，基本認為這句話就是胡說。當然，其他人都有不同的說法。南懷瑾先生講這一段，是把現代物理學和天文學都拉進去，花樣很多，很複雜也很熱鬧。就我個人來說，覺得王夫之先生的說法更穩當一些，從「乾坤定矣」再到這段其餘六卦的形成，從天地間的自然變化，到這裡「乾道成男，坤道成女」，文氣上是一氣呵成的，他的注解非常自然，也很合理。當然這只是我個人的看法。

五行的生剋和方位

上一節課我們講到了文王八卦，把八卦方位、五行、天干地支都簡略介紹了一下。下來以後，很多同學都說不是很清楚，大概有些新同學沒有聽過七葉兄在《陰符經》中講陰陽五行的部分，那我們現在就把五行和天干地支的基本內容都補充一點。以使大家能把這些知識與文王八卦的內容聯繫起來。

五行指「木、火、土、金、水」，這是古人樸素的世界觀，也可以說是一種原始的科學思維方式。古人認為，我們這個世界是由幾種基本元素構成的，這幾種元素概括起來就是木火土金水。按照一般的理解，木就是植物、樹木的感覺，主要特性是生長性、生發性。植物要不斷地生根發芽，種子也要生長，一顆種子會慢慢延伸成一大片植物。火的特性就是具有熱能和光能，有溫暖和光明之義。土具有包容性和含藏性，比如五行中的木、火、金、水，都是離不開土的，都是大地上的現象嘛，所以土在五行中居中，非常重要。金不是我們現代人指的黃金，而是泛指金屬，有硬度、強度，在五行的各種物質裡面是最硬的，有「斷」的特性。我們鋸木頭也好，砸石頭也好，都可以通過金的特性來解決問題。還有一種是水，它的特性是流動和濕性。對生命體來說，水的作用非常大，生命體的各種元素正是通過水的運化、運行，分佈到身體的各個部位。以上就是五行的基本概念。

古人認為，我們這個物質世界就是由這五種元素綜合產生的。順則

生，首先是相生；然後是相剋。七葉兄在講《陰符經》的時候把五行的
關係講得非常清楚，生、剋、消、長、轉這五種關係都講得很透。我們
這裡只談一下五行的生、剋就行了。

　　生：木→火→土→金→水→木

　　剋：木→土，火→金，土→水，金→木，水→火

也可用這個圖來表示：

五行生剋圖

　　從日常經驗來看，這些道理也很淺顯。木頭點燃了就生火，火燃完
後變成泥巴就生成了土，礦產資源和金屬元素都是土裡面生出來的，所
以土就生金。金生水這個現象一般人覺得不太好理解，但是按照地理學
來說，在金屬礦產資源豐富的地方，地下水源也會很豐富。比如我們中
國的西北部高原地區，金屬礦產非常豐富，亞洲的各大河流也都是發源
於這些高原上的，所以金生水，就是這個特點。反過來，水又生木，沒
有水的地方，比如沙漠就長不出植物來。

　　相剋是怎麼回事呢？木剋土，莊稼長了一季之後，土地被植物吸收
了營養就會變得貧瘠，那就相剋了，就要給它施肥，土壤才能恢復生長
能力。火剋金是什麼呢？我們平時說真金不怕火煉，實際上金還是怕火
的，只不過純金的熔解度比較高，相對於其它金屬來說，不容易被融化。
土剋水比較容易理解，我們平常都說兵來將擋，水來土淹，土就是剋水
的，我們搞水利要修堤岸來控制水的流動路線、範圍和區域，就是利用
土剋水的道理。金反過來又剋木，鋸子、斧頭造來就是砍伐樹木的，所
以是金剋木。這就是五行之間的關係。

　　五行是五種基本的物質元素，為什麼又會有方位呢？東方是木，南

方是火，西方是金，北方是水，中間是土。這和古代天文學的關係非常大，這涉及到古人觀察天象，五行在天象上是代表五星的，就是我們熟悉的金木水火土五星。在漢代的時候，又叫做五緯。我們說星辰，辰指的是日月，五星為緯。漢代「緯書」流行，儒家六經都有相應的緯書，實際上就是把儒家的思想附會天上的星相變化，形成了一整套對應系統，也就是「天人合一」的具體表現。那麼，與《易經》相應的緯書就叫《易緯》，包括《乾鑿度》、《稽覽圖》、《通卦驗》、《乾元序制記》等等。我們如果看李鼎祚的《周易集解》，裡面保存了許多漢易的內容，就經常會遇到對這些緯書的引用。這都是把《易經》與觀察天象結合起來而產生的。

春分的時候，如果站在中國的中原地區觀察，木星處於正東方，所以叫做「春分木現於東」；到了夏至的時候，我們在中原地區觀察，就是「火現于南」，火星對應於正南方；秋分的時候，是「金現於西」，金星在西邊出現。冬至的時候，水星就現於北方，是謂「水現於北」。從東南西北的方位來看，木火金水都有了，那麼中呢？中指的是我們在觀察天象時的立足點，我們是在地球上觀察的，是站在「土」上觀察天象的，所以一切都是以這個觀察點為基礎的。否則，也就談不上一年四季天象的變化。必須要有這麼個立足點，要有這樣的基礎，才會看到有一系列的天象變化。這就是觀察星象來確立五行的方位，同時，一年四季的方位也是配合星象觀察，才確定下來的。

天干為五行陰陽之變化

有了五行的概念後，就相應生發出了天干的概念。什麼叫天干呢？天，就是天象，這個干（一聲）實際上應該讀幹（四聲），是主幹的意思。按照道家的思維方式，任何一個元素都是要分陰陽的。木分陰陽，就是甲乙；火分陰陽，就分為丙丁；土分陰陽，就是戊己；金分陰陽，就是庚辛；水分陰陽，就是壬癸。這就是十天干的來源。

所謂的分陰分陽，我們該怎樣體會呢？古人用比喻來說明問題。比如甲木和乙木，也稱為陽木和陰木。怎樣來感覺呢？甲木，古人的比喻就是棟樑之木；乙木是什麼呢？就是桃李果實之木。棟樑之木，就是這

種木材最本質的運用；而桃李之木重視的是花果，木質的本身是藏在背後不用的，所以為陰木。南方丙丁之火，丙火指的是麗日，是由太陽產生的熱能、光焰；丁火就是燈燭之火，就像蠟燭、馬燈點燃的那種星星之火，是隨時可能熄滅的。但是丙火，即太陽之火是不會熄滅，永遠取之不盡，用之不竭的。雖然說我們有黑夜，但是晚上太陽並沒有熄滅啊；而燈燭之火就很飄搖、孤零零的，所以是丁火、陰火。

戊己土，古人認為戊土是城牆之土。古代實行的城邦制，實際上一城即為一國，所謂的城牆，是代表一個國家的，這個戊土顯示出的，就類似於我們現在國土的感覺，當然應該是陽土。己土是什麼呢？就是田園之土，自家的菜園子、自留地之類的，總之是具體又狹小的。庚辛金呢？庚金是陽金，指的是刀劍斧鉞之金，是兵器之質，是人們冶煉金屬最本質的目的；而辛金指的是女人經常戴的耳環、首飾這些小金屬裝飾品，當然就是金的附屬用途了，所以為陰金。壬癸為水，同樣的道理，壬水指的是江河湖海之水，癸水指的是雨露、汗水等等。《黃帝內經》裡面說，女子「二七而天癸至」，為什麼不說是天壬而要說天癸呢？壬癸雖然同樣代表水，但這個壬水就太大了，是江河湖海之水。天癸指的是女子月經初潮來臨，是身體內很小的水，僅僅是生理上變化的顯現，所以是癸水。

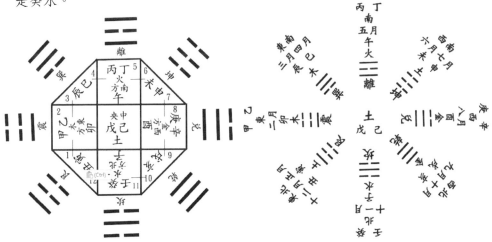

八卦五行干支消息方點陣圖（右圖與左圖內容一致，畫法不同而已）

天干在整個四季方點陣圖上是有所體現的。東方甲乙木，是春天；

南方丙丁火，是夏天；西方庚辛金，是秋天；北方壬癸水，是冬天。這就是五行與四季、方位、天干相配合的基本格局。除了天干，還有地支，這又是怎麼回事呢？

十二地支大家可能也基本瞭解，就是子、丑、寅、卯、辰、巳、午、未、申、酉、戌、亥。中國的傳統紀曆，也就是我們現在所說的農曆，就是從天干地支來。比如我們今年是戊子年，前一個字「戊」就是天干，後一個字「子」就是地支，按干支紀年的規律來推，明年就是己丑年。我們常說，六十年為一甲子。甲是天干中的第一個，子是地支當中的第一個。天干和地支相配的第一年，就叫做甲子年。最早的甲子，相傳是從黃帝時代開始的。從我們現在的戊子年開始往回推推，推到第一個甲子年，一年不差地推下去是什麼時候呢？是西元前的2697年，又稱為黃帝元年。相傳用干支紀年，就是黃帝的大臣（也有說是黃帝的老師）容成子首創的，他創建了天文曆法。第一個甲子年離我們現在，相距已經四千七百多年了，我們說中華文明上下五千年，就是這麼來的。

天干和地支的配合，天干只有10位，地支卻有12位，甲子、乙丑、丙寅、丁卯、戊辰、己巳、庚午、辛未、壬申、癸酉，天干就完了，地支還剩下兩個怎麼辦呢？剩下的兩個又回頭和天干相配，這個時候，甲就配戌，成為甲戌；乙就配亥，成為乙亥，然後繼續輪迴。輪迴到下一個甲子，正好就是六十年。

我們人的一生，最多只能活過一個甲子，能活過兩個甲子的人，不能說沒有，但在人中也算是鳳毛麟角，稀缺無比了。我們一般人活過了60年，活夠一個甲子的人，基本上算是活夠本了。好一些的人，苟延殘喘到七、八十歲，也就很不錯了，就叫做高齡了。如果連一個甲子都沒有活到，大家就會覺得不划算，就是早逝。

一個甲子是六十年，我們古人紀曆，是分為年、月、日、時。月是地支來記，也和天干相配，比如黃帝元年，正月這天不叫做甲子月，而是叫做丙寅月，這在上面圖中可以體現出來。我們有時候看古書，上面說歲在甲卯、寅月如何，其實指的就是甲卯年的正月。農曆二月是卯月，從丙寅、丁卯順排，重新又回到丙寅月的時候，這個週期是5年。日和年的演算法差不多，也是甲子、乙丑這麼推，從第一個甲子日到下一個甲子日的輪迴就是60天。時間是用地支來計算的，每一個時辰相當於我

們現在的兩個小時。這就是古人年月日時的紀曆方式，今天補充說這些，也是方便大家對傳統文化有個基本的瞭解。

地支乃一氣流行之消息

上面這個圖已經體現了木火土金水五行，也體現了天干，但地支又如何體現呢？我們可以把 12 個月分為春夏秋冬四個區，土在中間。因為我們是在地球上區分的四季，離開了這個觀察點就沒有時節的概念，所以中土是作為基礎的。地支是怎麼回事呢？農曆十一月是子月，十二月是丑月，正月是寅月，依次類推（見上圖）。每一年的開端是寅月，是冬天和春天相交的地方，從寅月開始進入春天，整個天干地支就可以通過這個圖像表現出來。

那麼，這個圖和《易經》有什麼關係呢？我們上一次講了文王八卦圖，南方是離卦，北方是坎卦，西方是兌卦、東方是震卦。這跟文王八卦的方向完全是一樣的。在卦氣的學說裡面，坎、離、震、兌被稱為四正卦，位置擺得很正，同時也代表春夏秋冬四季。這中間還涉及到卦氣，即具體每月每天的卦氣在一年之中是怎麼消長變化的。

乾卦代表的是陽氣的生長性，坤卦代表的是陰氣的收藏性。按天算，就是從一天的子時開始；按月算，就是從 11 月開始的子月起，一陽來復，用復卦來表現。復卦只有一根陽爻在下，其它都是陰爻，是從坤卦衍化出來的。經過一個月的陽氣上升以後，二爻變為陽爻，成為臨卦。所以子月代表性的卦象就是復卦，丑月代表性的卦象就是臨卦。到了寅月，天地有了根本性的變化，就成了地天泰卦，上面是坤卦，下面是乾卦。到了卯月，陽氣繼續上升，就成了雷天大壯之卦。再往上升，到了辰月，就成了澤天夬卦。到了巳月，就恢復到了乾卦。緊接著，午月一陰生，到了午月，一陰始生，就形成了天風姤卦。再往未月走，下面就生了兩陰，成為天山遯卦，逃遯嘛，表明陽氣在開始逃跑了。再下來，是天地否卦。到了酉月，就是風地觀卦。到了戌月，陽氣被剝蝕、消滅得差不多了，就成了山地剝卦。到了亥月，陽氣全部消失，回到陰氣最盛的時候，就成了坤卦。

11 月：	復 ䷗	震下坤上		5 月：	姤 ䷫	巽下乾上
12 月：	臨 ䷒	兌下坤上		6 月：	遯 ䷠	艮下乾上
1 月：	泰 ䷊	乾下坤上		7 月：	否 ䷋	坤下乾上
2 月：大壯	䷡	乾下震上		8 月：	觀 ䷓	坤下巽上
3 月：	夬 ䷪	乾下兌上		9 月：	剝 ䷖	坤下艮上
4 月：	乾 ䷀	乾下乾上		10 月：	坤 ䷁	坤下坤上

十二消息卦

這十二月卦稱之為消息卦，又稱之為辟卦。辟為開闢之意，表示用這十二個卦象開顯了一年十二個月在陰陽二氣上的消長特性。從子月到巳月，即由復卦變為乾卦的過程，為陽氣得養而生息，所以復、臨、泰、大壯、夬、乾這六卦，稱為息卦；從午月到亥月，即由姤、遯、否、觀、剝、坤依次變化的過程，即為陽氣由盛轉衰而漸消的過程，所以又稱這六卦為消卦。十二月卦總稱消息卦，就是說我們通過這十二個易卦，可以從中觀察到一年當中陰陽二氣的消減、漲息變化規律，可以從中得到一氣流行變化的消息。

中國傳統文化的整體觀

我們從這裡可以發現，中國傳統文化最喜歡的就是一種整體觀，啥子東西都要搞成一個整體，不管是天文地理還是社會人文，一定要納入一個整體。所以我們在這裡也要體會到，學習傳統文化，一定不能肢解整體，搞得支離破碎，拿到一塊就開跑，以偏概全地以為有所得，那就肯定不行。

我們這裡講《易經》，書院網站上有個網友發了帖子，談了自己在《易

經》上面的很多體會。《易經》其它的道理他不談，只把《易經》的六爻
純粹分成天地人三才，說上兩爻是天，中兩爻是地，下兩爻是人，完全
用天地人來硬套，自己也建立了一套三才四象的理論，然後覺得過去諸
家大儒解易都錯了，只有自己是獨窺大易之玄奧。我們說，六爻是可以
有天地人三才這種解釋的，但是歷史上都把這種說法放在最後，因為從
易卦六爻的結構上來說，還是根據上、下卦，根據八單卦相互組合而來
的。如果把一個易卦強分為天地人三截，就把上下卦的格局打破了，八
單卦也就不成立了，傳統易學中的卦氣之說也就不存在了。但是網上這
個朋友就非要這麼弄，還以為是自己獨創的方法，其實是把整個卦象割
裂開了，這樣就勢必走上歧途。

　　所以，我們不論學易還是學習其它傳統文化，都必須要有整體的觀
念。就像我們上節課講到如何判斷卦爻時，講到了得位、得中和乘剛、
承柔的問題，也講到了同群者孚，異群者應的規律。如果只從一個指標
來看，比如只用得中的觀點來說，有些卦爻明明得中，為什麼爻辭不那
麼好呢？這就是因為沒有把其它因素綜合考慮進去。所以我們任何事都
要整體觀察，才能得出綜合的結論。

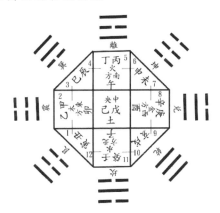

八卦五行干支消息方點陣圖

　　現在你應該清楚了，這個圖的含義實在太豐富，它顯示了從易卦到
五行、天干、地支、方位、四季、月份的內容整合，形成了中國最樸素
的一套科學思維方法，也是一套最基本的時空觀理論。我們最初畫起來
的時候覺得很清晰，先是春夏秋冬，然後是木火土金水，然後加上天干
的甲乙丙丁，再加上地支的子丑寅卯，再加上十二消息卦，這下就熱鬧

了，讓人覺得好複雜啊！遇到這種圖，我們只要把類型分清楚，一個一個地查看來源，看清楚後就會覺得思路很清晰。

以上就是我們對文王八卦圖的一個補充，也算是對中國傳統的、樸素的科學思維進行一個基礎性的學習。接下來，我們還是繼續講《繫辭》。

易知易簡，易理之關竅

「乾知大始，坤作成物。乾以易知，坤以簡能；易則易知，簡則易從；易知則有親，易從則有功；有親則可久，有功則可大；可久則賢人之德，可大則賢人之業。易簡而天下之理得矣。天下之理得，而成位乎其中矣。」

我們上次講到了「乾道成男，坤道成女」。我手裡這本書的分段不是很理想，其實「乾知大始，坤作成物」是應該分到下面一段的。我們上次也說了，按照王夫之先生的講法，從「剛柔相摩，八卦相盪。鼓之以雷霆，潤之以風雨，日月運行，一寒一暑」，一直到「乾道成男，坤道成女」的時候，就已經把八個單卦講完了。「乾知大始，坤作成物」與下面的「乾以易知，坤以簡能」是一體的。尤其是「乾知大始，坤作成物」作為這一段的開頭是非常重要的，在易理部分可說是核心的思想。接下來的整個一段，都可以說是整個《易經》的核心思想。

前面部分有爭議的地方，比如「天尊地卑」的說法，還有「乾道成男，坤道成女」這些有爭議，但實際上，這些都是一些概念上的爭論，並不是特別大的問題。關於六十四卦的形成，有些說「八卦相盪」，是八個單卦盪一圈然後回來；又有說是方位相對的兩兩相盪；還有說乾宮八個卦，坤宮八個卦，以此類推，八卦八宮，形成八八六十四卦。這些說法雖然各異，但都不是關鍵問題，反正最終都會形成六十四卦。作為《易經》的運用來說，必須通過六十四個卦來運用，八個單卦是沒法運用的。但是對下面這一段，如果你沒有真正理解到位，就有可能對整個《易經》的感覺找不準，容易走入誤區。

從我個人的學習體會來說，我對《易經》的感覺也是從這一段開始的。前一陣有同學建議小班開《易經》課程，我之所以敢牽頭坐在這裡

給大家嘮叨，確實因為我自認為對這一段的闡述，在心中是有定解的。這個定解，就是隨便拿到什麼地方，我都敢說我的見解不會錯到哪裡去。正因為如此，才敢坐在這裡和大家說這個事情。

這一段，是通過乾坤二卦來展現《易經》的內涵，在易理上是最重要的。我們具體來看一下這句：「乾知大始，坤作成物」，就把乾坤二卦的根本作用全都體現出來了。

我們講過乾為天、坤為地，純粹是以客觀的現象來比擬乾坤二卦，這是比較好理解的。但是我們要知道，這僅僅是個比喻，並不是說乾就是天這麼一個具象，坤就是地這麼一個具象。我們說，乾坤二卦不僅有天地二象的感覺，而且包括了天地間一切萬物動態的形成過程，同時還包括了人的精神的動態活動過程。

你是誰，你從哪裡來

「乾知大始」，實際上有種宇宙生成論的感覺。乾是最大的，始是開始，就是說宇宙間最大、最原始、最根本的開端，用一個字來表示，那就是乾。

當然，世界上不同的文化體系對世界的來源有不同的解說。基督教認為世界是上帝創造，是神創造的。在《聖經‧舊約》裡面，一開始就說，起初神創造天地，然後第一天創造了什麼，第二天又創造了什麼，到第六天創造了人，然後就覺得由人來管理上帝創造出來的世界很好。上帝和人一樣，工作累了想休息一下，於是第七天成了星期天，成了上帝法定的休息日。這就是西方文明對世界來源的看法。東方人呢？道家學說認為世界是大道產生出來的，「道生一，一生二，二生三，三生萬物」。不管是西方說世界是上帝創造的，還是東方說世界是道產生的，這些我們都不管，關鍵是要追問一下：為什麼上帝要創造這個世界？為什麼道要產生這個世界？在西方基督教裡面，你問到這裡就要被呵斥，打住！不准再往下想了！人是被造之物，怎麼能夠揣測造物主的旨意呢？所以，你只能信，不能懷疑、追問。

東方文化怎麼解釋呢？好像也沒有什麼定論。在《易經‧繫辭》這

裡，就告訴我們說是「乾知大始」，乾是萬物的開端。但是我們要注意中間這個「知」字，這是什麼東西呢？這個「知」作智慧的「智」講。對於我們一般人來說，智慧就是聰明才幹，但是在宗教學說裡面，尤其是佛學裡面，智慧是被提得很高的，被稱為般若，不是一般的智慧，而是能產生一切智慧的根本，又被稱為佛性、真如。

「乾知」說明了什麼問題呢？說明在乾卦裡面，最核心的精神就是智。在西方世界裡，上帝是具有精神性的，上帝創造了萬物。中國道家說道創造了萬物，那麼道是不是也具有精神性呢？如果你說有精神性，精神性又在哪裡呢？是什麼樣子呢？如果說沒有精神性就更不行。我們人當然自己明白，除了我們這個肉坨坨之外，還是有精神的。其它的生物呢？按照古人的看法，就是萬物有靈，萬事萬物都有靈性，都有精神性。如果說上帝和道都沒有精神性，他們又如何創造得出一個有精神性的世界呢？這是說不過去的。按照我們的邏輯來說，這個原始的、最本元的東西應該是具有精神性的。但是，這個精神性是什麼樣的呢？我們大家看得見嗎？體會得到嗎？

當然，可能有些人體會得到，也有些人體會不到。那麼就算體會到了，你又說得出來是個什麼東西嗎？恐怕沒人說得出來。不光是我們現代人說不出來，古代的大聖大賢也說不出來。老子《道德經》那麼厲害，專門講道，最後也就說了個「惚兮恍兮，其中有象；恍兮惚兮，其中有物」，就是這麼回事。恍惚中有那麼個東西，有那麼個精神現象在裡面，但是具體要說，又說不出個所以然來，只好說「道可道，非常道。」

所以，大道是說不出來的，但是可以體會，可以去悟。當然，體道可不是哪個人都可以做到的，要真正願意體道而行的人，並且要如是修、如是行，才會有切身的體會。

這裡說的「乾知大始」，明確說了乾這個東西是有精神性的，就是萬物的開始，具有絕對性。西方神學把這個稱為上帝，西方哲學則稱之為「絕對精神」。在古希臘哲學裡面，也有宇宙靈魂的說法。我們人不過是宇宙這個大靈魂中產生的一個個子靈魂而已。宇宙這個大靈魂產生了人、萬物這些子靈魂，這些子靈魂的生命消亡以後，又要回歸到宇宙的大靈魂中去了。這是一種絕對性的東西，沒有什麼可以描述，也沒有什麼可以比擬。實際上，這也就是乾的精神性，就是「乾知大始」的感覺。

物質和精神的統一性

下一句是「坤作成物」。坤和乾之間是種什麼關係呢？我們說乾一動而生坤。乾是大化無形、無跡無蹤的，而坤是乾的功能體現；乾要想產生萬物，都是要通過坤的功能來實現的，所以是「乾知大始，坤作成物」。

簡單理解，乾就是無形無相、無所不能的精神本體；坤就是有形有相、可觸可摸的物質現象。這樣一說，我們對「乾知大始，坤作成物」似乎有了一種感覺，好像是乾在最前面，然後生出一個坤來，然後再產生萬物。實際不是這樣的，因為人的語言沒法表達，才有了這個先後順序的錯覺。實際上，乾就是坤，坤就是乾。為什麼這麼說呢？我們可以舉個例子。

我這裡有個杯子，假設它就是宇宙的全體，它的精神性是通過它具體的形狀表現出來的。比如杯子的蓋子、底部、質地、外密中空的結構，裡面金木水火土一系列的東西都在裡面。如果要概括它的整體性，是概括不出來的，但是我們能感覺杯子的整體，它確實是在那裡的。我們要認識杯子，只能通過它的局部所形成的現象一一來認識。印度寓言裡面有瞎子摸象的故事，也是說明這個問題。要想知道宇宙的整體，想知道大象的全體，必須站在整體之外來看。但是整體是絕對的，是沒有什麼東西可以概括的，人也是不可能站在整體之外來觀察。這樣的話，我們就只能像瞎子一樣到處去摸。摸到腿，就覺得像是柱子一樣的東西；摸到鼻子，就覺得像是蛇一樣的；摸到肚子，覺得像是一堵牆。這些具體的東西又不是全體，所以，我們要認識世界的本質，是很麻煩的一件事情。但是我們說，任何一個事物，不管是宇宙全體也好，還是一個具體的事物也好，都同時具備精神性和物質性。精神性，就是乾卦所體現的特質；物質性，就是坤所體現的特質。

聽到這裡有人可能就會說，不可能任何東西都有精神性哦，比如石頭，它哪有什麼精神性呢？我們曾經講了豫卦的六二爻是「介於石，不終日，貞吉。」想想看，如果石頭沒有精神性，蔣介石為什麼會用石頭來作為自己的名字呢？就是因為石頭含有耿直、如如不動、堅強、硬朗的特性，所以老蔣才用這個來激勵自己，把它作為自己的名字嘛。所以，石頭也是有精神性的，但是，這個精神性又離不開石頭這個物質形態。

如果沒有石頭，就沒有石頭所體現出來的性質。

先秦時代的詭辯派公孫龍就提出「白馬非馬」的觀點來。公孫龍說白馬不是馬，為什麼呢？他說馬是一個概念，而白馬、黑馬、黃馬這些都是具體的物體，概念怎麼能和具體的物體劃等號呢？所以白馬不是馬。這話有道理啊！但它又沒道理。它的道理是一種詭辯術的邏輯。如果離開了白馬，離開了具體的五顏六色的馬，你是找不到馬的，連馬這個概念都不會產生。馬是一個精神性的概念，它必須在具體的物質當中才能體現出來。任何事物和它的概念，即事物的物質性和精神性，都應該是高度統一的。

所以，所謂的乾，是坤之乾；所謂的坤，是乾之坤。乾坤是一個東西，只不過是一個東西所呈現出來的兩個方面，乾不離坤，坤不離乾。《易經》裡面也有一些口訣式的經典語言，比如「孤陰不生，獨陽不長」，孤陰獨陽是不能單獨存在的。

道吾心之陰陽

乾坤二卦單純從精神內涵來說，是沒有任何用處的，但是這種無用恰恰又是大用，整個《易經》就是通過乾坤二卦的精神才體現出來的。我們說，乾坤是一體的，不可分的，但為什麼我們說《易經》要首重乾卦呢？為什麼中醫火神派要一再強調陽主陰從，要把陽放在第一位呢？這是我們人的特性決定的。我們人最根本的特性就是精神性，人區別於萬事萬物的根本，就是人的精神性。人如果失去了精神，就是行屍走肉，什麼都不是。植物人就談不上是人了，他只有一堆肉，因為已經沒有精神在其中了。

上周川大的林老師過來，給我們講了一堂關於最近美國金融危機的課。什麼是金融危機呢？我以前對經濟學是沒有什麼概念的，他說完以後，我突然明白了一個道理：金融危機說白了，就是信用危機！因為大家對銀行不信任了，都要取錢，把銀行的錢取空，危機就來了；銀行想到各方去借，人家也不借給它，也是對它不信任了嘛！這樣一鬧大、連成片，美國的金融危機也就往全世界蔓延了。我們還可以再進一步說，

信用危機實際上就是精神危機，是人們對銀行的「信貸」這種精神性、這種本質的特性失去了信心。沒有了信心，這是很大的問題啊！你在宗教裡對自己的宗教沒有信心了，在黨派裡對自己的黨派沒有信心了，在國家裡對自己的國家沒有信心了，在家庭裡對自己的家庭沒有信心了，乃至你活一輩子對自己的人生都沒有信心了……大家想想這問題有多大、有多嚴重？這是根本性、顛覆性的大問題啊！所以大家下來都在找林老師不肯走，都在問金融危機來了，我們該怎麼辦？

今天早上我還在網上，看到郎咸平在講金融危機這個事情。很多人在問他，現在這個時候資產該怎麼保值？該如何投資呢？郎咸平就說：你是瘋子！為什麼說你是瘋子呢？憑啥你做生意就只能賺不能虧呢？憑啥你的資產就只能保值增值不能貶值呢？我告訴你，現在就是你該虧的時候了，就是該你資產貶值的時候了！但是，你要虧得值得，貶得有價值。當然，按照郎咸平的說法就是，你們不要做任何投資，真的想要投資的話，就老老實實花錢請我講課，我幫你們分析這個形勢，這個錢虧得就值得了，因為你花錢買到了經驗、買到了智慧。那麼，我們書院的在座各位呢？在現階段，做生意的朋友能夠保守一點，能將就著經營下去就行了，千萬不要亂打妄想去投資。我們可以趁這個時間，把我們的精神真正回歸一下，回歸到我們精神的起點上來，找回我們信心的支撐點。

我們為什麼要忙忙碌碌、沒日沒夜做這些累死累活的事情？錢要掙到多少才算是到了頭？我們的 GDP 為什麼非要發瘋一樣增長？我們生而為人的目的到底是什麼？明白這個道理後，你真正在精神上對此有所體會了，就會重塑信心。恰恰它就是幫助你度過這場危機的最好的船啊！等到下一輪經濟形勢好轉了，你再去投入，再去做事，在很清醒明白的精神狀態下去做，那就會做得更好。

這就是《易經》給我們的啟示。為什麼要首重乾卦？就是人必須要首重我們的精神性。西方有個哲人說：「如果失去了人類精神的照耀，世界將永處黑暗之中。」

確實如此啊！我們看地球歷史的發展進程，從太古時期，從古生代到中生代、新生代，然後經歷冰河期，然後出現了人類，出現了人類的文明，中國有了上下五千年，有了很了不起的堯舜禹湯文武周公，有了傳統文化的根基……這一切是多麼了不起啊！但是，這一整套都是我們

人類文明裡的東西。如果沒有人的精神性體現這一切、總結歸納這一切，那就全都沒有啦！世界就都是黑暗無光的，這個世界就沒辦法認識了。

做自己的主人公

所以我們第一要強調的，就是精神性。但是話說回來，如果沒有一個有形有色的載體，對於人來說，沒有我們這一百多斤的身體作為載體，我們的精神按照佛教的說法，那就是「天地間的一縷遊魂」，只能隨風飄蕩，沒有著落，苦不堪言。所以，我們對自己這個身體也要重視，要學會養生、全身。後面我們講到八宮卦的時候，會講到兩個卦，一個是遊魂卦，一個是歸魂卦，其中就有這種感覺。如果打卦打到遊魂卦，那就很惱火了，做任何事情都是沒著沒落、飄忽不定的；如果打到歸魂卦，那就更慘了，基本上就要翹辮子，快要魂歸故里了。

我們說，《易經》首出乾卦也好，首出乾坤二卦也好，總之，乾坤二卦是萬物存在的基礎。我們前面也反覆在說，乾坤就是父母卦，有了它們才能產生宇宙間的萬事萬物。在我們學習的易學系統裡面，本光法師對這一段特別重視，他老人家對《易經》在社會人事上的運用有很獨到的發揮，對這一段可以說是高度強調，高度讚揚，認為這才是《易經》的真正核心。

天地如何生成？就是通過乾坤二卦，通過這一句「乾知大始，坤作成物」表現出來的。我們說，天地一乾坤，人身一乾坤；天地一太極，人身一太極。我們凡人一個，如何能體會天地乾坤呢？就要放在自己的身心性命上。

說到這裡，我想起幾年前，馮老爺子在邛崍伍總那裡上了一堂課，具體內容我忘了，但是其中有幾句話對我來說，可以說是刻骨銘心！馮老師說：「大家要注意！我為乾，眾為坤；我為陽，眾為陰；我為主，眾為賓。」我當時一聽這句話，渾身汗毛直豎，一下子就有了醍醐灌頂的感覺。以前自己學《易經》，對乾坤二卦，只是不斷看書上的東西，記了很多文句，卻沒有找到一點貼切的感覺。但就是聽了馮老師的這幾句話，一下子在自己身心性命上找到了乾坤二卦的感覺。這才明白王陽明為什

麼說「易也者，道吾心之陰陽也。」可以說，這就是易道之門！

引申而言之，我們可以這樣來體會：我自己精神當中能夠生發萬千念頭的這個東西，這個無形無相無憶、看不見摸不著的東西就是乾；由這個東西產生出來的種種念頭、種種思維、種種意識，這些就是坤。「乾知大始」，這個乾就是產生我們生命中一切的開始。我們生命的開始，就是從這一點無形無象無憶、不可捉摸不可言說的這一點開始的。「坤作成物」，就是我們精神當中所產生的念頭、思維，把這些念頭思維發乎於外，讓這些念頭思維變成一個個實際行為，就能夠成就我們的事業。這就是「坤作成物」的感覺。按照本光法師的解說，乾知大始的這個知，就是人內心當中的「一己陽明正知」；按照康德的說法，就是人類心中的道德律；按照我們一般人的說法，就是我們的良心。正是從乾卦這個陽明正知出發，才生發出了坤卦成就萬物的功能，所以我們可以這樣說，乾卦是體，坤卦就是這個體的相和用。這就把《易經》和佛教禪宗的修行結合到一起了。

更具體點，各位朋友可以參看藕益大師的《周易禪解》這本書。藕益大師說，乾卦就是我們的般若之體，是我們的智慧之體，坤卦就是我們的禪定功夫。如果修行人沒有找到乾卦這個體，所做的功夫都要落空；如果只知道這個體，卻沒有在禪定上下功夫，這個體也沒有什麼用處。我們在這裡也不多說了，希望大家下來後，在乾坤二卦上認真地去找感覺，去參究。《繫辭下傳》裡面也說了：「子曰：乾坤，其《易》之門邪？」孔夫子都說了，乾坤二卦的精神就是學習《易經》的大門。

大道本來至簡

我們接著看下面一句：「乾以易知，坤以簡能」。我們有了上面對乾坤二卦的體會，下面的文字就可以迎刃而解了。

我們剛才也說了，馮老師曾說「我為乾，眾為坤」。哪個人沒有我呢？我們找得出一個沒有「我」的人嗎？找不出來嘛！我，是人人本具，個個現成的。「我為乾，眾為坤」，大家隨時要注意這個本位。「我」是很容易知道的，每個人都有這樣的感覺，問題的關鍵在哪裡呢？我們在座的

也有學佛多年的朋友，這裡說乾就是般若，就是真如，就是我們的本來面目，我們學佛十幾年的朋友，有沒有真正找到這個「我」？有沒有真正體會到這個「我」的功能？西方哲學中有三個令人頭疼的問題：「我是誰？我從哪裡來？我到哪裡去？」這是一直解決不了的啊！西方有些哲學家為了想通這三個問題，最後變成了瘋子。所以，我們大家可以想想這些問題，但是不要想得太凶，不要也想瘋了。在我們的傳統文化裡面，實際上是給出了答案的。唐代的無盡藏比丘尼有一個偈子說得很到位：

　　盡日尋春不見春，芒鞋踏破嶺頭雲。
　　歸來偶把梅花嗅，春在枝頭已十分。

　　這個無盡藏比丘尼，可能就是在《六祖壇經》中記錄的向六祖大師請教《涅槃經》的那一位。她質疑六祖，說你連斗大的字都不識一個，憑什麼來講佛經啊？這就引出了六祖大師的一句經典名言：「諸佛妙理，非關文字。」這就是禪宗標榜不立文字的典型八是公案。

　　從無盡藏的這首詩偈裡可以看出，古時候的出家人，修行修了幾十年，所有的時間和精力都放在求道上，為了求得明心見性而不辭辛勞。你看她到處去參訪，鞋子都磨破了不知多少雙，山頂上的白雲也踏遍了，雖然還沒有得道，但這種雲水參訪的詩一樣的境界也是非常舒服的。終於有一天行腳累了，回來在路上發現梅花開了，便自然地拿一枝來嗅。哎呀！原來自己要找的東西就在這裡啊！找什麼找啊？真正是「踏破鐵鞋無覓處，得來全不費功夫」啊！

　　所以《易經》這裡告訴我們，「乾以易知」，要認識這個真正是很容易的啊！馮老師在《信心銘》裡面也講「至道無難小道難。」真正的大道是不難的。比如我們學《易經》，通過這一段把握《易經》的精神是不難的，但是你要想學《易經》中數術一類的小道，要想學打卦算命，要想在天象災異、卦氣變化上搞精搞透，要想把邵雍那一套數術之學搞通，那就很不容易，就需要下很大的功夫了。因為「至道無難小道難」嘛！這就是乾以易知的感覺。

　　「坤以簡能」又怎麼講呢？我們剛才說了，坤就是乾所體現出來的功能。為什麼坤是簡能呢？它就是以簡捷明快作為其功能的。我們看坤卦的爻辭，六二爻說「直方大，不習無不利。」我們上次講了得位的道

理，坤卦的正位就在六二，是在第二爻上，是既得中又得位，所以對於坤卦來說，這一爻的爻辭是最重要的。

「直方大，不習無不利」，這句話該怎麼解釋呢？納入到我們自己的內心中來體會，只要我們心中乾卦之良知一動，坤卦的良能馬上就能發揮作用。具體來說，直，就是我們心中坦率、正直，直心是道場嘛；方，就是方正，不扭曲；大，就是有容量，包容一切，有容乃大。只要我們念頭一動，保持一種直捷、方正的正念，同時心胸又具有廣大的包容性，然後馬上去把這個念頭的功能發揮出來、落實到行動中就完了。「不習無不利」，只要內心的念頭能保持直、方、大，就能夠無往而不利，就不需要我們每天去練習、去複習，去把事情的前因後果、來龍去脈想清楚。所以真正能做事情的人，性格上就是簡捷明快，沒有半點拖泥帶水。「坤以簡能」就是這種感覺。

親疏只在一念

「易則易知，簡則易從，易知則有親，易從則有功。」這些句子是進一步在深化上面的內容。下面我們一句句來分析。

「易則易知」，還是講的乾卦，就是說，乾卦的良知，也就佛教裡說的般若智慧，是人人具有的，是現成明白，每個人從生到死都沒有離開過這個東西，所以《易經》的精神，是很容易知道的，一點都不難。

「簡則易從」，講的就是坤卦簡捷明快的功能，只要你遵從自己的內心，聽從內心這一點良知產生的念頭，直接去做就對了。我們做任何事情的時候，大家可能都有體會，那就是第一念產生的時候，往往是非常重要的。我們在街上遇到誰摔了一跤，第一念首先產生的肯定是「把他拉起來」。有了這第一個念頭，很簡單，照著念頭去做，把他拉起來也就完了。如果腦殼裡面產生了第二念和第三念，心中一猶豫：這個娃娃摔倒了，我去扶他，他父母看見了，會不會認為是我把他推倒的呢？如果遇到的是個老太婆，我去拉她，會不會賴在我身上，讓我脫不了干係呢？你只要這樣一想，完了，整複雜了，就沒有「簡則易從」，這個事情就辦不下去了。產生了很多疑問之後，就會不了了之。

「易知則有親」，什麼東西易知呢？肯定是離我們最親最近的東西易知嘛。對我們來說，人類社會肯定比動物世界易知一些；從社會和家庭來說，家庭肯定比社會易知一些；但是現在人們經常說「同床異夢」，即使是一個家庭，兩口子都未必是真正親的啊！人真正最親的是什麼？就是自己啊！易知則有親，我們自己就是最親的。禪宗說「不知最親切」，這裡又說「易知則有親」，這個「不知」和「易知」到底是啥關係呢？劉大姐也曾經參過這個公案。其實，不知就是易知，易知就是不知！翻過這道坎就對了，就是這個你不知的東西最易知、也最親切！

「易從則有功」，易從是什麼呢？就是容易下手嘛。容易下手的事情就容易成功。就像剛才我們舉的例子一樣，看見有人摔倒了，我們念頭一動，馬上就去拉他起來，這很容易做成，就有功德啦。但有人這時就會想，如果真的把娃娃拉起來了，人家父母又真的找到你了，說你把娃娃推倒了，要你賠醫藥費，你該怎麼辦呢？如果是個老太婆摔傷了，硬是賴著你，要到你家去吃去住，怎麼辦呢？怎麼辦，活該你倒楣！按照佛教的說法，這就是你的業障，你就該倒楣，這是沒有辦法的事情。但是我們要知道，把人拉起來這個事情，你是做成功了的，這個功德已經圓滿了。易從則有功嘛！至於這件事做完了以後又生出其它麻煩來，那就是你的業債了。業債來了，誰也沒有辦法。

《金剛經》上有句話說：「受持讀誦此經，若為人輕賤，是人先世罪業，應墮惡道。以今世人輕賤故，先世罪業，即為消滅，當得阿耨多羅三藐三菩提。」如果你誦讀《金剛經》，反而被別人嘲笑、輕視，該怎麼辦？老佛爺說這個事情不麻煩啊，這說明你過去本身有很多罪業，本來是應該墮入惡道的，但就因為你誦讀了這個經典，雖然受人輕賤，但可以把入惡道的問題解決了，而且你還可以得到阿耨多羅三藐三菩提，還可以成佛。

這裡「易從則有功」，也是同樣的道理。如果你是個真修行人，是個真正願意在道上行的人，你就只管去做，只管「易則易知，簡則易從」。你要相信天地之間有桿秤，只問耕耘，不問收穫。我們上一次講過，就是要在不平等之處，去體會天地的大公無私，去體會萬法平等的道理。

渠成莫忘活水源

再看下面一句「有親則可久，有功則可大」。我們認識到這個無與倫比的乾之良知以後，對它有了切身的體會，說白了，就是禪宗說的明心見性了。你認識到了乾卦，認識得越親切，你的道心自然就會越長久，這就是持之以恆。禪宗說是要長久保任，明白了心性以後要好好保護它，要善自護持，才能夠長久。禪宗在護持自己的心性上有一個比喻叫做「牧牛」，就像一個牧童去放牛一樣，心裡一定要清楚這頭牛跑到西家吃人家的莊稼不對，跑到東家踩壞人家的田地也不對，都要及時把它拉回來，回到它的正路上來。

在這個比喻中，牧童，就是我們心性的本體，牛就是我們的念頭，我們要隨時護持自己的念頭。「有親則可久」，如果對心性本體認識得越清楚、體會得越親切，你對念頭的護持就會越有力、越長久。「有功則可大」是什麼意思呢？做到了長久護持之後，牛也就不會亂踩亂跑了，就像我們的念頭一樣，善善惡惡的念頭很多，好的念頭就落實到行動上，不好的念頭就讓它過去。要注意，我們對自己腦袋裡要冒什麼念頭，是沒有把握的。我們心裡隨時都要冒起念頭來，要冒就由它冒吧，只管看住它，不讓它亂來就行了。久而久之，這頭牛就聽話了，該耕田就耕田，該吃草就吃草，該幹啥就幹啥。這時牧童也可以「信牛由韁」，任牛自由行走，穩穩歸家了。

「可久則賢人之德，可大則賢人之業。」在心性上，你長久保任的功夫純熟之後，你就具備了聖賢的內在德性，發乎其外，就能夠成就賢人之業，把聖賢事業做好做大。如果是有儒家情結的人，就可以通過內德的修養，通過修身、齊家、治國，一直到平天下，就可以做這些事情了。如果有道家的情結，就可以任性逍遙，自在幻遊於天地之間，這也是很舒服、很巴適（譯按：四川方言，形容美好的事物，是一種知足達觀的人生態度）的事情。如果有佛家的情結，那就要傳佛祖之心燈，要繼承佛祖的事業，發四弘誓願，去普度眾生。這些，就是對「可大則賢人之業」的體會。

生活禪，直心不離「位」

「易簡則天下之理得矣」，這是對上面一段的總結。《易經》的精神，就是剛才說的這些東西，就是這麼簡單，卻是天下之至理。禪宗三祖大師的《信心銘》上說「至道無難，唯嫌揀擇」。你真正把握了易簡的原則，直心去做事，就沒有什麼難的，就沒有做不好的。大家要牢牢記住這句話啊！你體會到了易簡，真正就是萬事大吉，天下的道理就都在你一個人身上了。平時我們開玩笑，愛說「你的就是我的，我的還是我的。」總之，你有了易簡的體會，天下之理你就都明白了，都得到了，什麼都是你的了。

這些道理，說起來很簡單，但真要做到，要下真功夫才行。不好的念頭生起來之後，你有沒有功夫一下子打掉它？或讓它過去，不理它、不受它的影響？好的念頭生起來後，是不是可以馬上去行動？你有沒有直面自己的精神、直面自己念頭的氣魄呢？真正的英雄氣，不是有膽子在外面到處耍橫，而是要敢於直面自己內心的形色念頭！所以「易簡之道」說起來很簡單，做起來也未必簡單。

對乾坤二卦的感覺，我們可以用「道」和「德」兩個字來分別概括和總結：乾就是道，無形無相，大化無跡，生生不息；坤就是德，苟日新，日日新，又日新。我們真正修養的功夫要在坤卦上去體會，要在進德修業上去體會。我們如何進德修業？就是要像坤卦那樣有一種厚德載物的精神，一步一個腳印，行地無疆。對《易經》也好，對我們的德業修養也好，就是要從「道」與「德」這兩方面去體會。

最後一句「天下之理得，而成位乎其中矣。」這一句也是非常重要的。我們學《易經》時間長了就會發現，凡是《易經》裡面提到的「位」，不管是「成位」也好、「正位」也好，凡是提到「位」字，就一定要小心。看到這個字，你馬上就要警惕，要迴光一照，看自己是不是在「位」上。要反省自己，在社會上的人事當中，不管是自己的圈子裡，還是外界的大環境當中，我們是不是把自己的位擺正了？是不是真正做到了觀其兩端，行其中道？總之，時時刻刻要把這個「位」字貼在腦門上。

波師兄在這裡之所以跟給大家嘰嘰呱呱、廢話連篇，是因為坐在書院講堂這個位子上。大家有時候恭維我，稱一聲大師兄，或者叫一聲史

老師，我也不客氣，心裡明白既然自己「位」在這裡，那就硬著頭皮受著嘛。但是如果離開了這個屋子，跑到社會上其它地方去，還四處繃起個臉，覺得自己是大師兄，是史老師，那就完蛋了。在父母面前永遠都是聽話的乖兒子才對，如果老想著自己是大師兄，是史老師，就要被掃地出門——其實在家裡，我還真的是大師兄，父母親戚們從皈依佛法這個角度，還都是我引進門的。當然在老婆孩子面前，位也要變，不能把我們課堂裡面講的這一套也帶回家去喋喋不休地講，不然老婆一心煩：好嘛！你要厚德載物，那煮飯也是你的，拖地也是你的，洗碗洗衣服也是你的，帶孩子也是你的……那就是吃不了兜著走，就完全失位了嘛！

我們要注意，《易經》中的這個「位」和我們生活中的「位」是一樣的，是隨著時間、空間、環境的變化在不斷變化。所以，我們要不斷地、隨時地提醒自己，要找到自己的正位。《易經》鼎卦教導我們「君子以正位凝命」，就是要讓我們把自己的精神，凝聚到「正位」上來，這樣我們的生命才會有價值，才不會糊裡糊塗地空過一生。

「天下之理得，而成位乎其中矣」，這句話就算是把我們剛才說的所有這些道理，全都包含在裡面了。前面說了那麼大一套「易簡之理」，還是要在「成位」上去體現才行。我們要在自己的現實位置上找到感覺，最終才是「成位乎其中」。天下之理如果不能「成位」，也就不可能表現出這個理來，所以我們每個人都要找準自己的位置，成就自己的所在之位，這個是最重要的。

第二章

吉凶悔吝之變　應作如是觀

第二章　　吉凶悔吝之變，應作如是觀

聖人設卦觀象，繫辭焉而明吉凶，剛柔相推而生變化。是故吉凶者，失得之象也；悔吝者，憂虞之象也；變化者，進退之象也；剛柔者，晝夜之象也。六爻之動，三極之道也。是故君子所居而安者，《易》之序也；所樂而玩者，爻之辭也。是故君子居則觀其象而玩其辭，動則觀其變而玩其占，是以自天佑之，吉無不利。

——《繫辭上傳》第二章

大自然的中央空調

今天中午吃飯的時候，劉阿舅問了一個問題，就是邵雍在一首詩中說：「天根月窟閒來往，三十六宮都是春。」他問這個到底是什麼意思呢？我說就是取坎填離的意思。劉阿舅在學中醫，中醫裡面講究養生，要把我們的身體調養到最好的狀態，那就要用「取坎填離」這個方法來達到最佳效果。一下子要把「天根月窟」說清楚，還是要費點時間，我們乾脆在講新內容之前，把邵雍這首《觀物吟》全詩分析一遍，看看他到底在說些什麼。

這首詩不簡單啊！邵雍先天易學的總綱，可以說就在這首詩裡。大家都知道，邵雍有一部易學巨著叫《皇極經世》，講的是大宇宙的演化規

律，並對人類社會大的歷史演變格局，用易學思想作了相當精彩的描述。《皇極經世》全書六十四篇，分為「觀物篇」、「觀物內篇」、「觀物外篇」三大部分，從這個分篇標題就可以看出，邵子易學的核心精神就是觀物，就體現在《觀物吟》這首詩上。我們這裡先把這首詩寫下來：

> 耳目聰明男子身，洪鈞賦予不為貧。
> 須探月窟方知物，未躡天根豈識人。
> 乾遇巽時觀月窟，地逢雷處見天根。
> 天根月窟閒來往，三十六宮都是春。

「耳目聰明男子身」，這個男子不是單指男人，是泛指一切人，女中丈夫也可以稱為男子的。這句就是說，只要你的耳朵能聽見，眼睛是明亮的，這就是男子身，就是大丈夫的身體。當然，人之耳目對應的是《易經》中的坎、離二卦，所以也可以由此聯想到道家內丹修煉中「取坎填離」的功夫。「洪鈞賦予不為貧」，洪鈞指的就是大道，按《易經》的說法就是太極，是產生萬物最根本的東西。這句就是說大道賦予了你這個身體，賦予了你這個生命，所以，每一個人的生命都是很寶貴、很豐富的，並不是說只有大富大貴的人才寶貴，窮人乞丐就很貧賤。世上的每一個人只要是耳聰目明，上天賦予你的就都是一樣的，我們的本錢都是一樣的，都很富有。

下一句很關鍵了。劉阿舅剛才問的就是這兩個專用名詞，一個是月窟，一個是天根。「須探月窟方知物，未躡天根豈識人」，就是說啊，雖然上天賦予了我們這麼寶貴的生命，我們也完全得到了這個無價的寶貝，但是，還必須要探索到「月窟」裡去，才能知道這個世界萬事萬物的根本道理；必須要踏到「天根」上去，才能明白人生的道理，才能認識生命的根本規律。那麼，這個月窟和天根到底是什麼東西呢？後面兩句詩就是解釋這兩個名詞了。「乾遇巽時觀月窟，地逢雷處見天根」，乾遇巽時是啥東西呢？乾為天，巽為風，就是天風姤卦嘛，這就是月窟；地逢雷是什麼呢？就是地雷復卦嘛，天根就是復卦。後面緊接著「天根月窟閒來往，三十六宮都是春」，你明白了什麼是天根，什麼是月窟，一切也就迎刃而解了。

　　我們上一節課講過十二月卦：子丑寅卯辰巳午未申酉戌亥，每個月都有代表性的卦象。按一天十二個時辰來說也好，按一年十二個月來計算也好，子時講的是一陽來復，一陽處五陰之下，是為復卦；丑時陽氣繼續上升，就是二陽處四陰之下，成為地澤臨卦。依次類推，寅時地天泰卦，卯時雷天大壯卦，辰時澤天夬卦，巳時為陽氣全盛之時，是為乾卦。到了午時呢？午時一陰生，乾卦最下面一爻變成陰爻，就成了天風姤卦。隨後陰氣漸長，陽氣漸消，未時為天山遯卦，申時為天地否卦；酉時為風地觀卦，戌時為山地剝卦，亥時陰氣全盛，是為坤卦。然後又到了地雷復卦，新一輪的陰陽消長又開始了，如此周而復始，日復一日，月復一月，年復一年。卦氣之說，講的是天地運行、萬物變化都是由於一氣流行。這個一氣流行，總的來說，就是乾坤二卦在中間起作用。從子時到午時再到亥時，整個都是一氣流行，往復不斷的。

　　「乾遇巽時觀月窟，地逢雷處見天根。」這兩句詩就是講的代表子、午二地支的復、姤二卦。剛才阿舅問的時候，我回答他就是取坎填離。取坎填離是從八單卦的角度談的，從重卦的角度來說，就是從復卦到姤卦之間的卦氣流行與迴圈。我們那天說，卦氣之學裡面有四正卦，即坎離震兌。坎在北方，離在南方，坎離二卦是不參與整個一年卦氣的運行的，只是代表了四個正方中的南北兩方，也代表冬夏兩季。所以在卦氣學說裡面，坎離震兌是要從六十四卦中拿出來，分別代表四季，其它的六十卦來平分一年的 360 天，每一卦分得六天七分。冬至一陽生後，陽氣不斷上長，到了夏至一陰生以後，陰氣不斷上長，陽氣就下降了。

　　在卦氣學說裡面，陽長陰消之際，從復卦到乾卦有六個卦；陽消陰長之際，從姤卦到坤卦也有六個卦。從復卦到乾卦這六個卦，因陽氣上升而被稱為息卦。息就是增長利息的意思，不是休息的意思，不過休息以後陽氣得以恢復，這個也還說得通。從姤卦到坤卦的六個卦，則因陽氣消減被稱為消卦。所以，這十二個卦又稱為消息卦。我們平常說消息，這個詞就是從這裡來的，從十二月卦中，我們可以知道一年四季的陰陽消息。消息卦也稱為辟卦，就是開天闢地的意思。這十二個卦就把我們一年四季中一氣流行的狀況開啟出來了，我們通過十二辟卦就看到了其中的奧妙。

　　「天根月窟閒來往，三十六宮都是春」。就是說你如果明白了復卦與姤卦之間卦氣迴圈流動的這個消息規律以後，那麼，三十六宮都是春，

也就是說天下太平，一切都是好的。你的心境就不會被時空之中的各種因素所左右。如果我們遇到不好的境況，我們就知道一陽來復的道理，一切終歸是要恢復過來的；遇到事業到達頂峰的時候，明白有個姤卦在等著你，知道盛極而衰，你就會少一些驕傲，多有一手準備。不管天地之間也好，社會人事之間也好，這個陰陽二氣總是在此消彼長，往來不斷，輪轉不休。在我們人的一生中，會遇到很多事情，會身處各種境遇，你明晰了這些道理之後，就不會覺得人生有什麼過不去的坎，翻不上的坡，就能夠自然地、心平氣和地面對人生之中的各種境遇。

日日是好日

　　從這裡就可以看出，邵雍的這首詩，其中有很深的禪意，我們也可以當作是禪詩來看。要知道邵子也是通禪的哦！北宋「五星聚奎」的幾位大儒，全都是有禪宗功底的，而且水準還相當高。

　　在宋代，以「無門關」而聞名的大禪師無門慧開，他有一首詩偈大家都非常熟悉，順便給大家講一下：

> **春有百花秋有月，夏有涼風冬有雪。**
> **若無閒事掛心頭，便是人間好時節。**

　　我們看無門禪師說「若無閒事掛心頭」，講的是空嘛；邵雍說「天根月窟閒來往」，講的是有啊。但這個東西，它又是空有不二的，所以他們實際說的是一個東西。最後的結果是什麼呢？邵雍說「三十六宮都是春」，無門說「便是人間好時節」，都是一回事啊！這就叫做殊途同歸。只不過，三十六宮用的是《易經》裡面的專有名詞。

　　整個《易經》的六十四卦，有二十八個對宮卦，有八個單宮卦。比如復卦，顛倒過來看就成了剝卦，臨卦顛倒過來看就是觀卦，這種就叫做對宮卦，一共有二十八對。而乾、坤、坎、離、大過、小過、頤、中孚這八個卦，正看反看都是一樣的，是自我對宮，所以叫單宮卦。邵雍詩中的三十六宮，實際上就是指二十八個對宮卦加上八個單宮卦，說白

了，就是指《易經》的六十四個重卦。「三十六宮都是春」，就是說，《易經》的六十四卦，每一個都是好卦。雖然《易經》各卦看起來是吉凶悔吝差別很大，有些看起來比較好，如恒卦、乾卦、泰卦等等，也有些看起來很不好，比如否卦、困卦、小過卦、大過卦這些，但是，如果真正明白了我們剛才說的道理，明白了「天根月窟閒來往」的道理，那麼，六十四卦個個都是好卦！所以春夏秋冬四季，在無門禪師眼裡「便是人間好時節」；而一年三百六十五天，在雲門祖師那裡則「日日是好日」。

今天在正式講《繫辭》第二章之前，先講了邵雍這首《觀物吟》。說是題外話，也不是題外話，因為這和我們今天要講的易卦變化是有聯繫的。

下面我們正式來學習《繫辭》的第二章。

「易歷三聖」之說

「聖人設卦觀象」，這裡的聖人，指的是創設易學、對易學貢獻非常大的上古聖人。在《易經》的歷史中，有「易歷三聖」之說，首先第一位大聖，就是伏羲氏。

在中國的傳統文化裡面，伏羲是作為人文之祖而存在的，他和女媧是兩夫妻。我們在漢代出土的畫像磚裡，也能看見伏羲女媧的形象。伏羲是男身，女媧是女身，他們都是人首蛇身。上半截是人，下半截是蛇，兩條蛇尾纏在一起，所以也被稱為「伏羲女媧人首蛇身交尾圖」。伏羲在左邊，手中拿著一個用來畫圓的規，和我們現在的圓規很相像；女媧在右邊，手上拿著一個畫方角形的工具，叫做矩，類似於現在學生用的三角尺直角的那一面。

這幅圖畫很有意義啊！從人物的形體看，人首蛇身，象徵著人類文明的初始階段，一半是人一半是野獸嘛。那時是人類從動物性本能在向文明時期過渡的階段，所以伏羲又被稱為人祖，實際是開創人類文明的第一人。伏羲和女媧手持的規和矩，也很有意思。規是用來畫圓的，矩是用來畫方的，所以代表了「天圓地方」之說。伏羲女媧教會人們明白了天圓地方的道理，於是人類社會就有了規矩，有了規矩才會有人類的

文化和文明。我們常說的「不依規矩不成方圓」，就是從這裡來的。相傳《易經》的八單卦就是伏羲氏創造出來的。宋代的先天易學出來後，就把乾南坤北的這一套歸結在伏羲身上，稱之為伏羲八卦。不管說法怎樣，總之伏羲氏是中華傳統文化的源頭，作為易學來說，也是一個源頭。

第二是文王周公，他們父子是周代文化的開創者。在商代末年的時候，周文王是整個商王朝裡面最大的諸侯，商紂王感覺威脅很大，就把文王抓起來，囚禁在羑里（現在的河南湯陰），一共關了七年。相傳周文王在監獄裡面沒有玩的，就把伏羲的先天八卦拿出來進行推演，推出了六十四個重卦，同時對卦辭進行了創作，把六十四卦每個卦代表的意思寫了出來。後來，文王的兒子周公姬旦則把六十四卦中每一爻的爻辭進一步解釋出來，所以後來也有「文王重卦，周公爻辭」的說法。當然，這些都是傳說。周文王一族往上推到堯舜時代，是發明農耕文化的后稷的子孫。估計《易經》在上古時期，就在這支家族中代代相傳，到了周朝初期，經文王、周公的進一步發揚，才形成了現在所說的《周易》。

第三個聖人當然是孔子。傳說易傳「十翼」都是孔子所歸納總結出來的。當然，經現代人考證，易傳並不是孔子一人完成的，而是從春秋戰國一直到漢初，經過了眾多易學家的集體工作，留下了多人整理的痕跡。但是，大家都願意把這個功勞歸結到孔夫子頭上，這也是中華文化的一個特點。中國古人都不願意在文化上面居功，願意把一切功勞歸結於領袖，歸結於聖人。這和我們現代人動不動就打筆墨官司，並為了署名權爭得頭破血流大相逕庭。雖然易傳並不是像後人所認為的那樣，是孔夫子一人所為，但實際上，孔夫子在易學上面的造詣也是非常了不起的。《史記》裡面對孔夫子在易學上的傳承也記述得很詳細，他的易學下傳商瞿，再經六世而傳到漢代的田何手上。這中間的傳承脈絡，司馬遷記錄得很仔細。

易歷三聖，就是說易道的完成，是經歷了伏羲、文王、孔子這三聖，他們的道統和法統是代代相承的。孔夫子的學問是「祖述堯舜、憲章文武」，可以說是集中華上古文化之大成者，具有繼往開來的意義。

「聖人設卦觀象，繫辭焉而明吉凶」，就是這些古代聖人把《易經》六十四卦畫在那裡，每天通過觀察卦象、爻象的變化，來暸解天地的運行、萬物的生滅、社會人事變化的運行規律。聖人設卦觀象，但是考慮

到後人光是看卦象、爻象是看不出什麼名堂的，於是為了讓我們這些等而下之的後人能夠明白，能夠理解和辨明吉凶，就把每一個卦的內容、意義用語言寫出來。聖人們將語言文字與卦象爻象拴在一起讓大家學習，這就叫做繫辭。

　　我們看手裡的《易經》，每一卦下面都有卦辭，卦辭下面又有彖辭、象辭。卦辭就是解釋每個卦的，彖辭是對吉凶的判斷。傳說中，彖是一種獸，牙口非常厲害，牙齒很硬，把鋼鐵都能夠咬斷，所以，它代表的是一種斬釘截鐵的判斷。象辭是表達這個卦在人文世界中所體現出來的象徵意義。同時，每一爻又有爻辭，爻辭就是解釋一個卦當中具體每爻所處的位置和內涵。爻辭下面還有小象辭，是解釋每一爻的人文內涵。我們翻到一本《易經》的每一個卦，都可以看到上面這些相關的內容。總之，繫辭就是拴了那麼一些語言文字在卦象上面。聖人們給卦、爻繫了辭，我們學習起來就方便了。

觀不斷，錯綜複雜理還亂

　　下面一句「剛柔相推而生變化」，這就需要多說幾句了。我們以前說，只要說到剛柔，就要想到是陰陽二氣。一卦當中，剛指的是陽爻，是代表陽氣的符號；柔是指的陰爻，一陰一陽這麼相互作用，剛柔相推就產生了諸多的變化。《易經》一個卦有六爻，六爻怎麼形成的呢？就是剛柔相推而形成的。打個比方，就像我們人一樣，尤其是夫妻之間，有些人拉拉扯扯一輩子，見面就煩，分開又想，就這麼剪不斷、理還亂，這麼拉拉扯扯、推推搡搡就玩了一輩子，生下一大堆子女了事。這就是「剛柔相推而生變化」狀態。

　　我們第一章講了「剛柔相摩，八卦相盪」。這裡的剛柔相推與剛柔相摩實際是一個意思。只不過，剛柔相摩有點相互吸引的意思，剛柔相推又有點互相推動、排斥的意思。總之，整個卦的六爻變化，就是這陰陽二氣在裡面攪來攪去、胡攪蠻纏的結果。因為剛柔相推，就會產生許多變化，六十四卦就是由於剛柔相推而變化產生的。同時，每一個卦中，由於剛柔相推相摩，還會產生出新的變化來。

《易經》裡講卦爻的變化，用的是錯、綜、複雜來表示。我們現在把「錯綜複雜」當作一個詞來使用，但是在《易經》裡面，每個字都代表一種變化的規律。

錯卦，換位思考更全面

我們先來談錯卦。什麼是錯卦？就是陰陽相錯，陽爻一錯，就變成陰爻。舉例來說，乾卦六爻兩兩相錯以後，就成了坤卦，所以乾坤二卦是互為錯卦。《易經》整個六十四重卦，實際是由三十二對兩兩相錯的卦形成的。為什麼會有錯卦的概念呢？我們在判斷一個卦的時候，不僅要看本卦，同時還要看到對立面。這就是我們經常說的，要站在對方的角度去看待問題、考慮問題，這樣才能考慮得更全面，看問題才能更清楚。

我們看乾卦，知道它的精神是「天行健，君子以自強不息。」前面我們也講過，「乾知大始，坤作成物」。我們要知道，乾坤二卦必須要成對出現的，講到乾就必須講到坤，說到坤也必須要涉及到乾。前面講「易則易知，簡則易從」也是這樣。「易則易知」說的是乾卦，「簡則易從」說的就是坤卦，總之都是成對出現的。這樣兩方面都照顧，就可以把一個卦包含的全部內容都看清楚。我們在社會人事當中也是如此。我們做一件事情，有時候做錯了，為什麼會錯？就是因為把陰陽搞反了嘛。既然這是錯，那總有對的一面啊，這個錯的對立面就是對。錯卦就是陰陽相錯，我們要做這個「錯」的對立面的事情，那就對了。

綜卦，因果明白知來去

下一個概念是綜卦。綜卦，就是上下相綜。剛才我們講的「三十六宮都是春」，這三十六個對宮卦，就是指綜卦。怎麼個上下相綜法呢？比如我現在在黑板上畫一個艮卦，然後把黑板的上下掉過來，我們看到的就是一個震卦，它就是這個艮卦的綜卦。那麼，乾卦掉轉來還是乾卦，坤卦掉轉來還是坤卦，它自己是自己的綜卦，這就叫單宮卦。除乾坤二

卦之外，單宮卦還有離、坎、大過、小過、頤、中孚六個卦是這一類型的，是自我對宮的。八個單宮卦加上其它的二十八組對宮卦，總共加起來就是三十六宮、六十四卦。

綜卦是要反映什麼問題呢？《易經》每一卦，都是由上下卦或者說是內外卦組成的，或者叫做前後卦。總之，它是由兩個單卦所組成的。我們為啥要倒過來看一個卦呢？中間就涉及到因果流變的問題。我們剛才說，卦氣是由初、二、三、四、五、上，由下往上生長的，所以在畫卦的時候，我們應該先畫最下面那一爻，再依次向上畫。一個卦是這麼形成的，這就有一個先下後上，先內後外的因果關係，也可以說是一個時序、一個順序。我們判斷一個事情的時候，比如以前上學的時候，老師經常罵我們：「從小不學好，三歲看到老」，這從時序上來說，就是順著時間的因果關係來看整個事情。綜卦呢，就是反過來，從現在推回過去，從結果推到原因。一個老年人坐在那裡，我們通過他的言談舉止，就可以推測出他年輕時候、甚至是少年時候的狀況。如果我們有這樣的洞察力，能夠翻來覆去，把人生的順、逆情境都看清楚透徹，那麼我們對人生的理解就會更本質，在生活中就具有更大的智慧。

錯卦就是橫向地、讓我們看到事情的對立面；綜卦就是縱向地、讓我們倒因為果、倒果為因地觀察一件事情的變化。明白了錯、綜的道理，我們在打出一卦的時候，就不僅要看本卦是如何的，還要看它的錯卦，即反面是如何的；進一步還要通過結果來看原因，從而明白中間發生變化的關竅在哪裡。

綜卦在《易經》中是非常重要的。我們從《序卦傳》上就可以看出，《周易》六十四卦的順序主要就是以綜卦為主的一個系統。乾坤屯蒙需訟師，比小畜兮履泰否……《易經》首出乾坤就不說了，這兩卦是自我為綜。首出乾坤、開天闢地以後的第一個卦，就是接下來的屯卦。屯卦上坎下震，水雷屯。屯就是屯集的意思。自開天闢地之後，萬物尚未產生，天地之間有一個力量聚集、屯集的過程，這就是屯卦的精神。屯卦倒過來看，它的綜卦就是山水蒙卦。蒙對於人類來說是啟蒙的意思，對自然界來說，蒙和萌相通，是萬物處於萌動的狀態。所以屯卦和蒙卦是互為綜卦的。

按照《周易》的卦序，後面接著的就是需卦和訟卦，這一對同樣是互為綜卦。啟蒙了、萌芽了，就會有需要了，就要待時而需。萬物啟蒙

之後，種子發芽生長需要陽光雨露，如果是在園林裡面，還需要人工施肥、除草等各種外力。需卦有待時而需的感覺，要等待，不能主動去要求，這就是需卦的根本含義。水天需的綜卦是天水訟。它們相互為綜，有需要就會有爭訟。訟卦，上乾下坎，坎為險，內卦為險當然就要外發而申訴，即所謂「懷險而申」，這是訟卦的根本含義。它和需卦也正好是互為因果的關係。再按卦序下去的師、比二卦，依然是互為綜卦的。《周易》的其它各卦也大抵如此。

當然，像既濟卦和未濟卦，這一對既是綜卦又是錯卦，這裡面也是有它的道理的。水火既濟，是《周易》卦序中倒數第二個卦，倒數第一個是未濟卦。《易經》六十四卦，是不會給你一個確定的、完滿的結果的，不會給你一個終極答案。它總要留個尾巴，告訴你一切都要繼續輪迴。只不過，這一段的輪迴只給你講到未濟卦，預示著下一個輪迴又將開始。既濟卦和未濟卦，它們就既是綜卦又是錯卦，每一爻都陰陽相錯，倒過來一看，又兩兩相綜；同時在精神內涵上，既濟卦與未濟卦也很有可比性。大家下來不妨結合這兩卦的卦辭、彖辭和象辭來體會一番。我這裡就不再多說了。

互卦，內部也有七十二變

上面是講了錯卦與綜卦的概念和道理。下面我們就要講「複雜」了，來說說錯卦和綜卦之外的複雜是什麼卦。複雜是什麼呢？就是一個卦的內部變化，也就是通常說的互卦，也叫交互卦。

我們看乾卦，它是六爻皆陽，那麼它內部各爻無論怎麼組合，所形成的新卦仍然是乾卦。坤卦六爻皆陰，同樣也不會產生內部的爻變。所以乾坤二卦是沒有交互卦的。那麼其它各卦呢？當然就有不同的變化了。易卦的每一卦都有六位，即初、二、三、四、五、上。互卦就是指去掉最下面一爻和最上面一爻，就像評委會打分一樣，去掉一個最高分，去掉一個最低分，只把中間的部分留出來評價，將二、三、四爻重組為一個新卦的下卦，三、四、五又重組成上卦，那麼這個六爻的新卦，就代表本卦的一種內部變化。這就是互卦的含義。

比如我們來看離卦，上離下離，為重明之卦。大象辭云：「明兩作，離，大人以繼明照于四方。」意思是說離卦為雙明之象，代表文明之意，大人君子以文明之光繼往開來，照耀世界。如果沒有人類文明，這個世界將陷入一片黑暗，所以離卦有文明發達之象。那麼，離卦的交互卦是什麼呢？我們不妨來畫一下。看，組成的新卦上兌下巽，為澤風大過卦。這就說明離卦當中，有大過卦的含義。大過卦的象辭是：「大過，大者過也。棟橈，本末弱也」什麼叫做棟橈呢？就是說，這個棟樑之木已經有點彎彎曲曲的了；本末弱也，就是說木質已經有點問題了，有危險了。離卦的內部為什麼會有大過的含義呢？其實很簡單，人類文明從古至今不斷地發展，如果稍微不注意，內部就容易產生問題。比如我們看今天的現代文明、現代科技，說老實話，我看早已是高度發達到了「棟橈」的地步了。核工業已經威脅到整個人類的生存，克隆技術已經打破了人類倫理的接受程度，而人類對大自然的任意攫取和破壞，已經導致全球氣溫升高、物種滅絕的速度愈來愈快、各種危機已經四處顯現。當代西方思想界早已開始了對人類文明的反思，現在環保主義、自然主義、動物保護主義流行，他們都提倡過節儉的生活，提倡對自然環境和物種的保護，提醒人們對現代文明中的種種弊病進行反思，從而對自身無休止的欲望加以節制。

在這個問題上面，我們要特別注意。按照我們中華傳統來說，社會人文這套東西可以讓它健康、適度地發展，但必須以不妨礙大自然的和諧與平衡為前提，不能以犧牲環境以及其它物種、其它生命成為我們文明發展的代價。中國的文化傳統中特別強調「知止」的觀念。離卦中的雙重文明之象，也要知止，也要適度才行，不然就會變為大過之卦，人類文明的大廈就可能因「棟橈，本末弱」而傾覆。如果有一天，這個地球上面只有人類，其它動植物都沒有了，其它生命都消失了，人可能也就差不多要消滅了。所以，我們一定要在人的社會性與自然性中求得和諧與平衡，這樣才是長久的發展之道。

我們剛才講了易卦中錯綜複雜的變化，有些同學可能聽得有些懵了。實際上，如果把這個拉幾節課慢慢來講，可能味道會長一點。剛才課間休息的時候，阿舅說我講的全是乾貨，不好消化吸收，我也確實是加不來水分。有些人講課水分很足，天花亂墜的，讓聽眾聽得也很帶勁，但是真正下來問你聽了些什麼，好像也說不清楚。我們剛才講到了邵雍的

那首詩，恐怕以前是沒人願意這麼老老實實、打破沙鍋來講的。我這裡給大家和盤托出，也是覺得道乃公道、器乃公器，處處留一手也沒什麼意思。

得失兩頭不著調

我們來看下面一段：「是故吉凶者，失得之象也；悔吝者，憂虞之象也；變化者，進退之象也；剛柔者，晝夜之象也。」

「吉凶者，失得之象也」，字面意思很簡單，就是說一個卦的吉凶是通過人的得失來進行判斷的。在社會人事當中，得則吉，失則凶，這是一個基本的判斷。當然，就每個人來說，對得失的理解又會有差異。同一件事情，對有些人來說是有利的，可以是有得的，但對另外一些人來說就可能是凶，是不能碰的，是損失。反之亦然。所以，得失之間必須要具體情況具體分析。

我們經常說「要放下，是非得失都要放下」，放下就是失去嘛，但是這個失去的，是種種「是非得失」失去了，卻可以得到內心的安寧。心安才是最大的得。當魚和熊掌不可兼得的時候，你只能失其小而得其大，舍魚而取熊掌。我們在座的各位，在書院學的都是聖賢之道，那麼對得失，就要有一個根本的判斷。我們應該把自己的得失放在德行上面，放在道心上面。在世間的功名利祿上，不要考慮過多的得失。如果有道心，有德業，那就是根本上的吉。如果失去了道心、失去了德業，就是根本上的凶。我們要站在這個尺度上，才能對世間的吉凶得失有個根本的判斷，不然的話，得失這個問題在具體的事情上來說，就很複雜、很難說清楚，就很容易被世間的是非得失蒙蔽。你被這些東西蒙蔽了，就會凶多吉少。所以在得失之象上，我們要抓到根本。

「悔吝者，憂虞之象也」，這裡涉及到了兩個概念，一個是悔，一個是吝，這也是易卦的卦辭裡面作為判斷的結果之一。吉凶是代表兩頭，一頭是非常好的事情，是吉，另一頭是非常壞的事情，是凶，而吉凶的中間的狀態，就有悔、吝兩種。悔指的是小的不幸，吝指的是的困難、困境，這兩者雖然對我們來說不是致命的問題，但是一個人如果成天處

在悔吝當中，成天嘰嘰歪歪，磕磕碰碰的，心頭也會不爽，也幹不出什麼像樣的事業來。對於普通人來說，大吉大利的事情一輩子可能遇不到幾次，大凶大險的事情，一生也遇不到多少，所以更多的時候，都是處在悔吝當中。這種悔吝在日常生活中會給我們帶來很多很多的煩惱。我們一生當中，充滿了很多後悔的事情，也經常會遇到各種各樣的困難。

關於悔吝的感覺，錢鐘書先生在他的名著《圍城》裡面有個比喻：婚姻就像是一個金絲鳥籠，在外面的拼命想進去，進去了的又拼命想出來。很多人可能都有這種體會。結了婚的人時間一長就後悔，尤其是遇到了更好的物件時就更後悔了。古人也是如此哦，所以才有「恨不相逢未嫁時」這樣的詩句。一個女子在生活中遇到了一個知心知己的帥哥，那就後悔了，自己已經嫁人了啊，為什麼不在沒有嫁的時候就遇到他呢？但是，還沒有結婚的，還沒有鑽到婚姻這個金絲鳥籠的人，感覺又如何呢？書院在座的當中也有鑽石王老五啊，在別人眼中倒是自在瀟灑、一人吃飽全家不餓，但是自己一個人獨處的時候，是不是真的感到自在瀟灑呢？只有自己曉得了。四川民間有種說法是：「早生兒，早享福；早栽秧，早打穀；吃飯有人端茶水，喝酒有人拎酒壺。」人就是這樣，在外在裡都有後悔的地方，我們每個人都有體會。

以前我很喜歡一個西方的作家，叫米蘭·昆德拉，捷克人。他的文學水準非常高，年年都是諾貝爾獎提名，可年年都與這個獎擦肩而過，可能也是福報不夠吧。他有本書的名字就很精彩，叫做《生活在別處》。這本書的宗旨就是說，人總是在自己的生活中找不到安身立命之所，這山望著那山高；總覺得在別的地方，別人過的才是真正的生活。對於普通老百姓來說，混個小官，當個科長處長也很巴適，至少整天都可以吃香喝辣。但當上科長處長以後，又覺得廳長局長更好呀；當上了廳長局長，覺得市長省長更威風啊，封疆大吏嘛！覺得自己還有餘力進入最高層的，便想當宰相，當了宰相很可能就想當皇帝了。當了皇帝還是有想的哦！開國皇帝大多想長生不老，結果不少皇帝就是吃丹藥毒死的；而末代皇帝呢，就像崇禎皇帝要死的時候，抱著長平公主說：「願生生世世勿生帝王家。」這表明當皇帝的也是煩惱多多啊！所以世人沒有不後悔的。

俗話說：「人生不如意事常八九，如意者僅一二。」等我們老了後，如果回憶起來，覺得一生中還有一、兩件事情做得可以，那也就很不錯

了。如果老是想自己一生好失敗，十之八九都不如意，那就沒意思了。人生本來如此嘛！所以，「悔吝者，憂虞之象也」，這就是人生的常態。用佛教的說法，人生本來就是煩惱集聚；生而為人，就是有煩惱的。基督教裡面說，人生下來就是有原罪的，天生就有煩惱，就有罪過，那是沒有辦法的。我們既然生而為人，就要認這個賬。

進退守一，剛柔不二

「變化者，進退之象也」，上一節課，我們主要就在講變化，錯綜複雜，變化非常多。《易經》的運用，主要就是在變化上面。為什麼聖人要設卦觀象呢？為什麼要搞些錯綜複雜的方法，讓易卦變得這麼麻煩呢？就是要我們在人生的複雜變局中知進退。

儒家說「窮則獨善其身，達則兼善天下。」要做到這一點，首先在這個人生的變局當中，要知道什麼時候是達、什麼時候是窮。如果真正觀察清楚事態的變化規律，是該入世建功立業的時候，就勇於進取承擔；是該你獨善其身的時候，那就欣欣然像陶淵明一樣「探菊東籬下，悠然見南山」，像隱士一樣舒服地去生活。這是在易學上的真功夫，就看我們在學習中能不能靈活運用，能不能知變化、知進退。

這種知變化、知進退的例子，在歷史上也非常多。比如宋初的陳摶，道家稱為陳摶老祖，是很了不得的神仙級人物，也被稱為「華山瞌睡仙」。這個陳摶老祖，在五代末期看到天下大亂，確實是起了打貓兒心腸。當時，他在華山以修煉為名，秘密召集了一批遊民，組織成了一支遊擊隊在華山上操練，希望天下一旦有變，自己說不定可以問鼎中原。周世宗知道了他的名聲，軟硬兼施把他「請」進京城，關到密室裡面。這個陳摶也確實了不起，不吃不喝，在密室裡睡起大覺來，一睡就是幾十天。皇帝覺得，一個只知道整天睡大覺的人怎麼會謀反呢？不像啊！他又穿得那麼邋遢，如果這麼殺了他，似乎沒有什麼道理啊！何況民間還傳說他是個神仙，把神仙殺了恐怕不好啊！於是，只能把他放回華山。不僅放了他，還到處宣傳，說他是華山睡仙，還派了州縣的地方官吏到了一定的時間就去給他送米送糧，大概也是要監視他的行為。陳摶雖身在山

林，卻一直非常仔細地觀察天下的變局。有一次在華山上遇到過路客，
就問局勢有什麼變化，那個人說，趙匡胤在陳橋發動了兵變，已經稱王
了。陳摶聽了後，馬上曉得真命天子誕生了。因為陳摶一直是在觀察著
各方勢力和變局，觀察著此消彼長。趙匡胤一出手，陳摶就知道天下已
定，大宋建立以後，他也就安安心心修道去了。

宋朝皇帝對陳摶很客氣，把他請到皇宮裡住下，王公大臣們都輪番
向他請教。據說他授予趙匡胤兩條計策，其一是「杯酒釋兵權」，只用了
一頓好酒，便將天下的兵權收歸皇上；而那些幫趙匡胤打天下的將軍們，
也得到頤養天年的善終，使「狡兔死，走狗烹」的歷史悲劇，沒有在大
宋朝上演。這在中國歷史上是非常著名、非常了不起的啊！其二是陳摶
預卜了宋王朝有「一汴二杭三閩四廣」之憂。趙匡胤多次請他解釋，陳
摶都以天機不可洩露而推託。後人便附會認為，這是宋王朝步步南遷之
讖，體現了宋朝國都從開封遷杭州，直至廣州崖山而最終滅亡的過程。
陳摶獻上此二計之後，便向趙匡胤索取華山。趙匡胤也慨然許之，真的
把華山封給了陳摶，並敕令永不納糧稅。

我們看這個陳摶，雖然他沒有當成皇帝，但是在文化上卻建樹非凡，
可以說是影響了整個宋代的文化。比如他的先天易學，開創了宋代易學
研究的新傳統，不僅影響了邵雍，還影響了宋明理學的開山鼻祖周敦頤。
我們當時在講《太極圖說》的時候就說過，周敦頤的《太極圖》是從陳
摶老祖的《無極圖》中變化而來的。所以《太極圖說》裡面第一句就是
「無極而太極」，在整個宋代的學術思想裡面影響巨大。陳摶對天下大事
都很清楚，也真正做到了知變化、知進退，所以後人評價陳摶是「集兩
宋道德於一身」的人物。

「剛柔者，晝夜之象也」，看過本光法師書的同學就曉得，本光法師
是批評了這兩句的。按照方山易的傳承，剛柔與晝夜是無關的，晝剛夜
柔這種說法也是不對的。剛指的是陽氣，柔指的是陰氣，晝夜變化是地
球自轉產生的結果，並不是說晝就是純粹的陽氣，夜就是純粹的陰氣。
我們剛才說的十二月卦也好，放在十二個時辰中也好，除了在子午時的
臨界點上，陰陽二氣有純陽純陰的瞬間轉換以外，所有時辰都是陰陽二
氣共同作用的結果，並不是晝剛夜柔、晝陽夜陰。

過去有剛日為單，柔日為雙的說法，所以又有「剛日讀經，柔日讀
史」之說。以前覺得這個說法好高深啊！剛日陽氣很盛，就要讀點經書，

好讓我們修身養性；柔日陰氣比較重，人的意志容易消沉，這個時候讀歷史，容易鼓舞自己的進取之心。其實，這些說法都是故作高深的一種臆測，是比較僵化和膚淺的。說白了，我們哪天不能讀經？哪天又不能讀史呢？廟子裡面早晚課是天天念經嘛；搞史學的人，也是每天都泡在歷史裡面啊！所以，單日雙日和剛柔是沒有關係的，過去有些文人為了炫耀自己的學識，就故意要這麼說，讓你覺得很玄、很了得。

本光法師對這一句批判有加，我們應以他老人家的說法為準。《繫辭》本來就是研究《易經》的一篇綜合性論文，並不是說金口玉言，一個字也不能改，一個字都不能動。何況，現在公認這個《繫辭》也並不是孔夫子所著，而是從戰國到漢初經過許多人的編輯增補產生的。如果按照現在博士論文的評分制度來看，「剛柔者，畫夜之象也」這一句是要被評委扣分的。

把人事放到具體時空中去

「六爻之動，三極之道也，」按過去一般的注解，是將六爻分為三極，又叫三才，上兩爻是天極，中間兩爻是人極，下面兩爻是地極。按照方山易的傳承來說，這個也是比較牽強的。雖然歷代的儒家談易都沿襲了這種說法，但是我們要看到，如果把易卦分成這三組關係，而不是由單八卦兩兩相重而形成，確實有悖於易學的基本依據、原則和規則。所以在方山易裡面，是不認可上兩爻是天道的；而中間兩爻雖然與人道有關，也不是全部；下面兩爻更不是地道。

按照方山易的精神，易卦六爻是通說人事。也就是說，每根爻說的都是人事，和天道地道沒有多大的關係。說白了，整個易經六十四卦，每一卦統統說的都是社會人事當中的事情。我們看乾坤二卦具體的爻辭，統統都是針對人事而言的。比如乾卦初九說「潛龍勿用」，就是說一個人正在學習的時候，千萬不要隨便冒皮皮（譯按：四川方言，有冒失之意），要老老實實積累自己的能量；九二說「見龍在田，利見大人」，就是積累了一定能量之後，可以出來做點事情顯現一下，這個時候就有可能有貴人來幫助你等等。再看九三、九四、九五、上九，我們看乾卦每一爻的

爻辭,都說的是人事。其它各卦也都說的是人事,並不需要往天極、地極、人極這「三才」上面去硬拼硬接,拼接進來也是不靠譜的。

但是,「六爻之動,三極之道」這句話也不能說純粹就是錯的,也許換個角度來看就說得過去。我們說易卦六爻全部說的都是人事,那麼這裡的「三極」,就可以理解為天時、地理與人事關係。從易卦的形成來說,每一卦的形成,都是綜合了天時、地理和人事關係而來的。我們想要起一卦,都離不開天時、地理、人事這三個基本元素。有時候,我個人喜歡用梅花易數裡面的時間起卦,看起來好像純粹只是時間,但如果沒有一個具體的事情,我是不會拿這個時間起卦的。既然有具體的事情,就肯定有事情的環境、起卦者當下的位置,所以,這一卦是天時、地理、人事關係同時具備。你要起任何一卦都是如此,三極之道缺一不可。觀物起卦也是如此。比如一早我們出門,看見一個罕見的大美女,心裡怦然一動。遇到這種很特別的事情,我們就可以起一卦。少女兌卦為上卦,她出現的方位為下卦,遇到的時間為動爻。這樣起一卦,也是包含了天時、地理、人事關係。

所以「六爻之動,三極之道」,可以從這個角度來理解,而不是刻板地要分上兩爻是天、中兩爻是人、下兩爻是地。歷史上大多數易學名著都是如此來注解這一句,確實有問題。我最初學習的時候,就覺得這樣子解釋很牽強,心裡老犯嘀咕。直到看了本光法師的解釋,心裡才有底,才覺得確實如此。

玩易,大人君子的休閒遊戲

「所樂而玩者,爻之辭也。」古代學易的君子們,平時的娛樂活動就是玩易,觀易卦之象、玩卦爻之辭。對於古人,尤其是大人君子來說,《易經》就是最好玩、最有意思的玩具了,因為其變化無窮,精神內涵也是取之不盡,用之不竭的。

前面我們也講到了錯綜複雜的變化,如果能夠慢慢去體會每一卦中的這些變化,那是非常微妙、非常精彩,中間可以說奧妙無窮。有一句古詩說「閒坐小窗讀周易,不覺春去已多時。」如果我們學易真的是學

進去了，你就會覺得時間過得飛快，好玩得很。我在這一段時間，因為要準備《易經》講義，晚上有時間的話一般都要看看與《易經》相關的書籍，結果稍不注意，一下子看到後半夜也捨不得放手。平時我老跟大家說要守子時，結果自己一讀易，就把守子時的事忘到九霄雲外去了。所以，一般還是儘量不要晚上看《易經》才對。

從這裡我們就可以看到，要當好一個君子，也必須要懂得娛樂，要有點娛樂精神才行。學習《易經》有個特點，如果我們把它當作一個正事、當成一件大事來學，你未必能學得好；相反，如果有點娛樂精神，把它當作可樂的事，想到了就玩一下，不知不覺當中，對《易經》的變化規律就會有所領悟了。這是一個學習的心態問題，學習其它知識也是如此。為什麼小娃娃從一歲咿咿呀呀話都說不清楚，到兩三歲後基本就掌握了全套的語言呢？為什麼我們現在好多人從小學初中就開始學外語，學到大學畢業還是磕磕巴巴的學不好呢？就是因為你不放鬆，把這個外語當作正事在做，反而就不行了。我們看小孩子咿呀學語，他是邊玩邊學，這個玩具是車車，那個玩具是牛牛，車車可以坐坐，牛牛可以騎騎，就這麼玩著玩著，他就什麼都記住了。所以我們學《易經》，要學習小孩子，要學會玩，在玩《易經》當中混日子，那是非常美妙的事哦。

古人有很多玩易玩出大名堂的例子，剛才我們說邵雍這個人就是如此。北宋五子的時代，國家太平、文化繁榮、經濟也很發達。邵雍《易經》搞得那麼好，卻毫無用武之地，當時對外沒有大的戰爭，對內政治也比較清明，他又不想參與宮廷那些麻煩事。如果是生在陳摶的年代，還可以像諸葛亮一樣去給人家當軍師，去建功立業。太平時節沒什麼正事好幹啊，平時就只有玩《易經》了。

邵雍是很會玩《易經》的。有一天他上街買了一把很好的椅子，回來覺得很高興，閒來無事，就想給椅子算一卦，看看它的命運如何。他把結果推算出來後，就寫在椅子下面，然後看這個結果是否應驗。有一次，有個修仙道的人跑到邵雍家裡來玩，坐到這把椅子上面，擺龍門陣一下高興了，竟然把椅子坐垮了。這個道人非常難堪，就說邵先生啊，不好意思，我把椅子給坐壞了，真是慚愧啊！邵雍聽了笑著說，沒關係啦，這把椅子今天活該要壞的，你老人家到我這裡來，就是為了印證這把椅子的天數啊！說著就把椅子反轉過來給他看，只見下面寫著：「某年

某月某日某時，此椅當為仙客坐破。」

　　大家看，邵子這種玩法舒不舒服？玩得真是高雅啊！現在一般人玩的什麼呢？都是很低級的東西，打牌買馬、喝酒吃肉、卡拉 OK 這些，真是很差勁啊！我們在座各位都是有雅量的君子，但願就這麼玩來玩去，說不定也要玩出幾個易學大師出來哦！

　　還有一個故事，說的是邵雍和他兒子。有一天傍晚，邵雍的鄰居來敲門，先敲了一下，然後敲了五下。邵雍就問，什麼事啊？鄰居說，我來借東西。邵雍說：「不忙說，不忙說，我來猜一下你要借啥。」他馬上就給兒子說，我們一起來算卦，看你算得準還是我算得準。於是他們用數字起卦的方法，先敲一下是乾為上卦，又敲五下是巽為下卦，就成為天風姤卦。邵雍的兒子就說，這個人是來借鋤頭的。邵雍說不是，他是來借斧頭的。於是他們把鄰居請進門一問，人家果然是借斧頭的。這下邵雍的兒子有點想不通，為什麼是斧頭不是鋤頭呢？於是就對他老爹說，這個姤卦上卦為乾，為金；下卦為巽，為木。巽者入也，姤卦是木入于金，是一根木棍插入金屬之中，顯然是鋤頭嘛。但是你老人家為什麼就認為不是鋤頭而是斧頭呢？邵雍聽了哈哈一笑，說，實際上我們爺兒倆的分析都對，但是你只著眼於卦象，而沒有看到現實。這個人是晚上來借東西，鋤頭是早上到地裡幹活才會用的啊，晚上肯定是要劈柴燒火做飯嘛。

　　我們說用這個《易經》來起卦斷卦，不僅你在卦象辭義上要清楚明白，更重要的，是要根據實際的情況靈活運用。所謂「運用之妙，存乎一心」，我們不能成為書蟲，頑固僵化。邵雍父子所過的這種生活、這種玩法，確實就很高明，父子其樂融融，很有情趣味道。「所樂而玩者，爻之辭也」，《易經》確實是可以這麼玩的。

占卜的四個原則

　　「是故，君子居則觀其象而玩其辭，動則觀其變而玩其占」，一個大人君子，平常就是通過觀察易卦之象，通過玩味卦、爻、象、彖裡面的內涵，來作為自己平時心性修養的所依。有雄才大略的人，也可以通過

這種方式來韜光養晦，潛行密用，把《易經》的理、氣、象、數都玩熟以後，你的心性狀態、智慧狀態就非凡人可比了。真正要為某一件事情付諸行動，要建功立業的時候，就可以「觀其變而玩其占」，就可以把握時機，伺機而動，有的放矢。

「觀其變而玩其占」，這中間涉及到了占卜。我們剛才講的邵雍的兩個例子，就是易卦的占卜之術。說到《易經》的占卜，大家一定要注意幾個原則是不能違背的。

第一個原則，無事不占。沒有事情就不要占卜，沒事占什麼啊，占了也沒有意思嘛。當然，我們初學者為了熟悉易卦，熟悉卦辭爻辭，平時玩玩也可以，但一定不要當真。你一當真，就會麻煩多多，真的就是無事找事，吃飽了撐的。

第二個原則是不疑不占。雖然有了事情，但你明白了這個事情的因果關係，通過自己的理性分析可以決定，就不需要打卦。平時常有朋友說：波師兄，聽說你最近在講《易經》啊，給我打一卦嘛！可是你本身就沒有什麼疑難，打個什麼卦呢？有些人說，我就是要看你打得準不準，我就疑這個。那我就告訴你，一點也不準。為什麼？這涉及到另外的原則了。

第三個原則就是不誠不占。一定要心誠，才能打卦。《易經》在遠古時代，本來就是占卜之書。古人在用《易經》占卜的時候，是一件非常嚴肅認真的事情，要舉行整套儀式。尤其是國家遇到戰爭、瘟疫等大的災害的時候，或者是遇到繼位、權力更迭的時候，都必須要占卜。占卜的規格是很高的，要宰殺牲口進行祭祀，主占和問占的還要齋戒，占卜出來的結果，還不能隨便公佈，要召開了最高領導會議，即相當於現在的政治局會議通過以後，才能宣佈結果。古人對於占卜之書，也不是像我們現在一樣，不管臥室、廁所，隨處亂放。周公當時用《易經》占卜時，是要把書放在最上等的木頭做成的匣子裡面，用純金的繩索捆綁著，放在最莊嚴、最神聖的地方。我們看古人對於占卜，那是非常虔誠的。

誠這個東西，無論在《易經》裡也好，還是在其它傳統文化的學修上也好，都是最重要的。我們看周敦頤《通書》，前三章都是在講誠，「誠上」、「誠下」、「誠幾德」，通通在講誠。為什麼要強調誠？誠者天之道啊！如果你做事心不誠的話，那任何事情都成不了，因為你違背天道了嘛。

用在《易經》上，無誠就不驗。這不是迷信的說法，而是心和物的交流原理。傳統文化講求心物一元，不誠的話，你心與物就歸不到一，就不能有感應。

過去說「祭神如神在」，祭祀的時候，一定要有這種虔誠的感覺才行。比如我們每天早上一進書院大門，第一件事情就是給孔夫子上香。上香的時候，確實就要感覺到孔夫子就在我們跟前，在接受我們的供養。雖然看起來就是拿著打火機隨便點燃一盤香放在香爐裡，但實際上，心裡面一定要想著孔夫子就在我們跟前，在看著我們才行。不管學易還是做其它事情，就要有這種虔誠。所以，那些想考驗一下波師兄打卦準不準的朋友，我在這裡說實話，我是不打卦的，即使打也一定不準。

還有一個最根本的原則，就是不義不占。比如某個人跑來求你給他打一卦，看看明天他搶銀行會不會成功？這個就沒什麼道理好講了。如果連這種不義的事情你都給他打卦，給他出主意，那你就徹底完蛋了。因為你已經是幫兇，跟他是一個犯罪團夥的成員了啊！

以上就是《易經》占卜的原則，所以說「易為君子謀，不為小人謀。」《易經》是為大人君子出謀劃策的，不是為小人算計別人用的。同時，我們平時有事的時候，打卦以後也要知道，這只能起到參考和借鑑的作用。真正面對事情的時候，還是要靠自己認真分析內外環境、因果關係、發展趨勢等，這些都是要靠理性思維來判斷的。如果真正把《易經》理、氣、象、數的道理搞清楚了，說實話，好多事情你一看就知道來龍去脈，哪裡還用得著打什麼卦！

事在人為，不昧因果

《易經》的道理，乃至世間的一切道理，無非是「因果」二字。這一點，佛教中講得最清楚。「欲知前世因，今生受者是。欲知後世果，今生做者是。」你要想知道過去如何，現在受到的果就是過去的因造成的；要想知道未來是怎樣，現在做的事情就是未來的因。你知道了這個因果的道理，深信這個因果的道理，就不會整天拿幾個銅錢扔上扔下、算來算去。有些人剛剛會背「乾三連，坤六斷」，就跑去跟人家說，我會《易

經》啦！我來給你們打卦吧。這就很可笑。如果心思長期放在這個上面，就說明他還沒有把《易經》真正學懂，也沒有真正入門。所以過去也有「善易者不卜」的說法。佛教要我們深信因果，你深信因果以後，就沒有多少可疑的事情，也不用整天去算命打卦了。

「觀其變而玩其占」，玩玩可以，但是不能凡事都依靠占卜。《易經》和其它看相算命之書最大的差別，就是它沒有一個固定不變的定論。我們前面分析了「天根月窟閒來往，三十六宮都是春」這兩句詩，六十四卦都是好卦啊！你真明白了這個，你處在任何一卦的狀態，心中都會暖意洋洋，永遠處在春天的狀態。《易經》講究的就是變化的規律，任何一個卦都不是死卦，都是可以有變化的。《易經》真正告訴我們的，是事在人為的道理。面對任何事情、任何境遇，你都可以轉變態度，改進方法，讓事情向好的方面轉化。如果你被「宿命論」套牢了，就像《了凡四訓》中袁了凡年輕時候那樣，不去改進，一意孤行，聽天由命，就會眼睜睜看著自己落入深淵而毫無辦法。

「是以自天佑之，吉無不利。」你只要明白了這個東西，老天爺就要保佑你無往不利啦。這一句話，對於我們學佛求道參禪的朋友，更要認真體會。老天爺從哪裡來？自天啊，是從我們自己這裡來的天，我們要好好體會這個「自天」哦！

我反覆在說，學習《易經》的眼，就是「我為乾，眾為坤；我為陽，眾為陰；我為主，眾為賓。」乾者天也，自天佑之，就是我自己的天在保佑自己啊！並不是說真有個老天爺在上頭保佑你。不信一會兒下課了出去看看，看這個天上有什麼啊？什麼都沒有嘛。一會兒太陽出來了，一會兒又下雨了，一會兒又烏雲密佈，這東西怎麼來保佑你啊？是你自己明白了這些道理以後，天賦之命才會降臨到你身上來，才會保佑你吉無不利、萬事大吉！

第三章

趨吉避凶的定海神針

第三章　　趨吉避凶的定海神針

象者，言乎象者也；爻者，言乎變者也。吉凶者，言乎其失得也；悔吝者，言乎其小疵也。无咎者，善補過也。是故列貴賤者存乎位，齊小大者存乎卦，辯吉凶者存乎辭，憂悔吝者存乎介，震无咎者存乎悔。是故卦有小大，辭有險易；辭也者，各指其所之。

——《繫辭上傳》第三章

學易，以知天下之變

《繫辭》第二章，對《易經》卦象進行觀察和玩味，從中瞭解到易卦的吉凶悔吝等規律性和判斷原則。下面的第三章，是進一步對易卦吉凶悔吝的結果進行分析和研究，從而使我們在社會人事當中學會趨吉避凶的辦法，指導我們如何面對現代社會的種種變數和境遇。

在我們當下的現實環境中，變數確實是非常大的。前段時間的金融危機，搞得全世界都雞飛狗跳的。電視一打開，中央 2 台幾乎都是在「直擊華爾街」，都在談這個事情。本來我對經濟方面是沒有什麼興趣的，搞得現在也不得不看一下。從美國到歐洲，整個政府系統對經濟都非常悲觀，大家的信心都很低落，甚至有冰島以及東歐個別國家申請國家破產。國家破產是個什麼概念？這是以前從未有聽說過的，感覺形勢的確非

常嚴峻。

最近的美國大選，大帥哥歐巴馬以絕對優勢，毫無懸念地競選成了美國的下一任總統，美國歷史上的第一個黑人總統由此誕生。這也是一件大事情。對我們有什麼影響呢？影響可能是很大的。就在大家對社會、經濟的信心最低落的時候，歐巴馬當選美國總統就像一劑強心針，讓大家又增強了信心，也許又會成為一個轉捩點吧。歐巴馬的背景很奇特，父親是非洲部落首領，母親又是白種人。我在網上看到有消息說，歐巴馬還有個同父異母的弟弟現在深圳，娶了個中國河南的媳婦。記者去採訪他們的時候，發現他們已經消失了，估計怕被記者圍攻。歐巴馬在講演中也表示，他要和中國保持長久友好的關係，與布希上臺後對中國表現出來的強硬態度有所變化。所以，這個世界的變局是很大的，到底是怎麼回事，對我們有哪些影響，還是要慢慢來看。

我們大家學習《易經》，學習傳統文化，並不是要大家坐在屋頭，只把四書五經拿來背，兩耳不聞窗外事，一心唯讀聖賢書。聖賢書當然要讀，但讀了是要拿來用的，要用聖賢教給我們的道理來看待天下，看待世界的變局。如果我們真正學好了《易經》，我們的眼光就會更加高遠，在社會變局中就能更加知時、知機，進而能夠知天下之變，這就非常了不起了。

這就是我們學習《易經》的根本目的，也是最高要求。所以這個「變」字，是始終貫穿在《易經》當中。

第三章是繼續在談吉凶悔吝的變化道理，並進行了更深入地分析。

吉凶得失不離事相

「象者，言乎象者也」。象，就是我們《易經》當中的象辭，它是用來解釋、判斷每一卦的卦象，或者是解釋判斷包括在易卦中的社會人生某種現象的內容。放在卦辭之後，就是解釋判斷這一卦的總體內容。這裡的象，我們不能純粹認為是易卦中的六根杠杠。杠杠者即非杠杠，是名杠杠哦！我們說「桌子」，這兩個字所指的是一個實實在在用木頭做的東西，並不只是說字典裡的兩個字。易象的含義，也並不只是六根杠杠

的這麼個圖像，而是它所代表的社會現象。各種各樣的社會現象，都可以通過《易經》的六十四卦來表達。

「彖者，言乎象者也」，就是說彖辭，是對某一個用卦象代表的社會現象和人事現象所作出的判斷，它說的是社會人事當中的現象。

「爻者，言乎變者也」。爻辭，說明的是易卦六爻的變化。六爻的每一爻，都有上下、內外、交互的作用和感應，有了這些作用和感應，才會有變化。就像我們上次講的錯綜複雜，那種變化非常豐富，估計要把人腦袋都講大。我們這個世界、人生的變化本身就很豐富，《易經》要想表達這種變化，便有很豐富的一套東西與之相應。「爻者，言乎變者也」，並非是一變就變成了另一卦，而是陰陽兩爻之間發生的作用和變化。從這裡我們可以看出，學習《易經》主要是知變化，要從六爻的爻位上特別注意。一個卦打出來，有靜爻也有動爻。如果是動爻，打出一個卦來就要特別注意它動的那部分。一個卦說明一件事情、一個現象，其中有外部環境也有內部環境，有不變的地方也有變化的地方。我們最重要的是掌握變爻所在的位置，因為它是最能體現事情的變數，是我們決定進退的關鍵依據，所以前面說「變化者，進退之象也。」

「吉凶者，言乎其失得也」，我們前面在講「吉凶者，失得之象也」時講得很清楚，這裡就不再重複了。只要我們在個人得失上抓住根本點，在體道、進德、修業上日有所得，這就是根本的吉。反之，如果為了一己私利而損害別人，即使得到一些眼前利益，也會很快失去，從根本上說，那也是凶。我們把這些根本點抓住，吉凶得失就會了然於心了。

這一章的內容是緊密承接上一章的，所以很多概念都是相關的。「悔吝者，言乎其小疵也」，悔吝是指由於小過錯而生起的煩惱和悔恨，也可以理解成由於客觀環境和社會環境對人的逼迫和影響，而給個人帶來的煩惱痛苦。比如在一些大的災難面前，在大的變局或者動盪時期，人在這種大環境之下，很可能就會失去清醒的頭腦，失去正知、正見和正念。在這種情況下，一般人如果沒有修行的力量，往往就會唉聲歎氣，左右為難，無法安心。總之，「悔吝者，言乎其小疵也」，說的就是這樣一種煩惱人生的狀態。

原來都是我的錯

「无咎者，善補過也。」无咎，就是沒有什麼過錯嘛，為什麼无咎還要善於補過呢？對於這一句，我們可以有兩種理解的方式。

一個人做事為什麼會无咎？怎樣才能无咎？那就是要善於補過，善於改正自己的不足，改正自己的錯誤。无咎，就是因為善補過。我們學習《論語》時就看到，顏回就是一個善補過的最佳典型。孔夫子表揚他是「不遷怒、不貳過。」不貳過，就是善補過，第一次做錯之後，他就再也不會犯同樣的錯誤了。正因為他有「不遷怒、不貳過」的修為，所以才「一簞食、一瓢飲，在陋巷，人不堪其憂，回也不改其樂。」這是顏子的境界啊！他自有他的樂處，很自在很快樂，雖然處在最低生活標準之下，每天領救濟吃低保，但還是很快樂。不要小看顏子之樂，這是非常不容易做到的哦！這種在精神上順逆不為所動的境界是怎麼達到的呢？就是從「不遷怒、不貳過」中得到的。所以，「孔顏之樂」是儒家的精神境界，「不遷怒、不貳過」則是儒家修行的實在功夫。我們的著眼點就應該看到功夫上，那就是善於補過；至於安貧樂道，那是我們追求的境界和目標。

「无咎者，善補過也」，話又說回來，我們生而為人，哪個敢說自己沒有過錯呢？有些人或許會說，這件事上我就是沒有錯嘛！比如這個金融危機，鬧得那麼凶，但是從美國鬧起的，跟我有啥關係啊？我也沒有錯啊！前段時間三鹿奶粉事件鬧得那麼凶，跟我有什麼關係呢？我是受害者，心裡還憤憤不平呢！網上有人說，2008 年的社會治安是「非常六加一」，上半年是一個平民殺了六個員警，下半年是六個員警殺了一個平民。這些東西和我有關係嗎？我老老實實每週到書院聽課，學傳統文化，這些根本不是我的錯嘛！但是，是不是真的沒有關係呢？我們普通人在這些事件中是不是真的沒有錯呢？這個還是要好生反省一下，再作定論。

金融危機和我有關係嗎？別人不好說，但跟我波師兄，那是絕對有關係的。我們都知道，這次金融危機的產生，就是從美國的次貸危機開始的。次貸的原因呢？說白了，就是超前消費，比如沒有能力還貸的人還要貸款買房子。前幾年我一分存款都沒有，在成都一直是租房住，當時感覺房價要漲了，再不買房恐怕以後麻煩就大了，於是找朋友親戚借

錢，湊齊了首付款，然後又從銀行那裡貸了一筆錢買房子。當時的感覺，就是這一輩子都欠著銀行了，這個「房奴」不知要當到啥時候？所以這幾年寫稿子很亡命，就想多賺點錢好儘早把賬還了。次貸危機，不就是因為存有我這種想法的人多了嗎？最後還不起貸款，銀行壞帳多了，引起信用恐慌，加上其它原因，就向金融危機演變了。

　　三鹿奶粉和我有啥關係呢？還是有關係。說老實話，中國人是不適合吃牛奶的，不光是中國人，西方的成年人都不適合吃牛奶。但現在呢，沒有牛奶好像就沒法過日子了。最近我遇到一個法國研究自然飲食的朋友，他說要消化牛奶，人體內是需要一種蛋白酶的，這種蛋白酶東方人比西方人要少得多。西方人在十三四歲的時候，在青春期發育以前，這種蛋白酶是很豐富的，吃了牛奶也容易消化。但是在十三四歲以後，這種酶逐漸就沒有了，所以成年人是不適合吃牛奶的。但是，製奶企業要利潤啊！於是經過大力的廣告宣傳之後，大家都說牛奶好，一窩蜂地跟去吃。另外，還有一些女士為了保持身材，生了孩子也不願意母乳餵養，偏要用奶粉來餵養娃娃。乳製品公司看到需求量這麼大，肯定就要加大生產；達不到需求量，就會想其它辦法，乃至於中間加點這些那些的化學品，就是為了節約成本，提供更大的乳製品供應量。

　　同樣，員警打死平民也罷，平民打死員警也罷，和我們有關係嗎？還是有關係！只不過我們運氣好，沒有遇到那種情況。真正遇到了呢？結果恐怕也很難說了。我看過網上的視頻，哈爾濱員警打死那個年輕人的視頻。那個年輕人確實有點瘋勁，員警站在一邊沒有動，他還要跳著去追打，攔都攔不住，還拿著水泥塊向員警的頭上砸去。我當時就想，如果我是那幾個員警的話，恐怕也保持不了冷靜，下手一重，也可能把他打死了。

　　所以，這些事情和我們都是息息相關的，沒有什麼事情我們可以是旁觀者、是毫無過錯的。地球是個村啊！世界的整體性和個體性是不可分的，牽一髮而動全域。只要你生活在人群之中，你就承擔了人群「共業」中的一份。所以，歐洲人反思「二戰」的原罪，認為並不只是納粹希特勒一個人的事，而是人人有份，大家都是從犯。同樣，我們反思自己的歷史也要看到，文革也並不是毛澤東一個人就發動得起來的，不能把什麼罪過都往他老人家身上一推，就以為沒有自己的事了。當然，就像我們看易卦六爻一樣，任何事情都有一個主從的關係，領袖號召是主，

群眾起哄是從。但是，從更大的範圍來看，是主是從也不是我們自己說了算啊！是要看天命是不是把你放在這個「位」上。

我們平時在社會生活中，一定要小心謹慎，要把因果的感覺深入到細微之處來體會。凡事低調一些總是好的，我的錯就是我的錯，人家的錯還是我的錯，這樣才會「无咎」。六祖大師說得好：「若真修道人，不見世間過。」能這樣做的話，就比較好跟人相處，大家都這樣，那社會就很祥和，天下就太平了。

坐在哪把交椅上想事情

「是故列貴賤者存乎位，齊小大者存乎卦，辯吉凶者存乎辭，憂悔吝者存乎介，震无咎者存乎悔。是故卦有小大，辭有險易；辭也者，各指其所之。」這裡就得出結論了。我們還是一句句來講。

「列貴賤者存乎位」，我們第一章講「天尊地卑」，講得中、得位的時候，和大家分析了很多，也比較清楚了。易卦的六爻之中，因為爻位不同，就有不同的作用。「貴賤」二字，是把落後的社會等級觀念放在易卦的解釋上面，這是不妥的。我們要看到，一個卦裡面的爻位，確實有主從的關係。有些人愛說「屁股決定一切」，為什麼呢？一個人的屁股坐在什麼位置上，那就決定了他的能力有多大、能做多大的事情。如果你一屁股坐在局長廳長的位置上，這個局、這個廳，就是你來作主，由你說了算。要是一屁股坐在美國總統，或坐在了聯合國秘書長的位置上，那美國的事乃至天下許多大事你就能作主，那你的使命就大了。這就是位的感覺。貴賤這兩個字不好，我們改一下，改成主從關係，但畢竟在社會人事的分工中，確實是有這麼一種被動與主動、主導與服從的關係在裡面，易卦六爻也是一樣。

當然，我們還應該看到，不管是什麼關係，它都是我們的精神和念頭產生的。一念不生的時候，大家都平等，大家都一樣。國務院總理每天關心的都是大事情，但一覺睡下去了，就沒有大事小事之分了，和一個叫化子睡著了的狀態沒什麼區別。早上醒過來，念頭還沒有生起的時候，還是清清明明的，什麼事情都沒有。只有完全清醒了，有人來請示

彙報了,哎呀!我是國務院總理啊!這個國家的大事都要我來管啊!於是馬上就定位了。大人物醒來管天下大事,我們是普通人,醒來了就把自己的柴米油鹽醬醋茶管好。所以位不同,產生的觀念就不一樣。佛法講眾生平等,眾生怎麼才平等呢?狼要吃羊,羊要吃草,怎麼能平等呢?其實,就在你一念未生的時候,一切就都是平等的。一切眾生在一念未生之時,本質上都是平等的。而一旦念頭一產生,馬上就有了位,那就不平等了,就有了尊卑貴賤等各種感受了。

「列貴賤者存乎位」,放在易卦上面如何體會這種感覺呢?一個卦有六爻,代表了六個不同的位置,其中真正能夠做主的,就是九五爻和六五爻,不管是陽爻還是陰爻,第五爻都是上卦的中爻,在卦象裡面是最重要的,決定了這個卦的性質和走向。這是一般的情況,也並不是絕對的。九四爻和六四爻是輔位。放在一個國家裡,主位就是皇帝總統,輔位就是宰相總理,就是這樣一種關係。除了第五爻和第四爻,其它各爻基本都是從屬地位,雖然它們的作用參差不齊,總的來說,它們是屬於服從地位的。所以一個卦真正的功德,是全歸於第五爻上的,所謂九五之尊是也。

我們如果把《易經》六十四卦弄熟,在日常生活中慢慢去體會,看多了看熟了,就可以把自己放在這個卦中,找找自己在一件事情中的位置,是主位?輔位?還是毫不起眼的蝦兵蟹將?你處在什麼樣的位上,就決定了你採取什麼樣的行動。

一朵花與一個世界

「齊小大者存乎卦」,對於這句,本光老又提出了批評,認為是《繫辭》這篇論文中的又一敗筆,又要扣分。方山易學認為,《易經》六十四卦沒有大小之分,也沒有等級之分。其實也不光是方山易學有這樣的認識,我們看歷史上真正著名的易學大師,最後得出的結論都是如此。就像邵雍說的「三十六宮都是春」,三十六宮就是六十四卦,只要明白了「天根月窟閒來往」的道理,六十四卦,卦卦都是好卦。

我們說《周易》的卦序是首出乾坤,這只是六十四卦的排序。一旦

形成六十四卦以後，真正是沒有大小之分的，只是排序不一樣而已。在古易裡面，《連山易》是首出艮卦，並不是說艮卦就是老大，其它都是蝦兵蟹將；《歸藏易》以坤卦作為首卦，也並不是說坤卦就多麼了得，並不是如此。有些《易經》的注解說，「陽卦為大，陰卦為小」，這類說法是很膚淺的。我們平時打卦，不管是乾坤二卦還是其它各卦，出現的概率都是一樣的嘛。所以每個卦都是平等的，並不是說《周易》首出乾坤，它的概率就要高些。

我們在學易的時候，就像學佛法一樣，要有「擇法之眼」，要有一個做出正確選擇和判斷的洞察力。學習《易經》，這種眼力也很重要。這麼兩千多年下來，歷代注易之書可以說是多如牛毛，在五經當中，《易經》是歷代注解最多的，各說各話，花樣百出。怎麼去選擇一個正確答案呢？我們書院學《易經》，為什麼不斷要強調本光法師的方山易？因為方山易站的位置非常高，被稱為佛家易學，來源於唐代的華嚴大師李通玄長者。李長者以注《華嚴經》而著名，他標榜的華嚴境界，實際上跟《易經》是相應的。華嚴境界是「一為無量，無量為一」，就像帝釋天宮中的「因陀羅網」，那是珠珠相映，影影相交，重重無盡。學佛的人愛說「一花一世界，一葉一菩提。」你說一朵花大還是一個世界大？在華嚴境界中，花和世界是平等無礙的！一朵花裡面就能含藏整個世界；隨便一片樹葉掉下來，你就可以體會到全部的菩提大道。這就是從最普通的事物中體會到最高妙的佛法，講的就是平等不二。禪宗裡面說「大海微塵，須彌納芥」，大海和微塵在本質上也是一樣的。須彌山好偉大啊！整個娑婆世界都是以須彌山為支撐的，它卻可以容納在一顆芥菜的種子裡面。這種平等無礙的境界，既是華嚴境界，也是方山易的境界。

我們學易，如果站的位置高，精神境界也就很高。從高處著眼，我們就可以看到古今眾多的易學流派中，哪些是可取的，哪些是不可取的，哪些是了義的，哪些是不了義的，你都會很清晰、很明瞭。「齊小大者存乎卦」，用本光法師的道理來說，這句話是有問題的。卦無高低大小的區分，既然沒有這些區分，也就談不上齊了。

莫讓小患成大災

「辯吉凶者存乎辭」，這句話很明確，也很好理解。《易經》的卦爻象這些辭句，都是用來闡明易卦的結果的，都是闡明易卦中吉凶悔吝的變化。這裡說辯吉凶，並不說只會產生吉凶這兩種結果，而是用「吉凶」二字，就把易卦的所有結果概括了。除了吉凶之外，我們知道，還有悔吝、無咎、貞、厲等等結果。

「憂悔吝者存乎介」，還有後面的「震无咎者存乎悔」，是這一段裡面最重要的兩句，我們要多說一下。「憂悔吝者存乎介」，主要也有兩種理解。

這個「介」字，一種說法是當耿介、剛介來理解。我們前面說豫卦的六二爻「介於石」，蔣介石的名字就是這麼來的，是說這個人像石頭一樣耿直、方正。「憂悔吝者存乎介」，就是說一個人的性格非常剛直、耿介、血氣方剛，這種性格的人往往會給自己帶來悔吝煩惱，容易產生這些麻煩事情。古典小說裡面有很多這樣的人物，比如《三國演義》裡面的張飛，性情耿介、剛烈；《水滸傳》裡面的李逵、《說唐傳》裡面的程咬金、《岳飛傳》裡面的牛皋，都是這樣的人，都很麻煩。這些人特別講義氣、特別耿直，但是頭腦一根筋，最容易惹麻煩、出事情，這就是「憂悔吝者存乎介」的感覺。這裡對介的解釋，源於爻辭本義，「介於石」也是這個意思。這是第一層含義。

第二層含義，這個介有纖細、纖介的意思，指的是非常細微的一種差別。後來的很多易學大師，更喜歡從這角度來解釋。這樣理解也很通順，介，就是界限。一個人遇到了悔吝和煩惱的狀態時，說明已經到了一個臨界點上了。這和「辯吉凶者存乎辭」不同，吉凶嘛，要麼好，要麼不好，沒有什麼說頭。但是「憂悔吝者存乎介」，就是自己察覺到了這件事情有點煩惱、處境有點困難，這個時候就要小心，因為它已經到了吉凶的界限了。如果我們謹小慎微，有一種「如臨深淵，如履薄冰」的細緻感覺，找到悔吝的要害所在，並加以改正、改進，結果就可能由悔吝變成無咎，乃至於變成吉。如果你不注意它，不管它，任其自由發展，就有可能由悔吝而變成凶險之象，帶來很大的災難。

《韓非子》裡面有篇大家很熟悉的文章，叫做《扁鵲見蔡桓公》，中

學課本也選過。神醫扁鵲見到蔡桓公，第一次見面就說：「君有疾在腠理，不治將恐深。」國君你要小心啊！你有個毛病在肌膚皺紋裡面，要小心治療啊，不然會拖成大病的哦。中醫講望、聞、問、切，扁鵲是傳說中天上的神醫下凡，望診的功夫當然是一流啦。但結果呢？這個蔡桓公一句話就給扁鵲頂回去了：「寡人無疾！」扁鵲走了以後，蔡桓公還給邊上的人說：「醫之好治不病以為功！」哎呀，現在的醫生啊，沒有病偏要給你醫，還說自己是有功勞的。

這是很有意思的話題啊！熟悉中醫的都知道，真正高明的醫生是「不治已病治未病」。中醫和西醫，其實就有這樣的差別。中醫治未病，沒有病的時候，中醫也要調理你的身體，讓你自己身體機能一直保持、恢復到最佳狀態，以不得病而延年益壽為最終目的。西醫治已病，就是你已經出現了病症才進醫院，如果沒有發病，就決不讓你看病吃藥。實際上，西醫也有治未病的部分，只不過是放在衛生部門的工作裡，比如搞點清潔殺毒、滅菌種痘這些預防手段。但是嚴格說來，西醫的預防手段和中醫還是很不一樣。西醫的衛生防疫總體來看是外在的，是注重人們生活的外部環境；而中醫治未病的宗旨，才是真正地從我們的機體內部調節，使人的身心達到和諧健康。雖然中醫強調治未病，而且也非常有道理、非常重要，但是對於這個治未病之說，還是容易引起很多不解醫理的世人的垢病。前一陣社會上關於要不要中醫的討論很激烈，看來不光是現代人，早在兩千多年前的蔡桓公都有如此偏見，這個爭論恐怕永遠都沒有個結果。

過了十多天，扁鵲再去見蔡桓公，覺得事情嚴重了啊，蔡桓公的病已經不在表皮，而到肌肉裡面去了。扁鵲還是給他說：「君之病在肌膚，不治將益深。」蔡桓公還是不理他。這樣又過了十多天，扁鵲又進宮去，發現蔡桓公的病又加深了，已經到腑臟裡面去了，再不治的話恐怕有性命之憂了。但是蔡桓公沒感覺啊，還是不理他。就這麼幾次下來後，有一天，扁鵲看到蔡桓公，轉身就走了。蔡桓公覺得奇怪，這老頭子以往每次來都嘰嘰歪歪說我有病，今天怎麼不說了呢？便派了個隨從去問，到底是怎麼回事？扁鵲就說，病在肌膚的時候，用點按摩、熱敷就行了；病在肌肉裡面的話，搞點針灸之類也可以解決；病在內臟裡面的話，多吃幾付火神藥也能夠解決問題。但是現在，君王已經病到骨髓裡面去了，

這個地方我管不了，是由閻王爺管的，是「司命之所屬」，他要到閻王爺那裡去報到了，我沒有辦法了。這個隨從就回去報告，蔡桓公還是沒有管。過了幾天，蔡桓公突然覺得身體很不好，渾身劇痛，派人去找扁鵲，發現扁鵲已經逃往別處了。

扁鵲見蔡桓公的故事，就是對「憂悔吝者存乎介」的最好註釋。一個人在悔吝的時候，有小毛病小麻煩的時候，自己不覺得，別人指出問題後還是自以為是，還是沒有引起警覺，最後就只能像蔡桓公一樣，病發而無藥可救，一命嗚呼，由小小的悔吝之憂演變成了滅頂之災。

動輒得咎須謹慎

下面一句「震无咎者存乎悔」。震卦是什麼樣子呢？是一陽動於兩陰之下，就產生了震動，所以震者動也。震无咎怎麼解釋呢？我們有個成語叫做「動輒得咎」，《地藏經》裡面說：「南閻浮提眾生，舉止動念，無不是業，無不是罪」，我們往往心念一動，就要得咎，就要造業。但為什麼這裡說「震无咎」呢？是因為「存乎悔」。

我們在學習傳統文化的時候，不管是道家、儒家還是佛家，都特別講究慎動，不能輕易妄動，尤其是傷筋動骨的大動，一定要小心。佛家為什麼要講打坐？腿子一盤，心也靜下來，手也要放好，要結印，結禪定印，結菩提心印，修密法的還要結準提印等等。結手印幹啥呢？說白了，就是要把手管好，不能亂動，才能與所修之法相應。你修法，把手腳管好後，還要把心管好，心也不能亂動。這個時候要眼觀鼻、鼻觀心，念佛也好，持咒也好，觀想也好，就要找個東西讓你集中精力，把你的精神拴住，不讓你的心隨便亂動。這是培養我們定力的很有效的一種修行方法。儒家說慎動，能夠真正做到慎動的人，定力都是非常強的。儒家過去也是要講打坐的，所謂「平時靜坐談心性，臨危一死報君王」。當然這後面一句不太好，是說有些儒者的修養品格雖然很高，定力也很強，但是卻沒有什麼用，臨危之時只有以身殉國。

然而作為一個普通人，我們是不可能不動的。生活在社會底層的人，一天到晚都在為柴米油鹽操心；處在領導地位的人，要為事業操心，為

團隊操心；在官位上的人，還要為老百姓操心，都是必須要動的。真正想要參禪學佛，按照過去的說法，是要有大福報的人才能做到的，有時間、有條件專門習定的人不多啊！我們普通人做不到這些，就要學會懺悔。如果動了以後，出現了一些悔吝的事情，就要悔過自新，勤於補過，善於改錯，這就是「震无咎者存乎悔」的感覺。

懺悔的心法

我們這裡學佛的朋友比較多，不知道大家有沒有真正修習過懺悔法？佛教裡面的懺悔法是很多的，漢傳佛教裡最著名的懺悔法是《梁皇寶懺》。這是梁武帝身為一國之君，親自定下的一個懺悔修誦儀軌，他自己也是勤修不息。

大家不要小看了梁武帝，他雖然是個亡國之君，那是受大環境所迫，但他自身的佛法修為是相當高的。達摩大師到東土來，本來是想給梁武帝傳法的。但是梁武帝當時還沉溺在造寺印經這些有相功德裡，不能夠與禪宗的無上大法相應，所以與達摩祖師一言不合，錯過了當下開悟見性的機會。其實到了最後，梁武帝是七天水米不進，是坐化了的！當時侯景叛亂，先圍困梁武帝數日，使之彈盡糧絕之後，才帶兵殺入宮中奪梁武帝皇位。侯景是個叛國者，本來就是去弒君篡位的，可他進宮時梁武帝已經坐化了。侯景一看到梁武帝威風不倒地坐在那裡，第一反應就是磕頭，被他的威風大為折服！所以我們說梁武帝是不可小看的，他在歷史上被稱為菩薩皇帝，對佛法在中國的早期傳播是很有貢獻的。

《梁皇寶懺》是漢傳佛教的懺悔法，在藏傳佛教中，懺悔法也是非常重要的。在密宗各教派共同的五加行裡，必不可少的金剛薩埵大法，實際上就是懺悔法。

書院有些朋友在願炯法師那裡皈依時，法師傳授了這個懺悔法，不知道大家有沒有印象？波師兄當年學密宗的時候，學得很辛苦。當年為了求法，連夜從海拔兩千多米的雅礱江谷底翻山越嶺，爬到將近五千米的山頂上去，深更半夜才抵達目的地。一路上各種困難都遇到了，雖然不是九死一生，感覺也是在生死邊上逛了一圈。我們在山上一住就是十

多天，上師一刻不停地念誦傳法，也是一氣就念了十多天，傳了很多的高深大法。後來在其他上師那裡，也得了很多密法的傳承。說老實話，我要是全部修完這些密法傳承，不說這一輩子，可能幾輩子都修不完。那麼，求這麼多法來幹什麼呢？接受那麼多傳承來幹什麼呢？實際上，佛法修行是一法通，法法通。真正在一個法上修通了以後，其它的法都可迎刃而解。接受傳承，只不過是接受一個口耳相傳、代代不斷的法脈，有了某個法的傳承以後，如果以後遇到了與這個法相應根器的人，就可以傳他這個法。你只要有這個法脈傳承，你自己沒有修也可以傳。這就是法脈傳承的力量，可以代代相傳的。說老實話，我在密法當中真正下功夫修過的法就是懺悔法，真是有很深的體驗。這裡就不多說了。

總之，無論是在何種修行之中，勤修懺悔是極其有效的。「震无咎者存乎悔」，如果一個人要修行，卻又心高氣傲，不知道虔誠懺悔，不知道自己身心的過錯在哪裡，你想成佛得道，想明心見性嗎？根本不可能！

各居其位，萬事大吉

「是故卦有小大，辭有險易；辭也者，各指其所之。」這是對第三章的總結。卦有小大，我們剛才說了，這是膚淺的說法。《易經》六十四卦，是一氣流行的產物，是沒有高低貴賤大小之分的。「辭有險易」指的是什麼呢？是爻辭、彖辭、卦辭、象辭這些文辭，對這個卦本身吉凶悔吝的種種結果有個基本判斷。易就是吉，險就是凶；无咎就是易，悔吝就是險。「辭也者，各指其所之」，就是說，卦、爻、象、彖這些辭，本身是各就各位的，卦辭就是講這個卦的總體內容，爻辭是這個卦中間某一爻的吉凶判斷、精神內容，彖辭也是判斷整個卦的，象辭是要揭示這個卦在人文精神中引申出的象徵含義。

總之，這些辭都是各管各的，就像我們政府的各個部門，各部門發出的文件只能管各部門的事情。農業部發的文件不可能去管教育部，教育部發的文件也不可能去管宣傳部。《易經》當中特別講究位，「各指其所之」就是各居其位。

這章比較簡單，最重要的就是我們剛才提到的「憂悔吝者存乎介，

震无咎者存乎悔」這兩句。這兩句你認真體會到了，這一章就沒有什麼難點了。

剛才課間的時候，大家都對這個懺悔法很感興趣，也提了一些問題。如果我們一個人老是覺得自己沒有錯，什麼都跟自己沒有關係，動不動就說「不是我的錯」、「不關我的事」，老是這樣的話，那就談不上修心了。

明末的時候，張獻忠在蜀地建立了大西政權，他有句名言：「天生萬物以養人，人無一德以報天，殺殺殺殺殺殺殺！」他要把所有人都殺光，而且還把這句話刻在石頭上立了個碑，叫做「七殺碑」。提起張獻忠，我們都會覺得非常暴力，是個殺人魔王，但他殺人是有理由的，他覺得人就是該殺。一個人生下來到長大再到死，每時每刻都在自然萬物的供給下存活，萬事萬物都在為人服務，但是，人只知道索取，不願意回報奉獻。剛生下來的娃娃，手就到處亂抓，抓住什麼東西都不放，到要死的時候，也要伸手去抓，捨不得放下世間的一切。人生的普遍情況就是如此啊！

當然，這並不能作為張獻忠濫殺無辜的理由，他不知道一個事情——人心是有良知的，是會知道懺悔的。一個人如果知道懺悔，就是無咎，就不會一直錯下去，就不該殺。這一章中「憂悔吝者存乎介，震无咎者存乎悔」這兩句，我們一定要反覆體會。

第四章

神行無方　大易無體

第四章　　　神行無方，大易無體

　　易與天地準，故能彌綸天地之道。仰以觀于天文，俯以察於地理，是故知幽明之故；原始反終，故知死生之說；精氣為物，遊魂為變，是故知鬼神之情狀。

　　與天地相似，故不違；知周乎萬物，而道濟天下，故不過；旁行而不流，樂天知命，故不憂；安土敦乎仁，故能愛。範圍天地之化而不過，曲成萬物而不遺，通乎晝夜之道而知，故神无方而易无體。

——《繫辭上傳》第四章

變易、簡易和不易

　　「易與天地準，故能彌綸天地之道。」這是《繫辭》作者對《易經》的高度讚揚。這個準字，表示齊等、標準，就是說，易道或者易象與天地間的萬事萬物是平齊的、齊等的。

　　易有「三易」之說，即變易、簡易和不易。我們以前講的錯綜複雜的種種變化、吉凶悔吝的種種結果，都是生生不息、變動不居的。春去秋來，寒來暑往，一年四季都是如此，都在不斷變化，這就是變易的道

理。

「易與天地準」，就是說易道的變化與天道的變化，也是可以相互參考的。天地萬物的變化，都可以通過易道中一陰一陽的變化，來表現出來。易道是變易的，同時也是簡易的，但怎麼個簡易法呢？我們前面講了「易簡而天下之理得」，就是說整個易學的精神是很簡單的，易學的變化之道，它的根本規律並不難。就像我們學數學的加減法，一加一等於二，這是很簡單的，但是就這麼加下去，再龐大的數字都可以通過「一加一等於二」這個簡單的規則全部體現出來。易道的基本規則是很簡單的，所以是簡易。那麼不易又是什麼呢？易道的基本規則是簡單的，既然是基本規則，同時也就是永恆不變的，是放之四海而皆準的。所以，《易經》有變易、簡易和不易這「三易」之說。

對於我們來說，尤其要體會「三易」中的簡易和不易。真理往往是最簡單的。不僅真理是最簡單的，通向真理之路也是最簡單的。只要你認定後，持之以恆地去做就行。昏老師上次給我們講太極拳時說，哎呀，我都不曉得後面怎麼給你們講了，我要講的都說完了，關鍵是你們要堅持去練。

你受用得了「簡易」嗎

事情往往就是這麼簡單，學佛法也是如此，不管是禪宗、淨土宗還是密宗，都是如此。

淨土宗的實修，實際就是把淨土五經的所有經文，通通化為一句佛號。《阿彌陀經》一開始就講：「從是西方，過十萬億佛土，有世界名曰極樂，其土有佛，號阿彌陀，今現在說法。」從這裡往西方去，要穿過十萬億佛土，那麼遠、那麼神奇的地方，你只要念「南無阿彌陀佛」這六個字就可以去哦！其實，那麼多的經典講極樂世界的殊勝美妙，無非是一個目的，就是要讓你對念「南無阿彌陀佛」這幾個字產生信願。你真的對極樂淨土產生強烈的信願之後，當然就是信願念佛。你從頭到尾一門心思念下去，漸漸把所念的佛號打成了一片，你就能夠得解脫，能夠往生淨土，就能從極樂世界裡的一朵蓮花中化生出來。這個就叫「花

開見佛悟無生」。淨土宗的實修就是這麼簡單的，通往真理的道路也是這麼簡單。

禪宗也是如此，那麼多的燈錄和公案，個個都是讓你掃去心中的妄想執著，就是讓你在念頭上做功夫，讓你在念頭上體會一念生死是什麼狀況，要你體驗這個東西。如果把這個東西找到了，那修行就簡單了，所謂不修而修，修而不修。你一下子就明白為什麼禪宗說「無修即是真修」，為什麼祖師爺會說「恰恰用心時，恰恰無心用」。

密宗也是如此啊！剛接觸的時候看起來很複雜，這樣灌頂、那樣密咒，還要供養，還有儀軌，還有各種古怪神奇的本尊等等，要修的話真的是好複雜、好麻煩啊！但是，當你真正入門了，從有相密的低級階段進入到無相密的高級修法時，比如修大圓滿、大手印時，那就跟禪宗一樣，沒有那麼多的花樣了。

總之，最本質的東西都不複雜，關鍵就是要去做，要持之以恆，堅持不懈。這就是「易簡而天下之理得」。當然，我們現在學《易經》，是必須有一個由一無所知到越學越複雜的過程，需要對易學的整個體系有一個基本瞭解。如果我們經過了這個複雜的階段之後，能夠再化複雜為簡單，在學習傳統文化中能夠越學越簡單，那就了不起了。我們有些朋友問起問題來，往往越問越複雜，由一個小小的問題就引出一大堆不著邊際的問題。這就證明他沒有經過思考，沒有找到問題的根本所在。會學習的人，問題是越問越少的，最後只剩下一個根本問題。在這個根本問題上生起疑問來，然後一門心思尋求答案，按禪宗裡的說法就是起了「疑情」。

現在的人參禪很難啊，難就難在大家起不了疑情，就是你眾多的問題還沒有歸結到一個根本問題上。一個人如果真的生起了疑情，那他破參就只是一個時間問題。只要你參破了疑情，解決了根本問題，其它一切問題都會迎刃而解。所以，我們學習傳統文化一定要學會簡化，越簡化就越會如魚得水。

精神的經緯線

「易與天地準，故能彌綸天地之道」。這裡彌綸一詞的「彌」是什麼意思呢？就是彌漫、遍及一切之處。佛教裡面經常說「盡虛空、遍法界」，這就是「彌」的感覺。那麼「綸」是什麼呢？綸指的是經綸，就是經緯，它可以對這個無限廣闊的空間進行定位。我們看地球那麼大，人們用經緯度就可以把整個地球上的點全部照顧到。

前段時間，聽胥老師說網上的 google 地圖很好玩，任何一點，不管是南極、北極還是非洲，都可以不斷放大，最後那一點上的地形地貌會看得清清楚楚。這個地圖怎麼能夠做到這一點呢？就是經緯的定位。這個地圖真是很好玩的，我專門找了一下成都光華大道，就是我們龍江書院的位置，看到周邊的風光、沿途的風景都很清晰。現代網路地圖為什麼能做到這一點？還不是通過這個「經綸」，就把整個地球上的事物概括出來了、定位出來了。所以，這個「經綸」是很好用，也是很方便的。

實際上，在我們的精神中也應該找到「彌綸」的感覺。這就要求我們的心胸、器量要「盡虛空、遍法界」，要廣大到彌漫一切處。同時，我們又不能任由自己的精神完全自由散漫、不著邊際，要用經綸，要用這「精神的經緯線」給它定位，給它定出一套基本原則、規矩。我們的精神無論漫遊到哪裡，只要經緯度一確立，就能夠清清楚楚、明明了了。

這是一個比喻，比喻易道的一陰一陽，就具有這樣一種「彌綸天地之道」的功能。同時這也是一種非常高的讚譽，是把《易經》提到了其它學問所不能達到的高度。事實也確實如此，《易經》是中華文化總的源頭，同時也被公認為中華文化的至高點。我們大家能夠在這裡一起學習和探討《易經》，也是一種難得的緣份和福氣。

天人合一與京房易學

「仰以觀于天文，俯以察於地理，是故知幽明之故」。這裡講的仰觀、俯察、知幽明，其省略的主語就是古之聖人或者學易君子。在傳統戲劇裡的得道高人，比如諸葛亮、劉伯溫這些人一出場，身上穿著八卦衣、

手上搖著鵝毛扇，旁白介紹的時候都說是「上知天文，下知地理，中通人事」，簡直無所不知，無所不曉。

天文指的是天上的日月星辰這些天象紋理。古人通過仰觀天文，以易學的根本思想和根本規律性來研究天象與四時的變化，就形成了天文曆法之學。中國過去的星象之學中，往往都是把天上的星象變化和地上的人事變化結合起來的。在漢代的易學系統裡面，尤其是孟喜、焦延壽、京房這一系列易學代表人物的學術裡面，這些內容是非常豐富的。「天人合一」理念也是在漢代提出來的。這可不是我們現代意義上籠統的、表示人與自然和諧的「天人合一」概念。在漢代，這個概念是很明確、很實在的，比如把天上的「五星」與人倫「五常」進行直接聯繫，哪顆星代表仁，哪顆星代表義，哪顆星代表禮，諸如此類，都是一一對應的。雖然這個理念看起來有點僵化，但是在中國古代的星象學裡面，實際運用起來又是非常普遍的，有時候還會意外地促成了一些自然科學上的探索和發現。

上兩個星期，我們到太極賓館去聽胥老師講課，發現時間還早，就去附近的舊書店裡逛了逛，東瞧西瞧，結果還滿有收穫，發現了一套《京房易傳》。我找這本書已經很久了，結果就在這個不起眼的舊書店裡發現了，而且價格還很便宜。

京房這個人，他是漢易的代表性人物之一，對於天象和人事對應搞得精準。他常年觀察天象，比如日食、月食、慧星與社會人事的關係；他還對日出日落之時太陽黑子的變化有詳細的觀察記錄。從天文發展史來看，中國早在漢代京房的時代就有對太陽黑子的觀察了。京房是在一早一晚的時候，用肉眼就觀察出太陽裡面有黑子，其活動規律還可以和人事變化緊密地結合起來。所以京房的易學是特別注意研究天象災變的，把天災與人禍聯繫得很緊密。我們現在常說的天災源於人禍，京房就是這種觀念的代表人物。

風水，和諧人居的學問

「俯以察於地理」，地理指的是山川河流、地形地貌。俯察地理，就

產生了中國的堪輿風水之學。對傳統文化不是很瞭解的人，往往會認為堪輿風水是迷信，實際上，堪輿風水學是中國古代真正的地理學，是真正的自然科學。只不過，中國古代的科學，尤其在天文地理方面的科學，往往和命理、預測、鬼神這些觀念聯繫在一起，大家就感覺是披了一層迷信的外衣。其實，這些東西都是有一定道理的。

風水風水，一個是風向，一個是水流。古人不管是修築城池，還是開闢街道，乃至於個人修一個住宅，都要特別照顧風和水這兩個基本要素。尤其是在中國北方，對風向是很重視的。如果風向不對頭的話，冬天風會直接透到屋裡，那是要凍死人的，所以要避開風中的煞氣。這是一個很科學的對房屋結構和走向的研究。風從哪裡來？山脈是怎麼走向？河流經過的狀況如何？把這些基本元素科學地定位以後，人居與環境才能相互和諧。水當然就更重要了，尤其是在北方乾旱地區，在陝北、寧夏那些地方，如果居住在水源充足、水質良好的地方，就是相當有福氣了。所以，用「風水」二字作為代表古代地理學的名詞，這是很科學、很形象的。

中國現在的城市，都沒有中國古代風水格局的感覺了，只要發現了一塊空地，馬上就開發房地產，先豎一幢樓起來賺錢再說，也不管透不透氣，適不適合人居。當然，現在的房產商也要請風水師看地，但這些風水師的真實水準如何，也是說不清楚的。

現在如果我們想在大的風水格局上找點感覺，有空的話可以去閬中看看。閬中被稱為風水古城，幾年前，我們書院還組織大家去旅遊參觀過，感覺很好。那個地方，嘉陵江一水環抱，周圍的山形也蜿蜒綿長，在風水學上叫做「山呈蟠龍之勢，水呈蟠龍之勢。」嘉陵江從秦嶺經廣元流到閬中之後，形成了一個「Ω」型的大回環，把閬中城盤繞起來，在風水學稱之為「金水大抱」格局，非常精彩。

風水古城的傳奇

有關閬中的風水故事也非常多。相傳漢代的落下閎創造了太初曆，成為了漢代官方的曆法。創建了這個曆法後，他就回到閬中養老，不當

官了。他自己在閬中的錦屏山上搞了一個天象台，學習古之聖人仰觀天象的風範，完全是個隱君子。後來唐代的時候，出了中國歷史上最著名的兩位數術大師袁天罡和李淳風，他們跟閬中這地方的淵源也極深。

唐太宗時期，袁天罡是火山令，專門管堪輿風水之學；李淳風是太史令，專門管天文曆算。有一次，唐太宗接李淳風報告，說是夜觀天象之後，發現西南有王氣出現。這還得了啊？自己這個皇帝還在長安城裡面坐著，西南就出現了王氣！太宗就派袁天罡順著山脈查過去，要把這股王氣消滅在萌芽狀態。袁天罡從長安出發，沿古蜀道一直到了廣元，也就是當時的利州。當時武則天的老爹武士彠為利州都督，聽說袁天罡這個天下最出名的風水相面大師經過這裡，趕快把自己的娃娃拉出來要大師看相。武家的兩個兒子和大女兒被袁天罡看了之後，就說：哎喲，你這兩個兒子不錯啊，以後都可以為官保富的，女兒將來也是當貴夫人命，可惜不利其夫。總的來說，武大人還是福澤綿延，不錯不錯！武士彠聽後又說：我還有一個麼兒子，也請大師看一下啊。武士彠把自己的小女兒武則天打扮成男孩子抱出來。袁天罡看了以後，半天都不說法。武士彠就問道：大師，怎麼回事啊？袁天罡皺著眉頭說：你這個麼兒子不得了，生得龍頸鳳睛，必定大福大貴，可惜是個兒子，若是女娃娃，將來必為天下之主。武士彠心頭一下就虛了，從此只好把女兒當作兒子養。

我們民間歷來有這種習俗，有的要把女兒當兒子養的，也有的要把兒子當女兒養的，關鍵是看八字中間的沖剋。袁天罡看了武則天的相後，心裡有了底，於是順著廣元一直到了閬中，覺得這個地方風水很好，肯定要做點事情才好交差，於是就派人把一條山脈攔腰鋸斷，毀了當地的龍脈。

現在閬中城外有一個叫鋸山埡的地方，我也去過，確實很奇特，一道山脊到了中間，確實齊嶄嶄地斷掉了數十米，形成了一個奇怪的大缺口。當地人說，這個鋸山埡就是當年袁天罡幹的好事，把我們閬中的龍脈鋸斷了。地方誌上面還記載說，當時山脊被鋸斷後，地下泉水洶湧，而且呈紅色，儼然是鮮血湧出。

閬中還有個傳說，說是袁天罡在破壞了龍脈之後，來到了現在天宮鄉的這個地方，發現風水奇佳，九條山脈的尾巴消失在天宮鄉的一塊臺地上，就好像九條龍盤繞著騰騰欲飛的樣子，這在風水學裡面叫做「九

龍捧聖格局」，是天下罕見的風水寶地。袁天罡很高興，決定以後把自己的陰宅就修在這裡，順手就把身上帶著的一枚銅錢埋下作為標記信物，然後就離開雲遊去了。這個時候，李淳風也被派往四川，他一路查看過來，最後也來到了天宮鄉這個地方。李淳風也看上了這個地方，也想自己以後在這裡建陰宅，於是拿出一根鋼針，可能是他的法物，釘到地下去了。後來兩個人碰了面，袁天罡說他找了塊風水寶地作為自己的陰宅，李淳風說他也找了一個，最後兩個人發現是同一個地方。這下他們就爭了起來，要各自拿出證據來看啊！結果把地一挖開，發現李淳風的那根鋼針，正好插在袁天罡的銅錢眼裡面！

　　這個傳說很精彩啊！後面還有呢。既然如此，袁李二人只好相視一笑，彼此都覺得自己很自私，於是異口同聲地說：「你也願，我也願，不如一起修個天宮院。」他二人各出一半的力，在此處共同修起了一個廟子，好讓當地老百姓燒香祈福。這個就是閬中天宮院的來歷。傳說袁李二人分別在天宮鄉周圍的兩座山頭上，重新看了一塊好地。現在那兩個山頭的墳墓都還在，一個淳風墓，一個天罡墓，也各建有一座寺廟。上次書院去的時候，勇哥他們幾個還在淳風墓邊上打了一套太極拳，說那裡的氣場很好，打拳很舒服。

　　這些傳說當然有杜撰的成分，但是想像力極豐富，是很精彩的民間文學啊！從這些傳說中我們也可以發現，從易學的原理中生發出來的風水之學，對中國古人的影響是極大的，是一種很深的學問。說閬中是風水古城，它也確實很神奇，那麼小的一個縣級城市，竟然做過17年的四川省省會。而且閬中這個地方，是全四川歷來狀元出得最多的地方，甚至有陳氏三傑，一家出了三個狀元。現在古城裡還有狀元坊、狀元街，嘉陵江對面的山上還有一個狀元洞，環境很清雅，是陳家狀元郎苦讀詩書的地方。

　　閬中這個地方，歷來宗教文化就非常發達，儒釋道耶回的傳播都很興旺。其它的不說，只說那裡的貢院考棚，就是目前四川保留得最好的古代考場，你一進去之後，馬上就會覺得有一股濃郁的文化傳承氛圍在裡面。

有沒有幽冥世界

關於天象風水我們就說到這裡。繼續來看下一句「是故知幽明之故。」這裡的幽明，和我們現在說的幽冥世界是有區別的。所謂幽，指的是我們看不見、摸不著，我們的感官無法感受到的世界，也就是後來說的幽冥世界。所謂明，就是我們人類通過眼耳鼻舌身能夠感知到的世界，就是我們的現實世界。

一個幽、一個明，體現出來的感覺就是一個陰、一個陽。幽冥世界就會有幽冥眾生。按照中國傳統的說法，這些幽冥眾生是天地間陰氣聚集而產生的一些生命，這些生命的特點就是陽氣極弱，所以我們看不見、摸不著，找不到它們的形體。這種陰性極重的生命體，和我們人類是共處於一個天地當中的。說白了，就是我們一般人說的靈魂、鬼魂這些東西。在東、西方的文化傳統裡面，人們都是承認這個東西的，對此都有一些共同的說法。我們以佛教為例。佛教講六道輪迴，天、人、阿修羅、畜牲、餓鬼、地獄，這就是六道。這裡的幽，就是指天、阿修羅、地獄、餓鬼，這四道都是我們看不見摸不著的。只有人和畜牲這兩道，是我們人類看得見、摸得著、感受得到的，就是明。

總之，「仰以觀于天文，俯以察於地理，是故知幽明之故」，完整的意思就是說，只要你學好了《易經》，天上的日月星辰、風雨雷電，地上的山川河流、飛禽走獸，世界上一切知識，不管是看得見的還是看不見的，只要你把《易經》搞通了，你就什麼都搞懂了。

「原始反終，故知死生之說」，我們上面說了「知幽明」，這裡當然就要談到死與生。按照古時候的說法，人死為鬼，就進入幽冥世界了；而人活著的世界是陽間，所以幽和明是不同的兩個世界。這裡的「原始反終」，實際上就是我們前面講的「天根月窟常來往」的體會，我們明白了易道原始反終的過程，那麼對於生死之說，也就可以不了了之了。

生死是個偽命題

關於生死問題，中國本土的儒、道兩家的傳統不像佛教看得那麼嚴

重。孔夫子不言死，莊子輕描淡寫地說「方生方死，方死方生」，他們認為，生命無非是氣聚則生，氣散則死，不過是一個聚散而已。從開始到結束，而結束又是新一輪的生命開始了。這也是一種輪迴之說，中國式的輪迴之說，也就是原始反終的道理。真正明白了這個道理後，佛教要了生死，就這麼自然就了啦。

我們很多人學佛，根本上來說就是想了生死。其實，生死有什麼好了的呢？真正明白了這個事情，就明白六祖大師說的「何期自性，本不生滅」的道理了。這個生命本身是不生不滅的啊！生命在這個世界上，不外乎就是原始反終的過程。六祖大師那麼了不得的人物，他的生命也還是一個原始反終的過程嘛。他小時候沒有了父親，長大後上山打柴賣給客人，然後聽聞《金剛經》，然後在五祖那裡得到禪宗衣缽，然後成為一代祖師，最後圓寂，涅槃寂靜。這就是原始反終嘛！

這裡波師兄斗膽說一句，真正從佛教的根本上來說，生死是個偽命題！這個世界是不存在生死的。我們所謂的生死，在佛教裡面就叫做「分段生死」，也叫「一期生死」。分段生死，就是說我們能夠看得見的生命過程，都是一段一段的，充其量只知道這一百年的事，此前的一段和此後的一段，就無從知曉了。一期生死這個詞更形象些，就像娃娃上學，開學上一年級就是生，到了畢業時，就要看考試成績決定升學了，考得過考不過，這就是生死立判的時候了。大家都把《心經》背得滾瓜爛熟，「不生不滅，不垢不淨，不增不減」，從本質上來說，確實是沒有一個生死可了。話又說回來，其實我們每天都在經歷分段生死。一天就是一段，白天稀裡糊塗混過去，晚上稀裡糊塗睡著了，到了第二天醒了又稀裡糊塗地過。人的生命就是這樣，往往都是這麼稀裡糊塗一段一段地過、一期一期地輪迴。

真正修行到家、了脫生死的人，是怎麼看待這個生死的呢？宋代有個禪師，特別喜歡喝酒，叫做酒仙遇賢禪師，俗姓林，也叫做林酒仙。他有一首詩偈很精彩，我這裡引用出來供大家欣賞：

揚子江頭浪最深，行人到此盡沉吟。
他時若到無波處，還似有波時用心。

揚子江就是長江，中國最大的河流。在這首詩偈裡，揚子江比喻的

是我們的人生，浪比喻的就是我們人生的煩惱。我們人活一生，煩惱痛苦多得跟長江裡的波浪一樣啊！人來到世上，就要承受生老病死這些痛苦的，就像一個旅人面對江深浪高、波濤洶湧的揚子江一樣，只能愁眉苦眼，獨自沉吟。當然，如果是一個真修行人，敢於直面自己的生死，參破了生死這一關，那就是「若到無波處」，就是了脫生死，再也沒有煩惱痛苦了。但是，後面還有一句，真正修行到家、了脫生死的人是怎麼用心的？「還似有波時用心」，這個時候的用心，還和以前是一樣的，要回到生死煩惱中去，與生死煩惱打成一片。什麼叫做了生死？就是要在生死當中去了生死。什麼叫做斷煩惱？就是在煩惱最厲害的時候去體會這個煩惱，去了斷這個煩惱。

「原始反終，故知死生之說」，我們在這一點上引申開來，真正和佛法是相應的。我們把這些道理理順了、消化了，就能夠通達無礙了。說老實話，本光法師好好的一個法師，不講佛經講什麼方山易啊？一部《華嚴經》好高的境界啊，為什麼非要拿出方山易來旁敲側擊呢？我們說，目的都是一樣的。有些人喜歡從《易經》上入手，有些人喜歡從佛經上入手，但是目的都是一樣的，就是要讓有緣接觸這個、有緣學習這個的人，通過學修而明心見性、開悟成佛、了生脫死。

「原始反終，故知死生之說」，這是生命的變化、生死的規律。其實，你說是規律吧，實際具體來看這個生死，又不是那麼好把握。佛教愛說無常，生死就是無常，所以生死也不是那麼好了的。易道變化就更是無常。無常跟因果一樣，也是一個根本的規律。

易道的因果與無常

今天早上出門很冷，臨出門的時候，我還加了一件毛衣，穿上了秋褲，誰知到了下午，天氣卻變了，出了這麼好、這麼暖的太陽，又熱得有點受不了。天氣變化真是無常，而最近的時事變化也是這樣。

這兩天看新聞，最大看點就是陳水扁被抓起來，戴上了手銬。他作為總統的時候，想到過也有今天嗎？他當年意氣風發的時候，想到今天要用戴手銬的形式為過去埋單嗎？這就是變化，易道就是這樣，無常。但無常當中也有因果關係啊！不管是天氣變化也好，時事變化也好，其

中的因果也是很清晰的。所以無常和因果，看似矛盾，實際就是一陰一陽之道啊！

第四章一開頭，就是對《易經》的一個贊辭，說易道是可以概括天地萬物的。我們古代的文化，關於天文、曆法、星象、堪輿、風水這些學術，就是通過《易經》的原理逐逐漸漸演化發展出來的。這就是「仰以觀于天文，俯以察於地理」。今天我打開書院網站，看到趙當家剛發了一篇關於《易經》申報世界非物質文化遺產的文章，中間也談到了《易經》裡面的學術分支，包括我們過去當成迷信的風水學，現在也要申報非物質文化遺產了。前段時間有報導說，國內有所大學裡面開了風水學的課程，引起了一定的爭論。不瞭解傳統文化的人就會覺得，怎麼現代大學裡面也講封建迷信的東西呢？實際上，我們上次也說了，中國古代的風水之學，就是人居與環境之間怎樣達到和諧的一種學問，是中國古代很樸素的一種自然科學。

古人學通了《易經》，從觀天察地開始，然後「知幽明之故」，就可以把看得見和看不見的世界，都明察秋毫了。作為一個具體的人，從天文也好，地理也好，看得見看不見的事情也好，落實到我們個人身上，關鍵就是要體會生死。很多宗教的發源，都是來自於對生死的探索，對生死的迷惑。佛教講「真為生死，發菩提心」，明白了生死之後，知道了「原始反終，故知死生之說」，就可以發起一種無我利他的心願，這就是菩提心。那麼，這個「死生之說」到底是怎麼回事？下面就是具體的解釋了。

精氣神，生命的核心概念

「精氣為物，遊魂為變，是故知鬼神之情狀。」這裡就是講易道裡面是怎麼看待「死生之說」的。《易經》在儒家被稱為群經之首，如果沒有把《易經》真正學進去，學習儒家的其它經典，就有可能會產生一些偏頗。

比如，有人問孔夫子什麼是死？孔夫子就說「未知生，焉知死？」

孔夫子是不和你談死的，要你在人世間活好，把本分做好，活成一個高尚的人、正直的人，不去想死的問題，這就對了。有人去問鬼神的觀念，孔夫子也一下子堵死，「未知人，焉知鬼？」要他們「敬鬼神而遠之」。先把人的問題搞明白再說，至於鬼神，那是值得我們敬畏的，但是不要一天到晚都想去和它們打交道，就像後來道家的符籙派，每天畫符念咒，役神驅鬼。儒家是不理這一套的！我敬鬼神，但是不得罪鬼神，也不和鬼神一起玩，我是牢牢站在人道的立場。孔夫子並沒有否定鬼神，他之所以迴避這些問題，是因為問話的徒弟沒有達到這種認識水準，還沒有達到可以研究死亡、研究鬼神的地步。而且，在當時禮崩樂壞的時代，只有堂堂正正做個具有仁義禮智信的人，把人做好，才是必須的，對這個社會才會有幫助。儒家是從這個角度來說的。

但是《易經》中並沒有迴避這些問題。「精氣為物，遊魂為變，是故知鬼神之情狀」，這裡就涉及到了我們傳統文化當中的幾個重要概念，比如精、氣、物、魂、鬼、神這些。這一句裡面，最關鍵的概念就是精、氣、神。

對道家學術有一定暸解的朋友都知道，精、氣、神在道家裡面被稱為「上品三藥」，道家的修煉是緊緊圍繞著精、氣、神來的。上品三藥，就是說我們每個人的身體內部，都具備了精、氣、神這三種東西。道家修煉的目標是長生不老，它認為我們每個人身體裡面都具備長生不老的元素，關鍵就是看你如何去運用、如何去修煉。在中國的上古時代，甚至是先秦時代，大概就有煉金術修煉金丹的這些做法。直到東漢時期，在我們四川大邑鶴鳴山，張道陵創立了「正一盟威」之道，也就是我們現在說的天師道，中國道教才正式創立，張道陵也就成了公認的道教創始人。

丹道，依從卦氣的心性修煉

與張道陵同時代，也可能稍早一點，就有魏伯陽這麼個人，他寫了一本書叫做《周易參同契》。這本書把《易經》中的理論、各卦爻變化的規律，結合了漢代比較流行的卦氣之學，形成了道家修丹的一套方法，

因此，魏伯陽也是一個煉丹家。

魏伯陽所煉的叫外丹，這和後來所說的道家內丹，是有一定區別的。所謂九轉金丹，就是把鉛、汞等物質加入一些催化劑，然後進行燒煉，經過九個階段的變化所形成的物質。古代煉丹家認為，經過這種煉化所形成的物質是不朽的金丹，人吃下這種不朽的金丹當然也會不朽，當然就會長生不老。魏伯陽出生于東漢的貴族世家，但是從小就對升官發財這些事情沒有一點興趣，他最喜歡的就是一個人獨處一隅，研究道家的金丹之術，最後通過《易經》的啟發形成了自己的一套理論。

傳說中，魏伯陽完成了自己的金丹理論之後，就帶了三個徒弟和一隻白狗，跑到深山裡面付諸實踐。後來經過多年艱苦卓絕的努力，終於煉成了九轉金丹。魏伯陽很高興，就對弟子們說，我的金丹已經煉成了，吃了以後就可以羽化登仙，長生不老，哪個來嘗一下呢？弟子們都很害怕，因為他們曉得煉丹的這些東西，鉛、汞這些，毒性都非常大，吃了是要死人的，都不願意吃。結果大家決定讓那只白狗先吃，看它吃了以後情況如何。結果呢？這條狗吃了一顆金丹以後，竟然當場斃命。弟子們面面相覷，更是不敢吃金丹了。魏伯陽非常傷心，覺得自己修煉了一輩子的金丹大道，自己一輩子的精力都花在這個上面了，結果還是失敗，活下去也沒臉見人了。於是他抓起金丹就丟進嘴裡，結果也是倒地而亡，沒有氣了。三個徒弟怎麼辦呢？其中有個徒弟要傻一點，平時跟師父關係也很好，就對其他兩個說：「我們拋家棄子，就是要跟師父煉丹，要成仙來了脫生死。現在師父死了，我們就算回去，過不了幾年還是要死的，不如跟著師父走了算了。」他也拈了一顆金丹吃了，也當場斃命。剩下兩個徒弟不想死，找了兩口棺材，把師父師兄埋了，然後就回去繼續過日子。但是過了兩年，有個樵夫下山來對他們說，哎呀！我今天在山上遇到魏老師了，還有你們那個師兄和白狗。兩個徒弟聽了大驚，跑去把棺材打開一看，真的沒有人了！原來師父和師兄，甚至那條白狗真的都羽化成仙了。他們非常後悔，可是後悔也沒有辦法，誰叫你對師父沒有信心，對了脫生死沒有信心呢？所以對修道沒有信心的人，即使有緣遇到真人，也會當面錯過的。

雖然這只是一個傳說，但是也很有趣。魏伯陽在道教裡面地位非常高，被稱為「火龍真人」，可以說跟張天師是平起平坐的人物。他的《周

易參同契》被後人尊為「萬古丹經王」。道家煉丹，不管是內丹還是外丹，都要好好學習《周易參同契》。這本書中世紀流傳到歐洲以後，引起了科學界的高度重視，那些搞化學研究的科學家看到以後大吃一驚，覺得中國古代真是非常了不起，差不多兩千年前就準確記錄了各種物質間的化學變化，既有實驗也有理論。這在世界化學史上留下了一筆，魏伯陽由此也成為現代實驗化學的先驅者之一，稱得上中國古代的實驗科學家。

關於道教煉丹的問題，千古以來爭論很大。但是後來道教的說法，外丹的修煉被稱之為下品，是屬於低檔次的修煉，因為燒煉、服藥，都是外求於物，而與心性沒有多大關係。道家真正高明的修煉是內丹心性學，是內丹的修煉。

歷史上很多吃金丹的皇帝，最後也是一命嗚呼，英明如唐太宗者，據說也是吃金丹而短命的。所以宋代以後，外丹燒煉就逐漸看不到了，大家談的都是內丹的心性之學，這就和佛教禪宗的一些觀念合流了。內丹心性之學要總結的話，很多朋友都知道，不外乎是在精、氣、神上面做文章，不外乎是按照「煉精化氣，煉氣化神，煉神返虛」這麼個程式進行的，最終是通過人體內部精氣神的鍛煉，達到回歸於太虛之境、回歸于大道的境界。

神與鬼，都與你同在

「煉精化氣，煉氣化神，煉神返虛」，雖然話說起來很簡單，但是在道家裡面，是一整套修學的系統，要把這三句話說清楚，恐怕花很長時間也未必能夠講清楚，更何況我也沒有玩過這個東西。所以我們在這裡，只把精、氣、神這幾個概念提一下，從我們自己身上來體會一下什麼叫做精、氣、神。

精氣神，可以說是我們身體中能夠感知的三種能量狀態。它們是如何表現出來的呢？精，表現出來的是我們身體中的熱能，只要你身體還有溫度，就說明人還沒有死；氣，表現出來的是我們的力，人之所以有力量，能夠跑能夠跳，是因為氣力的作用和體現；神的體現稍微玄一點，可以說是我們生命中的光能，能夠產生光明照耀的作用。

人體內的光能是怎麼產生，怎麼來的呢？我們眼睛睜開，看著是亮光光的，但眼睛一閉就是一團黑啊！不是這樣理解。這個光能不是物理意義上的光，而是精神意義上的光，是一種明瞭、明白。我們眼睛睜開是亮的，眼睛閉上是一團黑，但是能夠看到亮和能夠看到黑的那個東西，能夠讓你清楚明瞭一切的那個東西，它就是神。甚至我們的這個「神」，還能讓我們產生一些物理上的光的感覺。比如我們做夢，眼睛是閉著的，並沒有外界物理的光透進我們身體內部，但是做夢夢見白天、夢見大太陽，那就是亮亮堂堂的；夢見走夜路，月光底下就是麻麻雜雜的。這種夢境中的光明感受，就是我們的「神」製造出來的光明。

我們這樣來理解精、氣、神三種狀態，就把以前道教中那些神神秘秘、玄之又玄的東西打破了。確實，精、氣、神是生命科學範疇的東西，對於人體來說也是不可或缺的。我們說一個人身上還有熱氣，就不能說他死了，但是他活在什麼狀態上呢？如果他沒有氣，不是呼吸這個氣，而是沒有力氣，那雖然是活著，但也是很虛弱的，絲毫也不能動彈。如果一個活蹦亂跳的人沒有精神的這種光能，就也談不上什麼了。人身的一點熱氣、一點熱能是個基礎，有了這個基礎，通過氣的作用產生了力氣，能跑能跳，能夠走路、勞動，能夠吃飯睡覺，這才是一個活生生的生命體。如果這個人在精神上有所意識，精神的光能能夠很清澈、明瞭，這個人就是健全完整的人。一個沒有「神」的人，身體再好也不過是行屍走肉，和動物沒有多大的區別。所以，精、氣、神也可以說是人體能量狀態從低級到高級的一種遞進。有了熱度、溫度的基礎，與氣結合產生了力，再通過精氣變化的作用，就啟發了神的光明。

現在來看「精氣為物，遊魂為變」這句話，就很明白了。精與氣結合，就產生了我們物理的身體。王夫之說：「精者，陰之始凝；氣者，陽之善動。」這是從《易經》角度來講的，凡事都要分陰陽，精就是陰氣剛剛開始凝聚成形，這是生命當中一種陰性的力量；氣是一種陽性的動能，陰陽的結合，就是精氣的結合。我們這個身體，就是陽氣鼓動陰精凝聚而成的。這就是「精氣為物」的具體解釋。

那麼，神和精、氣的關係又是什麼呢？我們說，精與氣結合得很完美、很完善，中間就有一個煉化的作用。一個人吃飽喝足之後能量很充足啊，怎麼消耗呢？這就是個分水嶺。如果把能量用在無私利他的事

情上，從我們日常事業和行為來說，這就是比較好的煉化。如果把生命能量用在自私自利、損人利己的事情上，雖然也是一種煉化，但卻是一種不好的煉化。中國古人說「聰明正直，死而為神」，就是說，一個人把自己的精力用在聰明正直上面，死後就會為神。其實，並不是死了才為神，在聰明正直當中，在我們活著的時候，這個「神」就已經與你同在了。當然，不是基督教說的「神與你同在」，而是我們生命內部的「神」的光明作用，已經被啟發而與我們同在了。如果煉化不好，向不好的方向發展，這種精神就會往下走，精神品質就會很差，走下去就會是「死而為鬼」。同樣的道理，不是死了才變成鬼哦！而是在生命過程當中，你損人利己之心一產生，「鬼」就已經與你同在了。我們都有這種經驗。有時候看到一個心術不正的人，總覺得他一天到晚鬼頭鬼腦、鬼眉鬼眼的，簡直就是鬼迷心竅。這種人在活著時精神就已經處於陰暗之中，就是「神」煉化不好的狀態。

人在生命的過程中，精、氣、神是很重要的。神又分陰陽，如果一個人精神中的陽明正知很強旺，精神中的光明面很充足，那就是處在「陽神」的狀態；如果一個人的精神表現出來很陰沉，自私自利的，陰暗面表現得很充分，那就處在「陰鬼」的狀態。所以，我們人的精神狀態非常重要啊！人的一念陽明正知的東西，就會顯現神光；如果一念產生的是陰私的、損人利己的東西，精神狀態就處於陰暗面、就是鬼的狀態。

業感緣起，生死輪迴

在身體還存在的時候，這個鬼和神還有所依附，如果肉體不在了，就沒有依附了。我們活生生的身體，總有一天要消解掉，一切生命都有始有終。終結的時候是一種什麼狀態呢？就是「遊魂為變」，你的靈魂出竅了，精神跑出去旅遊了，遇到其它東西就依附上去，與之一結合，就是遊魂為變，產生了生命的變化。佛教裡面講輪迴，神識變遷的道理也是如此。

我們說靈魂出竅，或者說人死之後靈魂到處去旅遊，東遊西蕩，遇到要寄居的身體就進去了。這個並不是跟我們耍骰子、玩輪盤賭一樣，

碰見哪個就是哪個。這中間有個作用，佛教說得很清楚，就是業力，就是所謂的業感緣起。

我們的精神離開肉體之後，靈魂出竅，也就是佛教中稱的業識離開身體，受業力牽引而進入下一個輪迴。如果沒有這個業力的話，你的業識是不可能和這個寄居的身體結合的。這個道理也很簡單，比如我喜歡吃蘋果，不喜歡梨子和桃子，由於長期吃蘋果，我就會越來越加劇執著於對蘋果的喜愛，這就是長期的「業」而形成的執著力量。你出去在水果攤上，看到很多其它的水果，香蕉、梨子、桔子、鳳梨什麼都有，賣水果的人給你推銷，拿這些到你面前叫賣，你都不會理，因為你不愛吃它們，跟它們沒有這個業感嘛！你就是要去找蘋果，一見到蘋果馬上就湊上去了。這就是我們業識感應的緣故，精神當中的業識就是這樣緣起的。

我們要注意啊！自己平時愛好什麼東西，這個東西就和你的精神產生緣份了。有些人喜歡養寵物，把貓兒、狗兒當作人來養，成天都「乖兒」、「乖孫」地叫，這樣是很危險的啊！這樣做的話，時間長了，對它有了親切感，對貓、狗的業感就形成了。有一天你靈魂出竅後，精神做不了主，就會自然隨著你的愛好和業力走，啥東西對你很親切，你就會跟著那個東西去。還有一點要注意，就是你特別恨、特別討厭的東西、特別害怕的東西，也會跟你形成業感哦！不是冤家不碰頭啊，這也是業感緣起的道理。

有人說我死了以後，下輩子想變這變那，不想變這變那。這個並不是你想變什麼就可以的！如果可以選擇，個個都想變神仙，個個都想成佛成聖。所以，這就需要平時從業力上面來培養。善業的感應成熟，就會往生善道；培養的是惡業，是地獄種子，那感應成熟就很危險了。這就是「精氣為物，遊魂為變」的道理。

《繫辭》中的這一句，實際已經說到了佛教的輪迴之學，只不過在中國人的思維習慣和文化傳統裡面，是不喜歡做精密的邏輯分析，不喜歡條分縷析、抽絲剝繭般地去推導。中國人喜歡大而化之，把大原則講了，你自己去把握這個細節就行了，所以沒有形成印度思想文化中嚴密的邏輯系統。中國人不愛這麼搞，我們之所以能夠接收佛教的觀念，確實因為中國本土文化裡面有這樣的種子。

六道輪迴的觀念，不是只有佛教才有，它是印度古老的宗教文化裡面共有的，比如婆羅門教、古印度教，都是這樣認為的。佛教與其它宗教根本的區別並不在因果輪迴上面，而是更深一步，在般若空性上面與其它宗教有所區別。我們說《易經》講的是天地萬物與社會人生的變化規律，實際上跟佛教中所說的世俗諦是一回事，一切事情無非就是因果，生命的變化也無非就是輪迴。

京房八宮，神的驛站

把這一句「精氣為物，遊魂為變」放到具體易卦的爻象當中，該如何體會呢？前幾堂課我們提到了遊魂卦、歸魂卦，我們的李神仙也在問這兩個卦指的是什麼。今天我們這裡就細說一下京房八宮卦的變化，遊魂卦和歸魂卦就是其中很重要的概念。

什麼叫八宮卦呢？漢易發展到京房的時候，他把《易經》的六十四卦分為八個宮，這八個宮中每一宮又有一個主卦，叫做本宮卦，其實就是我們常說的乾、坤、坎、離、震、巽、艮、兌這八個基本卦。按照京房的順序，就是乾、震、坎、艮、坤、巽、離、兌。這八個卦領銜形成了八個宮，八宮卦每一宮裡面都有一個遊魂卦、一個歸魂卦。所謂宮，就是宮殿、宮室，說白了，就是八個房間。在八個房間裡面，本宮卦就是房間裡的老大，它要演化出一群徒子徒孫。這是怎麼變的呢？我們以乾卦舉例，乾是本宮卦，最初的一爻變化，就成了天風姤卦；在姤卦的基礎上第二爻變化，就成了天山遯卦；第三爻變，成為天地否卦；第四爻變，就成了風地觀卦；再變，陰氣不斷增強，就成了山地剝卦。注意，最上一爻不能變了，再變就成了坤卦，跑到別人房間裡面去了，到坤宮裡面去了。第五爻變到頂了，它只好回頭來，往下第四爻變，就成了火地晉卦，是乾卦的遊魂卦；再變，就到下卦去了，下卦變回本宮乾卦。乾宮卦變到這裡，就成了火天大有卦，是歸魂卦。這就是八宮卦中乾宮的變化過程。

這就是八宮卦乾宮的變法，其它各卦也是這樣的。比如震卦，一世卦為雷地豫卦，二世卦為雷水解卦，三世卦為雷風恒，四世卦為地風升，

五世卦為水風井，然後下飛四爻變為遊魂卦，即澤風大過，最後下卦變為本宮，歸魂卦為澤雷隨卦。依此類推，每一宮產生八個卦，一共就是八八六十四個卦，就稱為八宮卦。我們在這裡就不一一列舉了，大家下來後可以逐一推演，把這個過程演熟。

為什麼八宮卦要這麼變呢？這是京房創造的。京房是漢代非常有名的易學大師，尤其是在天文曆算上面，在觀測天象變化與人事結合上面，他是研究得很透徹的。對於天災與人事對應的關係，他都有成套的學術體系，他最後也是死在這個上面的。

京房進京做官的時候，遇到一系列的天災，皇帝很恐慌，問他有什麼辦法？京房就說要調整人事才行，奸臣當道，就會天災頻頻。於是他給皇帝提了一系列建議，該怎樣把人事結構調整好，怎樣近賢臣遠小人。當時的權臣石顯、五鹿充宗、王史、鳳丹等人視京房為眼中釘，甚至丞相韋玄成也對京房嫉恨有加。然而京房不過是一個術士，剛剛進京就向皇帝提了這樣傷筋動骨的建議，而對手都是官場上黨羽林立的高手。京房這個人可取的地方就在於，他是明知山有虎，偏向虎山行。他提了這套建議後，也對皇帝說，我跟您提這些建議，就等於把自己放了殺身之禍的刀口上了。後來，石顯等人設計讓京房外放為魏郡太守，以使他遠離皇帝。在上任的路途中，京房料知自己大限快到，就給皇上寫了一封信，悲壯地說自己的性命已經到了最危急的時候，之所以在這個時候還寫這封信，要您進行政治改革，就是因為我相信，天下雖然有定數，但是如果真的遇到明君聖主，遇到有能力的君王，事在人為，還是可以改變的。可見京房的思想裡面，還是存有一絲僥倖，引用其弟子姚平的評價：「房可謂知道，未可謂通道也。」意思是京房明知這些天象人事的變化，但自己仍然不能堅信，心存僥倖。

果然，京房剛到地方上，還沒有上任，就被政治對手抓起來了。抓起來以後解送進京，但還沒有見到皇帝，就被政治對手殺掉了。可以說，京房對自己的災難判斷得很準確，也知道自己的命運。

孔夫子人生命運八階段

京房八宮卦這套東西和命理、星相非常有關係。打個比方,一個人一生的命運變化,可以通過八宮卦表現出來。我們按天干地支對應出生年月,你屬於哪一宮,一生的變化就可以根據這個變化規律表現來了。如果命宮在離宮,就是火命,它從離卦初爻開始變化,第一世就是火山旅卦,第二世是火風鼎卦,第三世就是火水未濟卦,就這麼一爻爻地變,每個宮都可以變出八個卦來,就蘊含了人生不同的八個階段。

孔夫子一生的經歷是:「吾十有五而志於學,三十而立,四十而不惑,五十而知天命,六十而耳順,七十而從心所欲不踰矩。」人的一生,大體是可以分為八個基本階段來表述的,我們結合孔夫子的話,以乾卦為本宮卦來看看,會是什麼樣的結果。

「十有五而志於學」,十五歲之前,大家都懵懵懂懂,處於本宮卦的狀態,沒有多大的變化。十五歲以後,青春期到了,身體發生了變化,精神上也不再像小孩子那麼單純,就相當於乾卦初爻變,一世為天風姤卦。「三十而立」,第二爻發生了變化,有了獨立的人格和生存能力,往往就要成家立業,生命發展到二世天山遯的階段。「四十而不惑」,人生的一半已經變過來了,進入三世天地否卦的階段,過去種種不切實際的、虛妄的想法也要否定了,就不再有什麼疑惑了。「五十而知天命」,就是四世風地觀卦,人生的基本東西也看清楚了,自己的命運心中也有底了。「六十而耳順」,第五爻變,順變已經到頭了,成了五世山地剝卦,人生的順變也基本結束了。如果這個時候死了,也還划算,活夠一輪甲子了。「七十而從心所欲不踰矩」,古人的平均壽命沒有那麼長,所以「人生七十古來稀」,這裡再變,就是苟延殘喘,就是遊魂卦的狀態了。最後,遊魂也遊不動了,那就要魂歸故里,就是到了歸魂卦的範疇,也就該翹辮子了。

上面是以乾宮來看的,其實,每一宮的變化規律都不一樣。有些是頭兩卦不好,中間也不好,到了後面晚景又好了;有些是開頭和結尾的卦都不好,中間的卦很好;有些是一開頭很好,然後就走下坡路,一直到歸魂卦落得個很不好的下場。

隨用而變，自成一家

京房以八宮卦的方式形成六十四卦，和《周易》六十四卦是不一樣的。《周易》六十四卦的卦序，主要是一氣流行，通過綜卦和錯卦表現出來。京房的卦序，從《京房易傳》裡面可以看到，完全是按八宮卦的卦序來排列的。比如他的第一卦是乾卦，第二個卦就是姤卦，第三個卦就是遯卦，乾宮排完了再排震宮，依次是按乾、震、坎、艮、坤、巽、離、兌八宮的諸卦進行排列。同時，京房六十四卦的每一卦都自有一套卦辭，表明不同的內容，與《周易》卦辭的差別也很大。

從這裡我們就可以看到，《易經》的卦序，是可以任意組合排列的，只要你組合得有道理，排列方法能夠自圓其說，就是允許的。真正把易理學透了，學得很清晰、明瞭，完全就可以按照你的方式形成一套易卦。胥老師就可以自成一套「胥氏易傳」，帥哥就可以創造一套「帥氏易傳」，這是完全可以的，歷史上這種情況也很多。

我們現在一說到易學，就會想起以伏羲為名的先天易學。實際上，先天易學並不是從伏羲老祖這裡來的，而是陳摶、邵雍這一系易學流派按照乾南坤北的方位排出來的卦序，假託伏羲之名而已。

漢代的時候，我們四川的一代大儒揚雄搞了一個《太玄經》，完全是模仿《易經》而成。《易經》裡面有卦辭、爻辭、繫辭、象辭、彖辭等，他的《太玄經》裡面都有相應的東西。《易經》是通過一陰一陽兩爻作用組成卦象，他卻是按照「道生一，一生二，二生三」這種方式，用三個符號組成卦象。按照他的這套變化，就有九個基本卦，每個基本卦裡面又產生九個組合，就成了九九八十一卦。揚雄的《太玄經》就是這麼組成的，也有他能自圓其說的數理變化，每一卦也像《易經》一樣可以判斷吉凶，同樣可以用來打卦占卜。

南北朝的時候，四川還出了一個人物叫衛元嵩，也仿《易經》弄了一套天書一樣的東西叫《元苞經》。《元苞經》是首出坤卦，排序跟《周易》也不一樣，但極少有人看得懂，據說衛元嵩用起來非常得心應手，有神鬼莫測之機。後來有人研究《元苞經》，說是保留了許多《歸藏易》的元素在裡面。

《易經》有各種各樣的排序方法，但不同的排法有自己不同的目的。

京房八宮卦的目的，就是要和卦氣變化結合在一起，一年四季、物候變化，都可以通過六十四卦表達出來。他的易學把天象與人事之間的關係進行對比分析，可以解決很多問題。但是，我們看《周易》的卦序，是按照社會人事的發展變革來演變的，所謂一氣流行，從首出乾坤二卦到中間坎離二卦，最後到既濟卦未濟卦，形成了一套完整而生生不息的社會人事變化格局。從整個易學史上來看，《周易》所表達出來的易理，在社會人文方面是達到了精神的至高點，從而成為中華文化典籍中的最高典範。

我們剛才一直在講八宮卦，八宮卦主要就是講「精氣為物，遊魂為變」，就是講生命從生到死的變化規律。八宮卦裡面的每一宮都產生八個卦，每一宮裡面都有一個遊魂卦、一個歸魂卦。歸納起來，乾宮為晉、大有，震宮為大過、隨，坎宮為明夷、師，艮宮為中孚、漸，坤宮為需、比，巽宮為頤、蠱，離宮為訟、同人，兌宮為小過、歸妹。有些《易經》的古注講卦，一翻開就說乾宮二世卦如何如何、坤宮遊魂卦如何如何。如果你不瞭解八宮卦的推演過程，你就讀不懂在說什麼。如果我們沒有對八宮卦的基本瞭解，看古注就非常惱火了。

這一章從「易與天地準」到「是故知鬼神之情狀」，可以分為一小段。這一小段讚歎《易經》與天地齊等，能夠彌綸天地之道，無非是從這幾個角度來的：從天文地理來說，上與下是一對概念；從可知與不可知來說，幽與明是一對概念；從原始反終的角度來說，死與生又是一對概念；後面說到「精氣為物，遊魂為變」，鬼神又是一對概念。所謂「易與天地準，故能彌綸天地之道」，無非就是從這幾個方面來體現的。

與道相應的心量

下面一段，是繼續深化了這個道理。「與天地相似，故不違；知周乎萬物，而道濟天下，故不過；旁行而不流，樂天知命，故不憂；安土敦乎仁，故能愛。範圍天地之化而不過，曲成萬物而不遺，通乎晝夜之道而知，故神无方而易无體。」這一段的語感讀起來很舒服、很流暢，給

人有一氣呵成之感。我們下面一句句來學習。

「與天地相似，故不違」。這裡省略了一個主語，就是易道。我們學習的這個易道，是可以與天地萬物相互對應的，不論是大的陰陽變化，還是具體的爻象變化，都與天地之間，與我們社會人事的變化可以互相啟發、互相參考、互相認識。

十幾歲的娃娃學《易經》，可能背起書來很厲害，八八六十四卦很快都能背熟，但是你要讓他去用，就很不容易了。因為他沒有在社會人事當中摸爬滾打過，沒有歷練就很難體會易道的深湛。如果我們有了人生閱歷之後，再來體會《易經》的道理，尤其是一些學佛學道的朋友，有了一定基礎之後再來看《易經》，就會有截然不同的體會。《易經》確實與我們的社會人事變化可以相互發揮、相互啟發。我們學《易經》的時候，可以把卦象與人事物件進行對比參究，理解起來就可以深入一些。比如面對複雜的社會現象、社會變化，我們就可以通過《易經》的變化規律來認識和把握。同時對《易經》的卦象和辭句的理解，也可以從我們的人生經驗中去找感覺，明白其所指。「與天地相似」這句話是很概括的說法，實際上是與天地間的萬事萬物都相似。

我們書院學習《易經》，按本光法師方山易的傳統來說，非常強調《易經》在社會人事中的運用，這方面我們要多加體會。正因為易道和我們人生之道是不相違背的，易卦的六爻變化，也與我們社會人事的變化很相應，對我們立身處世、在社會中建功立業都極具參考價值。

「知周乎萬物而道濟天下，故不過」。這個知，我們在前面第二章講到「乾知大始，坤作成物」的時候，把這個「知」講得很細，也講得很開。這裡的知，和「乾知大始」的知是一個意思。按照本光法師的說法，就是我們的「一己陽明正知」。我們自己雖然是很渺小的個體，但我們的心不可小視啊！它具有非常陽剛、強健、光明、純正的智慧。我們學習傳統文化，或者學道參禪，首先要在心量上打開。我們不能讓這個堂而皇之的陽明正知，成天就只會盯著股票、鈔票，只會和柴米油鹽打交道，只會在官場上勾心鬥角……這些都是非常狹隘、微不足道的東西。因為這裡說了嘛，真正把我們這個陽明正知發揚出來的話，是「周乎萬物而道濟天下」，是可以周遍天地萬物的，是可以接濟黎民蒼生的。

我記得有一次去閬中參觀巴巴寺，那是伊斯蘭教一個叫嘎德林耶教

派的祖寺，它的一座殿門上有一副對聯給了我很深的印象。它的上聯是「賴真宰脫二慮窺妙本不出吾性」，下聯是「超萬緣歸一體視太極若在我身。」這個對聯很精彩，很讓人震憾啊！當時我一看，就覺得伊斯蘭教的這一個支派很厲害啊，因為從這副對聯裡就可以看出其精神境界非常之高。後來跟裡面幾個阿訇一接觸，果然都很不錯。如果對這副對聯有感覺的話，你精神的關注點就不可能停留在世間那些雞毛蒜皮的小事情上，心量一下子就能打開。窺妙本就是探索萬事萬物的本源，它就在我的心性當中啊！太極就是大到極處才稱為太極，視太極若在我身，太極就好像在我的身上。這副對聯的橫批是「觀妙入微」。你看人家這副對聯，把易道的最高境界和具體修持的微妙方法全都融為一體了。

所以我們體會易道，體會乾之良知，體會坤之良能，確實就能夠把心量打開，讓心中的陽明正知周遍萬物，這樣就可以兼濟天下。

宋儒說得好，我們學習這些東西，就是要抱有「為天地立心，為生民立命，為往聖繼絕學，為萬世開太平」的心量。人的心量真的是非常之廣大，可以量包太虛啊！我們現在有高度發達的社會形態，有高度發達的人類文明，無論是對社會制度的認識，還是對自然界的探索，乃至於對宇宙太空的認識，包括發達的現代心理學對我們精神的認識等等，這些東西從哪裡來啊？都是由我們心中產生的，是從我們一個個念頭中產生的。從這個角度來說，我們的念頭是可以無所不包的。

在西方宗教中，最根本的說法就是上帝創造人。但是我們仔細推敲之後就會發現，哪裡是上帝創造了人呢？分明是人創造了上帝嘛！《聖經》、《古蘭經》通通都是人寫出來的吧？上帝、神的觀點，也都是人的體會，是從人心裡產生出來的嘛。人們體會到天地間有一種無形無相、卻又無所不在的東西在發揮作用，然後就命名其為上帝、為神、為真主、為道，然後分別在不同的地域形成不同的系統，然後在人群中進行傳播，就成了各種宗教。其實《聖經》裡面說的很清楚，神是無形無相的，是不可揣測的，人的思維不可能抵達上帝。這很奇怪哦！是人心創造了神、上帝，可人的思維又不能抵達。想想為什麼？

這裡說「知周乎萬物而道濟天下，故不過」，就是這個意思啊！禪宗經常說「佛魔不到處」，就是指我們心的般若之體，沒有什麼能夠超過它，也沒有什麼能夠抵達它。從《易經》的角度來說，這就是「乾知大始」，就是這麼無所不包，無所不容。

真正的樂天派

　　下一句「旁行而不流，樂天知命，故不憂。」旁，實際上應該加個單人旁，叫做傍，是依傍、陪伴的意思。就是說，我們在座學易的各位君子，今後都是要依傍易道而行的，隨時都有易道做伴兒。我們隨便走到哪裡，再孤獨再寂寞的時候，都不會有什麼感覺，因為有易道在陪伴著你啊！一輩子打光棍也沒啥了不起，有易道陪著你嘛；就算一輩子蹲監獄、做苦力也沒啥了不起，易道與你是形影不離的。

　　我們馮老師在文革的時候，以現行反革命的罪名被抓到監獄裡去。上次我採訪老爺子的時候，他說當時自己也是很有英雄氣的，首先想到的就是《易經》中的兩句話：「君子以獨立不懼，遁世無悶」。為什麼獨立不懼呢？有易道在陪著你嘛。遁世無悶也是這樣，在監獄裡面關起，也沒啥好鬱悶的。周文王被關了七年，就在監獄裡面推演出了《周易》六十四卦，很有成就嘛，一點都不鬱悶。所以，學易有了入心的感覺以後，就能夠做到「旁行而不流」。不流，就是不會隨波逐流，就是可以隨處做主的，牢牢地安住在主位之上的。真正體會到這一點，就可以做到「素富貴行乎富貴，素貧賤行乎貧賤，素夷狄行乎夷狄。」就像濟公和尚一樣樂天知命，雖然鞋兒破、帽兒破，身上的袈裟破，但一天到晚都是優哉游哉的，念一聲「阿彌陀佛」就無憂無慮無煩惱了。旁行而不流，自然就會樂天知命，就不會憂愁煩惱。

　　我們今天在座的這位小夥子，很快就要去出家，非常了不起啊！我們聽著也是歡喜讚歎。他為啥有那麼大的決心呢？就是因為相信「旁行而不流」嘛！能夠放下萬緣，專心出家修學，是非常難得的，要有很大的福報才行。我們在座的其他各位，雖然沒有出家的福報，但在家同樣也是「旁行而不流」嘛！大道隨時都陪伴著我們，想離開一絲一毫都不可能。你不能說，大道啊，我失陪一下，要去上趟廁所，你在門外等我一下。根本不可能嘛！因為我們本身是道的產物，一切都在道中。你的心性、你的乾之良知本身，就是大道的最佳體現。

　　下一句「安土敦乎仁，故能愛。」這一段是順理成章，一氣貫穿下來的。有了前面這種「知周乎萬物而道濟天下」的心量，有了「旁行而不流」的正見，有了「樂天知命」的豁達，當然就能夠隨遇而安。

　　什麼是安土？安土就是安心。我們經常把心比喻為地，所以有「心地」、「心田」的說法。從易的角度來說，心也是要分陰陽的。心之陽，就是我們的乾之良知，心之陰就是我們的坤之厚土。怎樣安心？就是用我們的乾之良知，用我們精神中陽明正知的一面，去照耀精神中「坤作成物」的一系列活動，照耀我們心中一系列的念頭，乃至於由這些念頭帶來的一系列的行為。能夠用乾之良知來照耀這些坤之厚土，你的心才能夠得安。

　　許多易注在這個上面講不圓，說這個「安土」是安心於鄉土，是守在自己的家鄉，守住自己那一畝二分地，要在自己的故土上安心。這種理解是錯誤的，因為和我們前面講的「知周乎萬物而道濟天下」的心量差得太遠了，與「旁行而不流」的境界也沒法比。我以前看過南懷瑾先生的繫辭講解，好像他老人家對這一句也解釋成安住於自己的鄉土。按照《易經》的本意，安土就是安心。本光法師是這麼講的，我們就要以本光法師的講法為準。

　　其實，你真正學懂了《易經》，就會明白《易經》真的是一個安心法門。不光禪宗才是安心法門，佛教才是安心法門，《易經》同樣也是安心法門，同樣也是要安我們大家的心。這樣一講，「敦乎仁」就很清晰了，人心一旦得安，自然就心地仁厚，自然就能夠用仁愛之心去敦化社會、去淨化人心。所以，己心安而能安人，己心立而能立人，這就是「安土敦乎仁」的真正含義。

道與神，心與體

　　「範圍天地之化而不過，曲成萬物而不遺」，就是說天地之間、人世之間，萬事萬物的變化，都是在易道易象的範圍之內，沒有任何東西可以超出于易道之外。易道成就了萬物各自的天命，所謂「乾道變化，各正性命」，萬事萬物都因為易道而獲得了自己在本位上的天命，得到了正位，沒有任何遺漏。

　　這裡的「曲成」二字用得非常精妙，《道德經》上說「曲則全，枉則直」，能曲才能成。易道成就萬物，卻沒有直接在我們眼前顯現出它是怎

樣作用的，沒有顯現它是怎樣促成萬物的種種變化。這需要我們用心去體悟，用心去參究易道的變化。正因為這個「曲」，所以一般人很難體會到，除非你是真正有心于易道，除非你認真從六爻變化當中，從陰陽二氣的交互作用之中慢慢去體會和參悟，你才能夠知道中間的變化規律。易道成就萬物，是通過一種蜿蜒曲折的隱晦方式，我們必須精思入微，才能逐逐漸漸對此有所感悟。

「通乎晝夜之道而知」，這個晝夜之道，在這裡用得不是很好，但是我們可以把它當作一個比喻，就是一陰一陽的道，但是不能硬套說晝就是陽，夜就是陰。「通乎晝夜之道」，就是精通了一陰一陽之道。「天根月窟閒來往，三十六宮都是春」，你明白了一陰一陽的易道變化，自然你的智慧也就通達明瞭了。

「故神无方而易无體」。易道的精神是無有方所，沒有一個固定的方式和模式。就像我們學中醫的這些哥們兒，他們更能體會到這一點。人體的變化是非常複雜的，用固定的藥方去治不同人的病，往往就容易出問題，必須要辨症對治。後世用《易經》演化出來的一些看相算命的方術，實際上是很僵化的東西，變成了一種呆板的模式，不能變化自如。

我們常說，易道與其它數術之學最根本的區別，就在於易道有「變化之妙，存乎一心」在裡面。一個卦出來了，哪怕是看起來很不好的卦，也不是固定不變的，它會教你在這種狀況下如何自主、自處，如何轉危為安、轉凶為吉。易道一陰一陽的作用能夠產生無窮無盡的變化。《周易》六十四卦，是單八卦之間兩兩相重產生的，實際還可以再重疊。漢代有一本專門打卦的書叫做《焦氏易林》，是漢易名家焦贛所著，他把《周易》六十四卦的每一卦再加入六十四種變化，這就形成很龐大的一套占筮系統了。如果再考慮每一種卦變中又含有錯綜複雜的變化，那就真正是無窮無盡，無有了期。

「神无方而易无體」，易卦的根本原理，與我們的心體是完全一樣的，凡是在《易經》裡面提到的神，我們都不要當它作為外在的東西，而是要拉入我們的精神中來體會。凡是提到神，都一定與我們的精神有關，這個無方無體的東西，就是我們的精神。這樣體會，你才會親切受用。因為我們精神的範圍、心量的範圍可說是無邊無際、沒有窮盡的。易的本體和我們精神本體也是一樣的，易無體嘛！看不見、摸不著，無形無

相，也無內無外。佛教《心經》上所說般若之體是「不生不滅，不垢不淨，不增不減，是故空中無色，無受想行識，無眼耳鼻舌身意……」易的本體跟般若本體是一樣的，就是一個「無」字了得！我們精神的本體也是無，一直「無」到底，但中間又有作用，易卦中無窮無盡的作用，都是從這個「無」本體中來的。學佛的朋友，如果能把《心經》的道理與這一章的道理合參，那體會可能就會更深一些。我個人對易道的體會，也是從佛學的角度來體會，才慢慢加深了認識，越學越覺得了不起。

當年我看淨土宗的書，剛開始對念佛法門很不以為然，認為念佛求往生是愚夫愚婦、齋公齋婆們幹的，認為大丈夫應該自立立人，非無上禪道不學。後來看到蓮池大師有本書叫做《阿彌陀經疏鈔》，翻開第一句話就把我打懵了：「靈明洞徹，湛寂常恒，非濁非清，無背無向，大哉真體！不可得而思議者，其唯自性歟？」這一下才知道《阿彌陀經》與無上禪道是一味無別，並不是如一些居士婆婆們所說的那樣，念一下佛就可以到什麼地方去了。

這一句贊的是阿彌陀佛的自性，實際上也是贊一切眾生的自性啊！蓮池大師對彌陀自性的贊辭，與我們《繫辭》裡面對易道的贊辭，是非常具有可比性的。《繫辭》中說「易與天地準，故能彌綸天地之道」，蓮池大師這裡說「大哉真體」；《繫辭》下面又說「故知幽明之故」，《彌陀疏鈔》裡面說的是「靈明洞徹」，靈就是靈性、靈感、靈動，明就是明暸、明晰，洞徹就是看得清清楚楚，當然就是知幽知明啦。「非濁非清，無背無向」，與我們後面這句「故神无方而易无體」也是完全合拍的。

所以，關於易理中最精深的部分，從秦漢以來，可說是已經斷掉了這個傳承。漢易雖然在象數上有其獨特之處，但是在易理方面，有很多都不敢恭維。我們看唐代李鼎祚的《周易集解》，涉及到漢易對《繫辭》注解，在易理方面往往就有很多牽強附會的地方，讓人不忍卒讀。

但是到了宋儒時代的，他們解易的風光與境界就大不一樣了，因為他們接收了佛教禪宗的洗禮。雖然二程、朱子後來打翻天印，不承認受到了佛教的影響，但事實擺在那裡，誰也否認不了禪宗對整個宋代新儒學的巨大作用。所以，宋儒在易理上的高度，是其它時代不能比擬的。如果沒有佛法的啟迪，易道的核心、中華傳統文化精神的至高點，還不知道要埋沒到什麼時候。

在唐宋時代，中華文明受印度佛教的啟發，從而使宋代新儒學重新

在易學中、在先秦典籍中找回了中華文化的法統與道統，造就了中華文化的又一輪輝煌。而當代中國在飽受西方科技文明的衝擊後，或許可以啟發我們再次回頭來檢視我們的傳統文化，從大易之道中啟發出新時代的文化精神、科學精神來。說不定古老中華文明，在不久的將來又可以再度輝煌，從而被提升到一個新的高度。

第四章最後說到了「故神无方而易无體。」我們再三強調，《易經》裡面只要提到「神」，就一定要往我們的心性上來體會，要結合佛教的般若之智，來體會「神无方」和「易无體」。

第五章

生生之謂易　莫測之謂神

第五章　　　生生之謂易，莫測之謂神

　　一陰一陽之謂道，繼之者善也，成之者性也。仁者見之謂之仁，知者見之謂之知，百姓日用而不知，故君子之道鮮矣。顯諸仁，藏諸用，鼓萬物而不與聖人同憂，盛德大業至矣哉！富有之謂大業，日新之謂盛德。生生之謂易，成象之謂乾，效法之謂坤，極數知來之謂占，通變之謂事，陰陽不測之謂神。

——《繫辭上傳》第五章

一陽一陰之謂道

　　今天我們繼續來學習第五章。這一章在整個《易經‧繫辭》裡面非常出名，歷來在儒、釋、道各家的引用都非常多。學習傳統文化的人，對這一章基本都是耳熟能詳的，甚至於沒有學習傳統文化的普通人，對中間的句子也不會太陌生。比如裡面的「一陰一陽之謂道」、「仁者見仁，智者見智」、「百姓日用而不知」等等。這些語句都是大家平常愛用的，說明這一章確實在社會生活當中流傳得非常廣，在我們整個文化傳統當中也非常重要。由此可見，這一章在整個易道精神之中是極其富有感染力和生命力的。我們在學習的時候，可以多舉一些例子，多發揮一下。

　　「一陰一陽之謂道」，凡是學《易經》的人，沒有不把這一句掛在嘴

上的，我們可以把這一句當作對道的一個定義。在本光法師的方山易裡面，是把一陰一陽換一個位置，本光法師在講這一段的時候，是說「一陽一陰之謂道」，凡是涉及到「陰陽」的時候，本光法師講的都是「陽陰」，是陽在前，陰在後。

上一週，我們趙當家看了本光法師的方山易以後，覺得方山易簡直就是專門為中醫扶陽派打下的理論基礎。趙當家前一陣到北京去參加全國中醫的扶陽論壇，在整個中醫界，這麼二三十年來，這恐怕是最熱鬧的一次。本來預計的是一百多人參加，結果來了幾百人，會場都擠不下了，趙當家都差點沒有進去，感覺到中醫的這個流派，已經有點當代顯學的氣象了。但是，扶陽派從理論到實踐，真正水準很高的人現在已經非常少了。扶陽派的理論與一般傳統中醫的理論，在體會和解釋上有不一樣的地方。作為中醫來說，本來講的就是一個陰陽的平衡，但怎樣調節這個平衡，各家有各家的說法。扶陽派是通過對我們身體陽氣的提升來進行調整，陽氣提起來以後，陽主陰從，陰的部分自然就會隨之得到調整，陰陽就自然會達到和諧。所以扶陽派的著眼點是在陽上，與本光法師的方山易，理論出發點是一樣的。

當然，本光法師的《易經》，著眼點是在我們心性的修養上面，是從這個角度上來說的。本光法師強調的，同樣是陽主陰從，強調的是在我們的精神修養之中，要樹立一己之陽明正知，要把我們心中、精神當中光明的這一面樹立起來。這是最重要的。所以我們看本光法師的方山易，與其它各家易學的確是不一樣的；方山易探究到了陰陽學說的源頭上，尤其是在對乾坤二卦本質的理解上，比起諸家又高了一籌。

過去我們都認為，《繫辭》是孔夫子所作，聖人手筆是沒有人敢隨便挑刺，沒人敢說中間有什麼問題。過去一些真正的易學大師是有所體會的，雖然感到《繫辭》中有點問題，也都不敢明說，只是遮遮掩掩、羞羞答答，最多在自己的注釋裡面暗示一下。這麼多年來，真正敢於對《繫辭》的某些說法進行公允、公開批評的，只有本光法師！他老人家是站在佛家易學、華嚴易學的高度上，對《繫辭》裡面好的東西，就不遺餘力地大力推崇、大力弘揚，對中間一些模棱兩可和僵化膚淺的部分，他也是毫不客氣、有理有據地進行批評。只有在禪道上真正的過來人，才會有這種氣魄的。在本光法師身上，就有那種「見佛殺佛，見魔殺魔」

的大禪師本色。如果沒有對禪道和易道的明徹通透，這種英雄氣是不可能散發出來的。我們在這裡學習《易經》，盡可能地要以本光法師的說法為主，然後以其它各家的說法為參考。

「一陰一陽之謂道」，這次講《易經》，從一開始我就想把這個話翻過來，直接就說成「一陽一陰之謂道」。但是自己這麼多年來，一張嘴就是陰陽，沒說過陽陰，一時反而改不過口來。當然，這個次序倒也無所謂，只不過我們心裡要清楚，《易經》是「乾知大始」的，乾卦要放在首位，要作為一個最根本的開始。「坤作成物」，坤卦體現的是乾卦精神的具體作用，是遵從於乾卦精神然後形成天地萬物的。所以準確來說，應該是「一陽一陰之謂道」。

道不是繞口令

這一句很有說頭啊！在傳統文化中，天天都在說這個道，處處都在講這個道，可以說一絲一毫都不能離開這個道。我們龍江書院自從馮老師創建開始，就在講這個道。我到龍江書院來聽的第一次課，馮老師就是講《道德經》的第一課，講「道可道，非常道。」老爺子講了幾年的道，從小課堂講到大課堂，現在我們又接著講。公益課上，昝孔林老師剛把《道德經與太極養生》講完，陳萍利老師又接著講《論語》，還是在談道。那麼，到底什麼是道呢？傳統文化隨時都在談道啊！這裡,《繫辭》就下了一個定義，就是「一陰一陽之謂道」。

一陰一陽就是道，但一陰一陽真的就是道嗎？真正的道，就是這一陰一陽嗎？實際上，這裡大有可參之處。

唐末的時候，趙州禪師的弟子問他：老和尚，請問如何是道？趙州禪師說：牆外的。院牆外頭那條路就是道嘛。弟子說：不是啊，我問的不是那個道。趙州禪師就問說：那你問的是哪個道呢？弟子說：我問的是大道。趙州禪師說：「大道透長安」。你不是問門口這條小道，是問大道，最大的道是國道嘛！國道是一直通到首都長安的嘛！哈哈，一下就把這個問話堵死了。為啥子趙州禪師要給弟子打岔，不好好給他說什麼是道呢？《繫辭》這一章不是一開頭就說「一陰一陽之謂道」嗎？難道

趙州老和尚不知道這個標準答案嗎？

我們可以設想一下，趙州禪師如果真的以「一陰一陽之謂道」來回答他，那好，新的問題馬上就會來了。請問老和尚什麼是陰？什麼是陽呢？你給他解釋了陰陽，下面又會生出新的問題來要你解釋，這樣越解釋越多，真正離道就是十萬八千里了。這就是袁煥仙老太爺經常愛說的「轉解而縛轉堅，轉辯而義轉淵」。你解釋得越多，他就越會鑽到語言文字的套子裡出不來，就越是掉到無底深淵裡去了。你要想把一個真實的道說出來，那是不可能的，歷史上的大聖大賢，哪怕是老子，也只說了個「道可道，非常道」。套用《金剛經》裡面的句子，這個「一陰一陽之謂道」，即非一陰一陽之謂道，是名一陰一陽之謂道。

我們看書院一進門的供桌上方，馮老師寫了一個很大的「道」字，下面還有一行小字，寫的是「道常道，非常道，可道不道，無道有道，何取何道？」這個繞口令一樣的句子，誰真的明白了？馮老爺子為了說明這個「道」字，繞了一大圈，為什麼要繞？我看目的只有一個，把大家繞暈了事。也許真的繞暈了會好一點，免得我們的腦殼成天都在思考什麼是道？免得我們整天都在邏輯思維裡面打轉轉，把你繞暈了，腦子渾沌一片可能就對了。

莊子在《應帝王》裡就講了一個渾沌的故事：「南海之帝為儵，北海之帝為忽，中央之帝為渾沌……」南海之帝和北海之帝很聰明啊！他們去忽悠人家渾沌，去幫人家渾沌開七竅，「日鑿一竅」，眼耳鼻口這些都給人家鑿開了，開了七個洞，「七日而渾沌死」，七天以後，渾沌就死掉了。

莊子並不是說渾沌這個人因為有了七竅就死掉了，而是一個比喻。就是說這個大道，如果你用眼耳鼻舌身意，用五官七竅去感受、去追求，對不起，你這麼一感受一追求，大道就跑遠了。妄心一起，真心就死了嘛。

我記得很多年以前，有一回我的一個師父與一個師兄在一起擺龍門陣。有隻蒼蠅始終圍著那個師兄轉，師兄很著急，四處去打都打不著。這時，師父就突然說：「你說一下，怎樣才能把蒼蠅抓住呢？」師兄就說馬上去找個蒼蠅拍來打。師父白了他一眼，說打個死蒼蠅來有什麼用？然後問我：「你說怎麼辦呢？」我就對師兄說：「你不要動，不要去東抓

西抓，蒼蠅自然就停在你身上不跑了。」這位師兄當時硬是沒有反應過來，實際上，師父的問話已經和蒼蠅沒有關係了。你是在學佛，在求道啊！你要隨時體會這個東西。如果你認為道伸手可以抓住，可以像追女生一樣死乞白咧就追求得來，那你就開動腦筋、使出渾身力氣去追求、去試試吧。老實說，能追求得到才怪了！我們只有把妄心歇下來，把我們的眼耳鼻舌身意停下來、關閉掉，然後去悟、去體會那種「無眼耳鼻舌身意，無色聲香味觸法」的狀態，也許還會有一線希望。

人們常說，道不可說、不可思議，但為什麼《易經》在這裡又說「一陰一陽之謂道」呢？這也是沒有辦法啊，既然是寫《繫辭》這篇大論文，總要講一下道嘛，所以作者只有說「一陰一陽之謂道」。用大白話來說，就是能夠被我們說出來、能夠被我們思維所理解、能夠被我們的邏輯所認識的道，就是這一陰一陽。這是我們大腦的最底線。但是，道還有不能為我們思維所理解、不能被我們的邏輯所認識、不能被我們說出來的部分啊！這些又該怎麼辦呢？面對這些，就不是要我們開動腦筋去理解，而是要用心去參、去悟的。我們看「悟」這個字，左邊是豎心，右邊是個吾，就是我自己用心去體會。

如果有一天你悟到了、體會到了、真正得道了，那請你來講一下這個道，你會怎麼講？我看只有兩種講法，要麼就像趙州老和尚一樣指東打西、把你憋著；要麼只能像《繫辭》這裡一樣，老老實實給做個最低限度的解釋，說「一陰一陽之謂道」。

念頭起處辨陰陽

所以，凡是用語言、思維、邏輯所涉及到的東西，用禪宗的說法就是落在了第二頭，不再是道本身了，只是對道的語言文字的解釋。禪宗有部經典叫做《指月錄》，它認為裡面的祖師語錄這些語言文字，就像一個指月亮的指頭，讓我們順著指頭的方向去看月亮。但是，我們人往往會把語言文字抓住，把邏輯思維裡的東西當成道，把指月的那根指頭當作月亮。實際上，聰明的人只要順著這根指頭的方向看過去，不偏不倚地看過去，就會看到月亮在哪裡。「一陰一陽之謂道」，這就是一根很精

確的指頭哦！

那麼，這個一陰一陽又該怎麼去描述呢？怎麼描述陰？怎麼描述陽？怎麼描述一陰一陽之道的變化呢？實際上，我們看《繫辭》第一章，「天尊地卑，乾坤定矣。卑高以陳，貴賤位矣。動靜有常，剛柔斷矣。」通通都在談一陰一陽啊！天地、尊卑、動靜、剛柔，統統都是講的陰陽啊。從第一章一直說到現在，包括後面還要學習的將近二十章，也都是在講這個東西，在講這個一陰一陽之道。只不過，每一章都是從不同的角度、從不同的入手處來體會這個道，來體會一陰一陽之道的變化規律。我們要想體會道，只能從一陰一陽的這個角度。一陰一陽之道，說白了就是我們傳統文化的核心內容。

不光是《易經》在講陰陽，儒、釋、道三家通通都在講，只不過各有側重點。《易經》是把天道、人道揉合在一起講的，儒家主要講人道。我們在學習傳統文化的過程中，要把一陰一陽的感覺放到我們自己的精神中間來體會，看它是怎麼產生的？陰陽之間又是怎麼發生變化的？落實到社會人事當中，陰陽變化又是怎麼表現出來的？

王陽明先生說：「是故《易》也者，志吾心之陰陽消息者也。」易這個東西，說的是我們心裡的陰陽變化，所以這一句話，實際上是辨陰陽的核心和根本。中醫裡面講究八綱辨證，其核心就是辨陰陽，你只要把陰陽辨清楚了，其它的寒熱、表裡、虛實這些，也就容易了。中醫是一方面，其實，任何事物也都可以分出陰陽來，我們可以從不同的角度來看待這個陰陽。

從比喻的角度來講，可以說太陽就是陽，月亮就是陰，男人就是陽，女人就是陰。從具體的事物上看，一片樹葉，可以說向陽的一面是陽，背陽的一面就是陰。從社會人事上來說，社會中的光明面可以說是陽，黑暗面就是陰。從法律的角度來說，法律面前人人平等，這個根本規則是陽，但是對於現實來說，法律背後還有一些人為的、不可說的東西，這些就是陰。當然上面說的這些辨陰陽，都是外在的、淺層次的，還不是最根本的。最根本的辨陰陽是什麼呢？還是要回到自己的精神當中，回到自己的內心中，從念頭起處來辨陰陽。

只要我們的一念一生，馬上就會產生陰陽。一念未生的時候，那就是不陰不陽，或者說是陰陽全具，或者根本就談不上陰陽。但是，一個

念頭產生，馬上就分陰陽了。產生念頭、明瞭念頭的這個東西，就是我們精神中的陽，所謂陽明正知，就是我們智慧本身；而一念中的內容，黑白好壞、是非善惡、大小偏圓，這些就是陰。我們要用自己的陽明正知去照了、去認清念頭之陰，這就是做念頭功夫最基本的地方。如果在我們的身心性命上，不斷去體會陰陽的來去生滅，那我們的修行就找到了路子、找對了方向。如果老是在外界去分陰陽，那是遠遠不夠的。當然，我們辨陰陽的層次可以循序漸進，可以慢慢去體會。總之，任何一個具體的事物，都可以從陰陽的角度去體會，但是，最終是哪個在區分這個陰陽呢？要把這個認清楚才是最重要。

「一陰一陽之謂道」，如果要把這一句展開了來廣講，不知道要講多久才能了事。但是，整個傳統文化的核心就是在講這個東西啊！所以對於這個，我們就先講到這裡，繼續往後學吧。

善惡是非都容下

下面一句是「繼之者善也，成之者性也。」這個之，指的是「一陰一陽之謂道」的易道；繼之，是繼續、繼承這個一陰一陽之道。但是，這裡省略了一個主語，哪個來繼承？誰有資格繼承呢？既然我們在這裡學習傳統文化，那麼，我們每個人都有這個資格，因為我們每個人都是大道的產物嘛。「繼之者善也」，繼承一陰一陽之道的好處，就是善。傳統文化中，一個善字把什麼好處都講完了。

善哉，這個善字並不簡單啊！我們看《大學》裡面，開篇就講「大學之道，在明明德，在親民，在止於至善。」最終就是要落實在至善上面。大學之道是什麼東西呢？不是我們現在上大學，可以拿個文憑，將來好找工作、讀博士、留洋什麼的。大學之道，就是要讓我們的精神光明起來，把我們心中的德行啟發出來，這就是「大學之道，在明明德。」明德之後，進一步就是把我們的內修德行發之於外，就是要親民。這個親民的解釋也可以是新民，要讓大眾在精神上有種煥然一新的感覺，按照現在流行的說法就是「與時俱進」，這就是新民。自己明瞭光明的德性以後，就要讓他人也得到啟發，要與時俱進，煥然一新。這些從根本上，

就是要落實到「止於至善」，要達到並保持至善的境界。什麼是至善？就是超越了我們平常說的善惡、超越了是非對待。本來應該換一個更準確的詞來表達，但是找不到，只有說最善最善、善到極點，就是至善。

「繼之者善也」，這是我們學修傳統文化的根本和終極。但是一般人面對的時候，不敢承認這個事。你說我們每個人都繼承著易道，都能到達至善的境界，可我是一個小人物啊，我可做不到喲。大學的境界我達不到，我最多只拿到一個中學文憑，還是開後門才拿到的，讓我繼承大學之道，這個可不敢當。

實際上這只是一個比喻。「繼之者善也」，我們說人人都能繼承，人人都有份，並不是亂發文憑，大家排排坐吃果果。因為下面一句說得很清楚，「成之者性也」，能夠繼承、成就這個「一陰一陽之謂道」的，是我們的本性啊！這個能夠繼承、完成這個大道的，既是我們的本性，也是人生的根本目的。不管你是大人物還是小人物，不管你承認還是不承認，你從生到死，體現的就是大道「原始反終」的狀態，體現的就是大道一陰一陽的變化規律。從生到死，不過是我們在人間的一個階段，是體現了大道陽性的一面。佛教還講中陰生，人死之後會進入一個陰性的階段，所以這個一陰一陽之道，不管你承認還是不承認，生命本身就是在展現這個東西。

我們把話說大一點，不光是人，這個世界上的一切生命、一切眾生，其根本目的都是在展現並完成大道賦予的生命軌跡。這就是人與一切眾生的本性。只不過，人是用人的方式，狗是用狗的方式，貓是用貓的方式，花花草草用花花草草的方式⋯⋯總之，大家都在以各自的方式展示大道的變化，都在成就大道。

「成之者性也」，我們一切眾生都是在成就大道、體現大道的根本規律，但是，很多人在這一點上不敢承擔，覺得自己算個啥，怎麼能夠成就大道呢？有些人還會反問，只有孔孟老莊這些聖賢才能成就大道，他們才可以體道而行達於至善；而那些奸佞小人、陰險毒辣的小人，他們難道也能成就大道嗎？難道他們也是在成就這個一陰一陽之道嗎？

嚴格來說，確實是這樣的。很多學佛的人，在這個問題上看不透，認為我們學佛就要「諸惡莫作，眾善奉行」，這個才是道；如果反過來作奸犯科、貪吝自私就是背道而馳，是非道。實際上，是我們的念頭沒有

過這個關，沒有翻過這個坎。

　　《繫辭》這裡講得很清楚，一陰一陽之謂道，光有陽性的一面沒有陰性的一面，是不行的，這個道是不完全的。這個世界上光有鮮花沒有毒草，光有獅子老虎沒有牛羊鹿兔，這個自然生態就不平衡。放在人文生態上來說，只有好人沒有壞人也是不行的，這個世界也是不平衡的。如果真正翻過了這道坎，體會到了煩惱即菩提、生死即涅槃，味道就不一樣了。煩惱為什麼是菩提？生死為什麼是涅槃？煩惱和菩提、生死和涅槃，看起來是非常矛盾的東西，實際上總是成對出現，誰也離不開誰。當年維摩精舍的袁煥仙老爺子就經常說，「菩提煩惱鑄成，為何欲斷煩惱？涅槃生死中來，為何恐懼生死？」一般人在這一點上想不通，反應不過來，就會覺得為什麼佛教經典裡面處處都有矛盾呢？

大道的光明面與陰暗面

　　我們成都有一位道教名宿王家佑先生，人稱歪道人，曾寫了一副很有意思的對聯：「酒色財氣，有度皆可養生；貪嗔癡愛，無相即是菩提。」這副對聯很有點驚世駭俗啊！我們不妨來好好體會一下。

　　酒是佛教五戒中的首戒，為什麼說酒色財氣有度皆可養生呢？其實，我們工作勞累了一天，尤其是做體力勞動的人，回家後喝點酒，確實能夠解乏放鬆，能夠舒筋活血。色是什麼呢？說老實話，這世間有幾個人不好色呢？人如果好道如好色，那也就差不多可以得道了。但是好色不過分，遵循一陰一陽之道，那對我們的身體健康和精神健康還是有好處的，人類還要繁衍嘛。還有，君子愛財，取之有道，只要你不是貪贓枉法，這個財的來路正，而且可以拿來做更多的好事情，這個財就發得好。氣也是如此，如果我們有股英雄之氣，做起事來就能夠勇於承擔，容易成就大業。如果一個人一點脾氣都沒有，軟得跟個柿子一樣，看起來也就很沒勁。所以關鍵就是這個度，不能失度，失去度就完蛋了。貪嗔癡愛也是如此，無相、不著這個相，那就是菩提。當然，我們可以反身自問，如果我們還不能達到無相，那最好還是對貪嗔癡愛警惕一點、節制一點，不然把這個當口頭禪也很危險。

　　所以這個一陰一陽，還不光是我們剛才所說的是成對出現，還是可以相互轉化的。看起來是陰的一面，在不同的條件下，就有可能轉到陽的一面；看起來是很光明的東西，稍不注意，就可能轉到了陰暗的一面。所以，佛教中說阿羅漢也可能因一念而墮落，十惡不赦的人也可能因為一念覺悟，放下屠刀，立地成佛。放在我們內心來體會，我們觀察自己精神中的這個一陰一陽之道，確實是非常活潑、生動、變化無窮的。事實上，整個世界就是通過這一陰一陽的變化來形成的。我們說聖賢之人，成就的是社會人事中的光明面，體現的一陰一陽之道中的陽性；奸邪小人呢，成就的則是社會人事當中的陰暗面，體現的是一陰一陽之道中的陰性。

　　既然好人成就的是道，壞人體現的也是道，那好人與壞人難道就沒有差別了嗎？做好人與做壞人不就都一樣了嗎？其實，雖然體現的都是道，但差別還是很大的。

　　體現了大道光明的一面、陽性的一面，比如孔孟老莊這些聖賢之人，千百年來我們都在學習。你到山東，去曲阜的孔廟、孔林去，會看到每天人山人海的，大家都去瞻仰、去敬拜。歷代以來，上至帝王將相，下至普通百姓，也都會去祭祀瞻仰，因為他體現了大道光明的一面，所以就流芳千古嘛。如果體現的是大道的陰暗面，是那些奸佞小人的話，那就是遺臭萬年。杭州西湖邊有一座岳王廟，是紀念岳飛的，裡面有副對聯說：「青山有幸埋忠骨；白鐵無辜鑄佞臣。」這片青山很幸運啊，因為下面埋葬著精忠報國的民族英雄岳飛，過去還被人們尊為武聖人。中國過去有兩個武聖人，一個是關公，一個是岳飛。但是，這個岳王廟的墓闕下還鑄著四個跪下的鐵人，就是秦檜、張俊等佞臣，那都是遺臭萬年的人物。「白鐵無辜鑄佞臣」，人家鐵坨坨感到很委屈、很無辜啊！我有啥錯誤呢，非要用我來鑄成幾個奸賊，陪他們遺臭萬年，還要被別人吐口水、甩中指。

　　所以，一陰一陽之道就擺在這裡，就擺在我們每一個人的面前，我們要成就其哪一面，自己是可以有所選擇的。不管你怎麼選擇，都體現了這一陰一陽之道，都分毫不差地體現了天地之間的因果法則。我們再三強調，「繼之者善也，成之者性也」，這是人人有份，無一漏網的。只不過呢，我們面對這一陰一陽之道，需要用自己的智慧去明辨，用行為

做出正確的選擇和判斷。

有色眼鏡外的風景

有了我們上面的分析，下面就迎刃而解了。「仁者見之謂之仁，知者見之謂之知」，我們經常說見仁見智，這句話的意思看起來非常簡單，但只要聯繫上面的內容來體會，就會有不一樣的感覺。

過去說「龍生九子，個個不同」，龍王爺有九個兒子，個個都長得不一樣，性格特點也不一樣。老大叫囚牛，喜歡音樂，哪裡開音樂會就去哪裡湊熱鬧。後來的中國樂器，凡是帶有龍頭的，比如上好的二胡，上頭彎彎的部位都會雕一條龍，這就是龍王爺的老大囚牛。龍老二叫做睚眥，它是心胸狹隘，有仇必報，所以有睚眥必報的成語……總之，龍宮裡的這九個小王爺，個個都不一樣。它們都是龍王爺生的，為什麼會不一樣呢？我們人和天地間的萬事萬物，都是大道所生的嘛，為什麼不一樣呢？就是因為你的選擇、你的習氣不一樣，所以呈現出來的樣態就不一樣。

佛教中經常說：「在眼曰見，在耳曰聞，在鼻辨香，在口談論，在手執捉，在足運奔。」我們的佛性體現在眼睛上面，眼睛看的功能就是佛性；體現在耳朵上面，聽覺的功能就是佛性；體現在手腳上面，那奔跑抓握的功能就是佛性。總之，離開了眼耳手足等等的這些功能，你就找不到一個佛性來。大道在天地之間的表現也是如此，它在不同的人群、不同的物種當中，所顯現出的現象也各不相同。

「仁者見之謂之仁，知者見之謂之知」，其中還省略了很多東西。《繫辭》傳說是聖人所作，當然在語言上就儘量要高雅、要從正面來說。其實順著這個句式，還可以舉出很多東西來，比如美者見之謂之美，醜者見之謂之醜，善者見之謂之善，惡者見之謂之惡……等等。

說到這裡，我想起兩句古詩：「千江有水千江月，萬里無雲萬里天」，這兩句詩的意境非常高，語言表達也非常到位！天上就只有這麼一個月亮，但是在地下，凡是有水的地方都可以看到月亮，不管是江河湖海，還是在門口的小水氹裡，都可以看到月亮。雖然有水的地方都可以看到

月亮，但不同的地方，體現的境界卻是一樣的。

小時候我們不喜歡洗澡，夏天晚上的時候，大人就搬個大澡盆子在院子裡，哄我們說：「快來看，盆子裡有個月亮啦，快下去撈啊！」小孩子脫光了就跳進去，伸手一撈，月亮就不見了，等到水面靜止，月亮又出來了。這麼玩著玩著，澡也就洗好了。這個就是澡盆子裡的月亮所體現出來的境界。門口池塘裡的月亮呢？體現的就是荷塘月色這樣清淨的境界。朱自清有篇散文《荷塘月色》，寫得很優美清雅，讀起來還是挺舒服的。如果你到江河上去賞月，意境就開闊了，體現的就是月映萬川的境界。如果你是在大海上，那就更不一樣了，看到的就是「海上生明月，天涯共此時」。在煙波浩瀚的汪洋之中，你看到一輪明月升起在無邊無際的曠闊海面上，這種境界，當然就非常博大、寬廣，令人胸襟大開。

還有一點也很重要，不論在江河湖海，還是在池塘水氹，水質不一樣，水裡月亮的清晰程度也不一樣。所以我們看一個事情的是非善惡，跟我們自己內心的清淨狀態也是息息相關的。這就是對「仁者見之謂之仁，知者見之謂之知」很切貼的體會。

求仁得仁，又何怨乎

我們評價歷史人物，也是如此。在《史記》裡面，司馬遷寫的「列傳」排頭一篇，就是《伯夷列傳》。過去唱戲也有這個段子，伯夷、叔齊不食周粟，雙雙餓死在首陽山上。

那是說商代末年，有個小國家叫孤竹國，伯夷、叔齊是孤竹國國君的兩個兒子，伯夷是老大，叔齊是老三。國君打算把王位傳給叔齊。國君去世後，叔齊讓王位于伯夷，伯夷說：「父命也。」遂逃去。叔齊不肯即位，也逃走了。於是國人擁立中間的那個兒子繼承王位。

伯夷、叔齊聽說西歧的周文王很有德行，國家福利也好，養老保險制度也很完善，於是兩兄弟商量好一起到周文王的地盤去養老。走到半路上，就聽說周文王已經死了，現在是周武王在位。再往前走，就遇到了周武王帶著姜子牙和他的部隊，要到盟津去與天下諸侯會合，討伐商紂王。這兩兄弟一見這事，馬上攔下周武王的馬車質問：「你父親屍骨未

寒，你就興兵打仗，是不是不孝呢？作為諸侯臣子，卻要去討伐天下共主，是不是不忠呢？你不忠不孝，還怎麼做人呢？！」武王的部下聽了，當時就把他們抓起來，準備砍頭算了。姜子牙知道這二人的來歷，覺得我們本來是以有道伐無道，如果殺了他們兩個有品德的人，就會失去人心，乾脆就把他們放了。

在這之後，周武王打敗了商紂王，取得了天下，建立了周朝。伯夷、叔齊兄弟覺得這是一個不忠不孝的時代，覺得生活在周朝很恥辱，便發誓不食周粟，凡是周朝的糧食都不吃，然後躲到首陽山去采蕨菜吃。傳說兄弟倆在山上遇到了一個農婦，嘲笑他們說：「你們兩個老傢夥說什麼不食周粟，這首陽山的野菜也是周家天子地盤裡長出來的嘛，你們野菜也不吃才對啊！「兄弟倆一聽，不吃就不吃，最後竟餓死在首陽山上。

對伯夷、叔齊，歷來的評價是很高的，司馬遷之所以把他們放在《史記》中「列傳第一」的地位，是有他正面考慮的。當然，如果讓現代人來評價，一定會把他們送進精神病院，這兩個老頭子是不是瘋子啊？不要說現在，就是在孔夫子時期，對伯夷、叔齊就已經有不同的評價了。

孔夫子的學問是「祖述堯舜，憲章文武」，他老人家繼承的是周代文化，說「鬱鬱乎文哉，吾從周」，繼承的是文武周公的文化。那麼，他對伯夷、叔齊這兩位蔑視周朝、不食周粟的人是怎麼評價的呢？

子貢有一次問過孔子，說伯夷、叔齊這兩個人怪怪的，他們到底是什麼樣的人啊？孔子回答說，這兩個人是古代的賢人啊！子貢又問，既然是有品德的賢人，就應該得到上天的眷顧才對，為什麼上天要讓他們那麼窮困，最後還落得個雙雙餓死首陽山這麼悲慘的下場呢？他們到底心裡對老天爺有沒有怨恨呢？孔夫子就說，哪裡是悲慘呢？他們是「求仁得仁，又何怨乎？」他們哥兒倆追求的東西就是內心的仁德，他們也得到了這個東西，求什麼就得到了什麼，怎麼會有怨恨呢？

對於伯夷、叔齊，後人雖然有不同的評價，也是仁者見仁，智者見智。是非對錯這些東西，說不清也道不明，總之，反映的就是各人的不同態度、不同的追求。後人有求財得財，求權得權，求利得利的，得到的時候，當然是不會怨恨的，但是結局又是怎樣的呢？我們看現在國家反腐反貪的力度很大的，求財的人往往死於財，人為財死，鳥為食亡；求權的人也往往在權力位子上栽跟頭，你說他栽下來的時候怨不怨呢？怨有什麼用，你是求啥得啥，有什麼好後悔的呢！但是，很多人就是後

悔了。後悔又有什麼用呢？悔之晚矣！所以從一開始，我們就應該選擇做那些讓自己不後悔的事情。

人貴有自知之明

「百姓日用而不知，故君子之道鮮矣。」這一句相當於是第五章第一節的一個總結。前面我們講了「一陰一陽之謂道」，講了「繼之者善也，成之者性也」，也講了仁者見仁，智者見智等等。大道雖然是人人有份，雖然人人都是大道的產物，人人都在道中，但未必人人都明白這個道理。遇見喜歡吃「昧心食」的人，吃了不認帳，用了說沒有用，那也拿他沒有辦法。

對於一般人來說，沒有接觸過這些學問，平常的因緣不同、機會不同，往往就被身邊柴米油鹽的事情、被生兒育女的事情、被升官發財等等的事情所左右。按照佛教的說法，這些人就是沒有福報來學習這些東西，當然就不會知道上面的這些道理，所以是「百姓日用而不知」。這裡的百姓，指的就是一般的人，在古代能夠學習易道的，一定是社會精英，一般的老百姓是沒有這個機會的。過去的生產力不發達，大家都為了生存整日奔波勞碌，只有社會的上層人物和貴族子弟，乃至於有著堅定信念的求道者、思想者，才有機會學習和理解這些東西。

現在情況還要嚴重一些，雖然看起來大家的條件都很好，但現在傳統文化斷層那麼厲害，又有多少人有機會學習這些呢？我們龍江書院是專門講傳統文化的道場，看起來地方不大，氣派似乎也不怎麼樣，但是在全成都有幾個這樣的場合呢？全四川又有幾個這樣的地方呢？就是放在全國，能夠常年聚眾一起學習、體會、討論傳統文化的地方，又有幾個呢？簡直是太少太少了！

以前我在廣元的時候，鄉下有一個叫做平樂寺的廟子，在當地很出名，據說殿裡供的菩薩很靈。當地來來往往的政府官員也好，老百姓也好，都喜歡到那裡去燒香許願。有一回，我和一個師兄從那裡經過，他說這是平樂寺啊，都到跟前了，我們還是去燒個香許個願吧。我說好吧，你說燒香我們就去嘛。我到了廟子裡面是很老實的，見到菩薩就拜，該

燒香的地方就燒香，在菩薩跟前，按照佛教的道理，心裡發四弘誓願就好了。燒香完了後，我印象很深的是，旁邊有一個農村婦女背著一個娃娃，邊燒香邊說：「菩薩啊菩薩，我老公在外地打工，求您保佑他順順利利，多賺點錢，在外頭不要出事情，不要找女人。謝謝您啦，菩薩！」她求完了老公，又開始求老媽，說「菩薩啊菩薩，我的老媽八十歲了，常年都在床上躺著啊，一定讓她過完年再走啊，求您啦，菩薩！」求完了老媽，她又開始求娃娃無病無災，將來出息。把人都求完了之後，她還沒完，又開始求菩薩保佑，保佑自家的牛不要得病，豬要早點長膘，雞不要得雞瘟，諸如此類，半天才挨著求完了。她看起來很可憐，手裡的供品只有兩斤菜油，人也顯得很愁苦，背上的娃娃鼻涕流得滿身都是。我在邊上看著看著，眼淚就流出來了。

那個師兄看到我這個樣子，就說：「大師兄，你好慈悲喲！」我白了他一眼說：「慈悲個鬼！我是看她太冤啦！」為什麼冤？這個就是百姓日用而不知啊！佛教講「心佛眾生，三無差別」，眾生心、菩薩心，大家的心都是一樣的啊！唯一的區別，就是一個是知，一個是不知；一個明白自己的心，一個不明白自己的心。你明白了，那就是太平無事，任性逍遙，自在無礙；你不明白，那你就是自找苦吃，枉受輪迴，冤哉！冤哉！

以前我看基督教的《聖經》，看到《福音書》的時候，耶穌被釘上了十字架，就在生命的最後一刻，耶穌仍在禱告說：主啊，原諒這些劊子手們吧，因為他們不知道自己在做什麼。你看耶穌的這種情懷，凡是偉大宗教裡面的東西都是一樣的。這種無我的慈悲心，都是一樣的。耶穌這個樣子，站在佛教的角度來說，那是真正的大菩薩顯現，沒得說頭。到了生命最後的一刻，都還在請求主原諒這些世人，這些把他釘上十字架的人，因為他們不懂啊，不知道自己在做什麼。

平時我自己也有這種體會，有時候也不知道自己在做什麼，東一下西一下，還覺得自己很忙碌、很體面。有時候停下來也會問自己，到底一天在忙些什麼啊？有什麼意義啊？這樣一想，很多自以為天大的事情也就覺得沒啥了不起了，能做就做，不能做就放下。謀事在人，成事在天，把心量打開，就能放得下、容得下這些東西。所以，這裡《繫辭》的作者也發出了感歎：前面講的大道，那麼好的東西，老百姓每天都接觸到，每天都在運用，每天都身處其中，但他們就是認識不到啊！

「故君子之道鮮矣」，正因為百姓日用而不知，所以能夠明白易道、

明白君子之道的人真是太少太少了。我們大家能夠在這裡相聚，能夠學習《易經》，學習古代的聖賢之道，的確是非常難得的。學習了以後，能夠把這些落實在自己的生活和行為當中，就更是很難得了。說到這裡，我就非常感謝馮老師和我以前的老師們，他們把我帶到這條路上來，讓我能夠在古代聖賢的道統、法統之中，能夠在君子之道的這條長河中，哪怕只是做一滴水，做一朵小小的浪花，也是非常幸運的。

天大地大，有愛全容下

下面就另起一段了。「顯諸仁，藏諸用，鼓萬物而不與聖人同憂，盛德大業至矣哉！富有之謂大業，日新之謂盛德。」

「顯諸仁，藏諸用」，這裡省略了主語，是緊接著「君子之道鮮矣」這一句來的。「顯諸仁，藏諸用」，就是說君子之道是顯之于仁，藏之於用。因為君子之道，體現的是「一陰一陽之謂道」中陽性的、光明的一面，顯現在內心的仁德上面。什麼是仁？仁者愛人，是我們每個人內心都具有的惻隱之心，從這一點生發，逐漸擴大，從愛己、愛親人，逐漸擴大到愛天下、愛眾生。這種博愛的精神，這就是仁所體現出來的東西。

「顯諸仁」，君子之道所顯現的，就是大道生養萬物的這一面，大道就是具有這種成就萬物、生發萬物的仁慈。「藏諸用」，指的是行君子之道的人，他內心之中的仁德，是隱藏於日常行為中的。行君子之道的人，他的行為就是義舉，就是正義的作為。君子的德行和仁慈都是隱藏在義的行為中。真正的君子，是不會在自己的腦門上寫個「仁」字，表明自己是仁者無敵，然後再跑到外面去自吹自擂。他是用行為來表現對他人的仁愛，用無私的義舉來闡明君子之道的慈悲情懷。

君子之道顯之於仁，就能成就自己內心仁慈的德行，德行由此變得充實而盛大，所以就是「盛德」，內心美好的品性會變得很充沛、很豐盛。君子之仁德藏之於用，就是把美好的德行在社會人事當中體現出來，你就一定會「大業至矣哉」。君子之業就是幫助他人的事業，就是佛教所說的普度眾生的事業，這個事業是非常恢弘和偉大的。

「富有之謂大業，日新之謂盛德」，這是一個補充解釋，是說君子事

業所體現出來的成就，就是在「富有」這兩個字中。這個富有，當然不是我們現在理解的對財富的擁有，而是指擁有充實而完滿的人生，擁有極大的幫助別人的能力。《大學》裡面說「苟日新，日日新，又日新」，我們的陽明正知所顯現出來的一面，只有這樣不斷充實、不斷超越，才會使我們的德行日新月異，才會不斷地精進、不斷向前。我們的德行與時俱進、與日俱增，這個才能稱之為「盛德」。一個盛德，一個大業，就使君子之道變得非常完美。按照現在的說法，大業就是物質文明，盛德就是精神文明，我們要兩手抓，兩手都要硬，物質文明和精神文明就能獲得雙豐收。

聖人也是有情人

說到這裡，中間還掉了一句「鼓萬物而不與聖人同憂」。其實不是忘掉了，而是有意跳開，放到最後來講。大家讀到這一句的時候，是不是感到中間有一點突兀，文氣上似乎也不是很連貫。對於這一句，《繫辭》裡面交待得不是很清楚，但它提出來是很有價值的，也有必要進行深入地探討。

聖人也是人啊，精神之中也是有喜怒哀樂的。就像我們前面說的王家佑先生的對聯一樣「酒色財氣，有度皆可養生；貪嗔癡愛，無相即是菩提」。聖賢們也有這些東西啊！但是他們有度，他們不著相。我們說大道自然，是因為一陰一陽的自然流行，大道當中所有的生命，該生就生，該滅就滅。大道既然能夠生養、鼓動萬物，同時也要收藏萬物，要萬物拿命來。大道無中生有地生養了你一場，最後還是要把你捉拿歸案，要讓你重新回歸於無。

我們看天地之間的生生滅滅，芸芸眾生就跟割韭菜一樣，割了一茬又一茬，所以大道是無情的。毛澤東有句詩說：「天若有情天亦老，人間正道是滄桑。」天指的就是大道，天如果有情，也有喜怒哀樂，內心也有貪嗔癡慢疑，有這些憂慮煩惱的話，天也是要老的。佛教裡面講有情眾生和無情眾生，人就是有情的，就會有生老病死。「人間正道是滄桑」，人間的正道就是有這麼多的艱難困苦，有這麼多的滄桑變化。由此可見，

毛澤東也很厲害。雖然後來的人，尤其是現在的知識份子對毛大爺有很多不滿之辭，起碼他在這些地方體現出來，對大道無情還是感悟很深的。這就是天道與人道的差別。

過去我們以為佛教的四大皆空，就是拋家棄子，非要出家，青燈古卷為伴，是了無人情。但究竟是不是無情呢？未必如此。六祖大師在《壇經》裡面有個偈子，說「有情來下種，因地果還生。」為什麼是「有情來下種」呢？因為有情嘛，才使人間生命的種子能夠誕生；人世間就是因為有情，才會有生命。這個「情」變成一顆種子，放在生命的土壤裡面，就會生長出來，最後結出生命的果實。佛教不是無情的，只不過是把這個「情」字擴大了，是要我們把私情放下，要有「一切男子是我父，一切女人是我母」的博大情懷。

所以我們的古代聖賢，與佛教裡面說的佛菩薩一樣，在人世間顯現的都是有血有肉、有情有義的人。雖然他們覺悟了一陰一陽之道，但是在面對我們這些芸芸眾生，面對我們這些「日用而不知」的百姓時，他們心中還是充滿了憂傷和憂慮。「君子憂道不憂貧」，自己沒有吃的沒有穿的，一點也不憂，但是眾生沒有吃的喝的，聖賢們就會很憂傷了。如果聖賢之道沒有在人世間傳遞，聖賢的道統法統沒有一代代傳承下來，他們就會覺得非常憂慮。如果看到天下無道，百姓處在水深火熱之中，他們也是心急如焚的。

方山易的傳承

范仲淹在《岳陽樓記》裡面寫的就是君子之憂，「居廟堂之高，則憂其民；處江湖之遠，則憂其君。是進亦憂，退亦憂，然則何時而樂耶？其必曰：『先天下之憂而憂，後天下之樂而樂』乎！」范仲淹這個人非常了不起啊！以前我都不知道，現在為了講《易經·繫辭》查閱了一些資料，聽了本光法師以前的錄音，才知道范仲淹原來和本光法師一樣，也是方山易的傳人哦！

范仲淹從來不顯示他的易學功夫，但是在《嚴先生祠堂記》這篇文章裡，他在頌揚東漢高隱嚴子陵時，還是透露出了一點消息，談到了蠱

卦和屯卦。這篇文章很短，但是極為精彩，可以說是中國歷代最經典、最了不起的散文之一。大家課後不妨找來好好研讀一下。宋代還有一個方山易的傳人，就是李綱。看過《岳飛傳》的朋友就知道，李綱是宋代的名相，如果不是他，岳飛、韓世忠這些抗金英雄根本就出不來的。說到方山易的傳人，唐代棗柏大士李長者初創之後，後來以韓李並稱，與韓愈齊名的寫《復性書》的那位李翱，也是方山易的傳人。明朝還有一位方山易的傳人，就是幫助明成祖朱棣登上皇位的姚廣孝，他是一位亦僧亦俗的奇人，在事功方面也是成就了一番大業。總之，方山易的傳承一直在民間延續，雖然也有前面提到的范仲淹、李綱等上層人物，但他們從來都是潛行密用，並沒有讓方山易進入到官學之中。方山易的傳人中甚至多有篾匠、鐵匠這些社會最底層的人物，從唐代這麼一直傳下來，到了本光法師就是第四十三代傳人。

當年，本光法師在浙江遊方時，在紹興城外遇到一個老太婆挑了一筐竹簍在路上走。他和一個師兄走在後面，發現這個老婆婆的竹簍上面編有八卦的圖案呢？於是就去跟老太婆搭話，問老婆婆，你這個竹簍簍上怎麼還編著八卦呢？老太婆說，咦？你這個和尚還曉得八卦啊？本光法師說，我曉得啊，我小的時候，我還戴過八卦帽的。他們就這麼聊啊聊，就知道這個老太婆編竹簍來賣是為了維持生計的。本光法師說，你賣竹簍就是了，為什麼還要編個八卦上去呢？老太婆說，編這個嘛，也是哪個買到了哪個就有好處嘛。本光法師很留心，和那位師兄告別後，就悄悄去找這個老太婆，找到後才知道，這個老太婆原來是一位易學大師。實際上，她是真正的書香門第，是很有來歷的人物，曾與孫中山、宋慶齡一起鬧革命，是黃花崗七十二烈士當中的一個遺孀，後來悄悄流落民間，以編竹簍為生。這個老婆婆就是方山易的第四十二代傳人林際微。

暸解這段歷史之後，我才知道本光法師為什麼一直強調要樹立內心的陽明正知，要陽主陰從。本光法師自己也說，在學習方山易之前，雖然自己也出家了，學習了很多佛教的經論，但只是一些理論知識，不曉得該如何落實在自己的修行當中。自從學習了方山易，才知道它和《華嚴經》的境界是一致的，是佛家易學，這才慢慢找到在心性修養上的踏實感覺，回頭再看佛經，一切也就很通達了。

大道無情與聖人之憂

佛家常說「無緣大慈，同體大悲」，並不是說菩薩涅槃了，得道了，就無情無義了。不是無情，只不過是把個人的私情放下了，面對眾生是無緣大慈。雖然我們素不相識，但是你的憂傷就是我的憂傷，你的快樂就是我的快樂，天下一切眾生就是自己的愛子嬌女，這就是無緣大慈。同體大悲，是說佛菩薩與眾生是一體的，一體就不分彼此，你哪裡有傷痛，我也感覺很疼痛，不是那種居高臨下賜予的憐憫。

我們看《維摩詰經》裡面，有一天維摩居士生病了，釋迦牟尼就派文殊菩薩帶領一個由菩薩羅漢們組成的慰問團去探望他。佛的弟子們都很奇怪，維摩居士怎麼會生病呢？要知道釋迦牟尼是現出家相的佛，維摩居士是現在家相的佛啊！他是被稱為金粟如來的。南懷瑾先生給自己的書房取名金粟軒，也暗示自己是在家修行，並在家成就的人物。佛難道還會生病嗎？於是，這些弟子們去看望維摩居士，問他為什麼會生病？維摩居士就說：「以一切眾生病，是故我病；若一切眾生病滅，則我病滅。所以者何？菩薩為眾生故入生死，有生死則有病。若眾生得離病者，則菩薩無復病。」你看他說的這話，佛菩薩既然是為了度眾生而入於生死之流中，那麼眾生有生死我就有生死，眾生病我就病，眾生病好了我就病好了。佛菩薩與眾生在這個事上，完全是感同身受，沒有一點特殊待遇可言。

現在有些剛開始學佛的朋友，心中充滿了迷信，一旦遇到哪個高僧大德或者活佛喇嘛生病了，他就會非常驚異。高僧大德還會生病哦？是不是他的法力不行、修為不夠哦？對於這一點，我們一定要打破迷信。是人都會生病，但是聖賢菩薩們生病，和我們凡夫俗子生病是有一點不一樣的地方。

我也認識幾個高僧大德，幾乎個個都是一身的病，都是到處弘法、傳法給累的。他們一旦生病住院，不僅居士們圍滿了，往往還會把有緣的醫生、護士們都感化了。更何況還有眾多的弟子們念經迴向、大量放生。念經迴向的功德暫且不說，單說因為他生病了，就有大量的生命因此而獲得解救，這就不是普通人能夠做到的。我們生病了住醫院是什麼樣子呢？每天呻吟不斷，喔吼連天，連醫生護士都會嫌你叫得心煩；而

且我們恨不得頓頓都把雞鴨魚鱉這些動物殺了，讓家人煲湯來補自己的身體。所以這完全是兩個概念，「無緣大慈，同體大悲」，只有聖賢佛菩薩們才真正能夠做得到。

佛教裡面說，「眾生業力不可思議，諸佛菩薩願力不可思議」，這些都是不可思議的啊！很多大菩薩都是乘願再來，人家本來在西方極樂世界生活得很舒服，但是發願要倒駕慈航，要倒回人世間，回到娑婆世界、五濁惡世中來，要跟眾生一起吃苦受累。

所以大家學佛，首先要學會發願，要有願力。發什麼願呢？要發生生世世不離佛法三寶，生生世世不離父母眾生的願，要發「眾生無邊誓願度，煩惱無盡誓願斷，法門無量誓願學，佛道無上誓願成」這四弘誓願。阿彌陀佛有四十八個大願，釋迦牟尼佛曾發有五百大願，普賢菩薩號稱有十大願王。如果經常體會這些大願大行的話，對我們的心性就是一個非常大的提昇。尤其是《普賢行願品》，很多寺廟都當成是每天課誦的基本內容，每天念誦，就是為了讓修行者能夠從中體會到佛菩薩無窮無盡的悲心與願力。我們學修聖賢之道，這些大願大行就是我們學修的動力和源泉，對我們心量的開闊、信念的堅定，就會有很大的幫助。

這一章在中間點出了這句「鼓萬物而不與聖人同憂」，指出大道充盈於萬事萬物之中，雖然無私無為、無喜無憂，但大道在人間的化身——聖人，卻有著「無緣大慈、同體大悲」的聖人之憂。所以，這裡雖然已經涉及到了聖人之憂，但遺憾的是，這麼重要的話題卻沒有展開、沒有深入地分析下去。我們既然學到這裡，就借用佛教裡面的一些道理多說幾句，對此加以深化，也算是對這個話題的一點補充吧。

中國文化的生命奇跡

《繫辭》第五章中的文句，是《易經》裡面流傳最廣、名言警句最多，甚至連普通老百姓都很熟悉、經常會隨口引用的。下面的這一句「生生之謂易」更是如此，可以說是名言中的名言、警句中的警句，也可說是《易經》的核心思想和核心理念，體現了易道生機勃勃、永不停歇的一種精神。

「生生之謂易」，在乾卦的《大象辭》裡面體現得非常充分。「天行健，君子以自強不息」，這就把「生生之謂易」的易道精神，真正落實到了我們的人道、落實到君子之道當中了。這句話對中國文化、對中國人的精神可以說影響非常巨大，對中國人的人格塑造也起到了很大的作用。

中華文化相對於世界上其它文化來說，最提勁、最了不起的地方，就是生生不息的易道精神。我們看地球上的四大文明古國，除了中華文明以外，從法老時代的古埃及文明、兩河流域（幼發拉底河、底格里斯河）的古巴比倫文明、雅利安人入侵以前的古印度文明，這些文明到現在是什麼樣子的呢？僅僅只剩下了一些文明的遺跡供後人憑弔、研究，而且，創造這些輝煌文明的民族也早已消失殆盡了。現在的埃及是阿拉伯人的世界，與古埃及人是毫不相干的。古巴比倫時代的人和現在的人不一樣了，古印度的人種問題更複雜，和現代印度的人種也不一樣。我們從印度文化裡面，能看到的典籍也就是《奧義書》和《摩訶婆羅多》、《羅摩衍那》兩大史詩這些，這些書的神話色彩非常重，用現代思維去理解、去描述，都有點說不清楚的。當然，大量的佛教典籍中保存了許多古印度文明的資訊，但是就說這大量的佛教經典，在印度本土也早就消失了，還是靠漢文、藏文等外族文字，才得以完整地保存下來。近代歐洲人進入印度去考古、研究，要想復原古印度的歷史，最後還要從玄奘大師的《大唐西域記》裡面找依據。

對中國人來說，玄奘大師所在的唐代歷史，事蹟是很清楚的，唐詩大多數都已經被稱為「近體詩」了，但是同期的古代印度，歷史可以說是一塌糊塗。如果沒有以玄奘大師為代表的赴印度取經僧人們的記錄，如果沒有後來的考古發掘證據，歷史上到底有沒有釋迦牟尼這個人？有沒有後來的那難陀寺、菩提伽耶這些偉大的佛教中心？那誰也說不清楚了。

但是在中華文明裡面，從古到今一直貫穿著「生生之謂易」的這種承前啟後和繼往開來的精神。我們的民族在歷史上經歷了無窮無盡的苦難和危急時刻，仍然以頑強的生命力延續到今天。中國人的性格可以說是世界上最具有柔韌性、最具有忍耐力的，當然，這被有些人說成是軟弱的性格，實際並不如此。我們學《道德經》就知道什麼叫「曲則全、枉則直」，這些都能從我們的性格中體現出來。

中國歷史上有無數改朝換代的時候，兩三百年就是個輪迴，但是不管哪朝哪代，都離不開可以上溯到三皇五帝時代的這些主流文化。雖然每一朝代剛開始的時候，文化方針都會有偏頗過激之處，但隨著時間的推移、社會的穩定，以儒學為代表的中華文化主流，依然會在社會文化思想中佔據主導地位。中國歷史上也有許多少數民族入主中原的時候，雖然帶來了他們的文化和思想，最後卻總會融入到中華文化的大家庭中，成為這個多民族國家中的一員。從文化上來說，這些少數民族文化也為中華主流文化提供了一些新鮮的血液和元素，最後還是會被包容進來。歷史上，往往經過了一些大的民族碰撞、文化衝突之後，中華文化就會產生新一輪的復興和輝煌。這就是易道生生不息的精神體現。

歷史上的外來文化，比如蒙古人、滿人的文化，還有過去歷史上的五胡亂華、五代十國這些時候，感覺上是一種比較落後的民族文化與中華主流文化相碰撞，當然沒有構成大的威脅，只是融入其中而已。但是，對於像印度佛教這種高度發達、高度完整的文化，在與中華主流文化進行碰撞、交流過程中，也同樣像鹽溶于水一樣，成為了中華文化的一部分。

人類文明的基因庫

印度佛教與中華文化由相互碰撞到相互融合，實際上取得了雙贏的效果，中華文化由於佛教的刺激得到了很大的啟發和提升，印度文化的因數也因此在漢語世界中得到了極好的保存，所以是皆大歡喜。

當然剛開始的時候，文化的衝突還是相當大的。印度佛教裡面要提倡出家獨身修行，但在中國文化裡，卻有「以孝治天下」的觀念、「不孝有三，無後為大」的觀念，把孝道放到很高地位。佛教出家修行要拋家離子，就與孝道是相違背的。中國人特別敬重君主，認為「普天之下莫非王土，率土之濱莫非王臣」，而佛教認為出家修道，為方外之人，是可以不敬王侯的。

東晉的時候，淨土宗的開山大師慧遠和尚專門寫了一篇文章叫做《沙門不敬王者論》，就是闡述當和尚的為什麼不能敬拜王侯。因為出家修行

是為了成佛，佛就是天人之師，不僅是世間凡人的老師，天上玉皇大帝、各路神仙都要拜我為師。這樣的人物還需要敬拜王侯嗎？所以沙門是不應該敬拜世間的王侯。另外，佛教中間有些基本觀點，比如六道輪迴，在中國古代也是沒有的。中國人認為，生而為人，死而為鬼神，找個祖先牌牌供起來就可以了。佛教說人死之後，可能會變成豬狗牛羊這些，對中國古人來說也是很難理解、很難接受的，憑啥說我家父母死後會變畜牲啊？就覺得很荒唐。

　　當然，最後中國人慢慢還是接受了輪迴之說，因為沒有根本觀念上的衝突。中華文化裡面本身就有一些非常有活力的元素，佛教在傳播過程中，逐漸也就與中華文化本身的元素結合起來了。比如中國人講孝道，後來漢傳佛教對《地藏經》就很重視，因為《地藏經》被稱為「佛門孝經」，講了地藏菩薩多生多世是如何孝養父母的故事，地藏菩薩正是從一念孝心出發，最後成就了「眾生度盡，方證菩提；地獄未空，誓不成佛」的宏偉誓願。所以，中國後世的出家人也非常重孝道，比如虛雲老和尚，父母去世後，為了盡孝道，三步一磕頭拜到五臺山，三年才拜完，用自己的苦行來報答父母生養自己的艱辛。這就是佛教理念與中華文化接軌的典型例子。

　　佛教「沙門不敬王者」的思想，在中國上古時代也是有的，只不過不是主流。比如在道家文化裡面，就有「絕聖棄智」之說。古之聖人最大的代表就是先王，是堯舜禹湯這些人，道家就講「聖人出，有大偽」，絕聖棄智就是要放棄聖人觀念、斷絕聰明智識。

　　在先秦時代，壤父擊壤的故事就是說明這個問題的。堯帝出來巡遊天下，在山西康莊的大道上，遇到一個八九十歲的老頭兒正在大街上玩擊壤的遊戲，就相當於我們現在看到一個老太爺，跑到街上的遊戲廳打網路遊戲的感覺。堯帝的隨從們就拍馬屁說，堯帝您好偉大啊！在您的治理之下，老百姓的日子都過得好舒服啊！壤父一聽就發火了，說我是「日出而作，日落而息，鑿井而飲，耕田而食，帝力於我何有哉！」你看，我什麼生活都是靠自己的雙手創造的,跟皇帝老子有什麼關係啊？！堯帝也很英明，一聽這話，覺得這個老太爺了不起，真正體現了道法自然的精神，還拜他為師。

　　所以我們看，中國古人，尤其是在隱士傳統中，是有這種「不敬王

者」的精神的。只不過春秋戰國以後，秦漢大一統的確立，把這些思想打壓得很厲害，而經過佛教文化的啟發，這些精神又重新發揚出來了。

六道輪迴的觀念也是這樣。我們在《繫辭》前面的章節裡講了「精氣為物，遊魂為變」，說得很詳細了。總之，外來文化中這些合理的觀念，都沒有違背中華文化的大原則，反而在中華文化中可以找到對應的元素，從而得到中華文化的包容，也使中華文化得到不斷的發展更新。

到了近代，我們的傳統文化飽受西方文明的衝擊，如果我們有長遠的歷史眼光，對我們的傳統文化就會有堅定的信心。如果一個人對易道生生不息的精神有了入心入骨的體會，他是不會輕易喪失掉自己的文化自信的，不會輕易變成一個歷史文化的虛無主義者。所以我們要相信這一點。雖然現在我們的傳統文化在西方文化的強勢衝擊下處於弱勢，但是如果把時間放長，未來也未必如此。西方文化同樣可能像當年印度佛教進入中國一樣，最後被我們的傳統吸納，變成我們自己的一部分。為什麼我們會有這種想法呢？因為易道生生不息，體現了中華文化的核心精神。

我們前面學了「易與天地準，故能彌綸天地之道。」有這樣廣闊的胸懷在易道裡，在中華文化的精神裡，我們當然就有理由相信這一點。中華傳統文化從上古時代流傳至今，其偉大的包容性堪稱是人類文明的基因庫。如果外在的條件不成熟，這個基因就埋在基因庫裡面，不能顯現出來。一旦受到外在的衝擊之後，外在條件一變，其中的基因就會被喚起，從而促成新的發展變化；其偉大的包容性、生生不息的生機和活力，以及巨大的創造力就會產生出來。越是艱難困苦的時候，這種文化通變的能力就越強。

「512」大地震的時候，溫家寶總理說的最多的一句話就是「多難興邦」。我們不要理解成為只是地震了、災難來了，才以這個話來安慰大家。中華民族的歷史本來就是這麼回事。每當經過了危難時刻，往往緊跟著就是一輪新的復興與輝煌。

易道與佛教

「生生之謂易」，體現的就是這一章開頭所說的「一陰一陽之謂道」，我們前面圍繞中華文化所「吹」的牛皮，其理論依據就是「一陰一陽之謂道」。易道永恆的變化規律，就是陰極而生陽，陽極而生陰。天下的事情就像我們前面講過的十二消息卦，就這麼一消一息，循環往復，永無止境。

生生，就是生而又生，乃至於無窮無盡。既然我們說「一陰一陽之謂道」，大道是生生不息，當然有生就有滅；生生不息的背後，也意味著一輪一輪不斷地消失、消滅。「長江後浪推前浪，一代新人換舊人」，作為舊人、作為舊的時代，一定是要被新人、新時代所替代的。你來自於塵土，必歸還於塵土。任何事物也都會一輪一輪不斷回歸、消失于大道裡。

易道講生生不息，所偏重的是大道陽性的一面；方山易不斷強調陽主陰從，更是從方法論上體現了大道陽性的、生發的一面。這正是中華文化的核心之所在，生生不息、自強不息，代表著一種不斷向上的進取精神，其著眼點就在陽的一面，體現的是乾道生發、生長的力量。中華文化的道統和法統，就是一代代地傳承這種精神。

在這一點上，以佛教為代表的印度文明，它的著眼點就有所不同。我們看漢傳佛教，最愛標榜的是大乘精神、入世精神、行菩薩道的精神。大乘佛教講常樂我淨，也講要建立人間淨土。但是從整體來說，整個佛教理論體系的基礎，依然是建立在四聖諦和十二因緣上面。四聖諦就是苦、集、滅、道，十二因緣就是無明緣行、行緣識、識緣名色、名色緣六入……等等這些。十二因緣且不說，四聖諦的第一諦就是苦諦。大家以為變人很了不起，是這個地球的老大，一切都是人說了算。但從佛教的角度來說，對不起，你生而為人，首先就是苦，沒有快樂可言。「三界無安，猶如火宅」，不光人間是苦，三界六道都是苦。

你說在天道裡，在天上當神仙很舒服啊！《西遊記》裡面的神仙們，一會兒蟠桃會，一會兒下凡來玩，日子過得很舒服，天人的日子看起來過得很舒服啊！但是佛教就認為，三界六道無非都是苦，天人之樂、神仙之樂也是暫時的，為什麼呢？因為都沒有真正解決生死問題。作為人

來說，生產的時候，不管是母親還是娃娃，都是很痛苦的事情。佛教經典裡面說，娃娃出生的時候，猶如兩面山在擠壓你的腦袋，要把你腦袋擠扁，這種痛苦難以言說，所以娃娃生下來都是大哭，沒有大笑的。死當然更痛苦了，身體四大分離的時候，那種痛苦更是難以形容。就是因為三界六道都有生死這個最根本的苦存在，所以中間不管有多快樂，都會讓你感到轉瞬即逝，都是南柯一夢。這是佛教看待人生的基本點，就是苦。苦的原因是集，就是煩惱積聚。煩惱是從哪裡來的？是從人心的一念無明產生的。人過苦日子有煩惱，每天去討飯，今天討得到，明天討不到，就很煩惱；人過好日子，還是有煩惱啊！今天有好日子過，明天會有嗎？今天發了大財，明天會虧本嗎？也是很煩惱。現代人有很多富貴病，是富貴的人才得的病，這個也麻煩啊。

總之，是人就都擺脫不了這些煩惱的積聚。要解決煩惱該怎麼辦呢？就要滅，要修解脫道，要把煩惱的來源、痛苦的來源都滅掉，最後達到涅槃境界，這就是道。佛教四聖諦的基本思想，大乘佛教裡面說得再高、再遠，也必須站在這個基礎上。

前段時間碰到一個朋友，當年我們一起學佛學了十幾年。他最喜歡《金剛經》，十幾年來，一抱著《金剛經》就如癡如醉，也不看其它的東西。問他為什麼？他說《金剛經》是六百卷《般若經》的核心，學了這個全部佛法就都有了。但是最近，他煩惱重重，因為金融危機來了，他的股票套牢損失嚴重，投資了幾套房子也成了負擔，心裡很著急，再加上單位上出了一些問題，一下子就覺得回不過神來。怎麼回事呢？自己以前天天學《金剛經》，天天修觀心法門，修得不亦樂乎，怎麼現在想觀心都觀不起來了呢？這個煩惱一來，怎麼就這麼厲害呢？於是他對我說，不行，看來以前專學《金剛經》還是有問題，我要回到釋迦牟尼的原典上去，去學小乘佛教的《阿含經》，要從苦集滅道這四聖諦從頭學起。我就跟他說，你說對了，學佛就是要從基礎學起，由學四聖諦而發起出離心、求解脫之心，才把世間這些煩惱看得透。

所以，整個佛教思想的基本著眼點，就是建立在苦諦，建立在對現實悲觀的基礎之上。這個世界確實是虛幻的，我們不必要、也不應該執著在這些東西上。你必須要認這個賬，才有資格說學佛。

大乘菩薩的濟世精神

如果對比一下的話，中華文化體現的就是易道一陰一陽中陽性的一面，具有積極入世、不斷生發的特點；原始佛教的基本思想，體現的則是易道陰性的一面，具有一種收藏、收斂、出離避世的一面。對於易道來說，陰陽的任何一面都是不可或缺的，必須同時俱備，才共同構成大道的本來面目。只不過在不同的文化當中，因緣不同就會有不同的取捨，就會有不同的側重點、著眼點。

為啥漢傳佛教就能夠把大乘菩薩道的精神樹立起來？東南亞一些國家，同樣經歷了那麼多年佛教的發展，為什麼還是小乘佛教的那一套呢？就是因為佛教傳入中國以後，在中華文化的啟發之下，佛教中積極入世的一面，大願菩薩普度眾生的一面被發揚出來，形成了漢傳佛教的主流思想。所以，大乘菩薩道的入世精神，只能在中國才找得到完整的體現，在其它像東南亞一帶傳承的原始佛教國家裡，就很難看到了。

當然，如果你要修習四禪八定，南傳佛教裡面的方法就可能比漢傳佛教中系統一些。但是，就算你入了四禪八定，能住山洞打坐，一定幾十天又能怎麼樣呢？還得回到滾滾紅塵中來，才能完成普度眾生的事業。我們要看到這一點，佛教之所以容易給大眾造成消極避世、四大皆空、看破紅塵的感覺，確實跟佛教的理論基礎有關係。一般人不可能深入經藏，只能看到這些基本現象，所以產生誤解也不是沒有原因的。

我們前面講了「生生之謂易」，因為這是易道最核心的精神，也是中華文化最核心的精神，所以我們前面說得比較開，多發揮了一些，也是希望大家把對中華文化的信心真正樹立起來。

再強調一下陽主陰從

下面一句「成象之謂乾，效法之謂坤」。萬物之所以成象，是由於乾卦的本性，即生生不息的純陽之性。這個乾陽之性顯現在人道上，體現出來的就是「天行健，君子以自強不息」。

大家可以好好體會一下這個「天行健」的感覺，像天一樣健全、健

康、永遠運轉不息、永遠不出毛病故障。乾道就是因為這種特性，才能
夠成就萬物之象。所以乾卦的一陽之性，是成就天地萬象、人間萬象的
基本動力。乾卦的《象辭》裡面有「乾道變化，各正性命」之說，我們
看世間萬物形形色色，包括我們在座各位的不同個性、命運，都是來自
於乾道變化。所以乾道變化，就是萬物之所以成其為萬物、我們之所以
成為我們的根本動力和源泉。

「效法之謂坤」又怎麼講呢？坤卦在《易經》裡面體現的是純陰之
性。陰性是什麼特點呢？坤卦《象辭》說「至哉坤元，萬物資生，乃順
承天。」所謂獨陽不生，孤陰不長，陰陽是要相互配合才能產生萬物。
坤卦的特性、這種純陰之性不是自己做主，而是順承於乾天之陽性。效
法，就是順承、仿效。順承於乾天，就是坤卦的使命，落實到社會人生
上面，也是如此。

我們學習乾卦，就是要學習天行之健，學習那種生生不息的精神；
學習坤卦，就是要學習萬物資生、順承於天的這種德行。關於乾坤二卦
的特性和作用，我們在第一章講「乾知大始，坤作成物」時講得很詳細，
這裡就不多說了。

到頂了又會怎麼變

下一句「極數知來之謂占，通變之謂事。」極數，有兩種解釋。第
一種說，極數就是窮盡、窮究、追根到底地研究易之象數。如果能夠窮
究易卦的六爻之數，能夠完全徹底地瞭解易卦、瞭解易道陰陽變化的根
本規律，你當然就能預知未來之事，這就稱之為易占。這種講法為歷代
注易者所公認。那麼在方山易裡面，還有更深一層的解釋。本光法師說
的極數，是特指一卦中的最上一爻，特指上九陽極之數和上六陰極之數。
「極數知來之謂占」是什麼意思呢？所謂窮極則變，一個卦由初爻一直
發展到了上九、上六，就到頂了，就不得不變化了。「極數知來」，就是
你從一卦的極數上面，就可以推斷出下一個卦象來，這就叫做易占。

我們以乾卦為例。乾卦上九是陽極之數。乾卦從初爻「潛龍勿用」，
到九二「見龍在田，利見大人」，到三爻、四爻陽氣繼續發展後，到了九

五「飛龍在天」，達到了輝煌極致之處。上九是「亢龍有悔」，到頂就必然會產生變化。怎樣變呢？按照一陰一陽的規律，陽變為陰，上九就要變成上六，這就變成了澤天夬卦。

我們看夬卦的卦辭：「揚于王庭，孚號，有厲，告自邑，不利即戎，利有攸往」。這是什麼意思呢？夬卦是由乾卦上九變陰爻而來的。整個乾卦是以王者成就大業來作比喻的。乾卦九五爻是「飛龍在天」，從人事上來說，是達到了最高狀態。但是到了乾卦上九「亢龍有悔」一變，就變成了夬卦。夬卦「揚于王庭」，前面省略了主語。是誰如此飛揚跋扈、在王宮朝廷裡趾高氣揚啊？是小人嘛！是奸佞小人「揚于王庭」。孚，就是誠信的意思，「孚號」就是誠實的人、真誠的人開始叫冤了；「有厲」就是感覺處境不妙，有點危險了；「告自邑」，正直之士把危險的資訊傳達給自己的同鄉、同事、同流，大家互相告誡，要小心自處；「不利即戎」，事情雖然不妙，但是不能夠隨便動粗，戎就是打仗、對峙的意思；「利有攸往」，就是最好遠離昏君佞臣，前往他方，要離這個地方越遠越好。

我們看由乾卦陽極之數變夬卦的這個過程，其所蘊含的社會人事變化線索是非常清晰的。歷史上的這種事例非常多。如果一個君王高高在上，到了「亢龍有悔」的地步，成天驕傲自大，聽不進任何逆耳忠言，將來就一定會後悔。因為這時候乾卦上九一變成了夬卦，就會有奸佞小人「揚于王庭」，直諫忠言你聽不進去，小人的諂媚之言你卻聽得很舒服。這就是一個非常危險的狀況，忠信正直的良臣就會「利有攸往」，大家只好都遠離你，躲到一邊去了。

對於這一句「極數知來之謂占」，我們還可以舉一反三來，每一卦我們都可以從極數上去推究其變化。比如地山謙卦，上卦是三根陰爻，下卦九三是陽爻，下面又是兩根陰爻。謙卦極數上六一變，就成了艮卦。我們愛說謙卦是《易經》六十四卦裡面最好的一卦，因為「滿招損，謙受益」，只要處在謙的位置上，就總是會受益。謙卦的極數一變而為艮卦，艮者止也，艮卦的基本精神就在於「止」。謙卦謙到極處是個什麼狀態呢？從「極數知來」的道理就可以看到，謙到極處就是止，就是《大學》中所說的要「止於至善」，要保持在至謙至恭的狀態上。我們要好好體會一下這個變化。又比如坤卦上六極數一變，就成了山地剝卦。坤卦上六的爻辭「龍戰於野，其血玄黃。」這就是群陰剝陽之辭嘛，就正好體現

了剝卦的基本內涵。所以,一個卦通過它的極數,就可以看到它未來的變化。這就是方山易中對「極數知來之謂占」的實際運用。

我們這裡把方山易中的一些關鍵要領講出來,把所有包袱都抖開了說,就是希望大家學易時找到「君子居則觀其象而玩其辭」的感覺。平時玩易,要從極數的變化,從每一爻的變化上來研究,這樣就玩得很高明,也會玩出很多意想不到的體會來。上課前有個同學擺龍門陣,說她無聊時就到網上下載遊戲來玩,哎,你玩那個幹什麼呢?你有那麼多時間,玩《易經》這個最經典的遊戲多好啊!

英雄造時勢

「通變之謂事」是緊接著「極數知來之謂占」而言的。《易經》講究的是「窮則變,變則通,通則久」。能夠通達天地人事的變化,能夠極數知來,能夠在易卦的六爻之數上,把錯綜複雜的規律研究透徹,就能夠成就大事。一個真正能夠成就天下大業的人,如果沒有一定預知預判的能力,怎麼可能有大的成就呢?

能夠成就一番事業的人可以分為兩種。一種是時勢造英雄,正好趕上了充滿機會和變革的時代,趕上了大勢所趨,被時代的洪流挾裹著、稀裡糊塗就湧到了時代的前面,成就了一番事業。凡是在社會變動的時候,都有這麼一大批人出現。我們看歷代的帝王將相,不論是秦皇漢武還是唐宗宋祖,都是躋身於時勢造英雄的行列。當然他們確實也有過人的本事,但還不能超凡入聖。用佛教的話來說,是福報到了,運氣到了,天命就降臨到身上,按四川民間的說法是「狗屎運氣碰端了」。

還有一種人是「英雄造時勢」,這種人就非常了不起,歷史上也不多見,只有能入聖賢位的人,才可以說是「通變」之人。比如藏傳佛教裡面的宗喀巴大師,他出生在藏區宗教政治一片混亂的時期,人們都相信佛陀所預言的「末法時代」已經來臨。宗大師通過佛法修證後發願,要再轉正法五百年。果然經過宗喀巴大師的改革整頓,整個藏區的宗教政治,確實煥然一新。宗大師所創的格魯派教法,五百多年來不僅一直是藏傳佛教的主流,而且也得到明清兩朝中央政府的支持和大批皇室的信

奉。宗喀巴大師就稱得上是英雄造時勢。

在我們隋唐時期，有個大隱士叫做王通，這個人非常了得，歷史上很少記載，唐朝編《隋史》時因為一些禁忌，正史中就沒有評價他，只有一本傳說為王通本人所著的《中說》裡，有一些詳細記錄。這人厲害在哪裡呢？我們看唐初的一大批風雲人物，包括魏徵、房玄齡、李靖、杜如晦、溫彥博等等，這些奠定了唐朝基業的一大群角色，全都是王通的門人弟子啊！

王通號稱文中子，河東龍門人，也就是現在的山西省河津市。他在隋代的時候當過小官，後來辭官回鄉，聚眾講學，聲名遠揚，當時人稱「王孔子」。他家鄉那條因他講學而出名的白牛溪，也被人稱為「王孔子溪」。後來唐朝的這一批開國元勳中，最厲害的人物基本都是王通的學生，當然中間也有他的朋友，受過他的點化。王通的家人也很了得，他的弟弟王績，是初唐著名的大詩人，他的兒子王福畤後來也是朝廷的太常博士，學問很大；他的孫子就更出名了，是「初唐四傑」之一的大詩人王勃。王勃的詩真是好啊！你看「海記憶體知己，天涯若比鄰」，這種詩句氣魄好宏大，胸襟好開闊，從精神到情意都達到了極致！所以王勃對後來的唐詩影響也非常巨大。可以這麼說，大唐文化三百年的光輝，在王通辭官回鄉教書的時候，就已經墊定了基礎、有了雛形。王通就是真正入了聖賢之位的人。

還有宋初的陳摶，我們以前講課時也說過他，被後人稱為集「兩宋之道德文章於一身」，也是非常厲害的。我們看兩宋文化的高度繁榮，尤其是中華文化的三大主幹走上了「三教融通」的道路，陳摶老祖是功不可沒的。不管是先天易學，還是宋明理學，其根子都在陳摶那裡。

這些人就是英雄造時勢，非常了不起，能夠造就一個時代的輝煌，推動一個時代進步，但是他們又往往不為人知，都是一些神龍見首不見尾的人物。當然，從品德來說，他們是具有隱士之德的，但從另一個角度來說，他們是沒有坐擁天下的福報。陳摶當時還是起了打貓兒心腸，帶了一支遊擊隊要奪天下。等看到趙匡胤，發現這個人福報比他大，天下應該是他的，自己也就把部隊解散了，安心去搞文化建設了。王通更是如此，一直終老於鄉裡，甚至不見於正史。在歷史上，真正既能夠造就一個時代，同時又能夠拋頭露面，站在歷史的風口浪尖上的人物，真

正是太少太少了。用佛教的說法，只有轉輪聖王才能有這種智慧和福德。放在中國歷史上來說，也只有孔夫子所崇拜的那幾個先王，堯舜禹湯、文武周公，才稱得上是轉輪聖王，其他的都是時勢造就的英雄，也不過爾爾。

何處是陰陽不測之地

　　第五章的最後一句「陰陽不測之謂神」，這和第四章的最後一句「神无方而易无體」，完全可以互相參考體會的。「神无方」就是這裡說的「陰陽不測」。我們反覆在說，《繫辭》中凡是出現「神」這個字，都不要往外去找一個神靈主宰，而是要向內看我們自己的精神。當然，並不是說只是你有神，外面都沒有神，不是這樣。精神是無處不在的，人人都有，見者有份。只不過呢，我們體會這個「神」的時候，別人的精神你摸不著嘛！所以，我們必須要落實在自己的精神上，落實在自己的心性中，要自主，不能夠跟著別人的精神跑。

　　學佛的人往往喜歡到處去跑廟子，也喜歡去拜見活佛、大喇嘛，去高僧大德面前湊熱鬧，不停地去找、去追。現在社會上形成了一群獨特的佛教追星族，就是不能做自己精神的主。當然，剛開始學佛是有這個過程，按照佛教用語來說，多見些高僧大德也是一個很好的加持。但是，你老是圖這個加持，卻沒有從自己精神中去找根源，自己不認真去修、去行，時間長了，這種所謂的「加持力」可能就來不起勁了。

　　所以，學佛求道乃大丈夫事業，必須要找到自己的內在動力、找到自己的「神」，才算真正入門了。這個上師來傳個法，那個活佛來灌個頂，都是外在的加持，只有自己內部的「神」起作用了，外在的加持才能入心，才能起作用。

　　我們在體會這一句「陰陽不測之謂神」的時候，必須要回到我們的內心世界，在我們的精神中去找感覺。我們說，人的精神世界和天地間的大千世界是一一對應的，我們精神當中有千奇百怪、各種各樣的念頭，外界就會有千奇百怪的各種現象。我們的精神當中有喜怒哀樂、七情六欲這些東西，天地之間也有風霜雨雪、四季變化這些現象，都是可以一

一對應的。當然，這種對應並不是一個釘子一個眼，並不是漢儒們機械的「天人合一」觀念，說「天有金木水火土『五行』，人有仁義禮智信『五常』」，不是這麼機械地對應的。人之所以能夠感受到外部的變化，是因為我們內部有這個感受能力。我們這個「陰陽不測」之神，是能夠讓我們與外部世界進行良好的溝通和呼應的。比如這幾天，天氣陰沉的時候，我們就會感到有點沉悶；而一旦天氣晴朗，我們就想舒舒服服曬太陽。這就是我們內心世界和外部世界所建立的呼應關係。說白了，就是我們的這個「陰陽不測」之神在起作用。

馮老師以前在青城山鶴鳴山莊講課時，說要重金懸賞，如果哪個人能夠說出一個在自己精神、思維之外的東西，就現場獎勵一萬元。也許是馮老師這個賭注下得太少了，反正現場沒有一個人找出來。其實，就是拿全世界的財富來下注，也是不可能找得出來的！哪怕是你從來沒有見過的東西，心念一動，同時就進入了內心。我們看天上，再遠的一顆星星，在你看到它的同時，它也就進入了你的內心，不可能處在你的意識之外。這是一個根本性的原則。天地萬物，是因為一陰一陽莫測的變化所形成的；我們的精神世界，也同樣是一陰一陽莫測的變化所形成的。所以沒有一樣東西，是可以超出我們精神之外而獨立存在的。

我們看這一章，開頭一句「一陰一陽之謂道」，最後一句又回到「陰陽不測之謂神」，整章前後非常連貫，一口氣用了好幾個「之謂」——「生生之謂易，成象之謂乾，效法之謂坤，極數知來之謂占，通變之謂事，陰陽不測之謂神」。這個排比句一氣呵成，開合自如，非常連貫流暢。寫文章如果能寫到這個地步，不成名篇都不行，想不流傳千古都辦不到。

大道所體現出來的是一陰一陽的變化，但大道本身，或者說我們精神本身，能夠產生一陰一陽的這個東西，確實不能為陰陽所了知，不能被陰陽所窺測。「陰陽不測之謂神」，我們精神的本身是不能被陰陽所預知、所推測的，因為它是產生陰陽的源泉。我們眼睛能夠看到大千世界，但是眼睛能夠看到眼睛本身嗎？看不到啊！這就是「陰陽不測」的感覺，用禪宗的話來說，就是「思量不到之處」、「佛魔不到處」。佛和魔也是一陰一陽嘛！佛體現的是光明的、陽性的一面，魔體現的是晦暗的、陰性的一面，加在一起還是一陰一陽。禪師說「佛魔不到處」，就是這裡說的「陰陽不測」的這個「神」。

南泉祖師被鬼神窺見

南泉普願是馬祖大師最得意的弟子。馬祖有三個最得意的弟子，西堂智藏、百丈懷海、南泉普願，他們都是禪宗史上了不起的人物。

有一天晚上，馬祖帶著這三個弟子到外面散步，一輪明月正高掛在天空中。這時，馬祖突然提問了：「正恁麼時如何？」正在這個時候，你們體會到了什麼？西堂說：「正好供養」這個回答很好啊！我們學佛的朋友要知道，山河大地、花果草木，無一不可供養佛菩薩。一切美好的東西，讓你賞心悅目的東西，哪怕是你喜歡的美女帥哥，你都可以觀想是供養諸佛菩薩的，這樣，自己就不會再貪執這些了。這是修供養的一個竅門啊！一切都可以拿來修供養的。我們出去旅遊，看到美麗的景色，不要想到這些美景都是我的，而是馬上觀想供養佛菩薩。這種隨緣供養就是最好的供養，比你買好多蠟、點好多香都管用。因為這是從我們的本性中生出來的恭敬心。問完西堂後，馬祖就問百丈：「你呢？」百丈回答說：「正好修行。」這個回答也很好，不管是善惡的境界，都可以幫助我們修行。惡境界來了，我們去克服它，正好煉心；善境界來了，很多人就忘了，去享受去了，所以禪宗說「荊棘叢中下足易，明月簾下轉身難」，逆境容易想到修行，處於順境之中，尤其是處於舒服、清淨的境界中，還能夠轉身不執著，還能夠修行，就很不容易了！馬祖又問南泉：「你呢？」南泉二話不說，轉身就走掉了。這堂考試結束，馬祖就點評這三個學生了：「經歸藏，禪歸海，唯有普願獨超物外」。

「經歸藏」，佛法的道理、經典的道理，就要歸到西堂智藏那裡，他對經典理解得非常到位，他修供養修得很好、很完美。「禪歸海」，百丈懷海隨時都處在修行之中，禪門觀修的確應該如此。後來百丈懷海開闢了叢林制度，一千多年以來的漢傳佛教，都用的是《百丈清規》作為寺規。如果不是百丈懷海開闢的規矩，禪宗不可能有後來一枝獨秀的局面。這個就是百丈懷海禪行功夫的體現。「唯有普願獨超物外」，至於南泉普願，馬祖說這個傢夥是天馬行空，超然物外，我都莫測他的高深了。從這裡來看，馬祖手下的弟子們中，南泉普願的境界的確是非同一般，也正因為如此，南泉門下才煆煉出了像趙州禪師這樣厲害的大宗師。

南泉和尚開山以後，有一天他到村子裡去化緣，結果走到村口，發

現村子裡面男女老少早就出來了，還排著隊敲鑼打鼓在迎接他。南泉和尚就問：「哎呀，你們怎麼曉得我要來，還來迎接我呢？」其中有個人就說：「我們村裡供了一個土地神，靈得很，我們有事都去問他。昨天晚上這個土地神給我們大家托夢，說是今天有個大菩薩要到我們村子裡來化緣，所以我們全村敲鑼打鼓，列隊迎接您。」南泉和尚一聽，沮喪地說：「王老師修行不力，竟然被鬼神窺見。」南泉和尚俗姓王，他經常自稱王老師，這話好像他對自己的修行相當不滿，認為被鬼神發現很丟臉。

我跟大家繞這麼大一圈，最後說到「王老師修行不力」這個公案，是什麼意思呢？大家想過沒有，怎樣才叫做修行得力？怎樣才夠得上「陰陽不測」的境界？南泉和尚的這個公案很有參頭，非常有意思的啊！南泉和尚那麼厲害，他師父馬祖都拿不住他，覺得他是「獨超物外」，為什麼後來自己開山，竟然自歎修行不力，被鬼神發現？是南泉和尚的境界倒退了嗎？是馬祖大師眼睛有問題看錯人了嗎？這到底是怎麼回事呀？大家可以好好去參一下，將就我們這裡講的「陰陽不測之謂神」，看這個公案裡面到底有什麼蹊竅？

第六章

當易道遭遇新文化運動

第六章　　　當易道遭遇新文化運動

夫易，廣矣大矣！以言乎遠則不禦，以言乎邇則靜而正，以言乎天地之間則備矣。夫乾，其靜也專，其動也直，是以大生焉。夫坤，其靜也翕，其動也闢，是以廣生焉。廣大配天地，變通配四時，陰陽之義配日月，易簡之善配至德。

——《繫辭上傳》第六章

仍然是一篇贊辭

這一章，也基本是對《易經》的一個贊辭，但是和前一章相比，就沒有那麼精彩了。我在準備這一章的時候，也產生了一種感覺，覺得這一章和前一章，完全是兩個人寫的東西，不在一個檔次上。為啥子呢？我們下面簡單來說一下。

「夫易，廣矣大矣！以言乎遠則不禦」，這裡的「禦」就是駕馭、限制的意思，引申出來，就是界限、邊際。這一句就是說，易這個東西非常廣大，非常了不起，你說它遠到天邊，也沒有什麼能夠界限它，因為它是無邊無際的，就是這麼樣的感覺。

「以言乎邇則靜而正」，邇就是近的意思，以言乎邇，就是說可以近到沒有距離。什麼東西和我們沒有距離呢？就是我們的心，我們的精神。

這句的意思就是說，易道這個東西，近到了極點，就是一種澄淨、安靜，同時又純正不邪，是這樣一種感覺。所以說是「以言乎邇則靜而正」。總體上來說，易道這個東西就是遠在天邊，近在眼前，遠可以遠到沒有邊，近可以近成零距離。用程子讚歎《中庸》的話來說，就是「放之則彌六合，卷之則退藏於密。」放開之後，天地之間無所不包，無所不到。彌六合，彌就是充滿的意思，六合就是四方上下。精神狀況放開了，整個空間都可以充滿，無處不到；精神狀態要收斂的話，就可以退到無人知曉、連自己都不知曉的地步，到了最秘密的地方。

「以言乎天地之間則備矣」，就是說，把易道放在天地之間，那一切東西就不用說了，都讓易道說完了，全部包括進去了。以上這一段，就是從廣、大、遠、近這幾個角度來讚美易道完美無缺、一切無不完備的功能。也沒有多少具體的深意，總之就是個讚揚話。

下面一段「夫乾，其靜也專，其動也直，是以大生焉。」這是乾卦所比喻的物象，在安靜的時候就成為渾沌一團，這個專，通摶，指眉毛鬍子一把抓，就像《莊子》裡面說的中央之帝渾沌還沒有開竅時候的狀態。「其靜也專」，也可以說是靜到了一個極點，乾要靜到極點的話，就是沒有感覺，找不到的。「其動也直」，就是說乾卦要動的話，是直截了當，不拐彎抹角的。「是以大生焉」，正因為這樣，才能生發萬物。「大生」就是天地萬物、一切東西都是由這裡生發出來的。

「夫坤，其靜也翕，其動也闢，是以廣生焉」。坤卦之象是什麼呢？「其靜也翕」，我們經常說一張一翕，張就是打開，翕就是關閉，也有收縮、收斂、收藏的意思。坤卦安靜的時候，萬物都收斂在其中，坤卦一旦動起來，就處於闢，也就是開放、開闢的狀態，所以可以產生很廣大的包容性，所以是「廣生焉」。

上面這幾句，本光法師認為不好，說得有些似是而非。方山易不同意這種說法，認為乾坤分開了說，分開了配，比如乾配大，坤配廣，這樣分開不好。乾是靜專動直，坤是靜翕動闢，這個說法也很牽強。實際上在成象之後，乾坤二卦是有具體所指的物象。比如乾卦指的是天，坤卦指的是地，天地乾坤的感覺，也並非是一靜一動、一開一合這麼機械。在古卦辭、古爻辭裡面，也找不到這個說法的依據。

誤讀傳統之殤

另外，這一段還有一個很不了然的地方，就是產生了很多歧義和誤會，有些歧義和誤會還讓後人啼笑皆非。

「五四」新文化運動之後，中國有一批年輕的知識份子跑到西方去學了外國的一些文化研究方法，自以為開了眼界，將西方人類學中的一些方法挪過來，用在研究自己的傳統文化上面。這些人本身自己就沒有搞通中國文化，學了一知半解的西方觀念以後，一邊硬套，一邊還大放厥詞。作為群經之首的《易經》在「打倒孔家店」的風潮中也不能倖免，甚至把《易經》說成是來源於古代的生殖器崇拜。

郭沫若、錢玄同這批人就是持這種觀點。他們說《易經》是由一陰一陽組成的，表示陽儀的一杠，就是從男性生殖器的形狀上來的；表示陰儀的符號，是中間有個口子，就是從女性生殖器來的，這樣男女生殖器相互配合，就可以產生天地萬物。甚至把「夫乾，其靜也專，其動也直，是以大生焉。夫坤，其靜也翕，其動也闢，是以廣生焉」這一段，直接就解釋為男女交媾之事。下面還有理由，說《繫辭下傳》裡面還說到「乾，陽物也，坤，陰物也。」這就聯想到類似《金瓶梅》這種小說裡面說到的陽物、陰物。這是哪裡跟哪裡啊？風馬牛完全不是一回事。《易經》是非常古老的經典，後期的豔情小說是很晚出現的，因為寫小說的人為了避諱寫到這些器官，就把《易經》裡面的詞語拿出來，陽物象徵男性，陰物象徵女性。這些妄人的分析恰恰是倒因為果，春秋戰國時期的典籍，從來就沒有陽物、陰物是男女生殖器的說法。古人說陽物陰物，那是給萬物分陰陽，陽物就是屬陽性的東西，比如太陽、龍馬這些，陰物就是屬陰性的東西，比如月亮、母子牛這些，跟那些器官毫無關係。

「五四」以來的這一批知識份子，看起來在近代史上很出名，是叱吒風雲的人物，其實也不過是時勢造英雄而已。當時的國運處在那種時候，社會變革處在那種時候，他們恰恰有那種福報可以去留洋，接受了西方的教育，但是又沒有把西方的教育學透，學得一知半解，都是泡了短短幾年就回來了，回來了就搞運動，就要標新立異，目的就是產生轟動效應。整個傳統文化傳承了幾千年，可能就是近一百來年標新立異的

說法最多。一些真正埋頭於學問，真正下功夫做學問的大家卻不這麼看，他們把搞新文化運動的這批人看得清清楚楚。陳寅恪先生就非常清醒，他說「五四」新文化運動對傳統文化的全盤否定，將對中國未來社會埋下非常嚴重的隱患。我們現在來看，事實上確實如此。

現在傳統文化都衰落到了什麼地步啊？真的是不堪入目。像波師兄這種半罐子水的人都可以坐在這裡講傳統文化，其他就可想而知了！我也確實是沒有辦法，如果現在能多有幾個像馮老師這樣的老夫子來講，我一輩子閉嘴跟他們學修都嫌時間不夠。現在我在這裡嘰嘰呱呱，也是沒有辦法，但願以後能有更多真才實學的人站出來講，像我這樣濫竽充數的人，好趕快靠邊站。

說老實話，真懂《易經》的有多少呢？我們說乾卦講「君子以自強不息」，坤卦講「君子以厚德載物」，本光法師說，學易之人是可以隨處做主、隨處建立陽明學處的。但是從有些人的生平事蹟來看，什麼時候自強不息過？什麼時候又厚德載物過？什麼時候做過自己的主呢？我們到網上去搜索一下，就可以看到那位「大文豪」給我們偉大的領袖夫人江青同志寫的讚美詩。這些人怎麼可能真懂《易經》呢？但是，這些人還不能小看，因為他們對後世的影響非常大，他們當時掌握了話語權，整個出版機構都是為這些人的言論思想服務的。而像章太炎、陳寅恪、錢穆這些真正的文化大師，直到現在才漸漸被大陸學者們所重視。

臺灣有位大法師，名字就不說了，現在大陸上很流行他的佛學書籍。這位大法師的文化非常高，東西方文化都是廣泛涉獵過的，現在是著作等身。但是，在他的一本《比較宗教學》裡，談到《易經》的時候就完全是郭沫若他們的觀點，以為《易經》就是上古時期生殖器崇拜的產物。這個怎麼說呢？他可是響噹噹的大法師啊！真讓人遺憾。

西方有個大哲學家，好像是伽達默爾（又譯：高達美）吧，他說：「正確的研究方法存在於被研究的物件之中。」這話說得非常好啊！一個研究《易經》的人，不用中國代代傳承的易學方法去研究，反而用西方的比較宗教學、文化人類學方法去研究，中間是有很大問題的！要知道西方那套文化人類學的方法，是在非洲、澳洲、南美洲那些未開化的土著人中，是在那些原始部落中經過田野調查之後總結出來的。這一套方法論用在對原始部落的研究上還滿有新意，怎麼能用在高度成熟的中國傳

統文化上來呢？

現在有些知識份子，自己對中國傳統文化沒有學通，卻偏偏喜歡所謂的比較文化學。面對東方文化，他就用西方的一套語言方法來忽悠你；面對西方人呢，他又跟人家大談東方神秘主義，兩頭忽悠，其實他兩頭都沒有真正學通。即使你是認真的，但你用另外一套研究方法研究出來的結果，必然只是你那套研究方法所能夠產生的結果。方法論不一樣，結果一定也是不一樣的。就像我們現在研究中醫，如果用西醫的那一套來分五官科、內科、外科，以西醫的那套醫理、病理來研究，能研究出什麼結果來呢？大家都看得到嘛！研究出來的結論，無非就是說中醫是迷信。事實就是這樣的哦！很多學西醫的人就是這麼看中醫的，直到現在，社會上都還有很多人叫囂取消中醫。

所以方法論錯了，非常害人。如果是小人也就罷了，沒幾個人理他。但是，像臺灣那位大法師這樣真正有修行、學養也很高、文化水準也高的人，他也這麼來評價《易經》，那就真的是大問題了！要知道，越是威望高的人搞錯了學問就越是害人，所以我們越往後面學，就越是要慎言、慎動。

回到人事物象的變通上

「廣大配天地，變通配四時，陰陽之義配日月，易簡之善配至德。」這一章的水準確實不怎麼樣，這麼東配西配下來，確實讓人感到像是董仲舒他們漢儒搞的那一套，很機械，很生硬。所以，我也很贊同《繫辭》這篇文章是戰國以來，一直到秦漢時代大家集體創作的產物，水準是有參差不齊的地方。

「廣大配天地」，一般的講法就是廣配天，大配地；「變通配四時」，易道的變化與四季相配合，這也只是籠統的說法。說實話，學易的目的是要在人事物象上面去尋求變通，四季的變化哪個不通呢？添衣減衣，人人都曉得；季節變化，春耕秋收，普通老百姓也都清清楚楚；四季的飲食大家也都是隨著季節變化的。所以，「變通配四時」有什麼意義呢？大家都明白，說這個就沒什麼意義了。最終需要學易者明白的，還是社

會人事之間的變化。真正在社會人事中能夠變通，像我們說到的王通、陳摶這些人物，那就了不起。所以我們學易，要牢牢立足在人本主義的立場上，不要被易學的一些旁支末流、玄怪之說、標新立異之說所吸引，也不要被一些小道雜伎所迷惑。

「陰陽之義配日月」這句也有問題。本光法師直接就把這句給改成「陽陰之義配日晶」，日晶，就是太陽的光輝。天地之間，是在陽光普照之下才能產生勃勃生機。過去我們唱「大海航行靠舵手，萬物生長靠太陽，雨露滋潤禾苗壯……」地球上的萬物都是因陽光的作用生長的。月亮不能與日並舉，它的級別跟太陽差得太遠了。遠在唐代便已創立的方山易學，就已經認識到了月亮的光輝不值一提，我們現代科學也論證了這一點，月光完全是太陽光芒反射而來的，這種光芒只是微乎其微，不能和太陽相提並論。何況，從星體的等級上來說，月亮不過是地球的衛星，連地球都不如，級別是很低的，不可能與太陽，與我們這個太陽系的主宰相比。所以本光法師說，「陽陰之義配日晶」，只有太陽的光輝才能與陽陰之義相配合。

「易簡之善配至德」，我們在第一章的時候講過，「易簡而天下之理得矣，天下之理得，而成位乎其中矣」。怎麼能夠得到易簡之理呢？所謂易簡之理，就是大道之理，只有通過我們進德修業，把我們的良知良能發揮出來，努力達到德行的最高境界，這才能達到易簡。

莊子理想中的至德之世

這一章裡面，我覺得最後這一句算是很好的，「易簡之善配至德」，至德是什麼呢？與我們平常所說的善惡關係、道德標準有什麼聯繫呢？實際上，如果用儒家五常之義來說，一個人必須把仁義禮智信的德行修養到極處，才能稱之為至德。至德無德，就沒有德了。這個無德也可以說是無得，至德也是無所得的，這就超出了一般人的是非美醜善惡的概念。

關於至德，莊子在他的《胠篋》篇中說：「子獨不知至德之世乎？」就是說，先生你曉得至德的時代是什麼樣的嗎？人類德行最完美的時代

是什麼樣的呢？下面就回答了很多，什麼容成子的時代、伏羲氏的時代、軒轅氏的時代等等。莊子說，這些聖王的時代就是至德之世。這個至德之世到底是什麼樣子的呢？莊子就描述：「當是時也，民結繩而用之，甘其食，美其服，樂其俗，安其居，鄰國相望，雞狗之音相聞，民至老死而不相往來。」這就是莊子道家學說中的至德時代。老百姓用繩子記事，還沒有語言與文字，就是這麼淳樸；大家把嘴巴顧好，吃飽穿暖也就夠了；對自己的生活習慣、風俗習慣都很樂於接受、都很安然。不像我們現在，已經喪失了傳統的生活習俗，沒有辦法，就只有跑到西藏、跑到涼山、跑到貴州這些少數民族地區去，覺得人家的風俗好奇異、好自然、好淳樸啊！大家都去樂別人的俗，不樂自己的俗。「安其居」是什麼呢？住在山上的就安於山上，住在水邊的也就安於水邊，就是各得其所，各安其居。「鄰國相望，雞狗之音相聞」，當時的城池是相互挨得很近的，大家都能聽到彼此雞鳴狗叫的聲音，卻是和平共處，不東竄西竄。不像現在，我們看印度、巴基斯坦相鄰的國家還鬧得那麼凶；還有中東地區，這麼多年來也一直不太平。

最近的新聞報導說，印度孟買的恐怖襲擊好猖獗啊！恐怖分子與英國和美國，他們還不是鄰國，隔了那麼寬闊的大洋，還產生了很深的仇恨。他們見到英國或者美國人，立馬就槍殺，就地解決。我看到網上說，孟買的恐怖襲擊事件到現在已經死了近兩百人了，絕大多數都是英國籍或者美國籍。恐怖分子到了一個地方，全部用槍對著人群，讓人靠牆站，挨著問是什麼國籍？英國的、美國的，馬上拉出去就地槍殺，其它國家的暫時留著當人質。大家都是互相仇恨啊！與莊子理想中的至德之世，差別真是太大了。某些混亂的地區，真的就像是佛教裡面所說的末法時代，讓人看新聞的時候心都揪緊了。

世界上那些大事我們管不了，但我們個人精神中的事，還是要認真料理。我們要好好觀察一下，自己的精神世界裡面，是不是有這些燒殺搶掠的事情發生？是不是能夠安其居、樂其俗？是不是還有各種癡心妄想？

莊子筆下的「至德之世」，就是「易簡之善配至德」的結果。要想達到易簡的精神狀態，我們平常就要樂天知命，隨緣任運，效法自然之道。有了這種至德的精神狀態，就能夠與易簡之道相配合，「易簡而天下之理得矣」，然後就「成位乎其中」，一切事業就都能夠順利成就了。

第七章

陰陽之道　本分現成

第七章　　　陰陽之道，本分現成

子曰：「易，其至矣乎！夫易，聖人所以崇德而廣業也。知崇禮卑，崇效天，卑法地。天地設位，而易行乎其中矣。成性存存，道義之門。」

——《繫辭上傳》第七章

聖人崇德廣業的依據

第七章的文字很少，但是中間有幾個重要的原則。我們一點點來看，慢慢來學習。

第一句很簡單。「子曰：易，其至矣乎！」這個子就是孔子，到底孔子有沒有說這番話，我們也不知道。大家都把《繫辭》的著作權歸到孔子名下，雖然後來考證出未必是孔子所著，但是大家認為孔子的話很權威，所以「子曰」用得很多。這一句仍然是對易道的贊辭，就是說易道啊，真正是到了極點了。我們看《易經》中有很多贊辭，古人學易到了這個地步，確實感覺到這是一門無以復加的學問、是不可能有超越其上的其它學問。

「夫易，聖人所以崇德而廣業也」，易道這個東西，是聖人崇德廣業的依據。聖人之所以能夠崇尚道德、之所以能夠推廣事業、之所以能夠

建立功勳，就是因為與《易經》精神相應的緣故。這一句是結論之辭。如果要具體來說，就要聯繫我們上一次課講到的內容。上一次我們講到「顯諸仁，藏諸用」，易道顯現在人世間，顯現在聖人之道中，那就是仁愛之心，當然仁愛之心是要在行為、事業，要在「用」當中體現出來的。

總之，一個人能夠超凡入聖，能夠像古之聖賢君子這樣崇德廣業，必須要憑藉《易經》所體現出的精神。這種精神集中表現在乾坤二卦上。乾卦體現的精神是陽明正知，是君子自強不息的精神，這就是作為聖人崇德廣業的原動力。坤卦體現的是厚德載物的精神，我們看坤卦的六二爻辭，「直方大，不習無不利。」厚德載物就是從坤卦的六二爻中體現出來的。我們要做崇德廣業的事情，要修繕自己的德行，首先在心性上就要直，直心是道場，要耿直，直截了當，不要拐彎抹角；方，就是方正、正直不阿，也是有穩定、恒定的感覺；大就是地大物博，無不包容。坤卦的精神要落實到最具體的地方。坤卦初爻講「履霜，堅冰至」，就是現在冬天的感覺，天氣很冷，走路出門，腳下踩到霜了，感覺就是堅冰快要來了，隆冬天氣已經來了。這一句跟社會人事的變化和心性修養有什麼關係呢？實際上，它是一種比喻，是一種順承時令的感覺。時令到了，腳下感覺到了霜凍，冬天最冷的時候自然就到了。這就是一種順承於天時的感覺。天時到了這個時刻，自然而然就會帶來這樣的變化。順承於天的具體表現，當然就是坤卦六二爻中「直方大」的體會。就是要直接、方正，還要有廣大的包容性。

乾為天，這種乾知大始的感覺必須落實在我們的精神上。我們做任何事情，首先要把自己的精神提起來，必須有這種自強不息的精神狀態。有了這種精神狀態，你面對任何人或事，就不會有自卑心理。本光法師經常說的一句話就是「見大人而了之。」為什麼能夠見大人而了之呢？就是因為他老人家牢牢地把握了乾為天、乾知大始的精神。

我們每個人內心的陽明正知與乾道是不二的。你體會到了乾卦的精神，面對任何人都會有一種平等心，見大人物就不會有自卑的心理，見小人物也不會驕傲自大。有些人名聲很大、勢力很大，再大又怎麼樣呢？上節課我們說到「五四」新文化運動時期的一些弄潮人物，名聲那麼大，地位那麼高，但如果你深切體會到乾卦的精神，讓一己之陽明正知做主，以平等心去觀照他們的言行，就會清楚他們的真實水準，就不會盲目崇

拜。

「五四」時期的那一批知識份子，名氣真的是非常大的，像我們上次說的郭沫若這些，現在新一代的知識份子已經不太理會他了。但是像胡適這些人物，在臺灣、在大陸的知識份子一提到，都是有一代宗師的感覺。人家學問確實做得很好，正面的影響力也確實是持久而巨大，但是我們也不要妄自菲薄。平心而論，胡適談禪就有很多不妥之處。對禪宗有實際體會的人，都會覺得胡適對於禪是沒有入門的。南懷瑾先生有篇文章，就是《序說虛老年譜致淨慧長老》，其中就對胡適談禪提出過一些批評，但是大家好像不敢把這些對胡適不利的言論公開出來。上次我看柏林寺出的《禪》刊，把南懷瑾先生批評胡適論禪宗的那一段也隱去了，沒有公開出來。為什麼？胡適的名聲大嘛！

中國老一代知識份子都愛談點禪的。張中行先生曾寫了一本《禪外說禪》的書，我很尊敬老先生的學問道德，但是對不起，從他說禪上看，也是沒有入門。幸好張中行先生自謙，在書名中就明說自己是站在「禪外」。前一陣又看到一本《顧隨說禪》，顧隨這個人的名氣和地位，大家好像覺得不如前幾位那麼大，但他是葉嘉瑩、周汝昌、黃宗江這些人的老師哦。恰恰就是顧隨，在那一代知識份子中他是真正有禪味，是真正懂禪的。

所以，我們要是真正找到「乾知大始」的感覺，在身心性命上體會到「乾為天」的精神，這樣你就可以心平氣和地看待這些大人物。《繫辭》一直都被認為是孔聖人所寫，但本光法師就敢在裡面挑毛病！因為聖人也是人，我們自己也是人，關鍵是要以平等心來看待天地萬物。有了這種體會之後，還要根據坤卦的精神，從實際的行為上找到自己修行的下手之處，從生活的細微之處，從心量的厚度上、韌性上磨煉這種功夫。只有這樣，聖賢君子所謂的盛德大業，才能夠擴而充之，進而達到崇德廣業的人生目標。

知崇禮卑，一覽眾山小

「知崇禮卑，崇效天，卑法地。」這一句的文字也非常精練。「知崇」

可以從兩個方面來體會。第一個是要體會我們的精神本來就是崇高的，可以從「知本崇」的角度上來理解，我們的精神本來就是從天道中來，本來就無所不包，與天道是不二的。從另一個方面也要看到，這個「知崇」也是使我們的智慧變得崇高起來的意思。這是從我們修學的角度來說的。我們的智慧本來是很崇高的，但是，人從出生到成長，先天之智受到了很多污染，被貪嗔癡愛，被各種各樣的知識、學問等等東西所左右，我們智慧的光明就沒有辦法透出來、發揮出來。「知崇」可以說是通過易道的修學，使我們的心性變得崇高起來，使我們智慧的光芒能夠透射出來。

禪宗愛說「高高山頂立，深深海底行」。高高山頂立，就是「知崇」的感覺，就是我們的精神智慧要崇高到極致；深深海底行，就是「禮卑」，在具體的行為禮數、待人接物上要謙卑下來。

杜甫有兩句詩「會當淩絕頂，一覽眾山小。」這種詩意就是「知崇」的境界。這首詩名叫《望嶽》，恐怕是在杜甫所有詩當中精神境界最高遠、氣魄最宏大、力量最渾厚的代表作。我們一般都覺得杜甫是個苦吟詩人，印象中盡是《茅屋為秋風所破歌》，還有「三吏」、「三別」這些感覺很苦的詩。但是這首詩卻體現出杜甫的精神境界非同一般，其中還可以體會易道陰陽變化的感覺。我們不妨全篇錄下，供大家欣賞：

> 岱宗夫如何？齊魯青未了。
> 造化鐘神秀，陰陽割昏曉。
> 蕩胸生層雲，決眥入歸鳥。
> 會當淩絕頂，一覽眾山小。

岱宗，一般指的是泰山，岱是山嶽，宗指的是泰山是五嶽的宗主。站在泰山上是如何一種感覺呢？「齊魯青未了」，就可以看到齊魯大地的春天一派生機勃勃、一片青油油的春色。大道造化了這個天地、造化泰山的神奇與峻秀。一晨一昏，一陰一陽，天地萬物都在大道之中、在陰陽的變化之中不斷輪轉。杜甫用字的功夫很精到啊，一個「割」字，就把陰陽之道對天地萬物的主宰之意表現得淋漓盡致。「蕩胸生層雲，決眥入歸鳥。」泰山上感覺心胸極其開闊，層層雲霧彷彿都是從自己胸中生

出來的；眨呀，皆就是我們的眼皮，山上的飛鳥就在我眨眼之間歸去。最後就是點睛之句，登臨泰山絕頂之巔，凡是進入眼簾的一切事物都不在話下了，詩人的精神境界已超越了世間的一切。

這首詩的境界的確非常超絕，有一種舍我其誰的浩然之氣。我們講的「乾知大始」、「知崇效天」就是這種感覺。禮卑，就是我們實際的行履要善處其下，不僅要善處其下，還要甘處人下，心甘情願地把自己放在低下的位置上。按照禪宗祖師的說法，就是東家做牛，西家做馬。「知崇禮卑」有著非常深刻、非常超邁的內涵。如果是喜歡書法的朋友，不妨把這四個字寫出來掛在客廳裡面，這種感覺就不一樣了，既含蓄又高遠。現在一些附庸風雅的人搞書法，客廳裡掛的盡是「騰飛」、「開拓」什麼的，稍好一點就寫一句「難得糊塗」之類，文化層次上就差遠了。

「崇效天、卑法地」，是對知崇禮卑的具體解釋。知崇禮卑，完全可以作為我們人生的一個基本準則確定下來。對內可以培養心中浩然之氣、崇高之感；對外就是要腳踏實地，要與周圍的人和諧相處、與人民群眾打成一片。《道德經》裡面說「和其光，同其塵」，和光就是知崇，同塵就是禮卑。

我們學習傳統文化，把《易經》、《道德經》以及禪宗語錄結合起來參究，就會有一種豁然貫通的感覺。這兩句體現了乾卦之象和坤卦之象。崇效於天，我們的乾之良知，我們心中的智慧就能夠得到彰顯；禮卑如地，就能夠使我們的坤之良能得到發揚。

方山易的家法

方山易在這裡還有進一步的發揮，本光法師講到「知崇禮卑」這一段的時候就說：「吾家師長講授此章，特立四義發揮」。哪四義呢？第一是知崇禮卑，第二是知陽禮陰，第三是仁陽義陰，第四個是政陽兵陰。大家注意了，這是方山易學裡面辨識陰陽的一個竅訣。

「知崇禮卑」剛才我們已經談到了，現在來說說「知陽禮陰」。方山易要求我們建立一己陽明正知，就是要我們體現出精神中光明的一面，隨時做自己的精神之主，牢牢掌握精神的主動權。知為陽，就是一切無

不從此中建立，一切無不從此中流出。不管是我們的知識也好，學問也好，世間的一切聖賢事業也好，通通都是從乾之良知中流出來的。只要我們牢牢地樹立起自己的陽明正知，讓智慧之光透出來，天地萬物都能夠被你智慧的光明所照亮。就像雪峰祖師大悟時，岩頭和尚對他說的一句話：「——從自己胸襟流出將來，與我蓋天蓋地去！」

方山易的原則就是陽主陰從。知為陽，禮為陰，就是一切禮法的建立無不是圍繞著「知」這個主心骨。那麼，在具體的事業上怎樣來理解這個知陽禮陰呢？比如我們辦書院，中間就有個「知陽禮陰」的辨識過程。我們書院的宗旨是弘揚國學，這就是書院的根本目標，這就是「知陽」，這個主心骨是不能動搖的。圍繞著書院所建立的這套東西，不管是人事制度也好，學修制度也好，課程設置也好，都是「禮陰」的範疇，是圍繞著我們傳播國學、弘揚國學這個「知陽」來進行的。不同的時間、不同的地點、不同的因緣，禮法制度上都會有不同的變化，但是弘揚國學這個根本點是不變的。

更細一點來說，我們書院的這個課堂，有小班課堂，也有對外的公益課。作為小班課程來說，中心點又是什麼呢？既然大家能夠到小課堂來學習，其一本身是在傳統文化上就有一定的基礎，更重要的一點是，大家願意真正在傳統文化上投入自己的精力，投入自己的時間，乃至投入自己的財力物力，願意承擔傳播傳統文化的責任。我們為什麼要開小班課程呢？過去是稱為研修班，比對外的公益課，在課程的深度和廣度上就要高一個層次。這就是小課堂的中心，就屬於「知陽」的部分。圍繞著這個中心，我們在學修上就跟外面公益課的學修不一樣，內容會更深層一些，講法上、學修竅訣上就會講得更多一些。但具體講的內容、該怎麼講、授課頻次如何等等，這些就是「禮陰」的部分，是圍繞這個「知陽」中心點展開的。

我們在太極賓館的公益課，目標就是對國學做一個廣泛的普及和弘揚。聽眾也是覺得聽了這個有好處，比坐在家裡打麻將、吃麻辣燙要舒服些，能夠跟傳統文化，跟國學結緣是很愉快的事情。我們圍繞這個中心所設置的課程內容、講課的頻次、授課方式也就不一樣。

所以，「知陽禮陰」的這個「知陽」，就是一件事情、一個單位、一個專案的核心部分，或者說是根本目的，這個是永遠不變的，要放在最

顯著的位置上，永遠處於陽面。任何時候都要隨時提醒自己看到目標、立足於這個根本點。「禮陰」就是圍繞著基本點的各種禮數、各種方法，為這個核心利益服務，可以有不同的變化，處於從屬地位。在這個事情上，大家做企業也好，管理一個部門也好，在家裡搞家庭建設也好，都要體會這個感覺，不能夠陰陽顛倒、主賓顛倒。

　　現在有些團體，看到傳統文化一熱，就想抓住這個機會從中間撈名撈利；也有些人不是為了名利，但是方法卻不當。前段時間，某團體和我們聯繫，希望與書院、太極賓館一起，聯合搞個關於傳統文化的晚會。過了十幾天，太極賓館的袁總說，他們又提出了其它要求，希望賓館能夠為他們的服裝租賃、車費等付多少多少錢。這個就有點說不過去了。本來太極賓館拿出場地來和大家一起做推動傳統文化的活動，這個團體是主動提出來想借人家的場地來搞活動，後來卻突然提出了這些經濟上的要求。我們從這裡就可以看出，像這樣的團體，就是沒有把傳統文化的主次分清楚，就不懂「知陽禮陰」的道理。他們這個團體也不怎麼學習傳統文化的經典，每天都在傳統服飾、禮數上斤斤計較。剛一見面就深深作揖，感覺是很文質彬彬的，穿的也是一身寬袍大袖的漢式服裝。但是一聽他們說話，一體會其言行，感覺就不是這麼回事了。

　　上次我們跟這個團體見面，曉宇穿了一身很好看的中式對襟衣服，誰知他們一見就很不高興，說這種衣服是滿人入關後強加於我們漢人的，是漢人被奴役的產物，是要不得的，然後宣傳說真正的漢人，必須要穿他們提倡的正宗漢服。他們這樣一說話，你就能感覺到這些人沒有內涵，徒有一些外表禮數而已。滿族也是中華民族大家庭中的一員嘛！所以他們就是陰陽顛倒的感覺。我們這裡說「知陽禮陰」，在他們那裡就變成了「知陰禮陽」，傳統文化的真智慧就被淹沒在繁瑣的禮儀當中了。

仁陽義陰，仁字當頭知輕重

　　接著說下面一句「仁陽義陰」。這一句也是很重要的，本光法師在這裡點出來，是因為它涉及到了儒家思想的核心概念。仁為陽，仁愛之心必須居於儒家精神的主導地位。在五常當中，仁放在首位，因為儒家精

神的核心就是仁。我們看前面講的「一陰一陽之謂道」，首先就是要「顯諸仁」，仁是儒家精神中最重要的，是絕不能動搖的。

上次我們上課的時候講到伯夷、叔齊不食周粟，雙雙餓死在首陽山上。為什麼儒家要把伯夷、叔齊推崇得那麼高？孟夫子說他們是「聖之清者也」，體現出的是儒者精神中清高的一面。因為哪怕是面對生命的選擇，他們都不願意放棄仁，不放棄這個最核心的精神。所以孔夫子說他們是「求仁而得仁，又何怨？」

義為陰怎麼講呢？義是由仁愛之心生發出來的，是從仁愛這個核心中生發出來的正義舉動。義為陰，首先它是從屬於仁，如果沒有仁愛之心，任何舉動都不能稱其為義舉。比如「512」大地震的時候，全社會各方面都動起來了，捐款捐物。有些大企業可說是做了很大的功德，捐了很多錢財，但是總讓人感覺有點彆扭，覺得他出這麼多錢物，不是出自仁愛之心，而是為了自己企業推廣產品，或是為了自己企業的名利、榮譽，甚至是為了在災後重建的這塊「大饃饃」裡面能夠佔據有利位置。他們的捐助，對於災區人民來說當然是很歡迎，也解決了很多實際問題，也是應該讚揚一下的，但這不叫義舉。義舉，是指義無反顧，施恩不圖回報，有一種義不容辭的正義感。我們看在這次地震新聞中，有一個乞丐把自己討來的錢全部放到捐款箱裡面，大家看了都很感動，因為這個就是純粹的義舉。

所以這個義陰，它是隨著環境的變化，不同的人事、不同的因緣，也有不同的反應。對於有些人來說是義舉，對另一些人來說就是不義之舉。比如說打人，很多人因為打人被員警抓，被勇哥他們派出所關起來，但是有些人打人，不但不會去派出所蹲起，反而會讓被打的人感激涕零。比如臨濟祖師在黃檗大師那裡參學，一問禪就要挨打，一連打了三頓棍子。他開頭還不明白，還老是問自己的錯在哪裡，搞不懂師父為啥打他。後來他開悟了才曉得，原來師父打我是仁至義盡，是老婆心切，為了讓我得脫困，為了讓我的心得大自在，這才狠下心來拿棍棒打了三頓。一頓是36棒，臨濟三頓棒就是挨了108棒啊！黃檗大師下手可真是狠，但他老人家的心也真是慈悲！這就叫愛子心切，不惜棒棒見血！大家想想，如果不是黃檗大師的心慈手狠，哪裡會有臨濟宗後來威風八面、君臨天下的局面呢！這個就是非常義，完全不是常人能夠體會的。

我們看武俠小說或者香港的黑社會題材電影，像《英雄本色》這些，感覺其中的主人公很有義氣，很重情義，但是他們面對不熟悉的人，殺人放火、販毒賭博等壞事還是一樣不少做。這就是把「仁陽義陰」搞顛倒了。江湖人士是義字當頭，不像聖賢之人是仁字當頭。如果把這個陰陽搞反了，你是黑社會老大，雖然是義字當頭，也未必會有好結果。一旦事情翻了，就像貓捉老鼠一樣，最終還是要被員警抓進去。所以，「仁陽義陰」的感覺一定要到位，做任何事都一定要牢牢守住。

政陽兵陰，文治武功的常道

下面「政陽兵陰」順理成章，也是如此。一個國家想要正常運行，就需要這個國家有健全的政治制度、政策、法律、法規這些東西。這是一個國家的常道，是國家政治生活的核心，是要處於陽面，居於主導地位，是一個國家正常運行的根本。兵者，不祥之器也。國家的軍隊、員警這些強制性機構，只能處在從屬地位，處於陰面，儘量少用，不用最好。

中國歷朝在正常情況下，一般都是文官制度，掌握兵權的人永遠都處在掌握政權者之下，處於從屬地位。如果顛倒過來，「兵陽政陰」的話，國家要出大亂子了。

唐朝後期的藩鎮割據，各地節度使坐大，掌握兵權的人不聽指揮了，就出現大問題。民國時期的軍閥割據狀態也是如此。現在的新聞裡看到，索馬里海盜為啥這麼凶啊？就是因為索馬里一直就處於「兵陽政陰」的局面，不混亂都不行。金三角為什麼那麼亂？毒品為啥那麼凶啊？也是軍人統治的結果。一個國家的政權與兵權，必須處於陰陽平衡之中才正常。陰陽平衡可不是字面上感覺的那樣你一半我一半，排排坐、吃果果，而是陰陽各歸其位，就是「政陽兵陰」。如果反過來，由軍人掌權建立軍人政府，那老百姓就沒有太平日子了。

上面我們簡單談了「知崇禮卑、知陽禮陰、仁陽義陰、政陽兵陰」，從大原則上給大家理了一下思路，分析了一下陰陽之位的基本要義。如果要對陰陽變化體會得具體而深入，平時生活中就要多留心，把易象、

易卦多拿來學習，多看多思。

我們經常說，明辨陰陽是學習《易經》最主要的目標。有些人對《易經》的文辭很熟悉，隨口就能背出一條條的卦辭、爻辭，但如果不能明辨陰陽，背再多再熟也只是徒逞口舌，沒有辦法靈活運用。

強化對易道的信心

下面一句「天地設位，而易行乎其中矣。」這裡「設位」的感覺很奇妙。天地的位置是哪個設的呢？是誰在主宰天地呢？這一句好像說大千世界、天地之間是有個主宰，是他設定出了這麼一個位置。

當年牛頓發現萬有引力的時候，大家都覺得他很了不起，認為他揭示了萬物的秘密。可是到了後來，萬有引力的第一推動力是什麼呢？世界最初的力是從哪裡來的呢？天地這個現成位置是誰設的呢？這些問題就把牛頓搞糊塗了。最後沒有辦法，他只好投入到上帝他老人家的懷抱中去了。這個問題沒辦法解釋，只有說是神、是上帝設的這個位置，上帝是第一推動力。

大千世界，無奇不有，卻又是精密無比。如果過幾天下了雪，我們拿起放大鏡去觀察這個雪花，就會發現那麼小的事物，從科學的角度來說，也就是水蒸氣從地上蒸發，在空中遇到冷空氣結晶形成了雪花。但是，這個雪花的結構圖案卻是如此精美、如此漂亮，人工是無論如何也不能達到的。以前馮老師愛說，人別以為自己了不得，你有本事造一個活生生的蒼蠅出來，行嗎？不要說蒼蠅，造一株活生生的草出來也是不可能的。現在所謂的人工繁殖，也必須要借助生物的 DNA 才行，還是要經過一個自然生成的過程。

所以，《易經》說「天地設位」，到底誰在設這個位呢？就是「乾知大始，坤作成物」，就是乾坤的作用。崇和卑、陽和陰，就是天地各自所處的位置；同樣的，我們人處於社會當中，也是各有其位，各有其主從關係、陰陽關係。如果我們在自己的生活中，在自己的事業中把這個陰陽、主從關係搞清楚了，真正知位守位了，在社會生活中就能如魚得水，無往而不利。

「天地設位」，說的就是乾坤二卦。乾為天，坤為地，二者相互作用，就形成了天地間萬事萬物的種種關係。我們人類社會也可以和天地乾坤間的種種關係進行類比。我們說，無論是天地之間，還是社會人事之間，這種種關係、種種格局，都是因為易道一陰一陽作用於其中才產生出來的。所以「天地設位，而易行乎其中矣」，這是易道的精神在中間起作用。如果沒有易道一陰一陽的交互作用，下面所談到的一切都談不上了。我們大家學習易道變化，目的也是要在我們的社會人事當中能夠崇德廣業。所以，「易行乎其中」，也是對我們學易君子的一個鼓勵。

我們只要明白了易道，善辨陰陽，在我們為人處事的時候能夠知時節、通變化，在社會人事之間就能夠「易行」。把這一切都搞懂了，行為處事就會很容易，就能夠遊刃有餘地行仁義之事，遊刃有餘地構建和諧社會與人生。

人上一百，形形色色

「成性存存，道義之門。」最後這句很重要，真正能把這一句理解透徹，就入了道義之門了。雖然這一句也是《易經》當中的名言警句之一，但歷代對此的解釋卻莫衷一是。「道義之門」基本沒有歧義，就是入道的大門。最關鍵就是對「成性存存」的理解。

我們前面講過，「一陰一陽之謂道，繼之者善也，成之者性也」，講的就是易道成就萬物的本性，所以乾卦的《彖》曰：「乾道變化，各正性命。」正性，也就是這裡的成性。乾道的變化是生生不息的，所以才能夠成就萬物的本性。這個「性」字在傳統文化裡面，不同的地方有不同意義和範疇。比如「天命之謂性，率性之謂道」，這個性指的就是萬物共同的本性。但是「乾道變化、各正性命」的這個性，指的卻是不同物種、不同現象、不同的人，都有各自的個性，是各人區別于他人的本性。「各正性命」，就形形色色的人或事，都擺在各自應該的位置上，擺在各自的正位上。

俗話說：「龍生龍，鳳生鳳，老鼠生兒會打洞。」乾道變化把你變成了龍，你就到天上去飛，變成飛龍在天。你是鳳的話，就找棵高高的梧

桐樹歇著，不要像麻雀一樣歇到人家屋簷底下。變成老鼠的話，就老老實實去偷油打洞。這就是「乾道變化，各正性命」的感覺。萬物之所以成其為萬物，就是因為貓有貓性，狗有狗性，我們在座各位也都有不同的個性。我們何大哥是老成持重，對大自然的觀察是入妙入微；李神仙看起來兩鬢都上了點小雪霜了，卻始終保持一種天然的心態，大家之所以把他叫「神仙」，就是因為天然而真嘛。

以前馬祖大師手下有一位丹霞天然禪師。他本來是個儒生，要進京趕考的，半路上遇到一個和尚對他說：「你選官不如選佛。」選佛就是修行成佛嘛。丹霞問他，成佛要到哪裡去？和尚就說，江西馬祖大師那裡是最好的選佛場啊，你去找他嘛。丹霞也真是拿得起放得下，說去就去。找到馬祖大師，一見面，馬祖問他，你來幹什麼？丹霞也不開腔，只把帽子往上一頂。馬祖看了很久說：「南嶽石頭是你的師父」。丹霞就到了石頭和尚那裡，石頭和尚叫他到槽廠做苦力，跟六祖初見五祖的時候有點像，這麼一幹就是三年。

有一天，石頭和尚對廟裡的僧眾說，大家明天帶上鋤頭背篼這些工具，一起鏟鋤大殿前的雜草。第二天，丹霞和尚端了一大盆水，「蹬蹬蹬」地跑到石頭跟前去了。其他人都很奇怪，老和尚讓我們帶鋤頭背篼去鋤草，這傢夥端水做什麼啊？丹霞把頭一伸，對著石頭和尚說：師父您看，我這裡草已經長得很深了，請師父來為我鋤草吧！石頭和尚很高興，覺得這個傢夥很聰明，就把頭給他剃了。剃了頭之後就要為他說戒，哪曉得丹霞一聽師父要說戒，爬起來一趟子就跑了。這一跑，一趟子就跑回江西馬祖那裡去了。到了馬祖那裡，他徑直跑到大殿裡面，爬到一尊羅漢神僧像上面，騎在羅漢脖子上耍。大家看到都很生氣，覺得這個傢夥太野蠻了，竟然跑到塑像上面去撒野，叫他下來也不肯，只好把馬祖大師請出來。馬祖一看，呵呵一笑說：「我子天然。」這個娃兒很好嘛，本性很天然啊！誰知丹霞和尚一聽，馬上從塑像上跳下來，給馬祖磕了個頭說：「謝師賜法號。」從此，他就叫天然了。

這段故事很精彩啊！他沒有老老實實學過道，只是在石頭那裡幹了三年苦力，但成為了一代大師，這就是因為他本性天然啊！禪宗史上，我們可以看到各種各樣的禪師。有些人一輩子苦參，參到老了突然開悟，哎呀，原來是這麼回事啊！有些人，比如丹霞天然這種，一開始就是清

楚明瞭，參拜大德，無非是走個過場，遊戲人生而已。

當然，我們李神仙還沒有敢騎到佛像的脖子上去，但是心性中的確有一份天真本然，經常流露出來。我們說人是各有各的個性。有些人是刀子嘴、豆腐心，劉阿舅就是這樣的。鐘律師經常打擊人家說：「你醫德還不如你的醫術。」實際上她不曉得，劉阿舅內心真正是個有情有義的人。我們在座的各位，大家也都是各有各的個性。「乾道變化，各正性命」，我們每個人的個性，每個人的命運都是乾道變化的產物，這一切就是「成性」的感覺。

關鍵不好理解的就是「存存」兩個字。對此，歷代注釋很多，有些注家說，「存存」指的是「存其所存」，第一個存是動詞，第二個存是代詞，就是說讓某個東西存於它應該存在的地方。有些注家又說，「存存者，常存也」，指的是道義常存。這些注解不能算錯，但總感覺沒有搔到癢處。

南懷瑾先生講得更新鮮，他說「成性存存」是什麼呢？就是如如不動，就是如來。好像來了又沒有來，好像動了又沒有動，好像存在又沒有存在。南老太爺講得很高、很玄啊！讓人聽得雲裡霧裡的，他老人家好像說了又什麼都沒有說，聽的人呢，好像聽懂了又什麼都沒有聽到。當然，南老太爺一貫很滑頭，說到關鍵地方就打擦邊球跑了，要想抓住他的把柄幾乎是不可能的。他老人家的「金剛三句」煉得很好啊！存存者，即非存存，是名存存。這麼一講，就誰也沒有什麼話說了。

丟得了那個自己嗎

不過，波師兄這裡就不敢像南老太爺那麼講了。既然大家在這裡一起學習，我們也希望能從這一句裡面得到一點實在的感覺，能真正在我們心中，對這個「道義之門」留下一點實在的印象。

怎麼來談這個「成性存存」呢？我記得以前講《通書》的時候，講到乾卦九三爻，中間也有兩個字疊加在一起。「君子終日乾乾，夕惕若，厲无咎。」我們當時說，「乾乾」這兩個字疊加，就是乾之又乾。做為君子，一天從早到晚，十二個時辰，時刻要有乾之又乾的警惕性。乾為天，純陽至健，為君為主，「乾乾」兩個字一疊加，就是說要隨時做主、隨處

做主、隨時隨地保持自己精神的陽明正知，所以要乾之又乾。只要我們能體會到了「君子終日乾乾」的感覺，後面的「夕惕若，厲无咎」，就很清楚了，晚上都要保持如此的警惕。即使你處的位境很危險，就像九三爻這樣上不沾天、下不著地，只要你的精神保持高度的「乾乾之惕」，隨時保持你的陽明正知，隨時警惕精神中的陰晦邪知，那麼你就能夠「雖厲而无咎」，就不會有什麼過錯。

以前有個和尚，他的師父教他佛法，但是這個人福報不夠，沒有時間天天坐禪修行，還有很多雜務要做；同時可能文化水準也不高，要讓他學經學論也不行。師父沒有辦法，就教給他一個法子，要他隨時隨地提醒自己在不在，要隨時自問自答。比如吃飯的時候，端起碗就問：「我在不在？在！在吃飯」。睡覺的時候也這麼自問自答：「我在不在？在！在睡覺」。勞動的時候也要問：「我在不在？在！在勞動」。總之，他就這麼老老實實，隨時問自己在不在，自問自答了很多年。有一天他走在大街上，沒有注意一下子撞到了臺階上，一跟頭摔下去了。他爬起來也不顧痛，衝口就大聲自問自答道：「我在不在？在！在摔跟頭。」旁邊的人看得哈哈大笑，嘲笑說：「你神經病呀！成天問自己在不在，你難道還能把自己給丟了啊？」咦，他一聽到這個話，原來如此，一下子就大徹大悟了！

這個故事講的道理，就和乾卦「君子終日乾乾」是一樣的啊！一個是「終日乾乾」，一個是「終日在在」，就是不斷提醒自己做主、隨處做主，不斷體會這個乾之又乾、在之又在的感覺。

大家注意啊！這個是在講真正的觀心法門哦！大家不妨一試。不要覺得學《易經》，就光是在幾個指頭上掐過來算過去，那是小術。真正的「道義之門」，是要在心地上切實體會這個「君子終日乾乾」、體會這個「和尚終日在在」。這個才是真正的易道之門，也是心地法門的關鍵之處。

回到「成性存存」上面，存存就是在在，存在是一個同義複詞。乾道變化，成就了萬物各自的本性，讓萬物各自存在於自己的正位上。我們在這個天地之間，既然各得其性、各居其位，就要安於其性、安於其位。我們要檢查一下自己的本性和正位，能不能安住得下來？

前面講了「安土敦乎仁」，就是要安住於我們的心地啊！如果心地不安，不安住於自己的正位，這山望著那山高，成天犯愚癡、打妄想，這

個就不行。大道把你變成狗你就好好做一隻狗，變成貓你就好好做一隻貓，變成耗子你就老老實實打洞做耗子，不要哪天打洞打高興了，想娶個貓兒當媳婦，那樣就麻煩了，就很危險。我們變成人，就要老老實實安守於做人的本分，好好地做一個人。我們學佛的都想成佛，什麼是成佛呢？太虛大師說：「人成即佛成，是名真現實」。這就是一記當頭棒喝啊！哪裡有什麼佛可以成啊？如果人做不好，要想成佛就是癡心妄想。什麼是成佛？就是要守住做人的本分，人成即則佛成啊。人的本分是什麼？就是孔夫子提出來的仁義禮智信這五常，這是做人的常道，把這五常做好了，隨時能體現這些東西，就可以成佛。

　　我們愛說道法自然，以為這個境界好高深的，其實，做好自己生而為人的本分事，就是道法自然嘛！一切東西都是自然現成的。這一章中最重要的地方，就是「成性存存」。這是我們進德修業的實際下手處，就是要我們認識自己的本性，然後在這個本性中安之又安、存之又存、乾之又乾、在之又在。我們不要被妄想執著牽著鼻子走，隨處觀心、隨處做主，自然而然就走在大道之上，自然而然就能開啟道義之門、頓入菩提大道。

第八章

上傳七卦 動靜之樞機

第八章　　上傳七卦，動靜之樞機

　　聖人有以見天下之賾，而擬諸其形容，象其物宜，是故謂之象。聖人有以見天下之動，而觀其會通，以行其典禮，繫辭焉以斷其吉凶，是故謂之爻。言天下之至賾而不可惡也，言天下之至動而不可亂也。擬之而後言，議之而後動，擬議以成其變化。

　　「鳴鶴在陰，其子和之。我有好爵，吾與爾靡之。」子曰：「君子居其室，出其言善，則千里之外應之，況其邇者乎？居其室，出其言不善，則千里之外違之，況其邇者乎？言出乎身，加乎民；行發乎邇，見乎遠。言行，君子之樞機。樞機之發，榮辱之主也。言行，君子之所以動天地也，可不慎乎！」

　　「同人，先號咷而後笑。」子曰：「君子之道，或出或處，或默或語。二人同心，其利斷金。同心之言，其臭如蘭。」

　　「初六，藉用白茅，无咎。」子曰：「苟錯諸地而可矣，藉之用茅，何咎之有？慎之至也。夫茅之為物薄，而用可重也。慎斯術也以往，其无所失矣。」

　　「勞謙，君子有終，吉。」子曰：「勞而不伐，有功而不德，厚之至也。語以其功下人者也。德言盛，禮言恭；謙也者，致恭以存其位者也。」

　　「亢龍有悔。」子曰：「貴而无位，高而无民，賢人在下位而无輔，是以動而有悔也。」

「不出戶庭，无咎。」子曰：「亂之所生也，則言語以為階。君不密則失臣，臣不密則失身，幾事不密則害成。是以君子慎密而不出也。」

子曰：「作易者，其知盜乎？」易曰：「負且乘，致寇至。」負也者，小人之事也。乘也者，君子之器也。小人而乘君子之器，盜思奪之矣。上慢下暴，盜思伐之矣。慢藏誨盜，冶容誨淫。易曰：「負且乘，致寇至。」盜之招也。

——《繫辭上傳》第八章

從模擬天象到制訂人事

第八章很長，內容也相對豐富，中間涉及到了七個卦。過去學習《易經》的人，看到這一章就非常重視，因為這一章裡面「子曰」最多，覺得孔聖人說的話最多，肯定就是最重要的章節。實際上這一章的中心，還是講人在社會當中要謹言慎動、安心自處。其中引出了七個卦：中孚卦、同人卦、大過卦、謙卦、乾卦、節卦、解卦，並把這七個卦當中涉及到慎言慎動的爻辭，在人事上進行了一番引申發揮。下面我們具體來看。

「聖人有以見天下之賾，而擬諸其形容，象其物宜，是故謂之象。」這裡是談易象的來歷。聖人主要指的是發明、傳承《易經》的古之聖人，比如伏羲氏、文王周公這些所謂的聖賢先王。賾，是複雜、繁雜的意思，有包羅萬象，難以窮盡的感覺，可以說是複雜到了極點。擬，就是比擬、模擬、類比的意思；「擬諸其形容」，就是模擬萬事萬物的樣子，形容就是形體和容貌。宜，指的是恰當、合適；物宜，就是說天地間的萬物，各得其恰到好處的本性，各有其恰如其分的存在現象。對於萬物本身來說，所呈現出來的一切現象，都是恰到好處的。我們每天照鏡子，每個人都覺得自己長得最好看，都覺得自己的鼻子眼睛長得恰到好處，都覺得自己的看法觀點是最正確的。當然現在有些人不一樣了，現在做整容手術很吃香，這又是另外一回事了。這是因為人被異化得太厲害，受太多流行觀念的影響，覺得自己這個物已經不宜了，不恰到好處了。但實

際上，老天爺把你造成這個樣子，這個樣子對於你來說就是最好的。你非要犯愚癡打妄想，把大把的錢往整容所裡扔，那誰也拿你沒有辦法。

上面整個一句直譯過來，就是說古之聖王，通過自己對天地間種種紛繁複雜的事物進行觀察，發現了各種現象的變化規律。除了對天地自然的觀察外，古之聖王還對人與人之間、人與社會之間的複雜關係和行為進行觀察和研究。通過觀察，運用類比的方式，從這些現象當中抽象出了一陰一陽兩個符號，來概括天地間最根本的、也是相反相成的基本變化。在沒有成卦之前，通過陰陽二儀衍變出了八個單卦和六十四個重卦，然後以此歸納總結社會人事變化的規律，從而使雜亂無章的天地萬象，乃至於紛紜變幻的社會人生現象，通過易卦的歸納變得次序井然，可以被人們理解、掌握，可以被人們預知、預判。

這幾句講的就是《易經》卦象、爻象的來源，說得清楚明白。上節課我們說，上世紀搞新文化運動的一部分人，打著「疑古」的旗號，自己是不懂裝懂，半瓶子醋，生拉硬扯地把西方一套方法論拿過來，硬套中國的傳統文化，把傳統文化糟蹋得不成體統。《易經》是傳統文化的根本，是群經之首、大道之源。他們把《易經》糟蹋得不成樣子，今天我們的傳統文化低落到了如此地步，跟這批人的糟蹋也不無關係。

「聖人有以見天下之動，而觀其會通，以行其典禮。」前面我們講的是聖人能夠把天地間各種複雜、凌亂的現象，通過易道進行歸納總結，形成卦爻之象，從而條理化、清晰化，以此對人類社會起到一種規範、有序的治理作用。前面的「擬諸其形容，象其物宜」，是從靜態的角度言說的。下面「聖人有以見天下之動」，就是說聖人不僅看到了天地間各種複雜、凌亂的現象，同時還看到了這些複雜、凌亂現象之間的運動關係。

天地萬象，並不是一個個孤立並靜止不動的，它們是在運動中才形成了各種關係。過去我們學辯證唯物主義，說世界是普遍聯繫的，怎麼聯繫呢？就是通過各種運動聯繫起來，並形成了各個不同的系統。天地是個大系統，天體有天體的系統，地球有地球的系統，地上的有機物和無機物都是系統，有生命的、無生命的都有各自的系統。乃至於落實到個體身上，我們每個人都有不同的生理結構，也有著不同的生理系統。這些系統之間，也是通過相互的運動而聯結成一個整體。

我們遠古的聖人觀察到了天地間這些永恆的運動，並把自然現象的一切運動關係都落實到社會人事當中，與人類的社會活動相匹配。這樣，

就能夠會通這些社會現象，全面掌握並認識其運動關係和規律，然後根據關係和規律，制定出規範社會大眾行為的制度、規範、禮儀。這就是「觀其會通，以行其典禮。」

所謂典禮，就是一整套人類社會文化活動的系統。作為我們人類來說，典禮包括政治制度、法律法規、官僚體系、禮儀規範，乃至於民俗文化系統等等。如果要詳細系統地瞭解典禮，就要學習儒家五經當中的《禮記》，因為「禮」這個東西在儒家學說中處於很重要的地位。儒家提倡的五常，仁義禮智信中的這個「禮」，恰恰是處於五常之正中。如果沒有這個禮，人們所顯現出來的仁和義，就會顯得很粗放、很粗野，而所謂的智和信，如果沒有禮來作為規範的話，也很難使人理解和信服。

禮在我們傳統文化當中，確實是很重要的，而《禮記》這部經典對於儒家來說，也是非常重要的。儒家必修的四書，《大學》、《中庸》、《論語》、《孟子》，其中的《大學》和《中庸》兩篇就是從《禮記》當中抽出來的。如果我們要系統學習《禮記》的話，其中的內容包羅萬象，可以說中國上古文化的精神，通通都可以包羅在其中了。

我們看社會運動中形成的各種關係，必須要有典章制度，有法規、禮數來進行約束、規範和確定，才能在人與人之間形成一種良性的社會關係。國家機器要正常運轉，就必須要有一套嚴密的政治體制作為保障。經濟生活要正常進行，同樣也要有一整套嚴密的法律法規作為保障。就算是普通人，一男一女生活，所謂「窈窕淑女，君子好逑」，要想過正常的夫妻生活，也必須舉行婚禮儀式，要在《婚姻法》的保障之下才能夠確立夫妻關係，不然一切就會亂套。這就是「行其典禮」的意義。這一切，都是古之聖人通過「見天下之賾」、「見天下之動」，然後「觀其會通」而提煉歸納出來的。

從總象全域到爻象吉凶

下一句「繫辭焉以斷其吉凶，是故謂之爻。」我們上面所說的一系列，包括種種關係、種種禮儀變化、種種社會制度等等，以此為基礎就形成了易象、卦爻。其所呈現出來的吉凶悔吝等等的結果，就是通過繫

辭、通過語言文字把它表達出來。「是故謂之爻」，這裡只說了爻辭。每個易卦都由六爻組成，每一爻的內容、意義，以及吉凶判斷等等，用語言文字能夠表達出來，就是爻辭。

熟悉了《易經》的結構就知道，這裡光講了爻辭，而忽略了更重要的卦辭、象辭、彖辭，還有爻辭當中的小象辭，確實是有一定的缺失。我們說《周易》八八六十四卦，周文王被囚禁在羑里七年，好不容易才在患難中把它搞出來，這裡卻跳過去、完全給忽略了。只談爻辭，只用六爻來斷吉凶，就會失去了各卦的卦辭、象辭這些大的前提。

在方山易的講述中，本光法師就指出，我們學易的時候觀象玩辭，斷斷不可離開一個卦的總象而斤斤計較於每一爻象。易卦的爻辭、小象辭必須結合整個卦的卦辭、象辭、彖辭來進行綜合判斷，不然就破壞了一個卦內部的整體結構。這個整體結構支離破碎了，有點像瞎子摸象的感覺。平常我們打卦，如果一卦有動爻，這個動爻就是重點，它所表現的內容就是在當下所體現的或即將發生的變化。作為一個卦來說，動爻是判斷吉凶悔吝很重要的所在。但是如果只從一爻之動來判斷結果，而不去觀察卦辭、彖辭、象辭，往往就會導致目光短淺，難以從全域、從整體長遠的眼光來判斷事情的全貌。

對於學易的人來說，如何來解、來斷這個卦是非常關鍵的。對於那些純粹用《易經》來搞占卜的人，可能對爻辭斷吉凶這方面更重視一些，而對如何整體把握全卦的精神、如何行為處事的方面，就不太重視，往往就會忽略象辭、卦辭、彖辭裡面的相關內容。

歷史上有許多易學流派，比如漢易中的《焦氏易林》就是專門打卦占卜用的書。它通過《周易》六十四卦的爻變，使每一本卦再生成六十四個子卦，這樣就形成了四千多個可供占斷的卦來。這四千多條卦辭也是自己通過卦象、爻象的關係推演出來的，沒有依《周易》六十四卦的卦辭、象辭和象辭。單從占卜之術的角度而言，《易林》可能顯得比《周易》六十四卦來得更精確、細密一點，但是對於真正學易的人來說，通過易道修養心性、增上德業才是根本。對於「君子觀象玩辭」、以心性修養而進乎大易之道的要求來看，像《焦氏易林》和宋代以後衍生出來的各種易卦卜筮之學，就沒有什麼作用了。

這一章的前面是講創立《易經》的聖人，通過觀察天地之間萬物紛紜變化，用易卦恰到好處地比擬、模擬了天地變化的規律。通過觀察天

地萬物的運動變化，古代聖王制定了人間社會一系列的典章制度，並通過文辭附在《易經》的卦爻上面，用語言解釋出了這些現象當中的吉凶徵兆。

你內心的方寸亂過沒有

「言天下之至賾而不可惡也」，儘管天地萬物看起來讓人覺得眼花繚亂、不可捉摸，好在遠古聖人通過《易經》的歸納，總結出了一系列的規則，使人生活在天地之間不感覺到太亂。雖然實際上是很亂的，但我們不覺得亂，不覺得有多麼煩擾，這就要歸功於建立這一系列典章制度的古之聖人。

我們看那些搞地球物理研究的，地球上面的事物那麼複雜，有山河、平原，還有大陸、海洋，地形地貌的變化非常複雜。因為地球經緯度的確定，那麼複雜的地球，任何一點就可以用經緯度準確地表示出來。有了這個經緯度的確定，地圖就產生了，要到哪裡去，一翻地圖就知道往哪裡走，走哪條路線，怎樣走才算是捷徑等等。《易經》就是這樣的感覺。它把天地萬象用一種古代科學的方式，通過數理變化和擬象歸納，創立八個基本卦象和六十四個重卦，就把人間社會的事情基本都歸納出來了。我們生活在其中，就會感覺到有條有理。

人就是這樣的，事情一多一雜，心理上和情緒上就會產生複雜的變化。如果我們的頭腦沒有條理，就容易產生煩惱、焦躁的情緒，面對「天下之至賾」，就會產生厭惡的感覺。我們每個人在日常生活中都有這樣的情緒，事情一多，一麻煩，無明火就起來了。我們學習《易經》，就是要體會陽主陰從，體會知崇禮卑，通過《易經》這些原則的把握，通過對事情的輕重緩急的分析，把事情條理化，抓住一件事情的關鍵點，抓住主要矛盾，其它次要的東西，就可以自然而然地帶動起來。所謂綱舉目張，就是要把綱抓住，其它自然就帶動起來了。

當然，要真正做到不惡，關鍵還是調理自己的心，把自己心調順。調心的關鍵，就是在陰陽上面找感覺。《易經》就是講陰陽，從頭到尾都是對陰陽的分析和判斷。在陰陽上把感覺找準，就能夠調節自己的心，

就能夠調節自己的生活，調節我們的事業。你心中有這個底了，再紛繁複雜的情況，你都能夠成竹在胸，能夠心平氣和地面對。

下面一句「言天下之至動而不可亂也」，也是同樣的道理。如果真正掌握了易道變化的規律，掌握了天地之道一陰一陽的消長規律，對易卦的爻象就會有所領悟，其中吉凶悔吝的種種變化和結果，其中的因果關係就會清楚明白。「天下之至動」，就是在社會很動盪的時候，甚至天下大亂的時候。在這種時候，你心中都不會亂了方寸。

這也是在激勵大家要好好學習《易經》，無論是在天下太平還是天下大亂的時候，都會有好處的。說老實話，真正精通易道的人，如果遇到的是太平盛世，每天太陽都暖烘烘的，天天過得都很舒服、很安逸，那麼每天充其量也就是在家裡「觀象玩辭」，就像邵雍父子在家裡玩易，鄰居來借東西要打一卦，看人家到底借的是什麼？在街上買一把板凳，也要看一下它的命運如何。天下太平當然是好事，但是對於精通易道之人來說，把《易經》拿來推算桌子板凳的命運，就有點殺雞用牛刀的感覺。

學易者的真功夫，是要在修齊治平上體現出來。凡是歷史上遇到大變局，遇到改朝換代的時候，能夠在大變局之下力挽狂瀾、建功立業的人，往往對易學是非常精通的。因為他能「言天下之至動而不可亂」，既處變不亂，還能夠引導局勢的發展。

現在到處鬧金融危機，在以前經濟形勢一片大好的時候，只要是有點想法的人，下海都能游幾下，都能掙到錢，但真正經濟方面的高手，就顯不出來了。現在金融危機一鬧，局勢就很微妙了，明年據說是最艱難的日子。在這種時候做企業還能夠有所發展，做投資還能夠持盈保泰，這就是真功夫了，在經濟上面就是真正的高手。因為你有能力把握這個局勢，能夠在外界一片混亂的時候自己不亂，這就厲害了。

該出手時方出手

下面「擬之而後言，議之而後動，擬議以成其變化。」這就是下結論了。周敦頤的《通書》裡面專門有「擬議」一章。前面我們說了那麼多「不可惡也」、「不可亂也」的道理，歸根到底，就是這裡說的「擬

之而後言，議之而後動，擬議以成其變化」。社會現象那麼複雜，社會人事的變動那麼巨大，一個仁人君子要想在這個社會上建功立業，在說話行動之前，一定要考慮清楚，要非常謹慎，該不該出手？時機到沒到？都是很講究的。

這裡的擬，是模擬、擬定、類比的感覺，預先要有模擬判斷，要有個計畫。怎樣來模擬呢？就要通過易卦、易象對社會各種現象進行對比，進行模擬分析，進行深入研究。《周易》六十四個卦，可以說是整個人類社會形形色色現象的一個濃縮的模型。凡是人類社會種種現象，都可以歸納在六十四卦所代表的現象裡面。比如說教育，我們可以從蒙卦裡面得到啟發。蒙卦象辭說：「山下出泉，蒙。君子以果行育德。」社會思想的啟蒙教育，人的啟蒙教育，就要從蒙卦上找感覺。如果面臨社會大的變革，改朝換代，就可以從革卦中來體會。如果涉及到社會司法，就可以從訟卦、從噬嗑卦上得到啟發。如果要領兵打仗，想要出師有利，可以從師卦裡面找感覺。而平常的為人處世，要以謙卦之德來面對人事，要從損益二卦中體會怎麼做於己於人有損，怎麼做會有益於己也有益於人。還有，治家有家人卦，朋友之義有同人卦，男女婚嫁有歸妹卦等等。

《易經》六十四卦，都能具體指導我們在社會生活中的方方面面的。我們對照六十四卦的模型，充分地進行研究和思考，掌握其中的變化趨勢，「擬之而後言」，對照這個模型進行摸擬研究，然後再對社會生活來發言，就不會打胡亂說。即便不是一語中的，也可以做到十中八九，心頭是有把握的。

上面這個擬，可以說是我們自己一個人私下對學問進行模擬、研究、琢磨；下面的「議之而後動」，就不是一個人的事情了，就是要吸取多方面的意見，多與其他人討論、研究，在做任何事情之前，廣泛聽取不同的聲音。議，也是易卦錯綜複雜變化的要求。一個卦出來後，會有錯綜複雜的變化，我們要站在不同的角度來看待這件事情，不僅要從因到果，還要從果到因來反推這件事情，前後左右、四方上下都要看清楚。以前講「民主集中制」，如果真正做到了既民主又集中，那就做到了「擬之而後言，議之而後動」，這樣再出手做事情，就能夠馬到成功。

最後一句「擬議以成其變化」，就是說通過擬、議的原則，就可以看清天下的大勢，就可以規劃好自己的行動步驟，就可以順勢而為，該出

手時就出手。這樣的話，你的行動的步驟和節奏就能夠與天下大勢合拍，就能夠合乎于天道的變化，成就天道的變化。

中孚卦，鳴鶴在陰之吉

以上就是《繫辭》第八章的第一段。接下來具體講了七個卦，每一卦各取一爻，具體講如何才能夠「言天下之至賾而不可惡也，言天下之至動而不可亂也」。在這種紛紜變化的無常世事之中，怎樣才能既保全自己，同時又能夠伺機而動、達到建功立業的效果呢？這就需要通過下面的具體卦象和爻辭反映出來。

「鳴鶴在陰，其子和之。我有好爵，吾與爾靡之。」子曰：「君子居其室，出其言善，則千里之外應之，況其邇者乎？居其室，出其言不善，則千里之外違之，況其邇者乎？言出乎身，加乎民；行發乎邇，見乎遠。言行，君子之樞機。樞機之發，榮辱之主也。言行，君子之所以動天地也，可不慎乎！」

「鳴鶴在陰，其子和之。我有好爵，吾與爾靡之。」這句舉的是中孚卦九二爻的爻辭。大家可以翻到中孚卦看一下。我們下面在講每一卦的時候，都會把卦辭、象辭、象辭這些綜合著給大家講一下，讓大家先對全卦的精神有一個整體瞭解，然後再來說其中所舉一爻的內涵。

 中孚卦

《中孚》：豚魚吉，利涉大川，利貞。
《彖》曰：中孚，柔在內而剛得中，說而巽，孚乃化邦也。豚魚吉，信及豚魚也。利涉大川，乘木舟虛也。中孚以利貞，乃應乎天也。
《象》曰：澤上有風，中孚，君子以議獄緩死。

大家看這個中孚卦，這是《易經》中很重要、很特別的一卦，尤其

是在漢代的卦氣學說中，中孚卦是非常重要的。「甲子卦氣起中孚，六日八十分之七」，一個甲子的卦氣變化或者說是開端，是從中孚卦開始的。我們看中孚卦的卦象，兩根陽爻在上，中間兩根是陰爻，下面又是兩根陽爻。所謂「甲子卦氣起中孚」，這是從一年的角度上來說的。一個甲子是六十，卦氣學說是把一年三百六十五天用六十四卦來進行匹配，其中坎離震兌四卦是春夏秋冬四季卦，不參與配合，其餘六十卦平均分配在一年的時間裡。按卦氣之說，全年卦氣運行的開始，第一個卦就是中孚卦。中孚卦是什麼時候呢？每一年陰曆十一月冬至之前，就是中孚卦行令。「甲子卦氣起中孚，六日八十分之七」，中孚卦後經過六日七分，到了冬至，就是一陽來復的復卦。

中孚卦是「陽剛在外，陰柔在內」，從節氣與人體的角度來看，中孚行令的時候，我們身體內部的陽氣處於全年最弱的時候，而外面的氣候又是全年最嚴厲的時候，所以說是「陽剛在外，陰柔在內」。中孚，就是中間空了，按照傳統養生來說，這個時候一定要進補陽氣。過去我們就有傳統，到了冬至要吃羊肉，傳統的中醫還有專門補陽氣的冬至方。馮老師老遠從廣東回來，就想好好在冬至期間吃火神菩薩開的冬至藥，好好把精神補起來，明年好繼續幹革命。

所以我們說，中孚卦行令的這個時候是很關鍵的，是一年卦氣起頭的一卦。這是從自然現象的角度來說的，我們從社會現象來說，從做人和心性修養上來說，這也是非常重要的一卦。下面我們通過對其卦辭、象辭、彖辭的學習，來體會這一點。

中孚卦的卦辭是「豚魚吉，利涉大川，利貞。」這個古卦辭是很精到的，捨不得多說一個字。下面的彖辭就是對卦辭的解釋，我們從彖辭上，就可以看到卦辭的意義。彖辭說：「中孚，柔在內而剛得中。」柔在內，指的就是這一卦的卦象，中間是兩根陰爻；剛得中，是說九二爻和九五爻分別處於上下卦之中。下面一句「說而巽，孚，乃化邦也」，說，就是悅，悅是兌卦之象。中孚卦是兌下巽上，「說而巽」就是兌而巽，兌有喜悅之象，巽有流動之象。孚是什麼意思呢？就是我們現在說的誠信。我們做人要有誠信，做生意要講誠信，交朋友要講誠信，孚就是誠信、誠服的意思。「孚，乃化邦也」，就是用一種誠信的精神來治理國家、邦國，就會教化得很好，就會很太平、很和諧。

　　「豚魚吉」是什麼意思呢？這裡怎麼會沒頭沒腦地鑽出個豚魚來呢？豚魚，就是我們說的河豚魚，按照民間的說法是「撐死吃河豚」。你要不怕死就去吃河豚，這是有劇毒的，但是據說味道鮮美無比，天下第一。當然，我是沒有福氣吃到河豚了，不知道我們在座的哪一位嚐過？據說現在的高級餐廳裡吃河豚，河豚魚做好了端上來，第一筷子必須是大廚本人先當眾嚐一口，然後客人才能吃。為什麼呢？客人信不過，怕中毒不敢吃嘛。這裡的「豚魚吉」，就是一個人只要有誠信，哪怕是給你吃河豚，你都敢放心大膽地把它吃下去。為什麼呢？因為你信任他嘛。你把河豚拿給別人吃，你本身有這個信譽的話，人家也會吃下去，所以是「豚魚吉，信及豚魚也。」

　　「利涉大川」，就是能夠走很遠的路，渡過大江大河都沒有問題。為什麼呢？因為「乘木舟虛也」。這是從卦象上體會的，中孚卦的卦象，就像是兩頭實實的一段木頭，中間被挖空了，這就是一條舟船之象，所以說是「乘木舟虛也」。從卦象上來看，就具有渡過大江大河的能力。同時因為它是「說而巽」，具有流動之性，悅嘛，能夠高高興興地渡河，所以還是很吉利的。

　　「中孚以利貞，乃應乎天也」，貞者，正也。就是說，我們要把自己的心擺正，把自己的行為擺正。如果一個人的心中真正充滿了誠信，那麼你在待人接物、言行舉止上，就會充滿正氣，很正派，當然也很虛心。一個人如果充滿正氣，言行舉止又很正派，就可以「應乎天也」。

　　中孚卦的大象辭說：「澤上有風，中孚，君子以議獄緩死。」中孚的下卦是兌，兌為澤，上卦是巽，巽為風，所以這個卦就是「澤上有風」。中孚，就是心中誠孚。「君子以議獄緩死」，這一句是從人事上進行引申的。從自然現象的角度來說，中孚體現的是陽氣最弱、最危險的時候，是自然界陰氣最盛的時候。那麼對一個人來說，這個時候就是處於一種最困難、最危險的境地當中，即處刑獄之中。這裡的君子，指的是領導者，是能夠決定受刑之人命運的人。君子處中孚之時，就一定要「議之而後動」，要像法官在法庭上一樣，面對刑事案件要一審、二審、三審，審完以後還要和陪審團好生議一議，最後再來作決定。即使是面對死刑犯，也要三思而後行，要緩死，要慎重，不能輕易下結論。

有信任才有分享

　　上面我們講了中孚卦的卦象、卦辭、彖辭和象辭。我們在對中孚卦有了整體的印象後，就可以看《繫辭》中所引用的爻辭了。「鳴鶴在陰，其子和之。我有好爵，吾與爾靡之。」這是中孚卦九二爻的爻辭。爻辭下面的小象辭對此作出了解釋。

　　為什麼會「其子和之」呢？就是因為「中心願也」，心中有這樣的願望，所以互相之間才能夠應和。「鳴鶴在陰」怎麼講呢？鶴在易象裡面屬於至陽之物。鶴是一種非常特殊的動物，在中國傳統文化裡面是很吉祥的鳥，松鶴延年、鶴髮童顏，凡是跟鶴沾邊的都有長壽之意。我們看《封神榜》裡面，哪吒太子的師父太乙真人就是騎著一隻仙鶴，手裡拿著一把鵝毛扇，一副仙風道骨的樣子。在道家裡面，那些道士要修煉成仙的時候，就叫做駕鶴西去。現在，一般人去世了，我們也說是駕鶴西去。但是這個詞也不能隨便亂用，一般到了八九十歲高齡，壽終正寢的，我們才能說是駕鶴西去。如果一個甲子都沒有活到，中年累死或者少年夭折，你說他是駕鶴西去，這個話就很傻瓜了。駕鶴西去是壽終正寢才行，感覺是走得很好，往生得很不錯。

　　在中國詩歌裡面，詠鶴的詩非常多。「昔人已乘黃鶴去，此地空餘黃鶴樓。黃鶴一去不復返，白雲千載空悠悠。」過去的人在黃鶴樓這個地方成仙，騎上一頭黃鶴就飛走了，現在這裡就只剩下了一座空空的黃鶴樓。黃鶴飛走就再也沒回來，我們不曉得啥子時候才能夠成仙，所以詩人就發出了這樣的感慨。還有一首詩寫道「腰纏十萬貫，騎鶴下揚州。」這個就更提勁了。腰纏十萬貫是人間的大富大貴了；騎鶴下揚州則是仙風道骨。這個人既得到人間的富貴又能夠成為逍遙大仙，簡直是啥子好事讓他占完了，可以說是達到做人的最高理想。

　　我們成都人知道大邑的鶴鳴山，那是中國道教的發祥地。這座山的山勢非常靈異，如果站在山頂的大殿上往遠處看，就會發現你是處在一頭仙鶴的背上，仙鶴的頭部一直伸到前面一條小河裡面吸水，兩邊的山勢展開，就像仙鶴的兩隻翅膀一樣，讓人感覺心曠神怡。鶴鳴山上有個天穀洞，傳說當年張天師就是在這裡修煉得道成仙的。以前我去鶴鳴山採訪過，當地人說，這個天穀洞裡面有一隻天然石鶴，據說凡是得道成

仙的人一到那裡，這只石鶴晚上就要叫。

在大邑地方誌的記載中，這只石鶴叫過三次，第一次是當年黃帝的師父廣成子四處遊玩，到了鶴鳴山覺得很舒服，於是住到天穀洞裡面，半夜石鶴就叫了，所有人都知道這裡有人得道成仙了。第二次是張道陵在這裡創道教，住在這裡的時候石鶴也叫了一次，大家就說張道陵在這裡得道成仙了。第三次記錄得更好像是言之有物、證據確鑿。明朝的時候，幾代皇帝都給道士張三豐當粉絲。張三豐是個神龍見首不見尾的人物，一會兒在寶雞金台關出現了，一會兒又在湖北武當山上出現了，一會兒又跑到四川的鶴鳴山來了。傳說張三豐到鶴鳴山的時候，這只石鶴也叫了一次，從此記錄下來。明朝皇帝還專門派執掌道教的官員到鶴鳴山來宣讀聖旨，說自己是一介凡夫，嚮往張神仙已經很久了，作為您的弟子，我是如何如何地想見您老人家一面等等，寫得很有意思。

關於白鶴，在宋代時杭州西湖有個隱士詩人叫做林和靖，一輩子都獨身，沒有結婚，隱居在西湖上面的一個小島上。傳說他是「梅妻鶴子」，就是以梅花為妻、以白鶴做子女。他經常駕船在西湖上遊玩，只要有朋友到島上來找他，他那兩隻白鶴很乖，馬上就飛起來在天空中大叫幾聲，整個西湖都能夠聽到。林和靖聽到後就曉得有客人來了，馬上就駕船回來，比現在的行動電話還靈。

鶴乃至陽之物

所以這個鶴，在中華文化中確實是很吉祥的象徵，有老年人過生日，如果送跟鶴有關的禮物，那麼比送再多的錢財都還要管用。「鳴鶴在陰，其子和之」，我們把鶴說了這麼多，在易卦上又是怎麼體現的呢？

鶴為至陽之物，「鳴鶴在陰」是說陽居陰位。我們說易卦六爻，一三五為陽位，二四六為陰位，九二爻是陽爻居於陰位，所以是「鳴鶴在陰」。同時，九二爻處於下卦之中，下卦又稱之為內卦，是隱於外卦之內，一般不顯出來。所以，中孚卦九二爻在整個卦象中的位置，就好像一隻鶴在樹蔭下。九二是陽爻得中，是陽就要顯，你就能聽到它的叫聲；陰位則隱，你就看不見它的影子。「其子和之」是什麼意思呢？有些註解上面

說，其子指的是中孚卦的初爻，初九與九二相呼應。按照本光法師的說法，其子指的是隱伏於九二爻下面的陰爻。

這個地方要特別留意，易卦六位，每一位都是陰陽全俱才能成位。能夠顯現出來的，只能是一陰一陽當中的一面，陽顯則陰隱，陰顯則陽隱。九二是陽爻，其下就必然隱伏了一個陰爻，「其子和之」就是這個隱伏的陰爻與九二是暗中呼應。我們看乾坤二卦，乾卦每一爻下面都隱伏著一個陰爻，所以整個乾卦下面就隱伏了整個坤卦。乾坤二卦，實際上是一個硬幣的兩面。到了正面就是乾，到了背面就是坤，所以嚴格地說，乾坤是一個東西。陰陽二氣，實際上只是一氣，只不過為了表達這一氣的變化就要分陰分陽。我們說，一年的卦氣運行到了現在將近冬至的這個時候，它是一氣流行過來的，但是這一氣在全年之中有一個變化的過程，要表達這個變化，就用陰陽二氣的消息來體現。我們一定要注意這一點，這是我們學習易卦的一個關竅。一個卦的本卦就是它的陽面，錯卦就是它的陰面。我們以前講錯綜複雜的時候講過，錯卦就是陰陽相錯，本卦是其顯現的一面，錯卦是隱伏的一面，這是從不同的角度來看同一個事物的結果。所以要記住，易卦六爻的任何一個位，都是陰陽全俱，只不過是顯隱不同。

「我有好爵，吾與爾靡之。」這是中孚九二的引申意義。「鳴鶴在陰，其子和之」，這句話已經講完了這一爻的內涵。好爵，有些人解釋為好的食物，有些人解釋為好酒，都可以。不過從字源上來講，這個爵字通雀，當雀鳥來講更準確。就是說我抓住了一隻小鳥，我們兩個一起來分享。鶴是大型的鳥類，不僅要吃魚，還要吃諸如青蛙、小雀等兩棲類動物和小型鳥類等。大鶴在樹蔭裡抓住一隻鳥雀，就招呼小鶴，快來啊，我們一起來分而食之。小鶴也能夠在其伏藏之處相應，出來一起把小鳥吃掉。這就是中孚九二的感覺，大鶴與小鶴相互信任，才能相和。如果一個人跑到山林裡對野生動物說，我有好東西，你快過來吃，動物會來吃嗎？不會嘛。獵人必須偽裝起來，設下誘惑的套子，動物要看到沒有危險才會去吃。所以要相互應和，就必須要相互信任。

言行違順，應乎千里

　　中孚卦講到這裡，下面就假借孔夫子的語言對這個一爻發揮了一下。子曰：「君子居其室，出其言善，則千里之外應之，況其邇者乎？居其室，出其言不善，則千里之外違之，況其邇者乎？」就是說，一個人坐在屋裡不出門，如果說出一句話來是好話，即使是千里之外都會有人呼應，更何況是近處的人呢？邇就是近的意思。如果一個人在屋裡說了一句不好的話，即使是千里之外也會有人感覺到違背道理，更何況是很親近的人呢？

　　這就告訴我們平時一定要慎言。一般普通人的影響很小，不外乎家庭子女，我們從一個人的言語裡面，就可以體會到他的家教如何。如果是在知識份子家庭，出生於書香門第，往往其子女就會文質彬彬，待人有禮有貌。但如果是山野村夫，說話可能就比較粗魯，沒有修養。當然，就性格而言，山野之人可能會比城市人淳樸一些，這也是家庭環境相互影響的結果。如果作為一個領導人或者一個公眾人物，他說話的影響力就非常之大了。大地震的時候，溫總理說了一句「多難興邦」，全國人民都感覺熱血沸騰，大家有錢的出錢，有力的出力，幫助災區人民共渡難關，一句話就能夠激發大家戰勝自然災害的勇氣。

　　所以，言語對於君子來說，是非常重要的，尤其是現在對於公眾人物來說，尤其重要。當然，現在的公眾人物也未必都是君子，比如一些明星們，雖然有很多人追捧，但其言行表現出來就未必是君子，我們在這裡就不舉例了。總之，「子曰」這一段就是叫我們要慎言。在孔夫子的時代，一句話都可以傳之千里，更何況現在的資訊業那麼發達，網路資訊那麼厲害。要是稍微不慎，自己丟醜都不曉得是咋回事。而且，一個錯誤的觀念，一個錯誤的主張，如果沒有經過深思熟慮說出來以後，也會影響很多人，按照佛教的說法，這個業就造大了，總之我們說話要小心小心再小心。

　　「言出乎身，加乎民」，課間的時候有人問，這裡的主語是哪個啊？其實，凡是學習《易經》的人，看到這句話的人，都是它的主語，大家都可以把它放到自己身上來體會，都可以當主角。就《繫辭》而言，它是站在古聖先王、為政君子的角度來說的。我們的語言從自己身體裡面

發出來，就不再只是自己的事情，如果是個為政者，說出來就會影響很多人，會在老百姓中引起反響。你的管轄範圍有多大，你的影響就會遍佈到整個範圍內。所以這裡說「言出乎身，加乎民」。

「行發乎邇，見乎遠」，一個人的個人言行雖然範圍很小，聽到的人也很有限，但就是因為人都喜歡傳閒話，所以一傳十、十傳百，影響面就會呈幾何級數增加，就會變得很大，影響的時間也會變得很長久。歷史上一些偉大人物的事蹟之所以能夠流芳千古，也是因為「行發乎邇，見乎遠」；歷史上一些大奸大惡之人，之所以會臭名遠揚、遺臭萬年，同樣也是由於「行發乎邇，見乎遠」的道理。這段話主要還是提醒為政者、提醒領導人的，所謂「邦有道，則庶民不議；邦無道，則庶民緘默」。國家社會政策是合乎正道的，老百姓就沒啥說的，自己安居樂業、享受太平就行了。如果一個國家社會政策很嚴酷、很壞，老百姓就不敢說話了，就只有保持沉默。有道無道都是不說話，但是味道就不一樣，關鍵就是要落實到為政的君子身上。

主宰榮辱的機關

「言行，君子之樞機。樞機之發，榮辱之主也。言行，君子之所以動天地也，可不慎乎！」這幾句是對前面所說的君子言行重要性的一個總結。什麼是樞機呢？樞就是樞紐、中心，就像我們坐火車，鄭州、北京等城市就是交通的樞紐、交通的中心，是縱橫的交錯點。機指的是時機、機會、機關。現在我們說在機關工作，大家都沒有什麼感覺，覺得這是一個普通的工作，是工薪階層。如果放在古代，你要是在機關工作，那是不得了的，一定會被周圍的人另眼相看。機關，就是處在機要的關頭，是掌握了社會重要職能的部門。《水滸傳》裡面說，林沖誤入白虎堂，著了機關，所以是死罪，就是闖到機關裡面去了。所以一言一行，是仁人君子最重要的著眼點，之所以要用「樞機」這個詞，就是說明人的一言一行絕非小事。

言行到底會帶來什麼樣的結果呢？就是下面這句「樞機之發，榮辱之主也」。人的言行之所以重要，就是因為它能主宰人的榮辱。榮辱對中

國古人來說，那是看得非常重的，有重如泰山的感覺。現代人的榮辱感
已經很淡了，只認錢，其它一概不認，也不要面子，更不要榮辱。現代
社會有種種弊病，其中最大的問題，我個人覺得就是不知榮辱，大家都
沒有羞恥的觀念了。現在的官場上腐敗很嚴重，社會各行各業也都有腐
敗現象，醫療、教育、學術圈、娛樂圈……最大的問題就是大家沒有榮
辱觀了。

　　前段時間，劉大姐講了一個龍門陣，說是一個朋友的孩子上小學，
有一天在學校裡，老師對娃娃們說，哪個同學的家長是財務部門的？小
娃娃們聽到都很高興，都喜歡在老師面前表現嘛，所以這個娃娃馬上舉
手說，我爸爸是財務部門的。老師就說，那好，請你家長下午來一趟。
這個娃娃下午就把家長請來了，結果老師拿了一大堆發票出來對他說，
正好你是財務部門的，就幫我處理了吧。

　　這種事情，讓人聽起來很寒心，現在連老師都沒有榮辱感，這是很
危險的事情啊！現在的學術圈子也是這樣的。剛才我說的是小學，大學
裡面更是這樣。有些博導為了維持自己的職稱，大學裡規定每一年要在
哪一級別的核心期刊裡面發表多少篇論文，才能維持自己的職稱，沒有
達到標準的話，職稱就要取締。我知道的很多教授就是這樣，發表文章
不僅收不到刊物的稿費，還要掏出一大筆錢給期刊社。美其名曰是發表
費，實際上就是有償發表、甚至可以說是行賄。這種論文的水準就可想
而知了。更有甚者，有些教授博導們拿出去發表的論文，還不是自己寫
的，都是學生寫好了，署上教授的名字去發表。在教育系統裡面，為人
師表都是這樣沒有榮辱感、羞恥感，真的是非常可悲的。現代社會再這
樣發展下去，就會非常危險。

　　我有個納西族的朋友，他說起偏遠納西鄉村的民風就非常淳樸，大
家出門去買東西回家，半路上拿不動了，把東西隨便掛在樹上，過上十
天半月去拿，保證還在那裡。他們的風俗是，如果東西掛在樹上，就表
明是有主人的，如果丟在地上，就表示沒有人要了。大家都講誠信，掛
在樹上的東西是沒有人去拿的。如果一個人不講誠信，那就無法活下去。
在他們那個地方，如果發生了偷盜行為是不可饒恕，要被大家唾棄的。
如果是男子就絕對娶不到老婆，如果是女子就絕對嫁不出去。這種人只
能背井離鄉，到一個沒人認識的地方去混。

　　中國古人的榮辱感，現在只有一些偏遠地區還有保留，大城市裡面

就已經很差了。儒家說「知恥近乎勇」，有了榮辱感，知道自己做得不對，知恥而能改，就是非常勇敢的人了。俗話說「人不要臉，鬼都害怕」，真正是如此。不是說鬼都害怕你，而是鬼都討厭你、唾棄你，覺得你這個人連誠信都沒有，做鬼的資格都不夠。

現在中央要求黨員幹部學習「八榮八恥」，這就是強化榮辱觀，這是提得非常好的。對於人來說，榮辱確實是一個很要命的東西。一個有榮辱感的社會，才能真正談得上人與人之間健康相處。觀察一個人，榮辱是最重要的標準，沒有榮辱感的人，任何人與他都難以相處。中國古人說「立言、立功、立德」三不朽，立德是精神內部的事，外表一般看不出來的。有些人冠冕堂皇，嘴上說得很好，心頭是不是這樣我們也不清楚，只有自己才曉得。但是立言、立功就有一個標準，大家就有目共睹了。人的言行是帶來榮辱的關鍵，所以在這二者上面一定要非常小心。

「言行，君子之所以動天地也，可不慎乎！」這裡說的君子，指的是有能力的人，像堯舜禹湯這樣的古之聖賢、這樣的領導者，就能夠通過自己的一言一行動天動地，改變世道，改變人心。毛澤東說：「唯有犧牲多壯志，敢叫日月換新天」，君子有改天換地的理想、抱負和責任，言行不謹慎怎麼行呢？這就是中孚卦的引申意義。

同人卦，先號咷而後笑

我們再來看下面一段，這是講的同人卦。

「同人，先號咷而後笑。」子曰：「君子之道，或出或處，或默或語。二人同心，其利斷金。同心之言，其臭如蘭。」

同人卦

《同人》：同人於野，亨。利涉大川，利君子貞。
《彖》曰：同人，柔得位得中，而應乎乾，曰同人。同人曰：同人於野，亨，利涉大川。乾行也。文明以健，中正而應，君子正也。唯君

子為能通天下之志。

《象》曰：天與火，同人。君子以類族辨物。

同人卦的卦辭是「同人於野，亨，利涉大川，利君子貞。」彖辭對卦辭是怎麼解釋的呢？彖曰：同人，就是說這個卦名叫同人卦。這個卦名是怎麼來的呢？就是「柔得位得中而應乎乾，曰同人。」天火同人，六二爻是既得中又得位，下卦離火跟上卦乾天相應，同時六二爻與九五爻也相呼應，所以能夠變成同人，成為朋友。

「同人於野，亨，利涉大川」，亨，指上卦有乾之行。同人於野，之所以能夠爬山涉水而得亨通，是因為上卦是乾卦，是有天行之健，生生不息，可以遠涉大川。下卦是離卦，離卦有文明之象，所以是「文明以健」。

「中正而應，君子正也。」我們看一個卦的主爻，往往第一眼看到的爻位，這就是最重要的位。我們看同人卦，五根爻都是陽爻，第二爻是陰爻，證明這一卦最重要的位置就在二爻上面。所以六二中正、居中，又得中又得位，還可以跟上卦呼應，所以就能體現出君子之正。「唯君子為能通天下之志。」就是說，只有君子具有這樣中正健行的品質，這樣就能夠通達天下之志願，成就自己偉大的志向。

交君子，找知己

我們再來看《繫辭》裡引用的這一句，「先號咷而後笑」。這個是同人卦九五爻的爻辭，後面還有一句「大師克相遇」，在《繫辭》裡面沒有引用，是因為這句和《繫辭》這一章要闡述的內容關係不大。

「同人，先號咷而後笑」，我們來看同人卦的卦辭。「同人於野」，就是說一個人要到外頭去尋找他的同人，尋找他的朋友，尋找他的知己。因為他是君子，最終是能夠找到朋友的，所以雖然找得很辛苦，但最終還是笑了。我們小時候玩過一個找朋友的遊戲，大家圍個圈子又跳又唱：「找呀找呀找朋友，找到一個好朋友，敬個禮，握握手，你是我的好朋友。」同人於野，就是說找朋友不能坐在家裡，要出門到外，必須突破原有的人事圈子，才能找到真正的知己朋友。要到外面去，就要走很多

路，要涉大川，翻山越嶺，非常辛苦，甚至於是一件很冒險的事情。當年大革命時期搞串聯，找革命同志也是很冒險的。一個人如果過於清高，一個朋友都沒有也不好，很寂寞啊。所以人生難得一知己，一定要有知己朋友才好。找朋友的過程是很艱苦的，「先號咷而後笑」，找之前會累得人叫爹喚娘，但是一旦找到了知己朋友，就會很高興了，就會笑出來。過去說士為知己者死，一個人如果能在人世間找到可以與自己生死與共的好朋友，真正太難得，當然會高興得跳起來啊！

我們年輕的時候看《三國演義》，劉關張桃園結義，磕頭燒香，不求同年同月同日生，但求同年同月同日死，看得人熱血沸騰的。就是這一套結拜金蘭的禮儀，就把中國民間社會，尤其是江湖社會中人的心氣提起來了。江湖社會是個講義氣的社會，義字當頭，就可以讓同生共死的兄弟朋友之間，感覺到一種強大的精神力量在裡面。真正尋找同人的過程，就是以心換心、心心相印的感覺。我們在座的各位，不知道找沒找到人生當中的知己？如果找到了，就要對你說聲恭喜；如果沒有找到就要繼續去找，哪怕是一邊號咷一邊哭，也一定要找到才行，找到了就會喜從中來。

下面又借孔夫子之口說：「君子之道，或出或處，或默或語。二人同心，其利斷金。同心之言，其臭如蘭。」這是對同人卦九五爻引申意義的發揮。要出門去找知己朋友，就要學會觀察，看一個人是否君子，不能東找西找，盡找些不三不四的人來，甚至引狼入室，自取其咎。所以這裡就提出了君子的標準，就是從出、處、默、語當中來觀察。人們經常愛說「察其言，觀其行」，就是要從言行兩個角度來看。出就是動，處就是靜，語是說話的時候，默就是不說，要從語默動靜中來觀察一個人。同人卦是找朋友、找知己的卦，我們要以君子的標準來找朋友，一般的酒肉朋友是談不上知己的，只有靠邊站。

聊齋裡面有一個故事叫《田七郎》，說的就跟同人卦很合拍。有個武員外很富有，仗義疏財，結交了很多朋友。有天晚上他做夢，夢見一個神仙對他說，你結交的這些朋友不行，都是些酒肉朋友，遇到事情都閃了。你這輩子只有一個真正的朋友，叫做田七郎。武員外醒了之後，就四處去尋找這個叫田七郎的人，東打聽西打聽，終於打聽到深山裡面有個獵人，是個二十多歲的小夥子，姓田，人稱七郎。這個田七郎和他老

母親生活在一起，以打獵為生。武員外去找田七郎，帶了很多禮物，但田七郎統統不要。田七郎的母親還很生氣，對武員外說：「老身只有這麼一個兒子，不想讓他與貴客共事！」武員外很難受，只好回家了。隔三岔五地還要去拜訪他們，人家還是不理，武員外心裡既難受，又覺得不好辦。武家其他人都覺得田七郎傲慢無禮，不識抬舉，但武員外反而更覺得自己沒有看錯人。

有一次，田七郎主動跑到城裡來找他，因為妻子病得很重，沒有錢看病，所以帶了些野味來，想在武員外這裡換點看病錢。武員外很高興，馬上就幫了這個忙，後來再去找田七郎就很客氣了，留點禮物和錢，田七郎也不會白收他的任何財物，而是用獵物去交換。武員外又提出，你們兩個住在深山裡面很不方便，乾脆搬到城裡來住吧，我可以單獨為你們找個院子。田七郎堅決不幹。後來，武員外很久沒有看到田七郎了，突然聽說田七郎被官府抓了，一問才知道田七郎和人家爭奪金錢豹，把人家打死了，惹上了性命官司。武員外把自己的大量錢財拿出來，賄賂了官員和死者的家人，終於從監獄裡把他撈出來了。

田七郎回家後，他的母親就說：「兒啊，你打死人本來要償命，現在你這條命已經是人家武員外給的了。看來你只有到武員外那裡去了。」於是田七郎就到了武員外家裡。武員外盛情接待他，給他吃給他住，他從此毫不推讓了。其他人都很憤怒，覺得這個田七郎根本就沒有一點知恩報恩的感覺，以前傲氣得不得了，現在人家救了他的命，他一點感激之情都沒有。

其實他們不曉得，這真正體現的就是大恩不言報的感覺。救命這樣的恩惠，你說一句感謝行嗎？這種時候說啥子都輕！這個故事的最後，就是田七郎把武員外一家都救了，幫他們報了仇，而自己為此捨棄了性命。武員外因此不再去結交所謂的朋友，帶著一家人隱居去了。

這就是同人卦的感覺。我當年看這個故事的時候，看得熱淚盈眶的，覺得人這一輩子結交朋友不求多，只要有那麼一、兩個患難與共、生死之交的朋友，就是人生之大幸了。

大同世界的基礎

後面說「二人同心，其利斷金。同心之言，其臭如蘭。」這真是金玉之言，念一念都覺得滿口生香，吹氣若蘭。真正兩個人能夠同心同德，能夠擰成一股繩，這種力量就會非常強大，就像一把無比鋒利的刀子，任何金屬在它面前都能輕鬆地斬斷。二人同心是非常不容易啊！不要說朋友，就是夫妻之間，真正能夠做到不同床異夢的都很不容易。畢竟兩個人來自於不同的家庭環境，不同的生存背景，有著不同的性格特徵、成長經歷等，成年以後因緣合和結成夫妻，但是要真正相親相愛、白頭到老，需要磨合很長的時間才行。

大家合夥做事業也同樣如此，同心事業就旺；如果離心，事業就只有垮掉。我們辦書院也是如此，我們書院馮老師寫的這幅對聯：「詩書逸趣芝蘭德潤真君子；經史宏圖事業謀通大丈夫」。這個感覺就是「同心之言，其臭如蘭」，大家在這裡都是「芝蘭德潤」嘛，當然就是要同心同德，最終力求做到「事業謀通大丈夫」。

我們最後再說一點，儒家的社會理想是要建立大同世界，這個大同世界的基礎是什麼呢？就是要建立在「二人同心」的基礎之上，從我做起，從現在做起，從唱好自己的「二人轉」開始。大同世界的理論根據就是來自于《易經》同人卦，能夠把「二人同心」的感覺擴而充之，能夠在全社會乃至於全人類推廣開來，大家都能夠同心同德，這個大同社會的理想也就達到了，「英特納雄耐爾」（譯按：源於法語 internationale，即「國際主義」的意思）也就實現了。

邵雍這個老禪油子

明天是冬至，按照傳統的說法，冬至才真正是一年的開始，是一陽初動。以前把冬至也定為新年，邵雍有一首談冬至的詩，送給大家分享一下。這是邵雍講復卦時寫的一首詩：

冬至子之半，天心無改移。
一陽初動處，萬物未生時。
玄酒味方淡，太音聲正希。
此言如不信，更請問包犧。

　　冬至是子月過了一半的時候，天心指的是北極星。無論地球怎麼轉動，天上的星座怎麼變化，但是北極星的位置始終是不變的。古人就覺得一年四季，天上的星座都是圍著北極星在轉，所以是「眾星皆拱北，無水不朝東」。這裡天心可以當大道來講，一年之際到了冬至這個節氣，天地陰陽交替得很激烈，但是大道一絲一毫也沒有變化。就在陰陽之氣的更替中，一年處於最冷的時候，陰氣最盛的時候，恰恰就是「一陽初動處，萬物未生時」。就在冬至的點上，就在這萬物將生未生的一瞬間，就是一陽初動之時，就是復卦當令。

　　對於參禪的人來說，這就非常有意思了。什麼是我們精神中一陽初動之地？什麼時候是萬物未生之時？大家可以參一下。「玄酒味方淡，太音聲正希」，玄酒就是我們參玄學道，參到了最寡淡、最無味、最沉默的時候，在這個最安靜的時候去體會什麼是太音？什麼是玄酒？這幾句很妙啊！所以宋儒往往都是通禪的，邵雍更是個老禪油子啊！

　　「此言如不信，更請問包犧。」包犧就是伏羲氏，是創造《易經》的古聖先王。如果你們大家不信我的話，那就去問伏羲老祖吧。到哪裡去問伏羲老祖啊？好好學《易經》，伏羲老祖就在《易經》裡面啊！

　　閒話不說，書歸正傳。上一次，我們講了《繫辭》「上傳七卦」中的兩個卦，中孚卦和同人卦。中孚卦九二爻，其核心是「言行，君子之樞機」，根本就是要把誠信的精神體現在言行上面。同人卦的九五爻，講如何找朋友，「二人同心，其利斷金，同心之言，其臭如蘭」。真正在做事時能找到同心同德的朋友，這種感覺就不一樣。就像我們馮老師寫的這個對聯一樣「芝蘭德潤真君子，經史謀通大丈夫。」大家在一起交流，說出來的話會是和雅清逸，不像那些酒肉之徒嘴裡盡是口臭，大家都是吹氣若蘭的感覺，這個多好啊！

大過卦，慎之至也

我們往下繼續學習，大家可以翻到《易經》的二十八卦大過卦。

「初六，藉用白茅，无咎。」子曰：「苟錯諸地而可矣，藉之用茅，何咎之有？慎之至也。夫茅之為物薄，而用可重也。慎斯術也以往，其无所失矣。」

我們按照前面講卦的規矩，還是先來看整個卦的卦辭、彖辭和大象辭。

大過卦

《大過》：棟橈。利有攸往，亨。

《彖》曰：大過，大者過也。「棟橈」，本末弱也。剛過而中，巽而說行，「利有攸往」，乃亨。大過之時大矣哉！

《象》曰：澤滅木，大過。君子以獨立不懼，遯世无悶。

我們看書上，大過的卦辭是「棟橈，利有攸往，亨。」記得以前我們舉離卦的例子時，說了離卦的互卦就是大過卦。這裡的「棟橈」是什麼意思呢？棟是建築中房子的正樑，就是我們平時說的棟樑之木；橈是彎曲的意思。「棟橈」就是說這個屋子的正樑已經彎曲了。這是對大過卦象的一個形象比喻。下面說「利有攸往，亨」。就是說，雖然這是個大過卦，又稱為大坎，打到這個卦不太妙，但它還是亨，是可以走得通的，道路並沒有完全堵死，不是一個徹底絕望的卦。

《彖辭》是對卦辭的一個解說。什麼叫大過呢？《彖辭》說「大者過也。」我們看這個過，不是說徹底地錯了。棟橈是「本末弱也」，本末是個什麼感覺呢？我們看看大過卦的形象，中間是四根陽爻，上爻和初爻都是陰爻。這就像一根木頭，最下一爻是本，最上一爻是末，所以說是本末弱也，這是大過的體現。初爻和上爻是陰爻，就像一個樹木的根部和頂端，兩頭都是陰爻，本末都很弱。從卦象上看，我們對大過卦就

有這樣的體會。《彖辭》下面繼續說，大過卦是「剛過而中，巽而說行。」
為啥子這個過很大，大得過頭了呢？就是因為它很剛直，四根陽爻在中
間擺著，過於集中，棟樑木材雖然在中間，但是大過卦的上卦是兌卦，
下卦是巽卦，上兌下巽。兌卦有悅之象，所以叫做巽而說行。正因為有
了這兩個特點，所以大過卦是「利有攸往」，能夠通過這關的，可以亨通。
最後一句「大過之時大矣哉！」就是說，在大過的時候，應該非常注意，
這是非常重要的時刻。

　　我們再來看《彖辭》：「澤滅木，大過；君子以獨立不懼，遯世无悶。」
大過卦給我最深刻的印象就是這麼兩句。「澤滅木」是什麼意思呢？上卦
是兌，兌為澤；下卦是巽，巽為風為木，木頭被淹埋在沼澤底下了，所
以是澤滅木，就是水漲起來把木頭淹沒了。這個卦體現在人事當中，體
現在我們精神修養上面，就要體會這種獨立不懼，遯世無悶的感覺。一
個人的水準太高、超出常人以後，處於別人都趕不上的狀態，就是一種
高處不勝寒的感覺，就沒有人與你對話，也找不到對手了。太過了之後
該怎麼辦呢？一個人個子太高了，總不能自己削自己一截嘛！所以這裡
就教你要「獨立不懼，遯世无悶」，高處不勝寒沒關係，你一個人立在那
裡就不要害怕；世界上沒有哪個能理解你，沒有一個朋友支持你，也不
要著急，也不要悶悶不樂的。

　　馮老師以前講過，他文革期間進監獄前，心頭有感覺，就打了一卦，
打出了一個大過卦，一想到這句「獨立不懼，遯世无悶」就明白了。按
當時馮老師對傳統文化的體悟和境界，整個社會有幾個知音啊？他確實
是太超前了，太過了，超過整個社會平均水準太多了。進了監獄，到了
高原上，一挺就是 8 年，確實要有「獨立不懼，遯世无悶」的精神才行，
不然那種惡劣的環境會把人逼瘋的。當然，馮老師最後還是平反了，現
在舉起了弘揚傳統文化的大旗，在全國各地給大家講授傳統文化的經典。
這也是大過卦走通了的表現，是「利有攸往，亨」的表現。

　　所以，我們在面對大過卦的時候，就不要像屈原那樣，念念不忘「舉
世皆濁我獨清，眾人皆醉我獨醒」，自己想不開就跑去投汨羅江自盡。這
種時候的確是很容易憤懣、是很不舒服的，但是能夠把《彖辭》裡「獨
立不懼，遯世无悶」的感覺找到，那你就得自在了，任何時候都不會有
懷才不遇的感覺了。

人盡其才，物盡其用

我們看《繫辭》引用的大過卦初爻的爻辭：「初六，藉用白茅，无咎。」大過卦的初爻是陰爻，就是說，在大過卦最初的時候，還不是一個強有力的狀態，還處於一個比較柔軟的狀態，所以用白茅來做比喻。白茅是一種茅草，有著很柔軟、很清潔的品性，還沒有辦法體現卦辭裡面說的「棟橈」。「藉用白茅」就是用白茅作配角，還是不錯的，无咎嘛。我們借用這個潔白的茅草一用還是可以的，不會有什麼害處。爻辭的直接翻譯就是，我們用白色的茅草來墊放物品，是沒有什麼害處的。

下面就是假借孔子的話，對大過卦初爻的爻辭進行了一個闡釋。我們要放置一個物品或器皿，這裡所說的當然不是特別精美的器皿，而是比較一般的。現在搞收藏的，像宋瓷、元青花這些價值連城的古董，當然要裡三層外三層地保護好。像普通的器皿，我們一般用來煮飯燒茶之類的器皿，放在地上就可以了，但是這裡還是用很清潔、很乾淨的茅草墊在下面。對於古代來說，這種白茅用作器皿的包裝，還是顯得很貴重、很莊嚴的。所以這句爻辭是說，把一個普通的器皿都用很好的白茅包好存放，顯得很貴重的樣子，就說明這個事情做得有點過了，沒有這個必要。所以說「苟錯諸地而可矣」。這裡的「錯」是個通假字，通「措」，舉就是舉起來，措就是放下去。其實把這些東西直接放在地上就可以了，「藉之用茅，何咎之有？」當然，這樣做雖然謹慎得有點過頭，但是俗話說，禮多人不怪，在自己對事情吃不準的情況下，小心謹慎總是沒有錯的。俗話說「小心撐得萬年船」，就是這個意思。「慎之至也」就是非常謹慎，總之，凡事小心謹慎是沒有什麼錯的。

後面說「夫茅之為物薄，而用可重也。慎斯術也以往，其无所失矣。」這種白茅是長在水邊的一種茅草，和我們四川這邊的巴茅有點像，只不過白茅更柔軟、更乾淨。薄就是普通平常的意思，這種茅草沒有什麼了不起的，在水邊隨處可見，隨處可得，並不是啥子稀罕的東西。所以大過卦初爻的感覺就是「茅之為物薄，而用可重也」。我們看大過卦的卦象，下面一根是陰爻，上面重重地放了四根陽爻，四陽置於一陰之上，所以是「茅之為物薄，而用可重也」。

雖然白茅草是很普通的東西，但還是可以派上大用場。尤其是當領

導幹部的，在這裡就可以有所啟發。古人說「天生我才必有用」，不管是大才還是小才，不管是天才還是地才，只要是個人，上天造你出來總是有用的。當然，大才小用也不太好，大才要放到大地方，小才要放到小地方，要用得恰到好處。當然，有些特殊時候，大才也可以小用，小才也可以大用。

今天大家來上課，不知注意到沒有，這些凳子搬動起來一點聲音都沒有。這是因為李神仙一早就來了，在每個桌子、凳子下面都做了點手腳，辛辛苦苦當了一回木工，給每個桌子、凳子的足下都做了一個軟墊子。李神仙是一個鐳射專家啊，是個出色的物理學家，現在卻跑到書院來給我們做木匠活兒，這就是大才小用了。看來，我們書院以後要給李神仙這個大才派上大用場才對頭。

這裡我們開了個玩笑。總之用人之道就是要人盡其才，物盡其用。古代識人用人的例子很多，比如孟嘗君善於結交朋友，不管是大才、小才，甚至於不才，所謂的雞鳴狗盜之徒嘛，他都收為門下食客。恰恰在關鍵時刻，這些雞鳴狗盜之徒就能起到關鍵的作用，能夠救他一命。所以說「茅之為物薄，而用可重也」。我們確實要會運用人才，只要用人得當，這個領導就是個高明的領導，做事情就會很順利，就會做得很好。

這是從用人識人的角度上，大過卦初爻給我們的啟發。「慎斯術也以往，其无所失矣」。我們不管是用人也好，做事也好，還是使用器皿也好，能夠這樣小心謹慎，能夠人盡其才，物盡其用，就不會有什麼過失。大過卦的初爻還是不錯的。雖然整個卦看起來有點麻煩，棟橈，房屋的主樑都歪了，但如果處在初爻，還是不用擔心，沒有什麼關係。

謙卦，尊光而卑不可逾

下面一段講述的是《易經》第十五卦謙卦，艮下坤上。

☶☷ 謙卦

《謙》：亨，君子有終。

《彖曰》：謙，亨，天道下濟而光明，地道卑而上行。天道虧盈而益謙，地道變盈而流謙，鬼神害盈而福謙，人道惡盈而好謙。謙尊而光，卑而不可踰，君子之終也。

《象》曰：地中有山，謙。君子以裒多益寡，稱物平施。

說到謙卦，我想起了我的侄女。她年齡不小卻一直沒有對象，家裡很操心，上個月她終於把對象帶回來了。那天中午的時候，他們兩個人來了，我看了下時間，起了一卦，剛好是謙卦。這個卦很好啊！卦辭是「亨，君子有終」，這個事情看來是能成的，亨通嘛，君子有終嘛，是個好事情，倆人相交可以得長久。這個小夥子看起來也不錯，本本樸樸的，工作也不錯。等到這個小夥子走後，我就把侄女拉過來，讓她把這個謙卦的卦辭、彖辭和象辭抄下來，讓她在生活中和與男朋友交往中，好好把這幾句話記住。倆人雖然是從不同的家庭環境中長大的，又都是獨兒獨女，但是如果以謙卦的精神相處，就一定沒有問題。

我們看謙卦的《彖辭》：「謙，亨，天道下濟而光明，地道卑而上行。天道虧盈而益謙，地道變盈而流謙，鬼神害盈而福謙，人道惡盈而好謙。謙尊而光，卑而不可踰，君子之終也。」

謙卦為什麼可以亨通呢？就是因為「天道下濟而光明，地道卑而上行。」天道下濟是怎麼來的呢？我們上次講到「鳴鶴在陰」的時候，講到這個爻位。謙卦的上卦是坤，處在顯要的位子上面，顯現的是三根陰爻。我們說，每一卦裡面，陰顯則陽隱，坤的背後隱伏著乾。坤顯現的是三根陰爻，背後藏著的就是三根陽爻，就是乾。乾為天、為陽明，所以天道之光明是隱藏在裡面，是隱伏在背後的，所以是「天道下濟而光明」。看起來謙卦爻象中沒有光明之象，但實際上是以其謙德而隱伏起來的。謙就是謙虛、謙下，地本來是應該在下面的，陰應該是隱藏起來的，但是就謙卦來說，恰恰就是「地道卑而上行」，天道雖然隱伏起來，但因為地道的推出，謙德的光明是隱於上卦。

為什麼是「君子有終」呢？《彖辭》下面解釋了一大串，就是講為什麼好事情都會往謙虛的地方跑。

「天道虧盈而益謙」，在傳統文化中，天道為本元之義，天道本身就是虧盈而益謙的。盈就是驕傲自滿，諸事不敬，自以為是。如果是一個天性很驕傲自滿的人，他的性格註定就會受到壓抑，會經常遇到一些莫

名其妙的事情讓他受到挫折；對於一個天性自然的人來說，啥事都會很順利。這就是我們一般能夠體會到的「天道虧盈而益謙」的感覺。「地道變盈而流謙」，地道就是大地的現象、規律。所謂滄海桑田，大地的起伏變化，高的地方通過風化作用，慢慢就會變平；水往低處流，千溪萬流歸大海。《道德經》中說：「上善若水。水善利萬物而不爭，處眾人之所惡，故幾於道。」善處其下，人的心量就能廣大；海納百川，就是因為大海處於最低的位子。

「鬼神害盈而福謙」，按照孔夫子的說法，我們要「敬鬼神而遠之」，對鬼神要敬，在鬼神面前要謙虛，但是最好不要成天和它打交道。你自以為了不得，老子天下第一，諸事不敬，鬼神不敬，鬼神就要害你。其實不是鬼神害你，而是你自己害自己，因為你鼻孔撩天，腳底下必然拌蒜。那些對別人充滿恭敬、對未知的事物充滿敬畏之心的人，鬼神就要給你添福。其實，也不都是鬼神的原因，古人有鬼神觀念才這麼說，從根本上來講，和「天道虧盈而益謙」的感覺是一樣的，還是自作多福。只不過我們不清楚其中因果的細微之處，所以總感覺是在冥冥之中，一個人天性謙卑自然，處理事情就會很順，一個人每天驕傲自大，做事情就容易碰壁。有鬼神觀念的人，把這個理解成為鬼神的作用，也是無可厚非的。

後面又說「人道惡盈而好謙」，道理也是一樣的，也是人之常情，我們大家在生活中處處都能感覺到。這裡是從天道、地道、人道、鬼神之道的各個角度來看這個謙卦之德。總之，謙虛就什麼都好的，驕傲自大，就要吃虧遭報。

「謙尊而光，卑而不可踰，君子之終也」。這個就是結論，有謙虛德性的人，是非常尊貴的，心中實際上充滿了光明，所以是「謙尊而光」。「卑而不可踰」，就是謙卑的人雖然看起來處處都在人下，處在很卑微的位子，但正因為如此，反而是不可踰越的。為什麼會這樣呢？就像大地處在最低的位置上，不管是人、動物、植物都在它的上面，但是，你想要超越大地，卻是不可能的。大地上最高的珠穆朗瑪峰(台灣稱聖母峰)都有人攀登上去，能夠跨越，但是要超越大地是不可能的。宇航員能進入太空，能脫離地球的引力遨遊太空，但他最終必須回到地球上來。因為它處於萬物之下，所以萬物才無法真正超越它。那麼，君子之德，就是要把謙卦的精神貫穿在自己的全部生命之中，就能夠善始善終。

謙卦的《象辭》說：「地中有山，謙。君子以裒多益寡，稱物平施。」謙卦之象，上為坤為地，下為艮為山，地中有山就是其卦象的特點。作為君子來說，就是要「裒多益寡」，裒，一般指聚集的意思，也有說是減少，兩個意思都可以解釋得通。君子聚集多了幹啥子呢？一個君子是要多多學習和實踐的，所謂一事不知，儒者之恥。當然另外一個說法，就是把這個「裒」理解為減少，就是說要減少過多的地方，補充不足的地方。兩個說法都講得通，總之是一種謙德的體會。

「稱物平施」，就是說一個君子的心中是有桿秤的，稱通秤。有了這桿秤，就能夠明明白白、清清楚楚地體察到一件事情、一個人物、一個時節因緣的份量。有了這桿秤，為政君子才有能力在施政、執政中，把一碗水端平，才能夠公平合理地廣施德政、普潤甘霖。

賈寶玉的勞謙之德

我們有了以上對謙卦的總體認識，再來看《繫辭》當中引用的這一句，就非常清楚明白了：

「勞謙，君子有終，吉。」子曰：「勞而不伐，有功而不德，厚之至也。語以其功下人者也。德言盛，禮言恭；謙也者，致恭以存其位者也。」

「勞謙，君子有終，吉。」這是謙卦的九三爻辭，一陽在中間，周圍是五根陰爻把它包圍著的，是一陽處於眾陰之中。打個比方，就像一個男生處在很多女生的包圍之中，看起來這個男生在美女們中間感覺很美、很巴適，到處是花團錦簇的，但是，真處在那種情況下，也未必真的很美、很巴適哦！以前馮老師曾指點我：「以後遇到這種情況一定要注意，要小心哦，一陽處眾陰之中，凶！」

但是，謙卦之象，就是一陽處於眾陰之中啊，九三爻更是如此，為什麼又說「君子有終」，最後還能得一個「吉」的斷辭呢？

前段時間我看到新版《紅樓夢》電視劇在選演員，《紅樓夢》裡的賈寶玉，就是典型的一陽處於眾陰之中啊！他在大觀園裡面成天和姐姐、

妹妹們相處，看起來很有福氣，其實也未必哦。林妹妹是「春恨秋悲皆自惹，花容月貌為誰妍」，一天到晚哭哭啼啼的，一會兒嘴巴就噘起了，不舒服了，搞得寶哥哥很緊張，趕快要去安撫。林妹妹這頭還沒有搞定，寶姐姐又來了。「好風憑藉力，送我上青雲」，寶姐姐是有青雲直上的志向的，寶玉馬上又要換一副面孔才應付得過來。大觀園裡面，還有一個「花氣襲人知晝暖」的襲人在那裡，雖然地位不高，只是個侍女，但是和賈寶玉有特殊關係啊，寶哥哥的童子身就是在她那裡破的，不照顧好不行啊；還有湘雲妹妹醉臥花叢、晴雯丫頭要撕扇子；還有一位潔癖得要出家的妙玉等等。這麼一大堆姐姐妹妹的，寶玉一個人要面面俱到，難啊！這個就是「勞謙」，寶哥哥真正是好累好累啊！

整個《紅樓夢》從哪裡來？我認為就是從《易經》謙卦中來的，就是一陽處眾陰之中。

實際上，賈寶玉還是處得很好的，他是很謙虛的，深得謙卦九三之德。他很善處人下啊！他認為女兒是水做的，男人都是泥巴做的；男人很污濁，女孩子很好，很清潔，所以他對所有的女孩子都很好。正因為處在這種境地下，多虧了在大觀園裡面「勞謙」，賈寶玉最後才「君子有終」，最後是看破紅塵，出家修正果了。對賈寶玉來說，這種結局還是很好的，也是謙卦體現出來的味道，比起整個寧、榮二府「忽喇喇似大廈傾」、「落得個白茫茫一片大地真乾淨」的結局，那是很好了。所以，《紅樓夢》真正可以說是深得謙卦九三爻的精髓。

我們看現在的紅學，雞毛蒜皮研究啥的都有，有研究版本的、詩詞的、作者生平之謎的；還有研究食譜的、藥單子的、服飾的；也有從社會學、政治學、歷史學、管理學的角度研究的；還有從佛學、道學、修煉之術上研究的等等。總之是挖地三尺，事無巨細統統都有人研究，甚至還用歷史或傳聞中的人和事，去比附《紅樓夢》人物和故事，說得都是天花亂墜的。好像紅學泰斗周汝昌先生提出過用《易經》理論來研究《紅樓夢》，如果真有人發心從這個角度去研究，說不定還會在紅學中有大的突破呢！

這個謙卦，真正像是專門為賈寶玉設計的哦。九三爻是「勞謙，君子有終，吉」，剛才我們講了謙卦的《象辭》，全卦都有謙下之德啊！其主爻九三就處在很危險的境地中，「一陽處眾陰之中」，的確很艱難，很辛苦，很勞累，但最終卻能夠通達無礙，也能夠有始有終，這就是非常

吉利了。

獨陽處眾陰之中

那麼，孔夫子是怎麼解釋這個爻辭的呢？子曰：「勞而不伐，有功而不德，厚之至也。語以其功下人者也。德言盛，禮言恭。謙也者，致恭以存其位者也。」謙卦一陽處於眾陰之中，是很辛苦的，要做很多很勞累的事情才能把環境擺平。「勞而不伐」的伐字，意思就是驕矜、驕傲、誇耀，不伐就是不自誇、不驕傲。一個人雖然做了很多勞苦功高的事情，但是沒有覺得自己多了不得，沒有四處去宣揚、顯耀。「有功而不德」，有了很多功勞也不以德自居，不覺得自己德行有好高。所以是「厚之至也」，這樣做人就很厚道了。「語以其功下人者也」，就是說話的時候，要把功勞都放在其他人的下面，不要居功自傲，功勞是大家的，不是你一個人的。

以上講的這些，都是謙卦對我們人的心性提出的基本要求。「勞而不伐，有功而不德」，就是一個具有謙卦之德的人的具體表現。真正做到「勞而不伐，有功而不德」還是很不容易，比如我在報社裡工作的時候，今天有誰沒有來，幫著他做了一個兩個版面，月末工資下來了，大家都一樣，有時心裡也會犯點嘀咕：他做那麼少，我做那麼多，為啥工資是一樣的呢？自己表面上可以做到無所謂，心裡還是要哽那麼一下，這就是我沒有做到謙卦之德。實際上，人多是如此，多做了一點事情就到處表功，到處給人家說我忙了這樣又忙那樣，好辛苦啊，生怕別人不知道，這樣的話，就會很麻煩。如果在現實中剛好是處在九三爻的位置上，那你就沒辦法站住腳，只有完蛋，只會被「眾陰」淹沒。

這就是謙卦之德，它要求我們做個厚道之人，按傳統的說法就是做「勞謙君子」，很辛勞也很謙虛，但最終是吉利的。越是做了辛苦勞累的事情，就越是需要謙虛厚道，不驕不躁；要永遠甘居人下，也永遠要善居人下。謙卦九三爻之所以吉，就是因為這樣的勞謙君子，在任何時候都是吉祥之人。

過去有個說法，說是《易經》六十四卦，沒有一個卦是純粹的吉利，

也沒有一個卦是純粹的兌險，但基本上都認為，謙卦的每一爻都不錯，雖然不能說六爻全吉，但六爻皆善是靠譜的。謙卦的初爻是「謙謙君子，用涉大川，吉」；六二是「鳴謙，貞吉」，也很好。九三就是剛才我們講的「勞謙，君子有終，吉。」六四是「無不利，撝謙」，也不錯；六五是「不富以其鄰，利用侵伐，無不利」，雖然說沒有多少錢，但無不利，也還是不錯的。上六是「鳴謙。利用行師，征邑國。」也是征伐有利。所以，就謙卦而言，一個人如果有謙卦之德，命運把他放在人生的任何順逆境界之中，他都會逢凶化吉，遇難成祥。一般來說，吉人自有天相，什麼是吉人的天相？說白了，就是內心充滿謙德、行為不自伐不居功的人。

「德言盛，禮言恭；謙也者，致恭以存其位者也。」這裡的德，指的是謙卦之德。謙卦所體現的人的德性，就是這個德言盛，指人的德性盛大，內心很充實，充滿了謙虛之德。這樣的人去做聖賢事業，才談得上盛大，談得上圓滿。謙卦的德行體現在人的禮數上面，外在的表現就是一個恭字。我們能夠以禮待人、禮賢下士、恭敬於人，最終才會得到別人的恭敬。你恭敬人家，人家才會恭敬你。所以這裡得出的結論就是「謙也者，致恭以存其位者也」。謙謙君子之所以能夠「一陽立于眾陰之中」而存其位，的確是謙德的修養達到了很高的境界。

獨自處在陽位上，周圍都是陰爻，自己處在眾陰的包圍中。大家想想，我在明處，周圍的都在暗處，這是啥子感覺？是很危險的啊！在這種危險的處境當中，在這個一想起來就很麻煩、很頭疼的環境中，還能不失其位，唯一能使我們立於不敗之地的武器，就是謙謙君子的謙厚之德。所以我們要牢記，隨時謙虛謹慎，就會永遠處於吉祥善地。

乾卦，元亨利貞

我們來看下面一句，這是講乾卦上爻，對我們而言，是很重要的警示。

「亢龍有悔。」子曰：「貴而无位，高而无民，賢人在下位而无輔，是以動而有悔也。」

我們屢次強調，《周易》是首出乾卦，所以它是《易經》中最重要的一卦，其意義我們在前面各章中也反覆提到過，尤其是在《繫辭》的第一章裡面，對乾坤二卦的精神，講得比較詳細。如果要從乾卦的體、相、用上真正把乾卦講透，還需要很大的功夫才行。我們這個地方，因為涉及到《繫辭》上傳的七個卦，只能簡單把它們的卦辭、彖辭、象辭解釋一下。

　　乾坤二卦是學習《易經》最重要的入門之處，要把乾坤二卦弄通，就要學習乾坤《文言》。《文言》只有乾坤二卦才有，其它各卦都沒有。以後我們找機會專門來學習一下《乾文言》和《坤文言》，這裡只對《繫辭》講的部分進行學習。這裡引出來的是乾卦上九的爻辭「亢龍有悔」，我們來簡單看一下這個爻辭大致的背景。

 **乾卦**

《乾》：元亨利貞。

《彖》曰：大哉乾元，萬物資始，乃統天。雲行雨施，品物流形。大明終始，六位時成。時乘六龍以御天。乾道變化，各正性命。保合太和，乃利貞。首出庶物，萬國咸寧。

《象》曰：天行健，君子以自強不息。

　　我們先翻到乾卦的卦辭。「乾，元亨利貞」，我有個作家朋友的名字就叫「元亨」，就是從乾卦裡面來的。他對我說一直想學《易經》，以前上學的時候，同學們老是把名字叫錯，都叫「元享」，自己也搞不清楚到底是怎麼回事。我問他，是誰給你取的名字啊？他說，不曉得啊，這個名字不是老爹取的，可能是村裡一個有文化的秀才取的。他從小就被人家亂叫名字，自己也很著急，不知道名字是從哪裡來的。直到現在才知道，是從乾卦的卦辭裡來的。

　　「乾，元亨利貞」，這四個字代表四個意思，被稱為乾卦四德，就是乾卦裡面所體現、所蘊含的四種德性。乾卦四德到底是什麼東西呢？《彖辭》對此有一個解釋，我們慢慢來看。

　　「大哉乾元，萬物資始，乃統天。」這三句講的就是乾元之德。「大哉乾元」，是作者發出的感歎，就是說乾元啊，太偉大了！這個元，不是

鈔票一元兩元的元，而是「元者，善之長也」。在所有的好東西裡面，它是老大，是首出，所以是諸善之長。既然乾卦是《周易》首出的老大，所以乾又有開端的意思。我們說元旦，就是一年開始的那一天；元氣就是天地本元、天地之初的那一氣。「萬物資始」，資就是憑藉的意思，天地萬物就是憑藉乾元開始的；「乃統天」，就是可以統率、包容天地之間的一切。元為乾卦四德之首，也就是說，元的精神是始終貫穿著整個乾卦始終的，是領導、統領乾卦其它的部分，「亨、利、貞」，都是在這個「元」來統領下產生的。「資始」，是時間的概念；「統天」，是空間的概念。乾元之所以了不起，是大哉，就是它把時間和空間一網打盡，所以乾元這個東西無時不有，無處不在，通吃一切。

下面這一句「雲行雨施，品物流形」，講的是乾卦的亨德。亨者，通也，嘉之匯也，一切好東西都彙聚一起，互相碰頭，能夠產生很流暢的作用。我們做事情之所以能夠亨通，就是各種因緣都齊聚到一起來，這樣才能夠要風得風，要雨得雨，才能夠把事情做圓滿。

「雲行雨施」，是從自然界的角度談大氣循環，無處不通。天要下雨，下到地上，流到江河湖海裡面；太陽一出來，水氣蒸發上天變成雲，再通過雨雪又下到地上，如此循環往復，就是雲行雨施。

「品物流形」，說的是天地間的萬物是相互關聯，同時又是相互轉化的，有點像我們物理學中的能量轉化定律，品物就是各種各樣的物種，這些物種是一氣流行，相互流通的。中間萬物的因果關係、因緣關係，也是流轉不息，絲毫不差的。就像生物界中的食物鏈，植物從大地上生起，食草動物把它們吃掉，轉化成維繫自己的能量，食肉動物又吃掉食草動物，食肉動物死後，身體腐爛變成肥料又回歸大自然。總之，能量就在食物鏈中一環一環地進行流動，這就是品物流形的感覺。通過這幾句話，古人就把現代自然科學中的基本原則表述出來了。

六龍御天，光明而行

下面是「大明終始，六位時成，時乘六龍以御天。」這裡還是講的亨德。只不過前面「雲行雨施，品物流形」講的是自然萬物之間的亨通，

這裡講的是人事之間、甚至是人的精神當中的亨通。

具體來說，「大明終始」是什麼呢？我們剛才講謙卦「勞謙，君子有終，吉」，就講到了「天道下濟而光明」。乾卦中的「大明終始」，就是說乾卦所體現的是天地間最大的光明、最根本的光明。這個根本光明表現在哪裡呢？我們反覆說，要把這個引入到自己的精神當中來體會。天地間最大的光明、最根本的光明，就是我們每個人的一己陽明正知，就是我們的智慧之光！「大明終始」，就是這個智慧之光是從頭到尾都貫穿其中的，我們只有這樣，才能體會什麼是乾卦的大光明！乾卦的光明和離卦的光明是有很大區別的哦！離為日，是太陽之光，是有相之光，引申到文明之光，也是後天文化的光明。乾卦之大光明，比太陽之光還要光明，因為它是本性之光，是無相之光，是先天的、最根本的光明。密宗裡面講究修光明，也可以這樣理解，離之光明是有修有為的子光明，而乾之光明，才是法界本有、不生不滅的母光明。

我們來看具體的乾卦。從初九一直到上九，都是一以貫之的。我以前反覆說過，乾卦最重要的、對我們個人修養來說最直接、最可把握的，就是乾卦的九三爻：「君子終日乾乾，夕惕若，厲无咎。」這種君子終日乾乾、一以貫之的根本精神，就是我們一己之陽明正知，就是我們的智慧之光。這個精神從初九到上九，是貫穿在整個乾卦之中。

「六位時成」怎麼講呢？《易經》的每一個卦象都有六爻，各爻都有其位。不同的位是怎麼形成的呢？就是乾卦的根本光明，作用在不同的時節因緣關係中，由此分化形成的。比如在一件事情當中，面對的時機不同，就會處在不同的階段，即不同的位上。一件事情的發端，剛剛開始，就處在初九的位置上，就是「潛龍勿用」，大家要藏在屋裡頭好生修煉，不要顯山露水，不要被別人曉得了，要自己悄悄把功夫練好。到了九二「見龍在田，利見大人」，可以小小地顯現一下了，但還必須得貴人相助提攜才行。九三位處在上不沾天，下不著地的位置，比較危險，但這時最重要的是「終日乾乾」，早晚警惕自省，所以是雖厲而无咎。總之，乾卦乃至任何一卦都是這樣，六爻之位都是如此，因為時機的不同，就處在不同的位置上。

平時我們也要這樣，不管是做事業還是心性修養，都要不斷地警省反思自己處在哪個位置上，處在哪一個時節因緣。乾卦的六爻六位，就

是因時節因緣不同而顯現出不同的情況。時當隱則隱，就像初九；時當顯則顯，就像九二；時當大行，該你替天行道的時候，就是處在九五爻的位置上，就是「飛龍在天」。時機不一樣，體現的位就不一樣，做事的策略就不一樣。

「時乘六龍以御天」，這裡的時，跟前面的時就不一樣了。前面的時，指的是具體的時節因緣，後面這個「時乘六龍」的時，就有點像佛經裡面說的「一時，佛在舍衛國……」，這個時，就是泛指一切時、隨時，也是指當下這一刻。六龍指的就是乾卦六爻，是哪個在乘這個六龍大車呢？每一個認真學易的人，都在乘這六龍，都有乘龍御天的資格，並不是只有皇帝、聖人、帝王將相才有乘龍的資格。帝王將相如果不學無術、荒淫無道，就沒有資格乘龍。「時乘六龍以御天」，就是隨時駕馭用六條龍拉的大車，在天上自由自在、飛來飛去。我們要隨時把握乾卦中間的變化，通過對乾卦六爻變化規律的把握，從而駕馭、把握天地間的一切變化，這就是「時乘六龍以御天」。御天，就是真正學通易道而替天行道，成就天道地德，把乾卦的精神運用到社會人事當中，在社會人事當中建功立業。我們平常說要知時節，通變化，這在乾卦六爻的爻位上，體現得非常充分。

我們的正命在哪裡

「乾道變化，各正性命，保合太和乃利貞」，這句講的是利貞二德。前面我們就反覆引用過「乾道變化，各正性命」，下面我們再好好體會一下。乾道的變化，實際體現在六爻變化之上。廣義來說，《易經》六十四卦，全都是乾卦演變出來的，也可以說，乾卦是天生的，但是乾卦的背後隱伏著坤卦。有了乾卦、坤卦，一陽一陰互相結合，互相作用，陰陽消息就產生了六十四卦。所以根本上來說，易經六十四卦都可以說是乾卦產生的。

我們這裡講「乾道變化，各正性命」，只是從狹義的角度，從乾卦的六爻變化來講。乾卦六爻因為各自時節因緣的不同，處在各自的位置上。既然各處其位，在每個位上自然就有各自的形態，每個位就都是它的正

命之所在。初九的「正命」就是「潛龍勿用」，就是要蘊藏起來；九二的「正命」就是「見龍在田」，顯現出來以後與九五相呼應，就是「利見大人」；九三的「正命」就是以「乾乾」之德而應對嚴厲的處境；九四的位置很危險，什麼都要試著來做，要摸著石頭過河，所以其「正命」就是「或躍在淵」，做得好的話或者就躍上九五位了，但做得不好，或者就要落到下卦的深淵中去。九五的「正位」也是整個乾卦的正位，就是「飛龍在天」，你就可以替天行道，一切都在你的掌控之下。上九是「亢龍有悔」，我們下面再細講。

我們學易，體會到了「乾道變化」所產生的不同的「正命」，就知道了該如何把握自己的命運。很多人喜歡看相算命這一套，其實真正學易君子是用不著算的，就是體會這個乾卦，體會「乾道變化，各正性命」這一句，就能八九不離十地體會到自己的「正命」之所在。

有了對「乾道變化，各正性命」的確切把握之後，自然就能「保合太和」，其結果當然就是「利貞」。保合太和，簡單說來就是永保太平，永遠能夠保持陰陽平衡，就永遠是既利且貞。《文言》說「利者，義之和也；貞者，事之幹也」，義之和，就會萬事如意；事之幹就是可以心想事成。我們看故宮裡面有保和殿、太和殿，過去的皇帝就是希望通過乾卦的這個精神，中正吉利，萬事如意，心想事成。

「元」來如此

以上就是對元、亨、利、貞四個字的解釋。我們看《彖辭》裡面還有兩句「首出庶物，萬國咸寧。」這對乾卦四德是個總結，同時也是對乾卦大功大用的一個概括。

《易經》各家注解這兩句時，往往都理解成乾卦首出於庶物之上，乾卦是超越於庶物、平凡之物的，所謂萬象之中獨露身，鶴立雞群，這就是乾卦的感覺。就像古聖先王的智慧超越於普通庶民之上一樣，乾卦的精神，也是超越於一切凡物之上的。正因為如此，聖人通過自己的言行才能夠使天下天平。上面這種解釋可以說是正解，中規中矩，合情合理。但是在這裡，我們要進一步做一些引申和發揮，可以從另一個角度

更深入地理解它。

「首出」，就是首先顯現出來；「首出庶物」，也可以說是首先把這個「庶物」顯現出來。所謂的「庶」，就是平常、普通，我們說庶民百姓，就是普通老百姓，是最平常的。但是我們也有口頭禪說「平常心是道」，學佛的就曉得「心佛眾生，三無差別」的道理，佛性是人人本具，個個現成的，沒有哪個眾生是沒有佛性的。所以這個佛性既是尊貴無比，千金難買，同時白毛豬兒家家有，又分文不值。所以在佛教裡，佛性那麼了不起，也只是個「庶物」而已，人人都有，現現成成的嘛！同樣，在易道裡，乾卦那麼了不起，同樣也只是個「庶物」而已！

在這裡，我們並不是標新立異，故意把庶物和乾卦劃個等號，而是有根有源的，在理上也很達通。首出庶物，就是首先顯現出乾卦之德，就是把這個人人都具備、個個都現成的陽明正知，首先在萬事萬物之中凸顯出來。這也是《周易》首出乾卦之旨的更深一層理解哦！乾之大知並不是只有聖人才具備，而是任何一個普通老百姓都具備的，只不過要看它是否顯現出來了？其實何止是人，甚至任何一個事物，都可以體現出乾卦四德。

我們隨手抓一個東西，能不能體現乾卦四德？能不能體會乾元？能不能體會亨通？能不能體會利貞？乾元就是開始，比如我手上這塊木鎮紙，它是從哪裡來的？要追根溯源的話，可以一直追溯到天地形成之始。我們看這個東西是木頭做成的，木頭是樹木砍伐而來的，樹木又是由一顆種子長成的，仔細推敲以後我們就發現，自打開天闢地以來，我手上這塊木鎮紙中的元素就已經有了。同時，一顆種子要生長成為一棵大樹，必須吸收陽光雨露，吸收大地的營養，同時還要經過工匠的雕琢，才形成現在這塊鎮紙的形狀。時間這個東西是無始無終的，無始無終就意味著在時間的這條線索之上，任何一點都是開始，同時又都是結束。時間中的萬事萬物，隨便抽出一個，都既是開始，也是終點。

禪宗在這一點上可以說是殺活縱奪，用盡心機。有人來問如何是禪？禪師不說話，只豎起一根指頭。我們很多書呆子就說，啊，我明白了，禪師是說萬法歸一，禪就是萬法歸一嘛。錯！什麼萬法歸一，狗屁不通！既是萬法歸一，那一又歸何處？一歸萬法嗎？同樣狗屁不通。這樣參禪，跟「雞生蛋還是蛋生雞」有什麼兩樣？如果你以為參禪就是這樣在思維分別之流中打轉轉，顛來倒去，那你就完蛋了，就和禪宗背道而馳了。

什麼是禪？有些禪師會給你豎根指頭，有些禪師會給你捏個拳頭，有些禪師會伸一隻足出來，有些會打你一棒、瞪你一眼，有些還有更古怪稀奇的動作表現，總之，隨便什麼東西，都可以成為讓你開悟明心的道具。

禪師給你豎起一根指頭，不是要問你識不識數、認不認得這個一，而是要截斷你的思維流。你不是來問禪的嗎？突然比劃這麼個動作，讓你出乎意外，只是為了把你思維之流給截斷，讓你的精神處於一段空空如也的狀態。這段空空如也的狀態，就是我們精神的本元啊！認識它，肯定它，並且一口咬住不鬆，就萬事大吉！古往今來全部的時間，就在這一豎指之間凝固了；十方上下的全部空間，也都在這一指頭上顯現了。這時，只須你迴光一照，當下這一段空空如也的狀態，就既是開始又是結束，既是塵剎一點又是全部宇宙。

大慧宗杲禪師經常舉起一個竹篦子，然後問大家，這個東西叫啥啊？大家說是竹篦子。大慧宗杲就說，說它是竹篦子即觸，說它不是竹篦子即背，既不觸又不背，到底應該叫什麼？如果在這時候，你還在想到底給這個竹篦子安個什麼名字老和尚才高興，那你就完蛋了，徹底辜負老和尚一片婆心了！禪師們是要用這些不合情理的方法，讓你把邏輯思維給斷掉，讓你的精神回到最初的本元、回到最初的那一點上。

乾卦四德，無處不在

我記得很多年前的一個夏天，我們幾個師兄弟切了西瓜正在吃，一位師父突然指著西瓜問：「這是什麼？」有人張口就說：「西瓜」。只見師父臉一沉說：「你們以為我是傻瓜？我難道不曉得它是西瓜嗎？」又有人說，這個西瓜即非西瓜是名西瓜。他以為自己聰明，結果師父眼一瞪，罵道：「狗屁不通！」然後他一指我：「你來說！」我伸手一把抓過西瓜，幾口就吃掉了。師父見了就哈哈大笑。

這就是禪宗的方法，就是要打斷你的思維，要截斷眾流。雲門三句中「截斷眾流」，並不是截斷就完了，你還要迴光一照，要體會思維中生起念頭的那一瞬間。這些都是認識你的本元、認識你的本來面目的最佳契機。

　　有些學淨土宗的朋友看《阿彌陀經》，不明白為什麼裡面說「水鳥樹林，皆能說法」，它們能說啥子法呢？我們看古代的那些禪師們，有聞到花香就開悟的，有過河時照見影子而開悟的，有聽見瓦片打在竹子上開悟的，還有看見雞飛上樹開悟的。我們近代的虛雲老和尚，是倒開水燙了手把杯子摔破開悟的。為啥子他們能夠開悟？他們悟到了什麼？就是在這一瞬間體會到了這個本元，體會到了自己空空如也的本來面目。

　　上面是拿禪宗的方法，來旁敲側擊地說了一下這個乾卦四德中的「元」。那麼「亨德」的感覺呢？其實也是一樣的。

　　我們這個木鎮紙之所以能夠放在這裡，就是經過了一系列的流通，從樹變成木頭，木頭經過加工後，其間的元素和能量進行了轉化，再通過我們花錢買回來，就到了書院講堂的這張桌子上。如果中間有任何一個環節沒有亨，沒有通，給阻礙了，都不會有這個結果。而且，我通過拿它給大家演示，我與大家之間在精神中溝通了，我傳達了自己對易理的體會，大家也接受了我傳達出來的道理，這也是這塊木鎮紙俱足「亨德」的一種表現。另外，如果哪天我們高興了，把它送給朋友做禮物，它仍然也體現著亨通之德。我們看這樣一個小東西，無論從物質層面還是從精神層面，它都完全體現了乾卦之亨德。

　　就「利貞」二德而言，也是如此。「利者，義之和也」，雕刻這塊木鎮紙的匠人因出售它而得到了經濟上的利益，我們花錢買回來擺在這裡很好看、很享受，也得到了精神上的利益，如果以後把它送給朋友也會成為很好的禮物，大家都從中得到了好處，體現了公平交易的原則。可以這樣說，變成了一塊木鎮紙，也就是這塊木頭在當前這個時空交點上的正位，這就體現了乾卦的貞德，貞者正也。所以，我們隨便舉出任何一個事物，都是全俱了乾卦四德。

　　既然任何事物都全俱乾卦四德，人人都有一己之陽明正知，那麼，為什麼人與人之間還有形形色色的差別，精神境界上還有悟與未悟的差別呢？關鍵的問題，就是對這個「關鍵問題」是知還是不知、是認識到還是沒有認識到。

　　如果我們知，我們明白了這一點，這個「庶物」就「首出」了，你就有成聖成賢的資格，你的精神就明亮起來了，你的心性就能夠起大機大用，能夠使天下太平。如果我們不知這個千金難買、又分文不值的東西，讓這個寶貝被我們日常的貪嗔癡慢、柴米油鹽所淹沒了，這個「庶

物」就沒有冒出頭來，你就是凡夫俗子一個。所以，聖人和凡夫的差別，就在於對這個人人都有的「庶物」，是知還是不知。所以古人說「知之一字，眾妙之門」，就是看你是知還是不知。

陽亢了就得清清火

我們上面把乾卦的《彖辭》多發揮了幾句，下面的《象辭》，也是我們多次強調過的，大家可能耳朵裡都聽出繭子來了。「天行健，君子以自強不息」，這裡我們也沒有必要反覆再講了，只是要記住，這一句是整個《易經》的根本精神，我們隨時都要把它銘記在心，讓它隨時隨地提醒自己的思想和行為。

《繫辭》裡所引的這一句「亢龍有悔」，是乾卦上九的爻辭。《小象辭》對它做的解釋是「盈不可久也」。盈就是滿。我們前面講的天道、地道、人道、鬼神之道等等，都遵循「滿遭損，謙受益」的原則，只要是盈滿了，就要受損，就不可久。如果我們有人處於最高層、最高位，就要特別注意這一句話。

所謂「高處不勝寒」，處在乾卦的最高位上，外在的東西已經沒有辦法奈何你了，真正能夠打敗你的，只能是你自己內部的「敵人」。這個內部的「敵人」就是「亢龍有悔」的這個「亢」，就是「盈不可久」的這個盈。我們放眼現實，許多身處高位而栽跟頭的人，往往就是因為內心的驕亢，因為內心的不滿足。這些都是人的內在性情上的問題。

在歷史上，「亢龍有悔」的例子也非常多。大家都知道，袁世凱復辟要當洪憲皇帝，他就是被乾卦上九爻把「命」給拴住了的典型案例。袁世凱有兩個兒子，一個叫袁克定，一個叫袁克文。袁克定一天到晚都想當太子，就慫恿他老子稱帝。那個時候，袁世凱已經是中華民國的大總統了，已經是老子天下第一了，卻還犯糊塗想要當皇帝。袁克定專門辦了一張報紙，只給他老頭子一個人看，上面每天登載的都是全國形勢一片大好，全國各地的軍民百姓都擁護他當皇帝，還說袁世凱不當皇帝的話，天下就不會太平，老百姓的心就不能安定等等。袁世凱雖然權高位尊，但是被這種貪念、被這些無明遮蔽了。而袁世凱的另一個兒子袁克

文，他喜歡和當時的名士們交往，跟他哥哥比起來，頭腦還算是清醒的，對天下大勢也看得比較清楚。當時袁克文就寫了一首詩送給他老頭子。民國時期的傳世名詩不多，袁克文這首可以算是一首名詩：

> 乍著微綿強自勝，陰晴向晚未分明。
> 南回寒雁掩孤月，西去驕風黯九城。
> 隙駒留身爭一瞬，蛩聲催夢欲三更。
> 絕憐高處多風雨，莫上瓊樓最頂層。

這首詩的名字叫做《感偶》，袁世凱看到這首詩以後氣得不得了，馬上就把這個兒子軟禁起來，不要他和那些社會名流交往。袁克文當時被稱為民國四公子之一，編《清史稿》都有他的功勞，是很有才華的。

「乍著微綿強自勝」，就是剛剛穿著一件薄薄的棉衣，自己卻覺得身體很好、很耐寒，卻不曉得真正最冷的冬天還沒有到來。「陰晴向晚未分明」，以後到底是陰還是晴，在傍晚時分是最難分清的，比喻現在的時局還很亂，以後的局勢還說不清楚。「南回寒雁掩孤月，西去驕風黯九城。」這個孤月指他的老頭子袁世凱，一隻寒雁飛起來都可以把您老的孤光掩蓋了，所以您老的光輝是很微弱的，而且，西方的共和之風是很厲害的，驕風嘛，一下子就可以把所有的城池都遮蔽了。下面兩句「隙駒留身爭一瞬，蛩聲催夢欲三更」是很有境界的。「隙駒留身」就是白駒過隙，就是說形勢變化很快，就像一匹白馬從門縫裡閃過一樣，我們能留住什麼呢？我們的生命就像白駒過隙一樣轉瞬即逝，就這麼短暫的時刻，您老還想去塗脂抹粉，還想爭個皇帝來當，有什麼意思呢？您出門去聽一下，現在正是半夜三更，外面的蟲子此起彼伏在叫，一切都是夢幻泡影啊！您老現在也在做夢，做一個皇帝大夢，但夢總有醒來的一天啊！最後兩句「絕憐高處多風雨，莫上瓊樓最頂層」，這是點睛之筆，就是說您老現在要想清楚啊！您已經是總統了，已經是九五之尊了，「飛龍在天」已經很了得啦！這時還想往高處走，就證明你是犯陽亢了，「亢龍有悔」啊！瓊樓高處多風雨，這樣會很危險的，勸您老別再一意孤行啦！

袁世凱當然沒有聽這個兒子的「詩諫」。事實也證明了這一點，袁世凱最後只當了八十三天的洪憲皇帝，就一命嗚呼了，落得個身敗名裂。近代歷史一說到袁世凱，就毫無爭議地把他打成歷史大反派，其實，如

果不是因為復辟稱帝這一不可原諒的大污點，如果袁世凱老老實實當一個中華民國大總統，那他就可能成為一個了不起的人物，歷史可能就會改寫，後人對他的評價也會改變。

所以，我們平時的為人處事也是這樣的。如果一個人陽亢太過就要得病，還是要吃點地黃丸、菊花之類的東西清火才行。所以孔夫子在最後就做了一個結論，子曰：「貴而无位，高而无民，賢人在下位而无輔，是以動而有悔也。」

「貴而无位」，乾卦上九的位子雖然很珍貴，但是卻無位。無位即失位，就是陽爻居陰位。「高而无民」是什麼呢？整個乾卦是純陽無陰，君為陽，臣為陰，高而無民，就是沒有陰爻相輔，陰陽就不平衡。就像袁克定一樣，用一張報紙就能把他老頭子哄住了，以為全國人民都擁護他當皇帝。「賢人在下位而无輔」，初爻和四爻、二爻和五爻、三爻和上爻是應該呼應的，上爻應該與九三爻相呼應，要與「君子終日乾乾，夕惕若厲」的精神呼應。但是，乾卦上九和九三都是陽爻，就沒有辦法形成呼應，所以就成了「賢人在下位而无輔」的局面，呼應不了沒有關係，只要不輕舉妄動也行。「是以動而有悔也」，如果位居上九還輕舉妄動，那就是自討苦吃，自討後悔藥吃。

節卦，苦節不可貞

今天是牛年到來後的第一次學習，我們接著去年學習的內容，繼續來學習節卦。讓我們先來看看《繫辭》第八章中相應的原文：

「不出戶庭，无咎。」子曰：「亂之所生也，則言語以為階。君不密則失臣，臣不密則失身，幾事不密則害成。是以君子慎密而不出也。」

上面「子曰……」是作者依據節卦爻辭所作的一個發揮，而「不出戶庭，无咎」是節卦初爻的爻辭。下面還是按照我們前面學習各卦的方式，從卦辭、彖辭、象辭上面，使大家對節卦有個總體的認識。大家可以把書翻到第六十卦節卦，看看卦辭是怎麼說的。

 節卦

《節》：亨。苦節，不可貞。

《彖》曰：節亨，剛柔分而剛得中。苦節，不可貞，其道窮也。說以行險，當位以節，中正以通。天地節而四時成。節以制度，不傷財，不害民。

《象》曰：澤上有水，節。君子以制數度，議德行。

節卦上坎下兌，卦辭第一個字是「亨」，亨通的亨。接著是「苦節，不可貞」，貞也者，正也，不可貞即不可正。這是什麼意思呢？如果我們要做事情的話，比如說我要做個策劃，要麼準備辦個公司，或者要處理一件什麼事情，為此打了一卦，打出節卦。那麼整個感覺是什麼呢？亨，這件事情可能會做成，但是「苦節」，會有很多麻煩事來節制你，事情會做得非常辛苦。「不可貞」，這樣不是做事的正道。所以我們遇到這種情況，如果你還沒有啟動的話，最好暫時不要動，先靜觀其變為好。這是節卦給我們的一個基本的感覺。下面讓我們來看看《彖辭》是怎麼解釋的。

為什麼這個卦會取名為「節」？其實從卦象上看，整個就是一竹節之象，就像竹子一樣每隔一段就有一個節。竹子實際上就是這個樣子的啊！所謂陽實而陰虛，你看竹子的底部，結構很緊湊，每個節之間的距離很近，越往上走，節與節之間的距離就越來越長。節卦的卦象也是如此啊，最下面是兩陽緊接，接著是兩陰，然後第五爻是陽爻節三四之陰爻，上六又以陰爻節九五之陽。總之，它就是這麼一節一節地從初爻節到了上爻。

那麼從上下卦的角度來說，節卦一分為二，上卦是坎卦，屬陽卦，學中醫的朋友就知道，坎中一陽，乃先天之本；下卦是兌卦，屬陰卦，為少女之卦。「剛柔分」就是說的上卦和下卦，一剛一柔、一陽一陰分開得很清楚。「剛得中」，節卦是陽爻居二、五之中位，正因為二爻和五爻都是陽爻，佔據了很好的位置，所以從整個卦象上看，才是節而能亨，是可以行得通的。雖然總體可以亨通，但是中間各爻是節節相制，所以

它通得並不舒暢，是為苦節。我們看竹子，雖然中間大部分是空心的，但每過一段就有一個節，總是不暢快。如果我們做事情也是如此，雖然能夠通行，但總是出現節點，出現阻隔，那做起來就會很惱火，心就會很累。苦節，就是行而不暢，煩惱不斷，苦於被節的感覺。

從卦象上看，初、二皆為陽爻，所謂二陽節陰，這個陰是隱藏于初爻之前，因其不可見故為陰。接著三、四陰爻，又是二陰節陽，初爻、二爻的陽氣上升到了這裡就被節住了，不暢通了。到了九五爻，又是一陽節陰，三、四爻的陰氣到了這裡，也不能很順地生長，被九五陽爻給節住了。到了上六，又是一陰節陽。整個卦象就是這麼一節一節又一節，節得很苦很累。《象辭》說「苦節，不可貞，其道窮也」。就這個節卦而言，它不能成為做事的常道，不能成為做事的常理、正道。遇到這種事情，就我個人的體會而言，除非萬不得已之事需要擔當之事，否則，最好還是先穩住，不要硬來硬上，先看看情況，等有所變化再做決定。

下面說「說以行險」是什麼意思呢？我們看節卦的下卦是兌卦，這個兌字，左邊加個言旁，兌為口，就是「說」，當然也通豎心旁的「悅」，當成「說」或「悅」都可以，這是「說以行險」的「說」。那麼險呢？上卦為坎，坎為水、為險、為陷。大家如果打卦的話要注意，遇到了坎卦，那一般來說都是很不妙的。你想一條路坑坑坎坎的，走起來肯定不舒服。如果做事情遇到了大的溝溝坎坎，要想翻過去還是很難的。這是對易象的基本的感覺。「說以行險」，雖然下面的兌卦為口、為悅，但是你不要開口笑得太早，前面的坎險已經在那裡等你了。

但是，如果我們真正遇到了「說以行險」的這種狀況，已經身處其中了，完全無法選擇，不可改變，就像我們生而為人，自然就有生老病死之苦把你圍繞著，這是無法改變的事實，那怎麼辦呢？我們的位已經進入到「苦節」的格局裡了，那就對不起，這就是你的命！你就要「當位以節，中正以通」，必須要勇於承擔，要認這個命！前面雖然有險，也必須勇敢地承擔下來。這時候，首先就要保持自己的中正，「當位以節」，就是節卦以陽爻居上下卦之中；保持了中正的狀態，那麼就能「中正以通」，就可以走得通。

我們看有些很了不起的人物，雖然一輩子坎坎坷坷，尤其是過去修道之人，歷經九磨十難，真正是一波未平一波又起，但是人家最後能夠

走通，最終能夠得道。南懷瑾先生就曾說，自己的命也就是八個字：「生於憂患，死於憂患！」他說我這個人的命就是被這八個字定死了，甚至我們這一代人的命也都被這八個字定死了。雖然是「生於憂患，死於憂患」，但是你看南老太爺現在走得很通啊，九十多歲的人了，雖然人生歷程中確實是遇到了很多艱難險阻，但他老人家確實是從頭到尾走通了啊！

《象辭》下面是對節卦的大義從自然到人文進行的一番發揮。「天地節而四時成」，天地之間，我們能夠感覺到氣候的變化，我們對天地萬物的認識，都要借助於「節」這個感覺來加以認識。古人將十五天定為一個節氣，一年二十四個節氣，就是這麼不斷迴圈，不斷變化，於是春夏秋冬，四季更替，萬物在其中繁衍生息。現在春節剛剛過了，正月是季春，二月是仲春，三月是孟春。每個月都有兩個節氣，正月第一個節氣是立春，接著是雨水，再下來經過驚蟄、春分、清明、穀雨，然後就到了夏天、秋天、冬天。我們根據天地四時的這種運行節律，就可以有條不紊地安排我們的工作，安排我們的生活。中國古代是一個以農耕為主的社會，更是要以此節氣來安排農時。這是節卦在我們認識自然時所發揮的作用。那麼對我們在社會人事當中的啟發呢？《象辭》緊接著這兩句說得就非常好，「節以制度，不傷財，不害民」。當領導的人對這點要特別注意，「節以制度」，就是要以制度為節。過去我們常說節約、節制，實際上就是以制度為節，要以制度來約束人的各種行為。一個社會，如果有良好的制度加以約束，不會勞民傷財，人們就不會放逸自己，不會胡作非為，老百姓就能過上安穩的日子，社會的財富也才不會被隨意浪費。

下面讓我們一起來看看《象辭》，「澤上有水，節」。節卦下卦為兌、為澤，上卦為坎、為水。為什麼「澤上有水」就代表「節」呢？大家想想，如果一個湖泊沒有節制的話，湖水就會氾濫，水災就一發不可收拾。所以下卦之兌相對於上卦之坎來說，就有一個很好的節制作用。「君子以制數度，議德行。」君子在制定社會人事間種種規則制度的時候，就要「數度」，要反覆度量、思量，要認認真真地推敲思考。同時還要「議德行」，要從人的道德、人的行為上來仔細考慮，然後才能制定出一個比較好的規章制度。

君子行事的慎密作風

　　《繫辭》這章所引的「不出戶庭，无咎」這兩句，是出自節卦初爻的爻辭。節之下卦為兌、為澤，澤就是湖泊，水汍汍，初爻為陽，就相當於湖泊的最底下那一層，是很堅硬、很堅實的，不然湖水就會漏掉，所以初爻為陽，能防止上面的陰爻漏掉，是對陰爻的一個節制。引申開來，就是說我們做人應該非常謹慎，首先要慎之於內，內心要有警惕性。「不出戶庭」，就是不要隨便出門，在行為上也不要輕舉妄動，做事情更不要隨便出手。小象辭中解釋道：「不出戶庭，知通塞也。」為什麼不要輕易出門？為什麼不要輕舉妄動？是因為我們心裡頭清楚什麼時候會是通順的，什麼時候會是堵塞的。

　　從卦象上看，初爻和二爻之間是一氣相通，兩根陽爻，一正一中，故可以通。但是到了三爻呢，是陰爻節陽，是閉塞的，就通不了。所以不要輕舉妄動，尤其是到了上卦，坎險在前，就更要小心。我們做事一定要知時宜，要知時節。我們看乾卦的初爻是「潛龍勿用」，讓你要藏起來，仍然是告誡不要輕舉妄動。節卦也是如此。有興趣的朋友可以統計一下，六十四卦中凡是初爻和二爻是陽爻的，其初九的爻辭、小象辭，大多都讓你慎動。

　　《繫辭》中又接著說：「子曰：亂之所生也，則言語以為階。」這還是在談言行，其實《繫辭》上經七卦，通通都是在談君子之言行，如前面說的「言行，君子之樞機」，就是說我們的一言一行，起心動念，都非常關鍵。判斷一個人修養的高低，判斷一個人是君子還是小人，都是從言行這些關鍵之處上看。這裡同樣是在談言行。亂，就是從言語中生出來的，不好的言語，就是導致禍亂升級的階梯。我們常說的多言必失、禍從口出等等，都是這樣一個意思。

　　「君不密則失臣，臣不密則失身，幾事不密則害成」，這幾句解釋起來比較簡單，其意思也比較明白。這是給那些大權在握的人，給有一定社會地位、管理能力的人講的。古時候生產力很低下，一般老百姓的生活相對比較艱難，都在為衣食而操勞，哪有時間和精力來學習這些東西呢？只有王室貴族，只有那些位高權重的人，他們掌握著國家的資源，掌握著老百姓的命運，他們才有時間，也有必要學習這些東西。「君不密

則失臣」，如果君王在言行上不謹慎、不嚴密的話，就會出問題，先開始失臣，就是失去輔弼自己的左右臂，到後來就會失去民心，就會失去國家。「臣不密則失身」，作為臣子如果不小心，過去說伴君如伴虎，整不好連性命都會丟掉，腦袋都會要脫。如果你洩露了君主的秘密，一方面君王會把你收拾掉，另一方面你的政治對手也會把你搞掉。歷史上這樣的例子很多，我這裡就不列舉了。「幾事不密則害成」，如果商量事情，對於很微小的地方、很機密的地方，沒有加以重視和保護，計畫的時候如果考慮得不夠周密，那麼這個事情就可能因此而搞不成。清末「戊戌變法」之所以失敗，其中就有「幾事不密」的原因，最後變法失敗，搞得皇帝被軟禁，戊戌六君子也上了絞刑架。

「是以君子慎密而不出也」，遇到節卦初爻的情況，我們就要很謹慎，很小心，「不出戶庭，无咎」，這個時侯只要不輕舉妄動，就不會犯錯。本光法師在《周易禪觀頓悟指要》中談到這裡的時候說，「慎密而不出」還有一層更隱晦的深義，就是要悄悄地、不動聲色地把這些隱患消弭於無形之中。你有什麼事情，就悄悄去做，神不知鬼不覺地把事情處理完了，一切都風平浪靜的，對周圍也沒有什麼影響。以前看電影，員警開車去抓賊，老遠就把警報弄得個烏拉烏拉的震天響，看起來好像很緊張的樣子，但實際抓賊要真那樣，賊早就逃跑了。所以真要做這些事情，就要悄悄地、秘密地把這些事情做完，往往這個時候，周圍的人根本就不曉得發生了什麼事情。所以「君子慎密而不出」也有這層意思在裡面。

當然對於「慎密而不出」，也可以引申到儒家「慎獨」的修養功夫上來。《中庸》第一章談到了儒家最根本的學修方法，「是故君子戒慎乎其所不睹，恐懼乎其所不聞。莫見乎隱，莫顯乎微，故君子慎其獨也。」君子一定要小心自己的言行，就是要慎獨。《繫辭》這裡引用節卦爻辭，主要就是從這個角度來談的，大家可以結合《中庸》第一章來好好體會。

解卦，天地解而雷雨作

我們繼續來看《繫辭》的下一段。這裡又說到了一個卦，是解卦，是六十四卦的第四十卦。就這個卦名而言，主要是解開、解放之意。從

卦象上看，上震下坎，卦辭也挺有意思。

子曰：「作易者其知盜乎？」易曰：「負且乘，致寇至。」負也者，小人之事也；乘也者，君子之器也。小人而乘君子之器，盜思奪之矣；上慢下暴，盜思伐之矣。慢藏誨盜，冶容誨淫。易曰：「負且乘，致寇至。」盜之招也。

 解卦

《解》：利西南。无所往，其來復吉。有攸往，夙吉。

《彖》曰：解，險以動，動而免乎險，解。解，利西南，往得眾也。其來復吉，乃得中也。有攸往夙吉，往有功也。天地解而雷雨作，雷雨作而百果草木皆甲坼。解之時大矣哉！

《象》曰：雷雨作，解，君子以赦過宥罪。

從卦辭的字面上看，「利西南」好像是說往西南方去會很好的；「无所往，其來復吉」，即使你哪裡也不去，坐在家裡天上也會掉餡餅，對方也會有回應，以後的事情也會很好；「有攸往，夙吉」，你要高興了出門走走，往西南方向去也是很吉祥的。「夙吉」，有點宿命的感覺，好像命裡面就註定隨便怎樣都會很吉祥。其實，當我們深入地去學習解卦就會發現，既然它是「解」，那麼它本來的、最初的狀態肯定是「不解」，一定是被什麼給捆綁起來，或者是凝成一團，鐵板一塊，猶如一團亂麻解不開，並不是一種很好的狀態。我們從卦象上看，也可以有這樣的體會。下面我們來看看《彖辭》的解釋：

「解，險以動，動而免乎險，解。」險以動，解卦下卦是坎卦，坎者，險也；上卦是震卦，震者，動也。面對很危險的狀況時，就要動起來，不動的話，就會被坎險給吃定了。你一動呢，就可以「動而免乎險」，就能逃離險境，就能解開險難糾紛。

那麼下面一句「解，利西南，往得眾也。」這一句是什麼意思呢？過去也有很多人講到這裡，在方向這個問題上下了很多功夫。實際上這個也比較簡單，它就是在文王八卦的方位上面去體會。我們看解卦，它的上卦和下卦都是陽卦，陽卦居東居北，解卦是由居於正北方的坎卦和

正東方的震卦組成，從卦象上看，坎卦和震卦皆是兩陰一陽，所謂「陽卦多陰，陰卦多陽」，所以兩卦皆為陽卦。單八卦中，陽卦由乾卦帶隊，坎、震、艮卦隨之；陰卦則由坤卦帶隊，離、巽、兌卦隨之。陽卦天然就要趨向於陰卦，就像男女之間一樣，是異性相吸，所謂「窈窕淑女，君子好逑」，陰陽雙方就要「好逑」於對方。而坎卦屬正北，震卦屬正東，所以解卦自然就要趨向于西南方。西南方為坤卦的方向。坤為地，有包藏、含藏之意，萬物眾生都在大地上繁衍生息，所以坤又為眾。這裡所說的「解，利西南，往得眾也」，就是指解卦趨向於西南之坤方，得坤即是得眾。

「其來復吉，乃得中也」，來，是自己不動，等對方前來，而對方來了就會很吉祥。這是為什麼呢？因為解卦的下卦是陽爻得中，它如果不動，上卦是陰爻得中，就會俯就於九二，因此二爻和五爻之間是相呼應的。其實，整個解卦的卦象就很有意思，初六與九四是一陰一陽相呼應；九二和六五是一陽一陰，同樣相呼應。雖然六三和上六皆是陰爻，不能呼應，就解卦的整體而言，最重要的初與四、二與五都是一一相呼應的，所以說「其來復吉，乃得中也」。下面「有攸往夙吉，往有功也」，如果解卦的下卦九二坎陽之氣往上升，主動尋求六五陰爻相助，這也是好事情，對成就事功很有利，所以「有功也」。

「天地解而雷雨作，雷雨作而百果草木皆甲坼。解之時大矣哉！」這是從天地自然現象來進行闡述。天地之間如果很長時間處在悶熱、乾燥的狀態，那麼當和風一吹，雷雨一來，天地之間的沉悶糾結就解開了。什麼是甲坼？甲指的是草木果實的外部硬殼，坼就是裂開，甲坼就是指植物種子的外殼開裂，然後新芽長出時的狀態。這和我們現在對時令的感覺也完全是一樣的。經過了一個冬天的收藏，天地萬物都被冬天的寒氣包裹得嚴嚴實實的，現在已經立春了，隨著雨水、驚蟄的到來，春雷一震，萬物復甦，大地萬物經過雷雨的滋潤，很快就會生機盎然。「解之時大矣哉！」這是在感歎解卦之德，說解卦當令之時，對大自然運化的作用是非常非常了不起的！

《象》曰：「雷雨作，解，君子以赦過宥罪。」從大象辭來看，解卦上震下坎，組合起來就是雷雨之象。《易經》中的「象曰」之辭有這麼一個基本規律，先是就卦象本身而言，接著向自然現象引申，然後再向社會人事當中引申。有些卦主要談如何處理社會人事關係，有些卦則側重

談個人的心性修養。解卦的大象辭，談的就是如何處理社會人事關係。「君子以赦過宥罪」，君子指的是大權在握的為政君子。古代講究到了一定的時期就要大赦天下，在需要的時候，身居上位的領導們就應該「赦過宥罪」，就像是春天到了，萬物也都該生長了，對那些做了錯事的人，已經收拾了他們一番，已經通過牢獄把他們關了一段時間、藏了一段時間，只要不是犯了十惡不赦的罪行，就應該給他們一個改過自新的機會，以寬厚之德赦免他們的罪過。

很巧的是，昨天我就起了一卦，得的就是這個解卦。起卦的原因是昨天上午得知一位朋友出了事，下午要到醫院去看望他。當時是他夫人打的電話，說他出車禍住院了，情況很糟糕，整個人的情緒很低落、很鬱悶。當時我心頭一緊，就起了一卦。結果出來一看，得的是解卦九四，心頭就放鬆了許多。九四爻辭是「解其拇，朋至斯孚」，拇，就是腳趾，就是說他的腳已經解放了，朋友來了，心情就會比較舒服了。我們去的時候，就看到他的腿腳做完手術後，恢復得相當不錯，可以抬起來了。和他一起擺擺龍門陣以後，他整個人也都輕鬆了許多，心情好很多了。

所以這個解卦很有意思啊！你看它上震下坎，震為動、為雷、為車，坎為險、為陷、為壑，整個卦象就是一道坎溝上放著一輛發動了的車，不出車禍出什麼！？真讓人感覺很巧合。

暴發戶的禍端

《繫辭》這裡所引用的，是解卦六三爻辭：「負且乘，致寇至，貞吝」。前面還有一句「子曰：『作易者其知盜乎？』」這是什麼意思呢？盜，可以是具體的偷盜，也可以引申為各種損失。易學的創造者們，一定知道人們遭遇盜竊、遭受損失的原因吧！人為的破壞是怎麼來的？人為的損害是怎麼來的？解卦的六三爻就說得很清楚，就是因為「負且乘」。負，指的是地位很低下的人，卑躬屈膝，背負很重的負擔，按過去的說法，就是社會底層的勞動人民。乘，在古代只有貴族，只有一定身份、一定地位的人才能使用的馬車。「負且乘」，就是說一個打工仔，或者說一個窮光蛋，突然坐上賓士寶馬在街上招搖，結果就是「致寇至」，這樣肯定

就會導致強盜賊人的光臨。本來就是一個窮光蛋、一個乞丐，突然買彩票中了五百萬，這時候你就應該低調點，不要大肆宣揚。如果你還生怕別人不知道，弄個大花車、抬個大花轎四處招搖，那黑社會的哥兒們不找你找誰啊？

「負且乘，致寇至」就是這樣一種感覺，所以是「貞吝」。貞，一方面有正的意思，另一方面還有占卜之意。貞吝，就說明這事非常不好。

《繫辭》這裡說：「負也者，小人之事也。」小人之事，就是底層人幹的事嘛；「乘也者，君子之器也」，大馬車就是貴族大人們代步的工具。「小人而乘君子之器，盜思奪之矣！」這個意思前面已經說過了，大家都應該清楚了。

「上慢下暴，盜思伐之矣！」這裡說到「上慢下暴」，我們要知道，《易經》卦爻辭中的文字，可不是作者憑空個人想像、發揮出來的，其一言一句，無非是來自於卦象，這些內容本身在卦象之中，就完全體現出來了。我們來看解卦六三爻，其為陰爻，柔弱不堪，它的上面是九四爻，為陽爻，很剛強，很兇悍，顯得高高在上，一副傲慢的樣子。九四爻對於六三來說，是一個阻礙，使其不可能發展到上卦去，所以這是上慢。下暴呢？我們看六三爻的下面是九二爻，同樣也是陽爻，也是很兇悍很剛強。六三爻被兩根陽爻夾在中間，所以說它的處境是「上慢下暴」，當然很險惡、很糟糕。在這種情況下，你還要炫耀臭顯，到處擺闊，那些強梁盜賊，當然就要來打你的主意。

下一句「慢藏誨盜，冶容誨淫」，這基本上是中國古人的一個思維定式，大家都認同這個道理。慢藏，慢就是怠慢，藏就是隱蔽，慢藏合在一起就是說你面對這種事情不隱藏起來，還很傲慢、很怠慢，那當然就「誨盜」了，等於是你在教唆人家來偷來搶。「冶容誨淫」也是如此，一個女子一天到晚打扮得花枝招展、妖妖豔豔，這樣一個女人往電線杆下一站，肯定會引來心術不正之人的騷擾，那些好色之徒肯定就想打你的主意。

現實生活中這樣的現象很多啊！誨淫誨盜的現象可以說比比皆是。我們看電視，一些地方電視臺一過了午夜子時，放的娛樂節目就很濫，廣告也反覆是那些美容整形、隆胸翹臀之類的。這些都是「冶容」嘛，其結果就是在「誨淫」啊！網路上的東西就更是不堪入目。另外，現在社會上人們「崇富」的心理也很重，一味追求財富，大家一心都向錢看，

所謂的成功人士，一味都是有錢人、大老闆。前一陣媒體在炒，為什麼現在「仇富」的人那麼多啊？其實，就是社會崇富的結果嘛！崇富就容易引人嫉妒，更何況那些一夜暴富的人，到處炫耀，奢侈無度，不知收斂，這就是一種「誨盜」。

易曰：「負且乘，致寇至。」盜之招也。這裡把前面的內容又重複了一下，反覆了一下，是提醒我們大家注意，你有錢嘛就藏著點，不要露財遭劫；女人愛漂亮沒錯，但你衣著打扮要適度一些才行，不要過分惹眼勾人，免得遭人劫色。

第九章

數通天地　知鬼神之所為

第九章　　數通天地，知鬼神之所為

天一地二，天三地四，天五地六，天七地八，天九地十。天數
五，地數五，五位相得而各有合。天數二十有五，地數三十，凡天
地之數五十有五。此所以成變化而行鬼神也。

大衍之數五十，其用四十有九。分而為二以象兩，掛一以象三，
揲之以四以象四時，歸奇於扐以象閏，五歲再閏，故再扐而後掛。
乾之策二百一十有六，坤之策百四十有四。凡三百有六十，當期之
日。二篇之策，萬有一千五百二十，當萬物之數也。是故四營而成
易，十有八變而成卦，八卦而小成。引而伸之，觸類而長之，天下
之能事畢矣。

顯道神德行，是故可與酬酢，可與佑神矣。子曰：「知變化之
道者，其知神之所為乎！」

——《繫辭上傳》第九章

鬼神也逃不出這些數

下面我們來學習第九章。對於過去學《易經》的人來說，是非常非
常重視這一章的，尤其是在數術上面想弄清楚，想在「掐指一算」上面
搞點名堂的人，對第九章就會非常重視。

　　這一章裡講到的這些數理、這些道理，實際上也是中國傳統數術之學的一個來源。對於傳統數術的一些基本道理，都是從這兒體會出來的。去年，七葉兄給我們講《陰符經》的時候也涉及到了一些，講得還比較細。那麼今天呢，因為我個人對《易經》中這些數術的東西興趣不大，但是呢，既然你學《易經》、講《易經》，就必須知道這些東西的來頭。如果各位在《易經》的預測學方面非常有興趣，就可以從此章下手，深入研究。我在這裡只是給大家作一塊敲門磚，大體上說一下。

　　「天一，地二；天三，地四；天五，地六；天七，地八；天九，地十。」實際上很簡單，就是說了什麼是天數，什麼是地數。下面說「天數五，地數五。五位相得而各有合。」實際上天數也就是我們現代數學裡的奇數，地數也就是偶數。天數有五個，地數也有五個，那麼「五位相得而各有合」是什麼意思呢？實際上這裡暗含了一句話，只有通過其它經典裡面的內容進行補充才能說清楚。

　　在《尚書•五行傳》裡面，就講了天地之數是如何相合的：「天一生水，地六成之；地二生火，天七成之；天三生木，地八成之；地四生金，天九成之；天五生土，地十成之。」也就是說，天數一和地數六，都屬水。天一是五行之水的生數，地六是五行之水的成數。五行之生成，也就是水火木金土這些構成天地萬物的基本元素，就是通過天數與地數一生一成相合而來的。

　　生數，就是初生之數，成數就是完成之數。也就是說，任何一個事物，它有一個開端，就是「生」，它有一個完成，就是「成」。生數是開端，成數是完成，通過這麼一生一成相結合，就成為了一個完整的東西。從數理角度來看，就是說從一到十這十個數字，它一分為二，前五個數為生數，後五個數為成數，五個生數和五個成數加在一起，就是合十，就形成了一個完整的基礎十進位元數學系統。在中國古代的哲學思想中，把水火木金土這五行生剋之理，與這十個基礎數字歸納到一起，就是「五位相得而各有合」。「五位相得」，天數五個數，地數五個數，天數和地數五位各自相合，就是「五位相得而各有合」。相得的意思，就是恰到好處，互相恰到好處地交合在一起。如下圖所示：

水木土火金

天數：一三五七九

地數：二四六八十

火金水木土

下面一句「天數二十有五，地數三十」，什麼意思呢？其實很簡單，就是把天數一三五七九加起來，就等於二十五；把地數二四六八十加起來，等於三十。這是天數和地數的總和。

「凡天地之數五十有五」，就是把天數和地數的總和再加起來，就等於五十五。就中國古代的數學來說，用數學的角度、用數學的眼光來研究宇宙天地，那麼就是這天地相加的「五十有五」，就把所有的東西概括完了。

古代數學的十進位制，是中外一切傳統數學的基礎，人類也一直使用到現在。所以下面一句「此所以成變化而行鬼神也」，就是對它的贊辭。變化，這兩個字是要分開來講的。變者化之初，就是指事物發生變化的初始階段；化者變之成，就是事物變化的完成階段。所以我們看一個事物的發展變化，還是體現了一生一成的這個過程。生就是變，一個獨自漸變的過程，化就是成，就是變化的結果。恒卦的《象辭》說：「聖人久于其道，而天下化成」，久於其道就是漸變的過程；天下化成，就是完成了變化，成就了天下的文明。在中國古代哲學看來，不光是人類社會，整個世界的產生，天地萬物的產生，就是這麼一變一化、一生一成而來的，鬼神之行也概不能外。

天垂象於河圖

這一段很簡單，主要是把這幾個句子記清楚，就是「天一生水，地六成之；地二生火，天七成之；天三生木，地八成之；地四生金，天九成之；天五生土，地十成之。」把這幾個東西記清楚了，實際上就把一個「河圖」記清楚了。河圖就是通過天數和地數的相得相合形成的。「河圖」這個東西，初學者乍一看就覺得很複雜，這個又是黑圈圈又是白圈圈，上下左右不明白是咋回事。實際上要記它要畫它很簡單，就是從一

到十的這幾個數字，就是「天一生水，地六成之……」這幾句話。

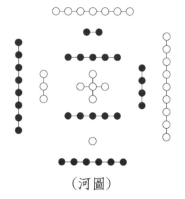

（河圖）

　　當然過去講嘛，「河圖」就是在伏羲氏的時代，有一天在黃河裡面浮起了一匹龍馬，身上畫的就是這個「河圖」。我們的伏羲聖人根據這個「河圖」，來推演研究其數理的變化，然後畫出了八卦，就有了我們的《易經》。那麼，這個河圖怎麼畫呢？

　　畫起來很簡單的。「天一生水」，坎水居北方，天一生水，那麼天數為一，在北方畫一個空白圈圈。白圈圈表天數，也稱陽數；黑圈圈表地數，也叫陰數。「地六成之」，就是在這個白圈圈下面畫上六個黑圈圈，這就是「地六」。天一和地六相得而合，就生成了北方的這個坎水。這是畫「河圖」的第一步。

　　第二步就是「地二生火，天七成之」。離火居南方，「地二生火」就在南方畫上兩個黑圈圈；「天七成之」，那麼在外面，再畫上天數，就是七個白圈圈。

　　「天三生木，地八成之」，震木居東方，就在東方畫上其生數三個白圈圈，外邊再畫上其成數八個黑圈圈；「地四生金，天九成之」，兌金居西方，同樣在西方也如法炮製。然後剩下中間了，「天五生土，地十成之」，中間畫五個白圈圈，外面十個黑圈圈把中間圍著。整個河圖就這麼畫成了。

　　我們的伏羲老祖在黃河裡面看到的龍馬，就是馱著這個東西出來的。從「河圖」上也可以看出，坎離震兌這四正卦，也正是處在河圖的北南東西四方。所以，易經八卦的來源，的確是與這個「河圖」有著莫大的關係。

這裡順便提一句，我們後面還要講到的「洛書」，也是根據這個八卦方位得來的，以後講到「洛書」時再詳說。這裡只是從天數和地數的角度，把「河圖」是怎麼來的給大家說一下，免得覺得這個「河圖」、「洛書」神秘得不得了。其實它就是中國古代用數理來表達宇宙天地生成變化的一個基本模型。

古人說的是「天垂象於河圖」，就是老天把這個象，把整個天地宇宙的形象，用「河圖」表達出來的。實際上，天地萬物都是自自然然、現現成成的，中間看不到什麼數字。那麼人類要認識、要利用天地萬物，要掌握天地萬物的變化規律，就只好用數字來對它進行描述，進行規範，用數理的生成變化來說明它的運行規律。實際上，我們自己的生理變化、乃至於精神的運動變化，也可以用陽數和陰數的生成變化規律來體現。這些在道家的內丹修煉，以及在傳統的中醫養生理論中，就表現得很充分。

大衍揲蓍，最古老的占卦法

再來看下面的原文：「大衍之數五十，其用四十有九。分而為二以象兩，掛一以象三，揲之以四以象四時，歸奇於扐以象閏；五歲再閏，故再扐而後掛。」這幾句話講的，就是具體的打卦方法。

這個「大衍之數五十」，有些人又說應該是「五十有五」。我們看這個天地之數的總和也是五十有五。但是呢，這兒這個「五十」有兩種說法，一種呢，很簡單，就是漏掉了「有五」這兩個字，本身應該是五十五；還有一種是忠於原文，解釋就說，大衍之數就是真正能夠實際運用的數字，只是這五十個，那麼還差五個才湊夠天地之數啊，哪去了呢？他就說是五行之數，即金木水火土，它是代表天地間最基本的元素，它不動的，是不進入天地這個電腦的演算程式的。不管怎麼說，就算「大衍之數五十」，也還不是拿來就用的，「其用四十有九」，它還要留一手，就是有一個數字是留在那兒永遠不動的。為什麼要留一手？也有很多說

法，我們就不用去打這些筆墨官司了，反正記著「其用四十有九」就行了。

這一段它整個講的是上古時代的布卦方法，稱為大衍揲著之法。大衍揲著之法有幾個基本的東西，幾個基本的步驟。第一步是「分二以象兩」，第二步是「掛一以象三」，第三步是「揲之以四以象四時」，第四步是「歸奇於扐以象閏」。這是完成了第一個步驟。然後「五歲再閏，再扐而後掛」就是又重新來一遍。為什麼稱之為揲著呢？著草，有點像我們四川一帶的巴茅草，但是很長，很直，曬乾了呢很硬。傳說這種草有點神奇，周文王被囚禁在羑里演八卦，就是用這個著草來進行推演的。前年，我們報社有個朋友到河南湯陰出差，順便到那邊去參觀了周文王被囚的地方，他問我帶什麼回來好，我就說帶一包著草吧。他說他不會用這個東西，我說你不會用也可以買回來嘛，帶回來供起也很好啊。

這個著草怎麼用呢？「大衍之數五十，其用四十有九」，就是說拿五十根著草出來，中間取出一根不用，放在那兒供起，然後呢，就用這四十九根來布卦。「分二以象兩」，簡稱就是「分二」，兩，就是指的天地、陰陽；象，就是比喻。首先，就是把四十九根著草，或者用其它東西代替，比如四十九根牙籤也可以，四十九顆圍棋子也可以，四十九顆紐扣也可以，哪怕你這些都沒有，四十九顆石頭都可以的。首先要把它分而為二，說白了就是刨成兩堆，任意刨，刨成兩堆就是「分二以象兩」。

第二步「掛一以象三」，就是把分成的這兩堆草棍其中的一堆，拿一個出來放在一邊，過去就是掛在手指上或者是夾在手指上，這樣好演算。你不熟悉嘛，你就把它放在一邊。所謂的「象三」就是象徵天、地、人三才。這個「一」就是表示人。「掛一以象三」，就是從天地之中分出人來，以象徵天地人三才齊全。

第三步「揲之以四以象四時」，又怎麼說呢？揲四，就是說把這兩個堆堆裡面的東西，分別按四個一組，把它分出來，最後的結果，就是各餘下小於或者等於四的一堆。這個就是象徵春夏秋冬四時，簡稱為揲四。

第四步就叫「歸奇於扐」。歸，就是歸納；扐，就是指餘數。實際上就是把「掛一」所餘的那個「一」，與「揲四」所餘下的兩個餘數加在一起，簡稱叫做「歸奇」。接下來，就從「大衍之數」所用的「四十有九」裡面，減去第一次「歸奇」，所得到的結果，就是第一變。「歸奇於扐以

象閏」，閏，我們說一年三百六十天其實並不嚴格，它還閏幾天，說白了就是餘幾天。「歸奇於扐以象閏」就相當於閏了幾天，第一變就是餘了幾天在這兒。

那麼「五歲再閏」，「五歲」，當然，「歲」就是一年嘛。這裡它實際上指的是四個步驟之後，第五個步驟就算是再「閏」了，就是再來一遍。怎麼「再閏」呢？就是從這個餘數當中，從四十九減去第一個步驟中的餘數，然後再照上面的四個步驟再來一遍，就是第二變。

第二變就是要從第一變的結果裡，依次再「分二」、「掛一」、「揲四」、「歸奇」，再用第一變的結果減去第二次的「歸奇」之數，這就完成了第二變。把第二變的餘數，依上面的方法再來一次「分二」、「掛一」、「揲四」、「歸奇」，是為第三變。

後面「四營而成易，十有八變而成卦」，就是經過第三變得出的結果無非四種。哪四種結果呢？就是三十六，三十二，二十八，二十四。三變之後的結果只有這四個數字。那麼這四個數字，「四營而成易」，就是再把這個結果以四除之，最後的結果就是九、八、七、六。九稱為老陽，八是少陰，六是老陰，七是少陽。三變四營之後得出來的結果，永遠都是這四個數。如果不是這幾個數字，肯定就是你算錯了。物老則變，到了老陰、老陽，它就會變，這就是變爻，也叫動爻。

在中國哲學裡面，它就認為物壯則老，老了就要變。如果是學武功的，你一個招式用老了，用老了如果不變那就糟糕，就要挨打，所以你必須要變。但是呢，你的招式沒有打老，你的招式是將變未變，是可變可不變，那就很好。一個人的生命狀態也是一樣，我們從生到死的這種狀態，到了最後七八十歲了，你這種生命的穩定狀態肯定要變了。按佛教的說法，人老了就要死了，各人就會根據自己「業」的不同，就會變入六道，就會去輪迴當中轉圈圈。

九之所以被稱之為老陽，是因為它是陽數之極，是最大的陽數。陽數之極為九，所以稱之為老陽。那麼陰數呢？陰數之中為六，「二四六八十」五個陰數以六居中，所以六稱之為老陰。

「四營而成易」，四營就是剛才我們講的這四個步驟，營，就是經營嘛，就是按這四個步驟經營，稱之為四營。「四營而成易」，要按《易經》的傳統方式打一個卦，就是通過這「四營」來的，所以「四營成而易」。「十有八變而成卦」，每卦有六爻，每三變生出一爻來。上面的步驟只是

三變的結果，如此要重複六次，經過十八變，才能得出一個完整的卦來。

上面講的這一套大衍揲蓍之法，就是《易經》最古老、最正宗的打卦方法。我們看古人打一卦是非常辛苦的。我們上面算了老半天，才弄了一爻來。現在的人們打卦，基本上都沒有按這個正宗的方法來，都已經簡化了。當然，我們這裡是為了說明、瞭解《易經》最原始的揲蓍方法，才這麼演示了一遍。

「八卦而小成」是什麼意思呢？我們按照上面的過程揲蓍，你演算到了第九變，就已經得出三個爻了。三個爻就形成了一個單卦，從六爻重卦來說，你的內卦已經出來了，或者說下卦已經出來了，那麼，對於整個卦，你基本上就有點小明白了，完成了一半，就稱為「小成」，即小有所成之義。這裡的「八卦」，就是指的單八卦。

「引而伸之，觸類而長之，天下之能事畢矣。」我們再把八個單卦，已經引申疊加，變成了兩兩相重，變成了六十四個重卦。面對這六十四個重卦，你如果高興的話，還可以再重再變，我們看《焦氏易林》的卦序，就是通過這個「引而伸之」的變化規律而形成的。那麼「觸類而長之」呢？就是說八個單卦，每個卦它有一個代表性的卦象，比如說乾為天，坤為地，艮為山，兌為澤等等，它都是一個代表性的象。但是，這個代表性的象它可以觸類旁通的，所以是「觸類而長之」。比如說「乾為天」這個象，與「天」的屬性相類似的，就有健，即處於永恆的運動狀態；乾又可以代表君王，天為萬物之主，君是人間的老大嘛，也是觸其類而延長出來的象；還有馬、圓、金、玉等等，都是從「天」這個根本的象中觸類延長出來的，就是說它們都可以說是同類。再比如說「坤為地」，這個地呢又可以代表眾，因為它可以容納眾生；也可以代表土，因為它可以出生萬物，對坤卦「觸類而長之」，它也可以代表牝馬，即母馬，坤卦《彖》曰「牝馬地類，行地無疆」，就是從坤卦有牝馬之象來的。當然，要熟悉這一套「觸類而長之」的易象，就要專門學習《說卦傳》。這個大家學完《繫辭》之後，完全就可以自學《說卦傳》了。

就是通過「引而伸之」和「觸類而長之」這兩種辦法，天下一切的東西就全部都在《易經》的意象和範疇之內了。所以「天下之能事畢矣」。

我們前面講的這些內容，是我們理解整個《易經》古蓍法的一個原始檔。既然大家要學《易經》，這一部分內容就要認真理解，把這些原理

和方法搞通，你對《易經》的信心就會更足。

金錢卦，最通俗的占卦法

　　到了漢代以後，這個古蓍法大家感到很麻煩，就「變而通之」，找了一個簡便的方法取代，只要三個銅錢就可以起卦了。那就是我們後來所稱的金錢卦，漢代稱之為火珠林。金錢卦的起卦方式就很簡單了。

　　金錢卦的基本原理和古蓍法其實也差不多。我們拿三個硬幣，搖一搖隨便扔下去，出現的結果也無非就是四種，即三個正面、三個背面、一正二背、一背二正。套用前面「四營」之後的「六七八九」這四種情況，所謂的六，就是三個陰面，是為老陰；九就是三個陽面，是為老陽；那麼七呢？就是指的一陽兩陰，為少陽；八就是一陰兩陽，為少陰。老陰老陽是為動爻，少陰少陽是為靜爻。

　　起好一個卦之後，動爻往往有各種不同的情況。有可能六爻都是靜爻，一動不動；也可能六爻都是動爻的，全部都要動；也有可能只有一爻動，或者兩爻動、三爻動、四爻動、五爻動。那麼，在這種情況下，我們怎麼判斷呢？我們查《易經》的卦辭爻辭，有一個基本的判斷方法：

　　我們打一卦，如果六爻都不動，全部是靜爻，就依本卦的卦辭來判斷。

　　一爻動，無論動的是哪一爻，只有一爻動的話，就要根據這一卦的爻辭來判斷，動的是哪一爻，就用哪一爻的爻辭來判斷。比如說乾卦，正好是九三爻動了，這個九三爻辭是「君子終日乾乾，夕惕若，厲无咎」，感覺就是很緊張，隨時要注意，要很警惕，要以「終日乾乾」的感覺來面對一切事情。如果是乾卦的九五爻動了，那你就不得了，「飛龍在天」，就是隨便你怎麼玩，都很厲害的感覺。這是一爻動的狀況。

　　如果兩爻動，比如說剛才舉的乾卦，九三爻和九五爻都是動爻，那麼判斷的時候，兩爻的爻辭都要照顧到，要兼顧到。這時候，你既要看到「飛龍在天」的自由自在的狀況、自由自在的感覺，同時又要看到「終日乾乾」，還有朝夕警惕的這一面。但是呢，兩爻動時也有側重點，側重在上爻。這是朱夫子的說法，朱熹的說法，以下爻為輔，上爻為主。在

一般的情況下，都要以上爻為主。為什麼呢？因為上爻它是代表一種結果，我們起任何一個卦，它都是從初爻到上爻這麼來的。那麼上爻，它代表的就是一種結果，兩爻動的話，上爻它是最後起決定作用的。

如果三爻動呢？三爻動，就必然是一上一下一中。三爻動時的判斷，就以中間一爻的爻辭為主，上下兩爻為輔。

那麼四爻動呢？四爻動就麻煩了，六爻有四爻都在動的話，你就有點亂了方寸。這個時候，一個卦的關鍵就要看它的靜爻了。它剩了兩根靜爻，仍然是一上一下。這個時候，就要是以下爻的靜爻為主，上爻的靜爻為輔。正好跟兩爻動時的情況相反。

如果是五爻動的話，就是看靜爻。物以稀為貴，這時候那一個靜爻就是全卦的老大。

但有時候也可能出現六爻全動的情況啊！那這時候，你起的這個卦就確實沒有辦法判斷了。六爻全動，說明你打卦的時候，一方面心本身就動得很厲害；另一方面就是這個事情確實本身就異常複雜。這個事情一定是變化多端的，每一爻都在動啊，每一個環節都在發生變化，它就有無限多的可能性。那遇到了怎麼辦呢？朱夫子有一個說法，說六爻全動，看用九用六。但用九用六，只有乾坤二卦有，其它各卦就沒有用九用六。所以在這個事情上，對用九用六就有一個爭議。

對用九用六的新解

我記得上次講到乾卦時，何師兄就問了一下用九用六到底是怎麼回事。這個有很多說法。我個人的體會，這個用九它並不是純粹只針對乾卦的，用六也並不是只針對坤卦的，用九用六是針對所有的卦。九，是陽數之極，為老陽，所以它是易卦所有陽爻的代表；六為陰數之中，為老陰，因此它代表了易卦中所有的陰爻。用九就是看所有卦中陽的這一面，用六是看所有卦中陰的這一面。所以，《易經》六十四卦的所有陽爻都適用於用九，所有的陰爻都適用於用六。

我們來看一看用九用六說的是什麼。我們可以翻一下乾卦，「用九，見群龍無首，吉」，就是說凡是易卦中出現的陽爻，你都可以用「見群龍無首」來體會，這是在指導你，能做到這個「見群龍無首」，那麼才是真

正的「吉」。我們想一想，你真正是陽氣太盛的時候，你就要注意了，你就要把自我放下，把心態調得謙遜一些，最好是能做到無我的狀態。「群龍無首」，要把我放下。「無首」就是無我，這是我個人的體會。凡是打卦遇到陽爻，你就要以「無我」的精神去面對它，去面對你要占問的事情。

用六呢？我們看坤卦「用六，利永貞」，你打卦凡是遇到了陰爻，在任何卦上遇到了陰爻，你都永遠要以「貞」的態度來面對。貞者正也，都要用上《大學》裡面「正心誠意」的這一套功夫。不管它對應的爻辭是好還是不好，都要以貞正之心來面對它。

我們剛才是講六爻全動的狀況時，才拐到對用九用六的解釋上的。說老實話，人的命有什麼好算的嘛？常言道「人算不如天算」，六爻全動的狀況，感覺上就是在天算啊！說明這件事不是人能算得清楚的。那麼，我們作為一個人的本份，人在天算面前所能做到的，也就是用九用六。用九的時候要「見群龍無首」，就是忌諱陽剛太過，要防「亢龍」，所以就要以「無我」的精神去面對。用六的時候要「永貞」，因為人處於「陰」的狀態時，往往精神就比較陰晦，容易進入偏邪的狀態，這個時候如果人心正起來的話，能夠保持「永貞」，那麼他就守住了做人的本份，結果就差不了。總之，用九用六就是讓我們無論在什麼情況下，都要牢牢守住做人的本份，處於陽面則「見群龍無首」，處於陰面則「永貞」。人生一世，本份事也不過如此而已！

解卦才考真功夫

上面是講了打卦的一個基本體會。當然，動爻從一爻動到六爻動，這中間，它雖然有一個基本的判斷方法，但是在具體的事情上，還要靈活運用。因為《易經》它不是有一個一成不變的東西，貴在變通，貴在對錯綜複雜的各種情況進行綜合分析判斷。而且，《易經》起卦的方法也有很多，我們今天講的是儒家起卦斷卦的一個基本方法。但是呢，還有一些，比如後來發展出來的「大六壬」、「納音」、「納甲」的這些方法，就非常複雜了。

　　我們現在學《繫辭》能夠學到這樣，能夠掌握這些基本方法，就可以此為基礎，對易理易象認真去體會，認真去分析。以後能更進一步深入，很多問題都可以迎刃而解。

　　前兩天，節氣剛剛過了雨水，剛剛暖和了幾天，毛衣都快穿不住了，可這兩天一下子又冷了，大家又都穿上了冬天的衣服。這個天氣跟易道是一樣的，隨時都會發生變化。雖然說隨時都會出現變化，但有個總體的趨勢，現在農曆正月過了，快二月了，它總要逐逐漸漸暖和起來。倒春寒（譯按：春季出現的一種低溫天氣現象）這些突然的天氣變化，並不能真正妨礙春暖花開的臨近。所以我們大家學習，也要有這種感覺。尤其是學習傳統文化，有時候學出感覺了，會很興奮很激動，但是一段時間之後，這個感覺又可能遲鈍了，甚至會有點麻木。這就有點倒春寒的感覺。但是過了這個乍暖還寒的階段，等三陽開泰了，到了陽春三月了，那一派的春光明媚，鳥語花香，就很舒心自在了。

　　學習傳統文化就是這樣，它不是一蹴而就的。我們經常在說，學這個東西就像泡茶一樣，要慢慢泡，慢慢地泡出感覺來，就會品出其中妙不可言的滋味來。

　　我們大體上把第九章講完了，大家下來可以把這個打卦的方法經常運用一下，不一定是有事情發生，但是你可以通過打卦這個方法，熟悉各個卦象，熟悉這些卦辭，熟悉這些爻辭。實際上打卦很簡單，你說用蓍草比較複雜，但用金錢卦就很簡單。你打一個卦出來後，即使很準，但是你要解這個卦，要解得準確，就需要對易理、卦象、卦辭、象辭、象辭、爻辭這些，要有一個很深入的認識。所以說打卦不難，解卦才是考驗你真正的功夫。

「萬物」是怎麼數出來的

　　上一節有一段沒有講，因為要把撲蓍布卦的這個程式從頭到尾講完，所以中間「乾之策」這一段就沒講。「乾之策二百一十有六，坤之策百四十有四，凡三百六十，當期之日。二篇之策，萬有一千五百二十，當萬物之數也。」

　　「乾之策」，這個「策」呢，原意指過去用來記數的竹片，實際上這裡也就是數的意思。乾之數，實際上就是指在大衍之數裡面，「乾之數」指的是陽數，陽數在一套系統裡面，它的數是多少。這個地方說「二百一十有六」，這個數是怎麼來的呢？實際上很簡單。陽數它是用九來代表，陰數也就是「坤之策」是用六來代表。

　　為什麼六來代表老陰？因為六是陰數之中，二、四、六、八、十，五個陰數，六是居於中間。因為本身這個陰數，坤的那種感覺，它是收藏，是涵容，那麼越是中心，就越具有代表性。陰數之中是六，所以就用六來代表、統領這個陰數。乾呢，用九來代表，九為陽數之極，一、三、五、七、九，到了極點了，乾陽它體現的是一種什麼感覺呢？它體現的是一種剛健的、外向的、發散的、運動的感覺，所以它最大的一個數，極數，就最具代表性。所以這裡的「乾之策」和「坤之策」，分別指的就是陽數和陰數。

　　「四營而成易」，就是我們揲蓍時有四個步驟，每一個步驟都要出現一個陽數，每一個步驟也都要出現一個陰數，所以分別用陽數的代表九和陰數的代表六，乘以「四營」之四，那麼再乘以一個六爻之六，就得出這個乾的策數「二百一十有六」和坤的策數「百四十有四」。把「乾之策」與「坤之策」加起來，就是「三百六十」。這個數字，這裡說是「當期之日」，這個期，就是指的我們天地之間的一個輪迴之期，就是一年。一年的日子，當期之日，就是三百六十日。當然三百六十日，從曆法上來說，它也不是很絕對的，它是一個大體的數字。大家都說一年三百六十天，其實還有一點點餘數。所以為什麼這個大衍之數，我們用這個揲蓍之法，它最後要「歸奇」呢？就是要把餘數歸納起來。這個餘數很重要，一個易卦的形成、吉凶禍福的判斷，就在於從這個餘數中，分出老陰老陽和少陰少陽。

　　「二篇之策，萬有一千五百二十，當萬物之數也。」這是什麼意思呢？所謂「二篇」就是指的這個《易經》六十四卦的上篇和下篇，每一篇是三十二個卦。大家看《易經》六十四卦，它都是分了上下篇，上篇三十二個卦，下篇三十二個卦。像我們手上本書，它就歸納得很好，關於卦序、分宮取象等，它都有兒歌似的口訣便於記誦。這個是「二篇之策」，那麼「萬有一千五百二十」，實際上就是「乾之策二百一十有六」乘以三十二，等於六千九百一十二；「坤之策一百四十四」乘以三十二，

等於四千六百零八，加起來就是一萬一千五百二十。因為在《易經》六十四卦裡面，屬於陽卦有三十二卦。這個「萬有一千五百二十」，就是「當萬物之數」。

中國古人對天地物種數量的總認識，不會像現在某些人所謂的科學那麼傻乎乎地精確到一草一木。說實話，這個地球上每天都有一些物種滅絕，每天又都有一些物種誕生。那些原始森林、深海底部、南北極無人區裡，到底還有多少沒被人發現的物種，誰說得清楚？你要想把地球上的物種數精確，傻瓜才會這麼幹。所以莊子才說「吾生也有涯，而知也無涯。以有涯隨無涯，殆已」，把我們有限的生命，浪費在與我們的精神無關的事情上，浪費在與我們人生無關的事情上，真的是很傻、很天真。對於中國古人來說，用「萬」這個數字代表天地間的物種之數，也就差不多了。我們中國人愛說天地萬物，「萬物」就是這麼來的，就是乾坤二策，加起來一共有這麼多。這個也是很簡單的，一個簡單的算術。

玩卦關鍵在通理

另外還要補充一點。上次講完下來之後，劉大姐就問，有些書上說你打出一卦，出現了動爻，動爻一變就變成了另外一個卦。這個是咋回事呢？實際上，這裡涉及到另外兩個概念：一個是本卦，一個是之卦。

比如我們打出一卦，上次講到這個解卦，雷水解，比如說這個解卦有兩個動爻，二爻和五爻都是動爻，那麼這個解卦本身，它就叫本卦。從卦變的角度來看，二爻和五爻都動，陽動則變陰，陰動則變陽。五爻一動，上卦就變成了兌卦，二爻一動下卦就變成了坤卦，雷水解卦就這麼變成了澤地萃卦。一般來看，你打出的這個卦，它的總體上是解卦，分支上就是萃卦，就叫解之萃，即本卦是解卦，之卦是萃卦。在具體的社會人事中，一件事情是由很多複雜的元素構成的，並不是一個單獨的事情，雖然我們說本卦是一個總體的東西，但是它中間的變化，一些具體爻位的陰陽產生了變化，就會產生一個新的卦，而這個新卦所包含的內容和結果，往往與先前的本卦已經相去甚遠了。

所以，在解卦時一定要靈活通透。有時候你直接就看動爻的爻辭，

一眼就明白怎麼回事；有時候問題很複雜，你要把本卦、之卦都拿出來對照參詳，通過本卦和之卦之間的關係，來體會一件事情它可能形成的結果；還有更複雜的情況，你還要分別參考錯卦、綜卦、交互卦，要從各個不同的角度來綜合考慮，總之，這個就要考你在易學上參悟的真功夫了。

如果真的要將《易經》預測之學搞得很精通的話，你只學一種起卦方法還是不行的，起碼要掌握三到五種打卦的方法，你才能夠真正搞得很精通。但是我們講的這個大衍揲蓍之法，最古老的布卦之法，你出門在外，你沒帶這些東西，遇事怎麼辦呢？那就沒有辦法。但是你有三枚硬幣，你就可以用金錢卦解決。如果你連硬幣都沒有怎麼辦呢？還有其它的方法，比如說以時間來起卦，現在是什麼時間，可以用時間來起卦，還可以用方位、物象起卦，也可以用數位起卦等等。總之方法很多，你找一本《梅花易數》自己看看玩玩，就曉得怎麼回事了。關鍵是易理，你真正學通易理之後，就可以「引而伸之，觸類而長之」，天下事就沒什麼了不起的，你也就不受人瞞了。

占卦中的精神現象學

第九章後面還剩了一小段，「顯道神德行，是故可與酬酢，可與佑神矣。子曰：『知變化之道者，其知神之所為乎。』」我們接下來再結合上面講的內容來學習。

「顯道神德行」的這個顯，它是個動詞；神，在這個地方也是作為動詞在用。那麼，這一句說的是什麼意思呢？根據整個這一章來說，就像我們前面講到的天數、地數，還有我們講到這個大衍揲蓍之法，這些方法，還有剛才講了的乾坤之策，還有易卦的變化規律「八卦而小成，引而伸之，觸類而長之」等等，這一系列的易道變化，它的象、數變化的規律，都是大易之道的顯現。所謂易簡之理，就是從這些象數變化規律中顯現出來的。這個就是「顯道」。那麼「神德行」呢？就是說「顯道」之時，同時大道本身的這種神妙德行，也可以說人的非凡德行，也就此顯現出來了。

關於這個「神」，我們反覆提到，從我們書院的傳承角度來講，這個「神」一定要放在自己的精神內部來體會。如果說在我們之外，在這個世界之外，還有一個不可知之神在創造這個世界，那就是變成了客觀唯心主義，變成了不可知論者了。我們開頭說了一系列的易理、象、數的這個變化，實際上，都是我們內部精神的運行規律，都是我們精神運行的變化過程。

「分二」「掛一」「揲四」「歸奇」的這一套揲蓍之法，實際上這也是我們精神的運動規律，也是我們精神的變化規律。我們前面說到「分二」，是我們把四十九個數字，大衍之數，首先把它分成兩堆，是為「分二」。實際上我們的精神，你想想，你面對一個事物，首先就是「分二」。出門遇見一個人，這個人是認識還是不認識？首先就是一個「分二」的過程；是男人是女人？也是「分二」的過程。一個物體出現在眼前，我們首先也是觀察它的正面是什麼？背面是什麼？還是一個「分二」的過程；這個東西對我有用？無用？還是一個「分二」的過程。這個就是太極生兩儀嘛，所謂的分陰分陽，任何一個事物到了我們的精神之中，它首先都是一個「分二」的過程。

所以這個大衍揲蓍之法，它首先是要「分二」，是「分二以象兩」嘛，它象徵的是陰陽兩儀，這是我們精神開始運行的基礎。那麼下面，「掛一以象三」，「掛一」是什麼意思呢？我們精神對於一個事物，分了二之後，還有個東西要加入，「象三」是什麼？比擬的是天、地、人三才，「分二」就是所謂的分天地，實際上分天地就是分陰陽，「象三」就加入了人的因素，這個人的因素，注意，這個人的因素是指我們自己。

出門遇見一個人或者一件事情，如果跟我沒關係，也就過去了，不會留下什麼印象，對不對？但是，如果這個人和事跟我有關係，我這個「一」就加入進去了，就變成了三。這就是為什麼要「掛一」，因為你要問一件事情，要起這一卦，你這個「一」就加入進去了，你就跟整件事情產生了關係，這時候天地人就全了，所以是「掛一以象三」。那麼「揲之以四以象四時」呢？為什麼要「揲之以四」呢？它象徵的是春夏秋冬的變化規律。對於我們的精神活動、思維活動來說，也是如此。當一件事情出現了以後，我們首先對它進行「分二」、「掛一」的基本判斷，以後，就明白自己該做不該做了。要做的話，你就要考慮這個事情，它的

運動規律，它的變化規律是怎樣的。一個事物的運動、變化規律，按古人天人合一的觀念，不外乎就是像春夏秋冬四季運行一樣嘛。一個人的生命，也不外乎就是生老病死，跟四季運行的規律是一樣的。按佛教的說法，就是一個生死輪迴的規律。「揲之以四以象四時」，實際上就是比喻一個完整的運行規律。我們認識一個事物，我們做一件事之前，一定要認識它的一個完整的運行規律。我們把四季運行都認識了，那麼歲月的變化過程，不管一年兩年，還是一百年兩百年，也都是如此。但最後「歸奇於扐」，當我們把整個事情弄清楚之後，「歸奇」就是還有一點點餘數，這個餘數，實際上就是我們人力可為的部分，就是在這一點上，也才是我們真正要做事情的節點。

所以我們看，古人的揲蓍之法，其「分二」、「掛一」、「揲四」、「歸奇」的步驟，實際上都是我們精神運行的規律。為什麼《易經》能夠用來打卦？能夠比較準確地對未來事物有所預判、能夠預測？這個並不是隨便亂來的，而是與我們精神運動的規律環環相扣的。易道的規律，就是我們精神的規律。

由此可見，打卦算卦不是什麼神奇的東西，也不是迷信，更不是隔著口袋買貓——黑貓白貓，碰到哪隻算哪隻。我們只有明白了這些易理，才不會陷入迷信，才不會陷入神秘主義的漩渦。

由易道而入菩薩道

上面是把這個「顯道神德行」多發揮了一下，下面就是結論：「是故可與酬酢，可與佑神矣。」

酬酢，實際上就是指的應酬。酬是一種主動的行為，所謂的酬謝、酬答，我是主動過去謝謝人家。那麼酢呢，是指的回應，別人先有一個信號發出來了，我們相回應，所以是一來一往這種感覺。這裡是說，你把前面易道這些學好了以後，那麼你顯了道，神了德行，所以呢，就「可與酬酢」。當然這兒省略了一個賓語。酬酢的對象是什麼？那就是天地萬物。有了這些功夫，你就可以與天地萬物酬酢，與紛紜變化的社會人事酬酢，與我們一切的人生境遇酬酢，一切都可以應付自如。「可與佑神」，

佑神，就是護佑我們的精神。學好了這一切東西，最根本的目的是要幫助我們的精神，安定我們的精神。所以這個佑神、安神，是人生最重要的事情。

我們看現在的社會，有好多人都屬於心神不寧啊！我們自己很多時候也處於心神不寧的狀態。今天心理姐姐沒有來上課，她可能是生意太好了，找她做心理分析、心理輔導的人比較多。這也是因為現在心神不安的人太多了，心理姐姐的生意才忙得很啊！

禪宗二祖慧可為什麼要去見達摩祖師？就是因為「我心未寧，乞師與安」嘛。他不惜砍下自己的一條胳臂，來表達誠心，請達摩祖師給他安心。所以這個「佑神」，是我們人生當中最最重要的一件事情。佑神就是安神，就是護佑自己的精神，安寧自己的內心。那麼二祖為了安神，把手臂也獻出去了，一刀把自己的手臂都砍斷了，為什麼？就是因為心不安。心不安，那麼整個人生都是很灰暗，活著就毫無意義，所以要乞求達摩祖師幫他安神。

在這一點上，易道確實是具有這種「佑神」功能，有這種安心的功效。它可以幫助我們的精神按照道法自然，按照天地本來運行的規律運行。我們只要認識了自己的精神，認識了天地萬物的變化規律，那麼就可以安神了。

《中庸》裡說「素富貴行乎富貴，素貧賤行乎貧賤，素夷狄行乎夷狄」，看起來人生的境遇差別很大，但你吃下了易道這一顆「安神丸」之後，不管你落到哪個位置了，心都能安。天道變化，無論把你變成什麼，你都能安於本份，做好自己的本份事。總之，面對一切你都會覺得心平氣和，沒有什麼翻不過的坎，也沒有什麼爬不上的坡，一切都很自然。過去我們的老一輩，處在中華文化很衰微的時代，那時只能安時處順，忍辱負重，能為後人保留下傳統文化的真種子，就已經不錯了。到了現在，我們中華文化是處於一個復興的階段，這時候我們就可以把我們的精神力量釋放出來，為社會、為其他人做更多的事情，這就是「可與酬酢，可與佑神」。

子曰：「知變化之道者，其知神之所為乎？」這是借孔夫子推贊易道。人們一說到神，就容易迷信。「知變化之道者」，就是你真正學通了易道，你知道了天地萬物的變化，你知道了自己精神的變化規律，那麼「其知

神之所為乎」，你就感覺到，真正是太神奇了，太神妙了。其實，所謂的這些神奇，這些神妙，也都是我們自己精神內部的事情，每個人都具有這種能力，只是我們不知道而已，沒有發揮這種能力而已。按照佛教的說法就是，自己懷揣無價寶，還要去數他人的珍寶，還要去討口要飯。

我們面對易道，知位守位，知變化之道，很多神妙的事情實際上就很簡單。這一切就是在於你的一念之誠。所以學易也好，學佛也好，不僅要知，還要誠，心誠而後才能夠行。你能夠做到知行合一的地步，你才真正「可與酬酢，可與佑神」，才能夠幫助自己的精神，並讓自己的精神力量發揮出來。

在本光法師的《周易禪觀頓悟指要》裡面，這一章是基本沒講，一帶而過，只是讓讀者自己去看幾本參考書，包括來知德的《周易集注》、朱熹的《易學啟蒙》、邵雍的《梅花易數》、《皇極經世》等。所以從方山易的傳承上面來看，這些數術之學，乃至於通過易經進行天文曆法占候的這些學術，都不是方山易的重點。

雖然說方山易裡面也保留了一些這方面內容，因為這是易經的一個基礎知識，但是方山易作為佛家易學，它的重點是在於通過易象爻位的變化，來明白天地萬物之理，讓學者知位、守位，讓人去體會社會人事中的種種變化規律，以此投身於社會，在複雜的社會人事中去鍛煉心性，熔煉精神。最終目的，是要彰顯我們的陽明正知，由易道而入菩薩道，由易道而行菩薩道。這才是方山易的根本學處。

第十章

易之道　感而遂通天下

第十章　　易之道，感而遂通天下

　　易有聖人之道四焉：以言者尚其辭，以動者尚其變，以制器者尚其象，以卜筮者尚其占。是以君子將有為也，將有行也，問焉而以言，其受命也如嚮。无有遠近幽深，遂知來物。非天下之至精，其孰能與於此？

　　參伍以變，錯綜其數，通其變，遂成天地之文；極其數，遂定天下之象。非天下之至變，其孰能與於此？

　　易无思也，无為也，寂然不動，感而遂通天下之故。非天下之至神，其孰能與於此？

　　夫易，聖人之所以極深而研幾也。唯深也，故能通天下之志；唯幾也，故能成天下之務；唯神也，故不疾而速，不行而至。

　　子曰：「易有聖人之道四焉」者，此之謂也。

——《繫辭上傳》第十章

易與聖人之道

　　我們看這一章的開頭，「易有聖人之道四焉：以言者尚其辭，以動者尚其變，以制器者尚其象，以卜筮者尚其占。」這是提出了一個結論，說易道、易學它能夠跟聖人之道合拍的有四點。哪四點呢？就是「以言

者尚其辭」，說話的人要推崇易道裡面的辭——就是所謂的卦辭、象辭、彖辭、爻辭這些；「以動者尚其變」，那麼你要做事情、要行動，要注重易道的變化規律；「以制器者尚其象」，制器者就是工匠嘛，這些做各種器皿的工匠，也是通過易象來得到啟發；「以卜筮者尚其占」，就是打卦占筮的人，就要注意易學中關於占卜的這些方法。然而本光法師對這一段是有褒有貶的，他認為這一段中間有一些值得商榷的部分。下面我們仔細來分析。

言者，當然就是指說話的人，一般我們說話，發表演說、與人辯論等等，都需要有一個權威的理論、權威的觀點作為自己的支撐。在佛教裡面，這個就叫做聖言量。我們說話立論的標準並不是憑空想出來的，而是以聖人的言句、以祖師大德的言句作為標準。符合這些言句教導的就是對的，不符合這些言句教導的就有問題。

我們看《繫辭》裡面也是如此，動不動就是「子曰」如何如何的。過去在文革時期也是，動不動就要背語錄，毛主席說如何如何，吃個飯都要背「人是鐵，飯是鋼，一頓不吃餓得慌」。我記得上小學一年級的時候，每當很鄭重地跟同學說一件事情，就要捏個拳頭舉起來說：「敢向毛主席保證，聽我說的準沒錯！」那時候那麼小一點，就知道要拉一個權威來做自己言語的一種支撐。這就是「以言者尚其辭」。其實，現在寫學術論文也是如此啊，你引用的所有證據論據，都要在後面清清楚楚地列出其出處來。引用他人的文句必須是要有出處的，而且引文的出處還必須很權威、很正式，這才好使加分，不能在街上隨便聽見一個賣豆腐的人說什麼東西，就當作引文，那你的論文就及不了格。「以言者尚其辭」就是這種感覺。對於中國古人來說，當然最大的權威，那是非《易經》莫屬了。因為它是作為群經之首，大道之源而存在的。所以在說客眾多或者縱橫家馳騁的古代，你要周遊列國去說服王侯君主們，如果你不把《易經》裡面的言辭背得滾瓜爛熟，可能人家就覺得你不怎麼樣，上不了檯面，所以是「以言者尚其辭」。

當然作為真正的學易之人，「尚其辭」就比較膚淺了。實際上，《易經》裡面還有不尚其辭的東西，比如我們後面要學到「易无思也、无為也，寂然不動」，這個東西就是易道的不言之教。我們不僅要「尚其辭」，而且還要體會到言辭背後，它無言的地方，要體會這種不言之教，要從

易道無思無為寂然不動的不言之教中，得到感應，方堪為一個學易者。為此「感而遂通天下」，要感，要用我們的內心去感受，然後能夠通達天下一切的聖賢事業。

「以動者尚其變」，這一句對學易之人來說就非常重要，而且入情入理。一個學易之人，最重要的是要體會易道的變化。《易經》六十四卦，從乾坤二卦，一直到既濟未濟卦，它整個就是易象變化的大規律，這個大規律都可以作為我們人生在世、行為處世的基本規則。「動者尚其變」，我們一再說，學易要學活，要靈活變通，不能夠學死，我們打卦也好做事也好，這些思路和方法都要反覆去體會，學活學通。而且易卦本身，它有一些錯綜複雜的變化，它跟我們人事當中錯綜複雜的變化也是非常合拍的。所以說「窮則變，變則通，通則久」，但是久而生弊，生弊之後它又要窮，又要變，又要通。這是一個基本的規律。

「以制器者尚其象」，這一句比較有局限性，不是很確切。「制器者」對於生產力比較低下的古代社會來說，還是一個很重要的行業。比如說製陶罐的，製鍋碗瓢盆這些日常器皿的人，作為一個「制器」的工匠，他在社會生活當中還是一個非常重要的角色。「以制器者尚其象」，不僅個人生活如此，作為國家來說，國之重器也是必不可少的，比如鐘、鼎這些東西的製作，那就是了不得的大事。古代的各行各業都把自己的祖師爺往高推，推到上古聖人那裡去。教人們種地稼穡的，就要推到古代的神農氏那裡，要設先農壇祭祀；木匠也要把他的手藝推到魯班爺爺那裡，最後也要被供起來，當成神來祭拜。這都是古人的一些思維方式，大家都很重視自己的手藝，要找到最神聖的來源。

但是，易象本身雖然有一部分是具體的物象，但是更大的部分，是讓我們從易象的指示當中，去明瞭社會人事當中的這種吉凶悔吝，去認識事物當中的禍、福、無咎等等的結果，從而幫助我們在行動上進行選擇。所以在方山易看來，「以制器者尚其象」，也有一點附會之嫌，沒有對易象的本質有所體現。

下一句「以卜筮者尚其占」，這是合情合理的。卜筮者嘛，對於過去打卦算命行業的人來說，《易經》當然就是他們首推的最重要的依據，所以最推崇的也是《易經》。當然，他們未必對易道、易理有真切的體會，一般也就是注重其卜筮功能。現在我們看，隨便在哪個旅遊景區也好，一條仿古街道裡也好，好像都有打卦算命的人在裡面坐堂。這些人把《易

經》八卦的標誌或者太極圖往門上一掛，就說明他的卦很正宗。這就是「以卜筮者尚其占」的感覺。

賣卜算命的一代高士

《易經》這本書，它之所以能夠比較完好、比較完整地保留下來，當年秦始皇焚書坑儒，沒有把它像其它的諸子百家的書一樣被毀掉，也是因為當時人們認為《易經》是一本占筮之書，它純粹是人們日常占筮用的工具書，跟異端邪說、反動思想沒有關係，所以放了它一馬。它作為占筮之書，可以說是過去占卜行業的基本工具書。雖然過去占卜算卦的行業地位不高，居於社會下九流，一年也掙不了好多錢，但是呢，它畢竟也是一個認認真真的行業，人們有大事情拿不定主意，就都要去問上一卦。事情的結果是否準確暫且不管，更重要的是，大家通過占卜之後能夠安一下心，不管好壞，有個結果總比一直懸在心裡好過一點。

不過，現在好像世道變了，很多風水大師、預測大師風起雲湧，都成了很光鮮很體面的人物。我有一個寫詩的朋友，十幾年前我們幾個寫詩的常到閬中碰頭，那時候他已經開始在鑽研《易經》了。後來很久不往來，也沒看他寫詩了。結果前兩天，在寬巷子遇見一個朋友說起他來，哎喲！他了不得，現在是大師了！易學大師哦！現在各大網站都爭相邀請他當駐站預測師，包括新浪、搜狐這些大網站都重金邀請他，而且是明碼實價，價位非常之高，後面還跟了一大群粉絲。看來時代真是變化了。

「動者尚其變」，過去打卦算命這個行業屬於下九流，屬於浪跡江湖的人士，現在已經是正兒八經被請到各大網站來坐堂預測。我們這個時代變化確實太快了，還是讓人一時有點反應不過來。當然，這個變化跟這個時代節奏太快、選擇太多，而且人們缺乏信仰、急功近利的社會心態很有關係。

實際上在古代，打卦賣卜的這個行業裡面，也有一些真正的高人。像我們成都的嚴君平就非常了不起，現在成都的君平街就是因為嚴君平而得名的。嚴君平一生就是以賣卜為生，給人家打卦算命，指點迷津。

當然，他就不像我這個寫詩的哥們兒給人算命，價格高得嚇人。嚴君平一天就固定打那麼幾個卦，算那麼幾個人，只要一天的稀飯錢掙夠了，他就立馬收攤回去。回去做什麼呢？回去教一幫娃娃念書，教他們念六經道德，教他們仁義禮智信這一套東西。每天如此，大家都不知道四川成都有這麼一個隱君子。後來他教的學生裡面，有一個出了大名了，就是揚雄，《陋室銘》中的「西蜀子雲亭」就是說他。揚雄是漢代的一代大儒啊！非常出名，對易學的研究也非常之高深。他寫了很多文章，比如他仿《論語》而著的《法言》，在中國思想史上是繞不開的經典；他仿《易經》而寫成的《太玄》，更是自成一套體系，成為歷代易學研究中謎一樣的天書。就是因為揚雄特別推崇他的老師嚴君平，所以人們才知道，原來在成都的街巷裡還隱藏著這樣一個人物，還有這樣一個以賣卜算命為業的隱士高人。

嚴君平算卦有一個特點，他是把仁義禮智信、忠孝廉恥的這一套東西揉到一起，拿來給人家解卦。一個卦出來了，他看來問卦的人心性有點不好，就說你知道這個卦為什麼不好啊？就是因為你以前做了壞事，報應來了。你以後改好，多做些善事就沒問題了；當官的來算卦，他就說你曉得現在遇到危險的原因是什麼？就是你以前貪腐太厲害了，做了傷天害理的事，以後你要愛民如子，這樣子你的運氣就會轉好的。諸如此類。嚴君平通過這種方式，實際上也是行菩薩道，對整個社會風氣、對人心的淨化起到了很好的作用。

窺測天機的因果

剛才說到「以卜筮者尚其占」，劉大姐就問為什麼過去會認為卜筮、算命、打卦是下九流的行業？確實是客觀上有很多原因。你看那些江湖上擺攤算命打卦的人，看上去一般都不那麼穩重，總有點賊眉鼠眼的感覺，要不就是瞎子啊、聾子啊，或者是缺胳膊少腿的。這並不是說幹這個行業必須是殘疾人。不過，其中的某些現象不得不注意一下。

以前書院有一位朋友，是一位風水大師，在座的有些人可能也見過，當時書院搬到這個地方的時候，也請他參詳了一下。他就是身有殘疾，

但是在看風水方面確實是很厲害，往往能夠一語中的。記得當時有一位朋友想跟他學，人家就對她說，你要去學可以啊，但學了後會給身體帶來殘疾哦，你有沒有這個思想準備？這位朋友是個美女，一聽嚇壞了，打消了這個念頭。確實也很怪，據這位風水大師自己講的，他在看風水的能力上有幾次特別大的提高，都和自己身體出現問題有關。身體出毛病了，眼睛不好使了，但緊跟著在看風水方面的功力就大長，你說怪不怪？

這種事情你說它怪吧，好像也沒啥；但是你說它不怪，好像又確實是有點玄。不過對學佛的朋友來說，道理就比較簡單了，天下事不出「因果」兩個字。任何一個人，任何一件事情，我們設身處地想想，我們處在某一個位置，或者說做某一件事情，其成與不成，好與不好，其中很多都是有因果的。如果是通過自己的能力，是通過對自己修養的提升，是通過自己的改過遷善來改變自身的因果，那麼就是很自然的事情。如果是其他人介入來改變這個因果，正所謂有因就有果，這個因果沒落在這邊就會落在那邊。誰來改變它，誰就要承擔這個因果，所以這中間的確有很多問題值得大家重視。

這就是過去卜筮這個行業的特點。我們學易也要看到這點，就像我們前面說的嚴君平先生，他身為一代大師，對這些當然看得很清楚。他活了七八十歲，在當時也是高壽哦。人家每天把稀飯錢掙夠就收攤，回家後認真講的還是聖人之道、聖人之學，就是給人解卦，也用的是儒家聖人的一套道理來解。這就是「以卜筮者尚其占」，對占卜之學感興趣的朋友，可以對這些數術研究得很深，但是一定要明白因果！遇事的時候，別人來問的時候，自己該如何回答？這是需要很高深的技巧，需要很高深的修煉。

嚴君平先生可以說是卜筮行業中的正面例子，當然歷史上也有很多反面例子。有些人不得善終，甚至有些大師，比如以前我給大家提到過的漢代的京房，寫了一部《京氏易傳》，那麼厲害的易學大師，結果被砍了頭，不得善終。這些都是前車之鑒。

命運如山谷之迴響

我們來看下面一段，「是以君子將有為也，將有行也，問焉而以言，其受命也如嚮，无有遠近幽深，遂知來物。非天下之至精，其孰能與於此？」

君子，有志向的人，高尚的人。將有為也，就是要有所作為。這裡的君子是就內德而言，並非是只有處在某一高位的人才能有所作為，而普通人就沒有作為了。普通人有普通人的作為，居高位的人可以有更大的作為。雖然作為不同，但發心是一樣的，就像《大學》裡面講的那樣：「自天子以至於庶人，壹是皆以修身為本」。君子之行為，都是從正心誠意做起，在這點上，大家都是一致的。這是「君子將有為也」。

「將有行也。」行，在這裡指的是禮樂踐行。在《易經》中有很多關於「行」的爻辭，比如「涉大川」、「有攸往」，還有所謂的「利見大人」等等，這些都是「將有行」，都是將有具體的行為。那麼，對於我們人生當中具體的、正二八經的行為，正二八經的事情，尤其是我們遇到了人生中的大事，往往都會有所預兆，當然這就該像《繫辭》這裡說的那樣，要「問焉而以言」，就應該問焉而後行，三思而後定，一定要認真思考，千萬不能馬虎。

剛才課間休息的時候，大家聊剛剛出了車禍的那位師兄，確實之前也有很多預兆，但他自己呢，因為一忙就沒有太在意，就馬虎過去了，沒有對此認真推敲。在這一點上，大家還是應該警惕起來，尤其是遇到重要事情，在人生的大關頭，一定要認真思索。「問焉而以言」並不是非要讓你去問某個高人才行。這個世界上有多少高人啊？誰是高人啊？那是說不清楚的。但是你可以問自己，問自己在這個事情上行不行得正？坐不坐得直？要從因果上面去考慮當為不當為，要從仁義禮智信的角度去考慮該不該做。這樣捫心自問，好多事情就能夠問清楚、想清楚。當然如果有能力的話，也可以為此占上一卦，看看做事的時機如何？在拿不定主意的時候誠心地問卦，這個也是可以的。

如果是真正學通了前面所講的這些易理，尤其是通過卦象明白了社會人事的變化規律，那麼不管你遇到任何事情，都可以心安理得；做起事情也就能像下面說的那樣，「其受命也如嚮，无有遠近幽深，遂知來物。」

這樣的話，你接受自己的命運就如同山谷裡面的迴響一樣。（這裡的「嚮」通「響」），我在山裡大吼一聲，整個山谷就傳來迴響，自己大吼的聲音和山谷裡面迴響的聲音是一樣的。我們接受命運，明白命運，清楚自己的命運，就像山谷裡面的回聲一樣，聽得清清楚楚，明明白白，這是「其受命也如嚮」。只要是真正明白了易道之人，那麼你面對任何事情，無論是眼前之事，還是遠大的目標，又或是未來之事，或者是很微妙、很深奧的事情，總之你都能清清楚楚，明明了了，並且能預見到將來的情況。這樣在自己的行為上，就能做出最恰當、最合理的選擇。

所以說「非天下之至精，其孰能與於此。」如果不是真正堪稱天下之至精的話，誰能夠達到這種地步呢？這是對易道的精湛、精微的推崇，是非常高的讚頌。

極數通變，天地化成

我們再來看下面一段，「參伍以變，錯綜其數。通其變，遂成天地之文；極其數，遂定天下之象。非天下之至變，其孰能與於此？」

「參伍以變，錯綜其數」，在過去有一些爭論，不同的學派都有著自己不同的理解。那麼從象數學派，也就是數術家來說，他們認為「參伍」就是三五，具體的就是指一個卦象中的第三爻和第五爻。第三爻位於下卦之上，是下卦最上面一爻，從爻位來說，它很快就會進入到上卦，從下到上，從內到外，從前到後，它有一個提升和飛躍，這就是三爻變。那麼第五爻呢，它是上卦居中，從整個卦象上來說，處在全卦的決定性位置上。我們前面也說過，在易卦裡面，第二爻和第五爻是最重要的兩個位置，它們分處於上下卦之中位，但是從整體上看，第五爻更重要，正所謂「九五之尊」嘛，是最重要的。但是第五爻它很快就要上升到第六爻，整個卦象就會發生根本性的變化。這是三變和五變，所以從數術學來說，一般認為「參伍以變」就是「三五以變」，三變，即從下卦變到上卦；五變，則意味著全卦會發生根本變化。

那麼，我們按本光法師的方山易來說，他認為上面的說法是數術家對這句話的附會，另外，他也不看重這些數術，認為從理上來說，能說

得更清楚一些。他認為「參」就是參加的參,「伍」就是隊伍的伍。如果按數術學派說的是「三五以變」,那為什麼不直接寫成「三五以變」,而非要寫成異體字「參伍」呢?所以這個「參」就是參加、加入進去,或者說參考、參入。從卦爻的結合來說,陰陽異性就相參,比如說乾卦,六根陽爻,參進去一個陰爻,比如參入六二,乾卦就變成了同人卦。那麼「伍」呢?就是隊伍,同性為伍,同樣是陽爻,或者同樣是陰爻,就為「伍」。那麼「參伍以變」,就是說整個《易經》,就是通過陰陽相參,或者是陰爻、陽爻為伍,就是這兩種方式,然後就變化出了《易經》各卦。

　　從對「參伍以變」的解釋上來看,我覺得本光法師的說法更準確,更合理,他沒有糾結在某個具體的細節上,像前面的把「參伍」說成是「三五」,將其定位在具體一卦的第三爻和第五爻上面,胸量上看就小氣了。而從前後文的銜接上看,「三五以變」感覺也有些莫名其妙。單從爻位變化的角度上說得通,但是從整體上說就有點怪怪的了。所以在這裡,應以本光法師所講的為主。

　　「錯綜其數」,錯綜,我以前在講錯綜互卦的時候已經具體講過,什麼是錯卦?陰陽相錯,比如乾的錯卦就是坤卦,一根陽爻的錯爻就是陰爻,反之亦然。那麼綜,指的是綜合來看,一般從六爻順序的角度而言,有因就有果,比如我們說下卦為因上卦為果,而綜卦則反起來,是從上往下看。這裡就不多說了。

　　這一段主要講的是「天下至變」。從「參伍以變」到「錯綜其數」的這種變化,如果能夠「通其變」,那麼最後所形成的結果就是「遂成天地之文」。什麼是天地之文?實際上就是指的我們人類文明的方方面面。所謂文化,就是文而化之,在人類出現以前沒有所謂的文明嘛,沒有所謂的文化嘛。「天地之文」就是指的天地之間所有的人類文明,包括政治、經濟、文化、藝術、自然科學等所有的領域,這些都稱之為「天地之文」。只有「通其變」,通達了「參伍以變」、「錯綜其數」的道理以後,通達了整個易理的變化以後,那麼就能夠成就、建立人類文明的方方面面,才能夠確立、定義、命名世間萬象。

　　總之,這一段是對「易道至變」的贊詞,說易道真正達到了任何學問都不能企及的地步,因此它是至變,是一切變化之極。

中華文化的精華所在

下面「易无思也，无為也，寂然不動，感而遂通天下之故。非天下之至神，其孰能與於此？」前面談了至精、至變，這裡是談至神。對於這一句，大家一定要非常認真地對待，因為歷來講《易經》的精神，這是被引用得最多的名句之一。

先白話翻譯一下：易這個東西，就是無思，不需要我們的言語思維；無為，它是自然而然的，而不是我們人為去造作的一個什麼東西；寂然不動，寂是寂靜，然就是本來的樣子，天地萬物雖然都在變化，但是易這個東西在中間是沒有變化的，是永遠處在寂靜本然的狀態；感而遂通天下之故，我們通過對易道的感應，從而可以通達天地萬物的道理。這一段文字翻譯起來還是比較簡單，但是怎麼理解呢？實際上我們中華的傳統文化，儒、釋、道的核心精神，就在這幾句裡面。

《道德經》開篇說「道可道，非常道，名可名，非常名。無，名天地之始。有，名萬物之母……」說的就是「無思」、「無為」嘛！說的就是這個東西。佛教也是如此，《心經》中說「無眼耳鼻舌身意，無色聲香味觸法……」，還有「不生不滅，不垢不淨，不增不減……」等等，也還是說的這個東西。在《六祖壇經》裡面，六祖慧能大師在五祖黃梅大師那裡得了衣缽以後，一路逃跑。後被慧明追到，慧明說他不是為了奪衣缽而來，而是為求法而來，請六祖現身為他說法。六祖就說：「不思善，不思惡，正恁麼時，哪個是明上座本來面目？」六祖說這個時侯你不要去想善，也不要去想惡，就是處於無思無為的這種狀態，然後你再迴光一照：哪個是你慧明的本來面目？六祖講的同樣是這個東西啊。還有《金剛經》裡面說「一切賢聖，皆以無為法而有差別」，所有聖人賢人，用的都是無為法，只不過有水準的高低，對無為法體證的深淺不同，就有了聖人賢人之間的差別，但是，總之都要走到無為法這個道路上來，你才能成聖成賢。這不還是在講這個東西嘛！

「易无思也，无為也，感而遂通天下」，儒家也是如此講的。你看《中庸》開篇說「喜怒哀樂之未發謂之中，發而皆中節謂之和」，喜怒哀樂之未發，就是你的思維念頭還未生起嘛，就處於「無思」的狀態，這就是中！發而皆中節，就是「感而遂通天下」嘛，發就是感應，中節就是通

天下，就是通達了天下萬物的這個道理。

我們上面把儒、釋、道的經典都引用了一番，所以從這一句裡面，的確能夠體會到中華傳統文化的精華。它需要我們反覆咀嚼，反覆體會，什麼是無思？什麼是無為？什麼是寂然不動？從做學問的角度來說，可以把儒釋道的經典拼命地往上堆，還可以堆出很多東西來，處處都在說這個。對我們來說，做學問的方式固然可以引經據典，但最關鍵的，還是要從我們精神內部，從我們自己的身心性命，按禪宗的說法就是從「最親切處」，從自己最要命的地方去體會這個「無思」，體會這個「無為」，體會這個「寂然不動」。

波師兄今天在這裡說了半天話，大腦裡的念頭不知跑出了多少個，思維也不知轉了多少個圈子。但是，我心裡頭明白，這裡面有個東西它是一動也沒有動的，我腦袋裡冒出的所有念頭，我說出來的所有話，都是從這個无思、无為、寂然不動的地方生發出來的！

我們要這樣子去體會才行。平常我們做任何事情，哪怕是再忙碌，念頭分分秒秒都沒有消停過，但是在我們的精神裡面，有一個東西是一動都沒有動的。如果你體會到了，把它確定下來了，牢牢地把它抓住了，你就真正找到了无思无為、寂然不動的感覺。這個時候只要一口咬定，一腳踏實，那麼就能「感而遂通天下」，一切問題自然而然就迎刃而解。如果你真把得定，那波師兄今天在這裡東說西說，廢話連篇，對你而言根本就用不著聽了。

所以作者在下面就發出了感歎：「非天下之至神，其孰能與於此？」太神奇了！什麼東西能這麼神奇？什麼東西會如此神妙？禪宗裡講「說似一物即不中」，這個東西你說得出來嗎？隨便你怎麼說，只要是用語言說出來的，都沒對。為什麼呢？因為一切東西包括我們的語言，都是從它那裡產生的。你說的一切都只是它產生的一個結果而已，絕不是它本身。禪宗的「參話頭」，就是要參到這個話的「頭」上去，參到根本上去，要參到產生這個話頭的地方去。這一句是整個《繫辭》重點中的重點，大家好好體會，一定會有莫大的受用。

探索易道的態度

再看下面「夫易，聖人之所以極深而研幾也。唯深也，故能通天下之志；唯幾也，故能成天下之務；唯神也，故不疾而速，不行而至。子曰：易有聖人之道四焉者，此之謂也。」

「夫易，聖人之所以極深而研幾也」，正是因為易道有那麼至精，有那麼至變，有那麼至神，所以聖人才會極深地去研究它最微妙的地方。所謂「『深』者精之藏；『幾』者變之微有」，面對自己的精神內部，面對各種各樣的變化現象，你只有從最深的地方去挖掘它，去研究它，這個時候你才能掌握它的幾變。幾，變化的最初之處，剛剛要起變化的苗頭之處，這個時候你能把握住它，你能夠預測到由於這個初機變化最後會產生的結果。到了這個火候，你就可以說自己在易道的修養上是到家了。從這裡可以看出，我們古代的聖人面對易道，是以一種非常精誠的態度去研究，去探索。

「唯深也，故能通天下之志」，所謂「精誠所至，金石為開」嘛！當然就能夠「通天下之志」，就能夠明晰，就能夠通達，就能夠透徹天地之間、世道人心的種種情志。「唯幾也，故能成天下之務」，正是因為能夠研究到事物變化的最細微的地方，所以才能夠順勢而為，成就天下的大事，成就一番社會人間的聖賢事業。

「唯神也，故不疾而速，不行而至」，實際上有了前面那幾句，這句顯得有一點點多餘了，有點畫蛇添足的感覺，所以本光法師說此語欠妥。為什麼這麼說呢？這是因為易道的變化，也不是所謂的快慢、疾速就能概括它。尤其我們把易道應用到社會人事當中，我們行為處事的時候，就更是如此了。有些事情、有的時候可以速戰速決，但是更多的時候，需要我們能夠持久，有一種持久、恒定、穩紮穩打的功夫，有一種恒久的忍耐。基督教裡面不就說了嗎，什麼是神？「神就是愛，愛就是持久忍耐」。《金剛經》裡面也講「忍辱波羅蜜」，都是要你能忍，要有耐心。毛澤東在抗日戰爭時期寫的《論持久戰》，類似打日本鬼子這些事情，還是要持久才行，並不是單純一味的快就是好。

這是從疾速而言。當然從體究心性的角度而言，從我們心性妙用的角度而言，這個「不疾而速，不行而至」也有它的道理。

　　禪宗裡面有個公案，說「趙州八十尤行腳」，趙州和尚都到了八十歲，還在到處行腳，還沒有停下來。有一次走到投子和尚那裡，一見面就給投子和尚一個下馬威，問道：「大死底人，卻活時如何？」意思是你投子和尚是一個很著名的大禪師，是個「大死底人」。那麼，你得道了以後，是怎麼一種狀態？禪宗有個說法叫「懸崖撒手，自肯承當。絕後再蘇，欺君不得」。當你參禪參到沒日沒夜、身心性命都棄之不顧的時候，那就是「大死底人」。這時候突然一下開悟了，這個時候是一個什麼境界？什麼狀況啊？投子和尚就回答道：「不許夜行，投明須到」。你在自家屋子裡，第二天早晨要你出現在另外一個地方，一般情況下你得馬上出發才行吧。但是投子和尚說了，不許你連夜趕路，但第二天早上你必須到達那個地方！這是怎麼回事？你一個禪師就與張嘴亂說啊？太不講道理了吧！

　　但是，人家投子和尚還真是有道理。道理就在《繫辭》裡，就是這一句「不疾而速，不行而至」，人家說的就是這種感覺！所以，趙州和尚雖然了得，也只得回他一句：「我早侯白，伊更侯黑！」這句話在過去有很多解釋，有的說我本來是個白猴子，你卻是一個黑猴子。也有的說本來我就是黑吃黑的人物，沒想到你比我還黑！總之，這是趙州在讚揚投子和尚，意思是我就夠不講理了，結果你比我還不講理。

　　那麼，大家可以借這個公案體會一下，什麼是「不許夜行，投明須到」？什麼是「不疾而速，不行而至」？實際上，我們每時每刻都處在不疾而速、不行而至的狀態嘛！不過，大家在對心體的體會上，確實是需要下一番功夫認真探究才行。

　　從這一段裡，我們就可以看出易道和禪道、老莊之道，真正都是非常合拍的，它是我們中國傳統文化的一個總根源。後來的人們把它拿去搞看相算命，那確實是小道小術，大炮打蚊子，可惜了。不過話又說回來，易道本身是那麼寬廣深厚，無論什麼東西都可以往裡面裝，一切東西也都可以裝進去，所以裝進去一些小道小術，也無妨了。

　　「子曰：易有聖人之道四焉者，此之謂也。」易道能夠和聖人之道那麼相合，就是因為前面所講的這些東西，總結一下，就是至精、至變、至神，還有就是聖人極深而研幾，要不斷地深入，不斷地研究，不斷地加以探索。

第十一章
取法自然　利通天下

第十一章　　取法自然　利通天下

子曰：「夫易何為者也？夫易開物成務，冒天下之道，如斯而已者也。」是故，聖人以通天下之志，以定天下之業，以斷天下之疑。

是故，蓍之德，圓而神；卦之德，方以知；六爻之義，易以貢。聖人以此洗心，退藏於密，吉凶與民同患。神以知來，知以藏往，其孰能與於此哉！古之聰明睿知神武而不殺者夫？

是以明於天之道，而察於民之故，是興神物以前民用。聖人以此齋戒，以神明其德夫！是故，闔戶謂之坤，闢戶謂之乾，一闔一闢謂之變，往來不窮謂之通。見乃謂之象，形乃謂之器，制而用之謂之法，利用出入、民咸用之謂之神。

是故，易有太極，是生兩儀，兩儀生四象，四象生八卦，八卦定吉凶，吉凶生大業。

是故，法象莫大乎天地，變通莫大乎四時，懸象著明莫大乎日月，崇高莫大乎富貴。備物致用，立成器以為天下利，莫大乎聖人；探賾索隱，鉤深致遠，以定天下之吉凶，成天下之亹亹者，莫大乎蓍龜。

是故，天生神物，聖人則之；天地變化，聖人效之。天垂象，見吉凶，聖人象之。河出圖，洛出書，聖人則之。易有四象，所以示也；繫辭焉，所以告也；定之以吉凶，所以斷也。

　　　　　　　　　　　　　　　　——《繫辭上傳》第十一章

學易，也就那點事兒

　　下面我們來共同學習第十一章。先看第一段原文：子曰：「夫易何為者也？易開物成務，冒天下之道，如斯而已者也。」是故，聖人以通天下之志，以定天下之業，以斷天下之疑。

　　子曰，當然就是托為孔子所說了。易這個東西到底是用來幹什麼的？學它的目的是什麼？在孔夫子看來，那就是「易開物成務，冒天下之道。」

　　什麼是開物成務呢？這裡面有兩個動詞，一個是「開」，一個是「成」；有兩個名詞，一個是「物」，一個是「務」。開就是打開，有些注解說開物就是開發民智，就是開發人民的智慧，這只是說到了開物的一部分，還是比較狹義的。實際從廣義的角度來說，開就是打開，物就是一切事物，天地萬物都是這個物。我們把天地萬物打開，就像一個核桃，我們把外殼敲開，就可以看到核桃的內部結構。我們人身，當我們把外部軀殼一打開，就可以看到內部的生理結構。那麼易道，就有這樣一種功能，可以打開事物表面的東西，然後看到事物的本質，看到事物的內部結構。這就是開物的感覺，它體現出了我們人對於外界、環境，乃至於我們自身的一種認識功能。這是開物，那成務呢？開物是為的什麼？是為了成就務。務，一般的理解就是任務，事務。實際上就是成就我們人生的事業。我們有了前面開物的能力，有了這樣的認識能力，那麼就可以成就我們的事業，這是一體的。所以「開物成務」有一個因果關係在裡面。

　　「冒天下之道」，什麼是冒？實際上和我們平常講的意思是一樣的，冒就是冒出來，就是出頭，所謂「槍打出頭鳥」，也只有冒出頭來的那隻鳥被擊中。禪宗裡面說「萬象之中獨露身」，萬事萬物萬象都沒有顯現出來，突然它露出來了，冒出來了。「冒天下之道」就是這樣一種感覺，就是把天地之間萬事萬物的道理，統統都顯現出來，這就是易道的功能。

　　明末清初有一本非常著名的易學名著，叫做《易冒》，作者叫程良玉。這個程先生很有意思，他出身書香門第，但是從小雙目失明，那麼科舉考試做官這一類的事就跟他不沾邊了。後來，他下決心鑽研《易經》，先後拜了很多老師，最後在一位叫做枯匏老人那裡，得受了易道真傳，成為在易學的理氣象數上集大成的代表人物。當時是明末清初，整個社會還是比較亂的，大家對自己的命運經常都有不可捉摸、不可把握的感覺，

因此有不少人前來向程良玉求助。而程良玉每每給人預測打卦，無不奇中。到了晚年的時候，他身體多病，有一次病入膏肓，陷入了昏迷狀態，就在這昏昏噩噩的時候，他看到兩個皂吏來找他，對他說你大限已到，時辰已到，我們請你到閻王爺那裡去報到。程良玉就對他們說，說老實話，我去倒無所謂，我早已明白自己的命運，但是呢，心頭還有一件事情沒做，我從我的老師那裡得到了易學的真傳，然而現在天下的易學很混亂，有的這樣說，有的那樣說，總之把聖人之道都給歪曲了，所以這二十多年來，我發了一個願，想把自己所理解的易學真傳寫出來。如果再有三年時間，就可以完成了，不曉得二位能不能到閻王爺那裡替我請三年假？這兩個皂吏覺得他發的這個心挺好，就說要回頭問一下。到了第二天，迷迷糊糊之中，這兩個皂吏又來了，說閻王爺準了你三年假啦。這一下程良玉人就醒了，而且覺得整個身體也舒服通泰，日漸一日就好了。他病好以後就閉門謝客，果然用了三年時間，把《易冒》這本書寫成並交給一位好朋友替他出版。還沒等到書正式刊印，他就去世了。

《易冒》這本書確實也很神奇，其中關於易學的占卜之術，和其它的很不一樣。他不是把占卜之術作為小道來研究，而是將其和人生修養、和大道興廢結合得很好，所以是一本非常好的書，可以說是從明代以來至今，在易學方面的上乘之作。

《易冒》這本書的名字來源，就直接是從「易冒天下之道」中拿出兩字，意思是把天下之道，不管是大道小道，通過易這個東西清楚明瞭地呈現給大家，讓其冒出頭來，顯現出來。所以後面孔子說「如斯而已者也」，不過就是如此罷了！易有什麼了不起啊？無非就是這麼一點點事情，就是讓我們認識世界，然後成就世界，讓天下之道顯現出來，如此而已。

一輩子做好一件事足矣

「是故，聖人以通天下之志，以定天下之業，以斷天下之疑。」這又開始在讚歎易道了。聖人通過易道可以通達天下之志，這可是非常了得！大家想一下，我們常說「人各有志，不可強求」，在座的幾十位朋友，

每個人都有每個人的工作，每個人都有每個人的理想，每個人都有每個人的抱負，都有自己的志向，這怎麼能夠通達呢？不過，大家都是為了學習易道，於是此時此刻坐在了一起，相互溝通，相互交流，這就是一種通達。當然，如果你心量放得大，放在天下，放在整個人間社會，那麼就能通達天下，通達人間社會的心志、理想、抱負。這就是「聖人以通天下之志」。

但為什麼易道可以通天下之志？這就涉及到我們上章學習的內容：「易，无思也，无為也，寂然不動，感而遂通天下之故。」正因為易道无思无為，它沒有自己固定僵化的一套模式，正因為无思，才可以無所不思，也正因為无為，才可以無所不為，才能夠感而遂通天下，當然也就能夠通天下之志了。

「以定天下之業」，業也是如此。每個人都有每個人的事業，每個人都有每個人的行為所產生的結果，按佛教的說法就是業力感召。每個人的業力是不一樣的，人人都有自己的個業，加在一起就形成了人類的共業。同時我們可以看到，很多人對於自己的業，對於自己的事業，都處在一種不確定的狀態。尤其是年輕人，經常感覺到自己好像什麼事情都能做，什麼事情都想去嘗試，對任何事情都有興趣，今天寫寫詩，明天畫幾幅畫，後天搞點戶外運動、打打網球什麼的，總之好像有很多的興趣愛好，好像覺得自己在任何事情上都有天分。但是，時間一長，就這麼東一下西一下，結果到頭來往往一事無成。人往往要到中年以後，才會感覺到，哦，自己只能做一件事情。說實話，人這一輩子，能將一件事情真正的做好，就非常非常不容易了，能夠將一件事情幹成功也都沒有白活。所以一個人，如果能在自己精力很充沛的時候定下自己的業，就是一個非常值得慶賀的事情。

我自己從事寫作很多年，寫這樣寫那樣，到現在也出了五六本書，但是這些東西有什麼用？朋友來了，一般我都不好意思拿出來，因為這些書不過是為了養家糊口不得已而寫的。古人說「著書只為稻粱謀」，的確是如此。這些都不是自己真正定下來的事業，不是能表達我事業的東西。那麼，真正表達自己事業的東西是什麼呢？還沒有，或者說才剛剛開始。

今天上午喝茶的時候，有朋友感歎說，人到四十歲才剛剛開頭啊！

確實如此，自己覺得自己的事業才剛剛開頭。你看古人，過去這些文學大家，比如曹雪芹，一輩子寫了什麼？就一部《紅樓夢》，還沒寫完！但是幾百年下來，洋洋灑灑的紅學養活了多少的紅學家？人家就是一部書而已。再往前推，像老子寫《道德經》，迫不得已要出關，不得不留下一部五千言的《道德經》當買路錢。莊子也就是那麼一本書。但是幾千年來整個中華文明都受惠於他們，多麼了不起！

正是因為人家有定業，一生就只做這一件事情，這才真正把這件事情做好了。所以，如果誰能夠在心性上面定下來，能夠在事業上定下來，就像鼎卦中說的「君子以正位凝命」，那就非常非常了不起，那就是成就大業的開端。

「以斷天下之疑」，在很多人看來，《易經》最大的功能就是斷疑，心中有疑惑就打一卦，給自己指點一番，人生的疑問就此得到解決。確實《易經》具有這樣的一種功能，但是，我們要看到這裡所說的聖人之道，是要斷天下之疑！

我們人類社會如何發展？這個就是天下之疑。說老實話，我們看到現在的人類社會很危險啊！前段時間很多人在看淨空法師的《和諧拯救危機》，看了讓你覺得現在社會發展到如此地步，真正是危機重重。我們看美國前副總統戈爾（台灣譯：高爾）搞了一部紀錄片，叫做《難以忽視的真相》（台灣譯：不願面對的真相），說全球變暖、環境惡化已經到了非常非常危險的地步，可能就在數年之內，地球環境就達到了極限，真的是非常危險。那麼，人類社會到了如此危險的地步，是怎麼來的？人類面臨這種種現象，大家心頭都有疑問。人類從哪裡來？該向何處去？最後會以什麼樣的方式結局？誰能真正為我們斷這個疑！？

其實，《易經》裡面早就給我們斷了這個疑。只要你認真學習，仔細體會，就能找到方向。不要老是把自己的心思放在那些柴米油鹽上面，自己感情出了點事情，哎呀！波師兄幫我打一卦啊；最近單位上不順心，也幫我打上一卦吧；還有這支股票到底能不能買，也要打一卦。這樣的心量就比較小了，就談不上定天下之業、斷天下之疑。

當然，平常大家玩一玩卦，熟悉一下易卦各辭，體驗一下「感而遂通天下」的感覺也是可以的，但是，我們既然是學習聖人之道，就要取法其上，就要有定天下之業、斷天下之疑的心量。波師兄平常呢，面對一些小事情打一卦，連猜帶蒙，好像還像那麼回事，但是要達到「斷天

下之疑」的水準，那是萬萬不行的。那非得要有聖人的觀行功夫，最起碼也要有諸葛亮、劉伯溫、邵康節這一類人的功夫，才能夠去有所作為。不然的話，還是老老實實像後面要講到的「退藏於密」，要藏起來，藏到神不知鬼不覺的地方悄悄修煉一番。

心物一元，易道自顯

在這裡，我們大家一起學習《易經》，就算是結個緣。通過將近一年的學習，相信大家對《易經》能夠有個入門之處。說不定在座的某位將來就能成為易學大家，真正就能夠定天下之業、斷天下之疑。我們再看下面一段：

「是故，蓍之德，圓而神；卦之德，方以知；六爻之義，易以貢。聖人以此洗心，退藏於密，吉凶與民同患。神以知來，知以藏往，其孰能與於此哉！古之聰明睿知神武而不殺者夫？是以，明於天之道，而察於民之故。是興神物，以前民用。聖人以此齋戒，以神明其德夫！」

「蓍之德，圓而神」，蓍，指的是古代易家用於占筮的工具蓍草。前面我們在講大衍之數的時候講過這個東西，古人把它看得很神，蓍草的莖杆是圓的，所謂天圓地方，也很神奇，用它打出來的卦很準確，所以「蓍之德，圓而神」，是對占筮工具的一種推崇，一種讚美。從這裡也可以看到，古人不僅對人，對萬事萬物也都充滿了一種敬意。

今天上午喝茶的時候，蕭老師也在說，我們對茶應該要有一種敬意，這樣你才能品得出茶的味道。那麼你要打卦，對你打卦的工具也同樣要充滿敬意。當然這裡說「圓而神」，稍微有些過了，後面也說什麼「天生神物」，更是如此。畢竟在上古時期，人類就存在拜物教的現象，物象崇拜的心理很普遍，在《易經》裡也有些遺跡。實際上從理上來說，打卦的工具用蓍草也可以，後來的金錢卦用銅錢也可以，那天我們說只要手上有一把圍棋棋子或是一把牙籤都可以。即使什麼工具都沒有，還可以根據時間、物象、數位等起卦。總之，打卦的工具可以多種多樣，並無貴賤之分。

上面是從理上說的，但是從具體的操作上來說，就有分別了。你要

占筮，對打卦工具、禮數這些，還是應該非常重視才行。比如你剛上完廁所，手也不洗就拿出三枚鎳幣，隨便扔出一卦，這個卦的結果估計誰都不信。如果你起卦之前，非常鄭重地焚香淨手、禮拜神佛，然後再拿出紅綢包裹好的蓍草或者古幣，虔虔誠誠地求出一卦來，這個感覺肯定就不一樣。為什麼不一樣？這就是中國古人所講的「心物一元」的道理。你的心理狀態、精神感覺不一樣了，那麼你所感應到的事物、感應出來的結果，也就會大不一樣。因為我們普通人確實存有分別心，普通的東西就會覺得它平常，就會心存輕視。反之貴重的東西、稀缺的東西，你就會覺得它不同凡響，就會心生敬意，把它當寶貝一樣供起來，不肯輕易示人。

所以，我們平常待人接物、做事應對，不可偏執兩端，既要看到萬物平等、萬法平等的一面，也要看到萬法各居其位、萬物各有差別那一面。當然，如果一個人的修煉真的達到了很高境界，真的能夠了無分別，一味平等，那當然就可以像古代禪師那樣「拈一莖草作丈六金身」了。不過，你有了這等神機妙用，也就用不著打什麼卦了。

下一句是「卦之德，方以知。」這怎麼理解？有些朋友手上拿著本光法師的《周易禪觀頓悟指要》，他老人家是不太贊成這一句的。為什麼呢？前面說「蓍之德，圓而神」，後面接著就說「卦之德，方以知」，天圓對地方，感覺上是一種比較平庸的文句對仗，而且有一點點牽強。好像蓍草是圓杆杆，就圓而神；一個卦六根杠杠，感覺上是方方的，就是方以知。這種方圓對舉的感覺，的確是一種慣俗的思維。

當然，如果我們換一個角度來看，也可以理解。這個方，你不要把它當成一個東西的形狀來講，而是理解為德性上的方正。一個卦打出來了，不管它是好是壞，它的內容通過卦辭、爻辭，以及各爻之間的關係，都老老實實地、方方正正地給你顯現出來。易卦它不會察言觀色，並不像有些江湖人士，很聰明很滑頭，對人報喜不報憂，只說好事不說壞事。卦之德，一個易卦通過爻象、言辭所顯現出來的內容，自然好就是好，壞就是壞，死卦就是死卦，沒有什麼隱瞞的，都是方方正正，坦坦蕩蕩的。

本光法師的方山易將這句話換了一個字，改成了「卦之德，知以智」，這是方山易的一個特點，就是始終都要牢牢地站在人生大道的角度上來講。我們學《易經》就是要牢牢地站在社會人事的角度，要立足于社會現實的層面上，來指導我們自身的心性修養。那麼，我們從卦德上面，

從易卦之中，從各卦所繫之辭中，來認識我們自身的良知良能，從而就能夠得到面對社會人生的大智慧。本光法師將這裡改成「卦之德，知以智」，因為我們這次對《易經》的學習，以本光法師的方山易為指導思想，很多疑難之處的參考也是從方山易中來，所以在這裡把本光法師的觀點給大家解釋一下。

「六爻之義，易以貢。」什麼是「易以貢」？我們看一個易卦有六個爻，初、二、三、四、五、上，六爻的含義，都是通過六爻的爻辭顯現出來；每一爻的變化所產生的意義，也是通過爻辭以及小象辭顯現出來。貢就是貢獻、顯現、呈現。就好像我把什麼東西進貢給你，就是把自己擺在相對較低的位置上，然後雙手舉起來放在你眼前，讓你清清楚楚地看見。所以「六爻之義，易以貢」，易道、易學，通過一個卦的六爻，就能將其意義清清楚楚地給我們顯現出來。總的來說，這句仍然是對易道無私的一種讚美。

滌神洗心，退藏於密

「聖人以此洗心，退藏於密，吉凶與民同患。」這一句講的就非常精到了，可以說是《易經》的名句之一。它說明了什麼呢？它說明了我們學易的目的，是要以此來洗滌我們的內心，清洗我們的靈魂。用什麼來清洗呢？就是用易道！再準確一點來說，就是通過乾坤二卦所體現出來的精神，來清洗我們的精神、我們的靈魂。

前面我們反覆說過乾坤二卦的精神，乾卦的精神就是天行健，就是自強不息。當我們做事情有點想偷懶、意志比較消沉的時候，就應該想到乾卦天行健、自強不息的精神來，自己就應該毫不懈怠、生生不息地去努力。那麼當我們做事情時，內心裡面亂七八糟的私心雜念冒出來的時候，就要想到坤卦的精神，其核心就是直方正大，就是厚德載物，要讓自己的德蘊深厚起來，心量廣大起來，要有能夠承載天下、胸藏萬物的的精神。

在這一點上，易道和禪宗是非常接近的。我們看《六祖壇經》裡面，神秀大師有一首偈子：「身是菩提樹，心如明鏡台。時時勤拂拭，勿使惹

塵埃」。我們的心就如同鏡子一樣，因為會惹上灰塵，所以要經常擦洗拂拭，讓我們的心光不會被灰塵遮掩。「時時勤拂拭」就是我們修煉功夫的要點，就是要隨時隨地掃除這些灰塵雜滓。過去很多人在談到《六祖壇經》的時候，往往把六祖大師的偈子和神秀大師的偈子對立起來看，認為六祖大師很高，他說：「菩提本無樹，明鏡亦非台。本來無一物，何處惹塵埃。」都本來無一物了，哪裡去找什麼塵埃呢？！實際上，這兩位大師的偈子不應該對立起來看，應該合為一體。神秀大師是從用的角度，「時時勤拂拭，勿使惹塵埃」，是心體之用；而六祖大師直接講體，心體本來就是空無一物的，本來心體虛無，當然不會染汙。但是在用上面，你還要時時勤拂拭才行，不然，心體光照大千的功能就顯現不出來。但是，為什麼五祖要把衣缽傳給六祖慧能呢？為什麼在境界上，人們會覺得六祖比神秀要高出一籌呢？是因為神秀在談用時，對心體的空性沒有透脫，而六祖雖然只談了體，但是如果你真正是在學道，你真正是在悟道，你真正悟到了大道本體、萬法自性以後，你的心體之用自然而然就會顯現，自然而然就處在「時時勤拂拭」的細行中。所以慧能的偈子雖然沒有提到用，但是透過心體，其用自然已處在時時勤拂拭的狀態中了。

我們一般人沒能悟入心體，還達不到慧能大師所說的這種「本來無一物」的境界，那麼，神秀的偈子對我們來說就非常非常有用了。我們可以針對自己的習氣毛病，針對我們的煩惱業識，針對我們內心當中的貪嗔癡慢疑等等這些東西，時時勤拂拭，不斷地去修正，不斷地改過遷善。如果大家能如此不斷地用功，時間一長，總有一天會悟入本體，會明心見性。所以在這一點上面，不要把六祖大師和神秀大師的偈子對立起來看。《易經》這裡說的洗心，和禪宗漸悟的這一路數是很相似的。「聖人以此洗心」，就是時時勤拂拭，就是以易道精神，先把我們這個鏡子一樣的心，清洗得乾乾淨淨。

那麼，經過了這一番洗心的過程以後，就進入到了下一個次第，「退藏於密」。這個就有點悟入本性的感覺了。能夠退藏於密，就是悟到了本來無一物的境界，就是悟到了易道无思、无為、寂然不動的本體之中。退藏於密的這個「密」是什麼地方？如何才叫密？我們生命當中最秘密的地方在哪裡？

我們看《六祖壇經》裡面，講到慧能大師得黃梅衣缽後一路逃亡，躲進深山，但被慧明第一個追上。經過六祖大師的一番點撥後，慧明若

有所悟，但仍然心有不甘地問：「上來密語密意外，還更有密意否？」除了剛才您對我的一番秘密開示之外，還有沒有更深的密意要說啊？慧能大師的回答徹底打破了他的疑團：「與汝說者，即非密也。汝若返照，密在汝邊。」給你說出來，就不是什麼秘密了，真正的秘密在你那裡嘛！我這裡沒有，你往自己的心頭去找，自己心頭最清楚，問我幹什麼呢？所以，如果我們認識了自己心頭最密的那個東西，那麼你就明白了心性的本體。我們看《繫辭》講到這個地方，就是一個由「洗心」到「入密」，由漸修而到頓悟的過程。

同一個鼻孔出氣

那麼通過洗心、入密，最後達到的是怎麼樣一個境界呢？那就是「吉凶與民同患」。真正悟道的境界，真正得道的境界，就是這一句「吉凶與民同患」。

我們普通人學《易經》是為了什麼呢？不過是為了趨吉避凶嘛！大多數人都是如此，為了想知道自己未來的吉凶禍福，然後，遇到凶就事先避開，遇到好事情就趕緊往前湊。但是，聖人學習易道不是這個樣子啊！他是要「吉凶與民同患」。佛教裡面講菩薩發心，發的什麼心呢？「無緣大慈，同體大悲」之心啊！菩薩和眾生是一體的，我們心頭有啥悲傷的事情，他都能感受得到，眾生心頭有啥快樂的事情，他同樣還是感受得到，這就是「無緣大慈，同體大悲」的感覺。這和《易經》這裡所說的「吉凶與民同患」，可以說是一模一樣，是一個鼻孔出氣。老子說「和其光，同其塵」，也是如此。

所以我們看古代聖賢，不管是中國也好，還是印度也好，甚至西方也好，都有這樣一種精神，與眾生同甘共苦。如果說眾生的痛苦你感覺不到，眾生的歡樂你體會不到，那麼你怎麼能夠幫助眾生呢？

以前有一個出家師父，私下給我看到過他寫的發願文，文字很長，但其中有兩句對我震動非常之大。雖然是很多年前看到的，但直到現在還都歷歷在目。他在發願文中寫了「急入輪迴，不求解脫」這麼兩句。一個人出家學佛求道，最終的願望卻是「急入輪迴，不求解脫」。這是什

麼樣的心態？在座各位也有學佛的，大家學佛求道，無非就是「為生死故，發菩提心，脫離輪迴苦海，往生極樂世界。」大家無非都是出於這個想法。但是他就不出輪迴、不求解脫！當時我一看這句話，非常震驚，真正感覺到一種行大乘菩薩道的悲願。大家想想，釋迦牟尼也入輪迴嘛，他老人家憑啥要在印度生出來，作為王子還要去體驗生老病死，還要在雪山修苦行，睹明星而悟道後，又要回到人世間來說法四十九年，這是為什麼？他就是要入輪迴，他就是不求自己解脫啊！實際上，你要是真心不求自己得解脫的話，那你當下就得解脫了！

我們看這句「吉凶與民同患」，與剛才說的「急入輪迴，不求解脫」，其涵義都是非常深的。大家不管是學佛也好，還是學中國古代的聖賢之道也好，首先這個發願就不能小了，這個心量就不能狹窄了！佛教中說「心量廣大猶如虛空」，我們的心量要盡可能地廣大，廣大到和虛空一樣，同時，還要「取捨因果細如針頭」，我們做具體事情的時候，做每一件事情的時候，要非常小心，細緻入微，對於因果的取捨，就是針頭那麼點大的事情都要認真對待，不能隨隨便便。

打破時間的隔斷

我們看下一句：「神以知來，知以藏往，其孰能與於此哉！」這個話解釋起來很簡單，你學易道學到了很精深的程度，你的精神就能知道未來的事情，你的智慧就能包容過去的一切。但是，我們也要想一想，「神以知來」是怎麼知的？「知以藏往」是怎麼藏的？

其實，「神以知來」和「知以藏往」是一回事。如果你真正對過去的事情很清楚很明瞭，那麼對未來的事情也就會有準確的判斷。我接觸過很多學歷史的朋友，感覺到他們比一般人都要自信，甚至有些人還有點小小的驕傲。為什麼會這樣呢？中國人很強調以史為鑑，真正學通歷史的人，他們在社會上為人處事，都會得到很深的歷史借鑑。中國歷史可以說是兩三百年一個輪迴，學通歷史的人，往往都能很清楚地瞭解自己所處的時代，明白一個時代的大勢。現在是處在社會輪迴的哪一個階段？一般學歷史的人都會有一個判斷，都會有所參照，覺得自己能夠把握。

學歷史的人往往都有這種自信，確實自有他的道理。

人生有很多問題，最要命的問題是什麼呢？就是人在時間當中的一種局限。我們生而為人，生之前的事情一無所知，死之後的事情也一無所知，而且總共就活這麼幾十年，到底是怎麼活過來的，最後往往都記不住了。這種在時間面前的局限，可以說是生而為人的最根本的焦慮。面對未來它不可知，面對過去往往很多事情都被遺忘了，模糊了，甚至昨天的事情、去年的事情，很多都記不起來了。沒有辦法，這就是生命的自然屬性，這就是人的局限性。那麼，所謂「前事不忘，後事之師」，這對人來說就很重要了。

「知以藏往」的這個「藏」字，應該通去掉草字頭的這個「臧」字，意思不再是隱藏，而主要指的是包容、包含，有記住而不忘失之義。

平常遇到事情，尤其是很痛苦的事情，一般人去安慰他，往往就跟他說：「莫得事，別往心裡去，過幾天忘了就好了！」其實，這是一種短暫的、逃避的、消極的安慰，痛苦實際上是忘不了的，也許一時你確實忘了，但只要出現同樣的情景，痛苦又會重新出現。那麼，真正的態度應該是什麼呢？是不要忘記過去的事情，對過去的事情要有「知」，同時對給自己帶來痛苦、不幸的人和事，要抱一種寬恕、一種原諒、一種包容的態度。這才是一種積極的態度。其實，人痛苦的原因並不是他的記憶好，記住了這件事情而忘不掉，而是因為他不能夠原諒這件事情，不能夠包容這件事情，不能夠寬恕這件事情。人不管是對自己還是對別人，往往都是如此。

西方有一位大詩人叫博爾赫斯，在座有些朋友可能知道，他被稱為詩人中的詩人，當年諾貝爾文學獎沒有在他生前頒獎給他，被世人視為是諾貝爾文學獎的恥辱。他在一首寫到遺忘的詩中說：「不存在的事物只有一樣，那就是遺忘。」說白了，就是這個世界上沒有不存在的東西。你舉出任何一個東西，哪怕是你舉出任何人都沒見過的東西，但是你一旦舉出來了，它就存在了。不存在事物只有一樣，就是遺忘！換句話說，在這個世界上，不可能有什麼東西被遺忘的。你想要真正忘記過去所做的種種事、所經歷的種種東西，那是不可能的。按佛教的說法，業力是不滅的，你所做的一切都將變成八識田裡面的種子，一旦條件成熟了，它就會重新發芽。現代心理學的解釋也一樣，人過去的經歷造成了一些

心理上的創傷，隨著時間的流逝，人們好像把它遺忘了，但實際上，它會停留在你潛意識的深處，並形成了這些心理上的癥結。

所以從這一點來看，「神以知來，知以藏往」是在學易當中一個非常重要的原則，不能隨便把它放過去。「其孰能與於此哉！」這是《繫辭》作者的讚歎，面對過去，面對未來，能達到如此的境界，有什麼樣的智慧能比得上易道啊！

好一個不卜的境界

在古人看來，學習易道的最高境界是什麼呢？有一句話叫做「用神不用著，用知不用卦，未卜而知吉凶」。說白了，你真正把易道學通了、學精了以後，根本用不著拿什麼著草數來數去，根本用不著把幾個銅板丟過來丟過去。你只需要臨機一動，用自己的陽明正知一照，根本用不著卜卦，一件事情的前因後果就歷歷在目了，根本不需要去觀察卦象裡面象徵的是什麼，不需要知道卦辭裡面寫的吉凶禍福等等。這就是「未卜而知吉凶」，用不著去打這個卦，就知道吉凶禍福了。

人為什麼能夠達到如此境界呢？就是因為「神以知來，知以藏往」，對於過去未來，通過你的精神，現量就能夠認識得清清楚楚。

那麼，什麼樣的人能夠達到這種境界呢？就是這裡所說的「古之聰明睿知神武而不殺者夫」。只有這樣的人，才能夠「明於天之道，而察於民之故。是興神物，以前民用。聖人以此齋戒，以神明其德夫！」

在中國古代，理想中的最高領袖就是古之聖王，就是以聖人為王。在佛教中稱之為轉輪聖王，就是能夠推動人類社會的歷史車輪滾滾向前的聖者領袖。按照西方的說法，柏拉圖在他的《理想國》裡面，將其最高領袖稱之為哲人王。其實，東西方的最高智慧在這上面的認識都是差不多的。所謂哲人王，就是印度人心目中的轉輪聖王，就是中國古代理想中的聖人治世，總之，是由具備最高智慧的人來作為人類的最高領袖。那麼，這樣的偉大領袖所表現出來的特點是什麼呢？就是這裡所說的四個方面：聰明、睿知、神武、不殺。

首先要聰明，耳聰目明，能眼觀六路，耳聽八方，明察於秋毫之末，

不會被任何人或事物所蒙蔽，這就是聰明的涵義。但是，一個優秀的領導者僅僅是聰明還不行，還要有睿智。你雖然聰明，能夠明察於秋毫之末，但是過去說「察見淵魚者不祥」，你連深淵裡面的魚都能夠看清楚，那這個事就很不吉祥。為什麼呢？說白了，天底下事無巨細、無論什麼好事壞事都逃不過你的金睛火眼，設身處地地想想，你煩都煩死了，氣都氣死了，累都累死了。本來我們一天到晚亂七八糟的事情就多，有些事情你看不到還好些，看到了那就是麻煩上身。但是，睿智的人就不會這樣。一個是真正有大智慧的人，雖然人世間的恩恩怨怨、是是非非，他都看得非常清楚，但是他就是不為所動，表面上還可以像貓頭鷹一樣睜一隻眼閉一隻眼。所以，鄭板橋說的「難得糊塗」，可不是真的一塌糊塗，而是心能容物，可以明明白白地藏汙納垢。

一個人做到聰明睿智，大智若愚，人生的境界當然就很高了。但是作為一個領導者，光這樣還不行，他還需要神武，要有權威感，在精、氣、神上面要體現出一種威嚴、決斷，有一種大無畏的勇氣和力量。如果沒有神武，只有聰明睿智，如果你遇到了那些屬害的死對頭，或者是專門唱反調的人，你光裝糊塗還不行，你就把他懾服不住，把事情擺不平。按佛教的說法，不僅要有慈眉善目，還要有怒目金剛，不僅要顯慈悲相，必要的時候也要顯一顯忿怒相，要使用一下降伏法。所以，一個領導者不僅要聰明睿智，同樣還要有神武的精神，要有一種不怒而自威的氣勢。

最後一點也最關鍵，那就是「不殺」。我們看歷史上的商紂王，他就稱得上是聰明睿智，威神勇武，非常屬害，人人都怕他。史書上評價他是「資辯捷疾，聞見甚敏；材力過人，手格猛獸；知足以拒諫，言足以飾非，矜人臣以能，高天下以聲，以為皆出己之下」。但是，就是因為他殘酷嗜殺，這才成了歷史上著名的暴君，最終成了亡國之君。所以，你具備了前面三個條件還不行，最後還能夠「不殺」，還是一個和平主義者，那就了不起了。

大家試想一下，一個聰明絕頂、且武功天下第一的高手，如果他不喜歡到處打架，而是喜歡當和事佬，面對著江湖上打打殺殺的事情，當他往中間一站，給大家拱拱手，說一聲「以和為貴嘛，賞兄弟一個面子吧！」這時，誰還敢打打殺殺呢？這樣的人當上了武林盟主，江湖上那

些舵爺豪強們，就沒誰敢亂來了。

這就是「聰明睿智神武而不殺者」，只有全部具備了上面這四方面的條件，才能夠成為古人理想中的聖王，才能開創太平盛世的局面。

物神不如心誠

「明於天之道，而察於民之故」，這樣的偉大領袖，當然他是明白了天道的運行，同時又能體察、體恤民間疾苦。如果沒有這種明於天而察於民的能力，那麼他就稱不上聰明睿智。

「是興神物，以前民用」，是興神物，就是啟用神賜之物，在過去的注釋裡面，這個神物就是指用來占卜的蓍草，或者是龜殼。那麼這兩句話的意思，就是用神賜的蓍草或者龜殼等東西進行占卜，以作為指揮老百姓行動之前的依據。

「聖人以此齋戒，以神明其德夫！」打卦之前要認認真真齋戒，這也是有道理的，我們在前面也反覆說過，只有反身至誠，以一顆非常虔誠的心，才能獲得對所占之事的感應，所謂心誠則靈嘛！

但是話又說回來，本光法師對這兩句的評價是不高的，認為這裡把蓍草、龜殼等這些東西給神秘化了，拜物教的迷信思想又抬頭了。實際上，外物的這種所謂的神奇、所謂的珍貴，都是由我們人心所定。人認為它很神奇很珍貴，於是它就會很神奇很珍貴，反之如果人認為它很普通很低賤，那麼它就會很普通很低賤。黃金白銀，人人都認為它很珍貴，很多人都為得到它打破了腦殼，但是如果真正遇到了饑荒年代，三天三夜吃不上一頓飯，這時候恐怕再多的黃金白銀也抵不過一頓飽飯了。所以，這些東西確實是由人心而定，並不是說它本身就有好高貴。從這個角度來看，「是興神物」這兩句的立意的確不高。

在這些事情上面，還是佛教說的比較徹底。所謂「三界唯心，萬法唯識」，三界指的是欲界、色界、無色界，簡單說就是生命所存在的這個世界，這一切東西都是由心識所規定出來的，所幻化演變出來的；萬法唯識，萬事萬物萬法都是通過人的精神，才得以被認識，才得以顯現出來。除此之外，哪裡有什麼「神物」可言。對於這點，大家一定要看到，

一定要在見地上坐實。那些所謂的神奇之物，對於《易經》占卜來說，也只是一個媒介而已，一個手段而已。「三界唯心，萬法唯識」，我們心的功能與外界溝通，發生感應，這樣才能產生這個世界，才能產生我們對這個世界的認識。所以，最終不是物神，而是心誠。心誠則靈，這話放在哪裡都對。

從這裡我們要看到，《繫辭》中確實有非常精妙的思想，但同時也有一些良莠不齊的地方，畢竟這篇大文章是從先秦時代一直到漢初時由很多人集體創作的產物。境界高、入易道深的人所闡述的部分，就能說得很徹底，但境界不夠的人，在某些問題上就會露出馬腳來。在這一章裡面就是如此。

就像開門關門一樣

我們繼續來看下面的內容。「是故，闔戶謂之坤，辟戶謂之乾，一闔一辟謂之變，往來不窮謂之通；見乃謂之象，形乃謂之器，制而用之謂之法，利用出入、民咸用之謂之神。」

這一段，方山易中對其評價不高，認為這裡關於一開一合的比喻比較平庸，既然如此，我們今天也只對其做一個基本的翻譯。

「是故，闔戶謂之坤；辟戶謂之乾。」這裡對《易經》中的乾坤二卦用門戶的開闔來做比喻。把門關上，這就是坤的一種感覺，就是要收、要藏；反之，把門打開，就是乾的感覺，就是要行、要通。「一闔一辟謂之變」，門的一開一關，就給人一種好像是萬物在天地乾坤中不斷輪轉、不斷變化的感覺。門的開關就比喻為一種變化，時而陽氣上升，就好像門在慢慢打開；當陽氣到了極處的時候，陰氣又開始慢慢回升，那麼門又慢慢關閉，一年四季就好像是這種感覺。「往來不窮謂之通」，一開一合實際也就是一往一來的感覺，一會兒打開一會兒關閉，就顯得很通泰。「見乃謂之象」，我們所能見到的東西，一切能顯現出來的東西，都有象，也就是形象。「形乃謂之器」，有形狀、可觸可摸的東西就叫做器。

《易經》中講「形而上者謂之道，形而下者謂之器」，形而下就是有形有狀，看得見摸得著，這就是屬於器的範疇。實際上這裡的器，還含

有器皿的意思。「制而用之謂之法」，那麼怎麼來面對器？怎麼來制定並使用這個形而下的器？這就是法，方法。「利用出入、民咸用之謂之神」，利用出入就是把前面的變、通、象、器、法這些東西打通，並加以利用，就像開門關門一樣，能夠自由出入。老百姓家家都有門戶，都能使用這個門戶。這個就是神。就好像天地大乾坤，人身小乾坤，這個東西每個人都有，每個人身上都可以體會得到，所以是「百姓日用而不知」。這個神，老百姓天天都在用，但是並不知道這個東西就是乾坤，這個東西就是大道，就是神。

整個這一段就是一個比喻，讓大家借助這個比喻來找一找乾坤的感覺，其它也沒有什麼很特別的地方。

八卦的「先天」不足

讓我們來看下一段，「是故，易有太極，是生兩儀，兩儀生四象，四象生八卦，八卦定吉凶，吉凶生大業。」這裡涉及到了八卦是如何產生的。

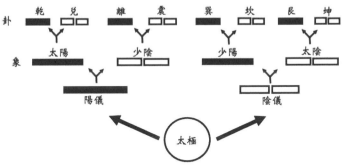

太極生兩儀四象八卦圖

《繫辭》作者認為，易這個東西，最初是從太極中生發出來的。太極，混混沌沌，既沒有陰也沒有陽，既包含全部的陰也包含全部的陽。那麼太極一分，就生出陰陽，這個陰陽就稱之為兩儀。儀，儀表，儀容，這裡就是一陰一陽的兩個符號，具體畫出來就是一根橫杠杠的陽儀，一根從中間斷開來的陰儀，這就是太極生兩儀。那麼兩儀生四象，就是說

在陽儀和陰儀之中，還要生陰生陽。在陽儀上面生出一陽，稱之為太陽；生出一陰，稱之為少陰。在陰儀上面生出一陰，稱之為太陰；生出一陽，稱之為少陽。

「四象生八卦」，就是在四象的基礎上再生陰陽。太陽上面再生一陽，就是單八卦中的乾卦；生出一陰，就是兌卦。少陰上面再長出一陽為離卦；生出一陰為震卦。少陽上面再長出一陽為巽卦，生出一陰為坎卦。太陰上面生出一陽為艮卦，生出一陰為坤卦。這樣單八卦就全部產生了。

乾為天，坤為地，天地乾坤當中，就包含了「風雨雷電山澤」等等的這些東西。單八卦是從太極生兩儀，兩儀生四象，四象生八卦這樣一個系統生出來的，步驟很清晰，怎麼樣一步一步產生出來的，都全面展現出來了。古人將這一套八卦和數結合起來，即乾為一、兌為二、離為三、震為四、巽為五、坎為六、艮為七、坤為八。從宋代以來，這一套系統被稱之為先天八卦，後面所代表的數位，就稱之為先天八卦之數。

我們借助上面這些圖示，給大家說明了《繫辭》這一段所說的八卦是如何形成的。但是，在本光法師的方山易裡面，卻持有不同意見。他老人家認為太極這個概念，在古易裡面是沒有的，比如我們看《易經》的古卦辭、彖辭、爻辭、象辭，連「太極」這兩個字眼都沒有；再比如從早期的《詩經》、《書經》、《禮記》、《春秋》等古文獻裡面，也沒有出現「太極」這樣一個概念。所以，本光法師認為這很有可能是後人附會上去的，連先天八卦的概念、排序和數理，也都可能是後人故意高推邵子易學而加上去的。然而話又說回來了，自先天八卦經過宋代邵康節發揮出來以後，對後世易學的影響的確非常之大，宋以後的很多易學大家都是學宗於邵子，是從邵子那裡一脈相承下來的。現代好像有一位姓邵的預測高手，就自稱是邵子的好多好多代後人，據說是預測上面非常厲害的人物。總之，邵子對後世易學的影響非常巨大，尤其後世的預測之學，很多都要上溯到邵子那裡。比如在《梅花易數》裡面，各種起卦方法，就需要用上這一套先天八卦之數。大家有時間找《梅花易數》來看看就知道了，這裡就不多講了。

邵子易學是以先天易數為標榜，那麼，先天易學的根據，就是從這一段「易有太極，是生兩儀，兩儀生四象，四象生八卦，八卦定吉凶，吉凶生大業」中生發出來的。

　　那麼，為什麼本光法師在方山易中對這一段持保留態度呢？他認為在易理上，這一段是說不通的。首先，太極衍化的這一整套理念是在宋代周敦頤先生的《太極圖說》中才真正確立下來的，以前也有太極概念的出現，但並沒有形成一套完整系統。本光法師認為易分陰陽，用陰儀陽儀作為構成易卦的基本符號是沒有問題的，但是生出四象就有點問題了，因為由兩根杠杠組成的四象，在古易裡面並沒有真正的依據。陽陰二儀是最基本的符號，三劃的單八卦則是最基本的象，六劃的重卦才能夠形成具有吉凶悔吝等結果的卦象。如果在一劃的陽陰二儀與三劃的單八卦之間，硬加上二劃的四象過渡，就好比在三劃的單八卦與六劃的重卦之間，硬加上了四劃或五劃的卦象過渡一樣，是沒有易理基礎的。

　　同時，下面這句「八卦定吉凶」也講不通。為什麼呢？因為吉凶悔吝這些結果，並不在這八個單卦中體現。這八個單卦所體現的，只是天地之間的八種基本現象，這八種基本現象怎麼能夠定吉凶呢？

　　比如乾為天，這如何判斷吉凶？坎為水，水又怎麼能夠有吉凶呢？你說潤物細無聲，嗯，春雨貴如油，是很舒服吉祥，但是一會兒變成磅礴暴雨了呢？水漲起來了，水災就來了，就是糟糕很兇險。所以僅就自然現象而言，你是說不清楚裡面的吉凶的。實際上，自然現象諸如風雨雷電等等是沒有吉凶的，所謂的吉凶，都是我們人為加進去的，對人有利的我們就說吉，對人不利的我們就說凶。那麼，人是怎樣定這個吉凶的呢？必須是要由六根杠杠的這個卦象，也就是重卦，才能和社會人事結合起來。這時有了人為因素的加入，才有吉凶。單八卦裡面沒有人為的因素存在，根本就沒有人的現象，你看乾為天，兌為澤，離為火，震為雷，巽為風，坎為水，艮為山，坤為地，中間是沒有人的。必須要把人為因素加進去，才能夠有吉凶，只有六爻組成的重卦才能夠定吉凶。這是易象中的基本道理。

　　後面一句「吉凶生大業」也有一種似是而非的感覺。所謂業，就是由於人的行為所產生的後果、所產生的力量，所以，人類的任何一種業都有吉凶在裡面。既然有吉凶，當然也就有不吉不凶，按佛教的說法，就是有吉、凶、無記等業的存在。不僅吉凶生大業，吉凶也生小業啊！哪怕是芝麻大點的事情，中間還是有吉有凶也可能有無記。所以「八卦定吉凶，吉凶生大業」這兩句話，是有一些說不通的地方。在本光法師的方山易裡面，認為這兩句也不可取。

六個「莫大乎」

「是故，法象莫大乎天地；變通莫大乎四時；懸象著明，莫大乎日月；崇高莫大乎富貴；備物致用，立成器以為天下利，莫大乎聖人；探賾索隱，鉤深致遠，以定天下之吉凶，成天下之亹亹者，莫大乎蓍龜。」

這幾句「莫大乎」說得很清晰。「法象莫大乎天地」，我們人所能體會的最大的東西，就是天父地母，天地就是最大的法象，聖人所要效法的最大的對象，也是這個天地。

「變通莫大乎四時」，四時指的是春夏秋冬，我們人所看得見的最大的變通現象，就是時間的運行，就是在春夏秋冬四時輪迴上所體現出來的時間變化。這種四時變通，一年一年又一年，我們之所以有這種生命變化的節奏感，都是從對四時的體會中來的。我們的生活安排，我們穿衣吃飯，我們的農業生產等等等等一切，都是從這個四時變通上表現出來。因此，「變通莫大乎四時」，不可能說春夏秋冬哪一個季節永遠不變，它永遠都是要變通的，不可能永遠都是夏天，就比如現在有點倒春寒，冷是很冷，但它最終的趨勢還是要溫暖起來，陽春三月終究是要到來的。所以，四時是最體現變通的。

「懸象著明，莫大乎日月」，我們看天上所有懸掛的星相中，最大的就是日月，白天太陽的光明和晚上月亮的光明，從感覺上看，都是一切天體中最顯眼的。

「崇高莫大乎富貴」，這在我們現代人看來，似乎有點嫌貧愛富的感覺，好像富貴的人就很崇高。現在看一些豪華樓盤、富人社區，動不動就標榜「高尚社區」，其實就是「無錢有理莫進來」，就是有錢人住的社區而已。實際上，古人在語言上的感覺和我們現代人對語言的感覺是不一樣的，古人所說的富貴和今天所指也不一樣。最大的富貴是什麼？按古人的說法，上古聖王、聖者這些人貴為天子，當然是非常之貴，富擁四海，普天之下莫非王土，只有聖王天子這些人類的最高領袖，他們才是富貴的極致。富貴是一個很褒義的詞彙，不像現在人一說起富貴，似乎都有點仇富的心理在裡面，心頭都不舒服。但是，古人是很正面地看待這個問題的，所以「崇高莫大乎富貴」就是這樣一種感覺，這和我們現代人的感覺是非常不一樣的。

　　現代社會的領導人和古人的感覺差別確實是很大，尤其是和上古的堯舜禹湯、文武周公等比，差別就更大了。現代觀念不一樣了，對人格的尊貴，感覺上也不同。所以，古人的感覺和今人的確實差別很大，我們不要把現代人的種種觀念，帶入到我們對《易經》的理解上來。

　　「備物致用，立成器以為天下利，莫大乎聖人。」備物，就是大家有所準備，有備無患。那麼怎樣準備呢？準備些什麼？那就是我們前面所講的「洗心」和「退藏於密」，以此來做好我們的準備。我們做任何事情真正都要有所準備，這種準備首先是從內心上面，在《易經》中，在這裡，最終談到的都是我們精神上的準備、心理上的準備。當然我們做事情，還需要物質上的準備，這是另外一回事。在這裡，從《易經》的角度上來說，備物指的就是洗心，就是退藏於密。致用，當然指的是你最後能達到「兼善天下」的目的。接著這句「立成器以為天下利」，可以說就是對「致用」的一個解釋，就是建功立業，成就大器，在人世之間成就一番聖賢事業。聖賢事業就是「以為天下利」，就是為了老百姓，為了利益天下，為了普度眾生。能夠做到這一切的最了不起的代表，就是我們中國傳統文化裡面所推崇的聖人，他們才能夠做到這裡所說的「備物致用，立成器以為天下利」，他們才具有這樣的精神。

　　「探賾索隱，鉤深致遠，以定天下之吉凶，成天下之亹亹者，莫大乎蓍龜。」探賾索隱，用什麼東西探？怎樣探？探什麼？探，就是探索；賾，繁複，引申出來就是紛繁複雜的各種社會人事現象；索，鉤索，索隱就是要把很隱秘的東西牽引出來。鉤深致遠，鉤深，就好像用鉤子把很深很深的水裡面的魚給鉤起來，把我們要的東西給鉤出來；致遠，能夠達到很遙遠的地方。這是「探賾索隱，鉤深致遠」的基本含義。那麼，用什麼東西來「探賾索隱，鉤深致遠」呢？就是用易道的精神。當然，聯繫到後面說的「以定天下之吉凶，成天下之亹亹者，莫大乎蓍龜」，就是用蓍草、龜甲進行卜蓍，用這種方式就能「探賾索隱」，就能「鉤深致遠」，就能判定天下之事的吉凶悔吝。「成天下之亹亹者」，亹亹，勤勤懇懇，勤勤勉勉。為了天下之事而勤勤勉勉，那麼最好的工具就是蓍龜。

　　從這裡看，還是有一點拜物教的感覺在裡面。我們看前面，確實有很多非常精妙的語言，但是這裡把蓍草、烏龜殼推崇得那麼高，這也說明在《繫辭》裡面，其立意和境界，還是有不少參差不齊的地方。以前古人高推《繫辭》，認為是聖人所作，是孔子所作，從這裡就可以再次看

出來，《繫辭》的確是集體創作的產物。

誰是最大的妖怪

「是故，天生神物，聖人則之。天地變化，聖人效之。天垂象，見吉凶，聖人象之。河出圖，洛出書，聖人則之。易有四象，所以示也。繫辭焉，所以告也。定之以吉凶，所以斷也。」

「天生神物，聖人則之」，神物，就是剛剛所說的蓍草、烏龜殼這類的占筮工具。在過去，有一把好的蓍草或者一塊好的烏龜殼，對於宮廷裡面的巫師來說，確實是提勁、很有面子的事情，就像武林高手有一把名劍、撫琴大師有一張名琴一樣。如果聽說哪個地方抓到一隻老烏龜，巫師們趕快就要去考察，一定要把龜殼留下來，那玩意確實了不得，真正是神物，用它來占卜肯定是準確無比。

那麼，從精神立意上講，這句「天生神物，聖人則之」，把蓍草龜殼說得那麼神秘，可以說作者並不高明。但是下面這一句「天地變化，聖人效之」，就說得很好了。古之聖人就是通過仰觀天象，俯察地理，從而中通人事，就是以天地變化的道理來表達、來處理人世之間的種種變化。

「天垂象，見吉凶，聖人象之。」在中國古代一直都有這個傳統，就是通過觀測天象來預見人事。尤其是在漢易裡面，對天象災變和人世之間的對應有許許多多的附會。漢代易學大家們對天象災變的研究就非常之細緻，每天早晨起來看日出，日暈裡面有什麼現象、各種顏色有什麼變化等等，對應到人世間就會出現什麼樣的問題，宮廷裡面會出現什麼樣的問題。到了傍晚要觀察日落，夜裡要觀察星象，比如看到慧星，是從哪個角度冒出來的、慧尾的長短變化等等，都會對應於社會人事當中的變化。這中間迷信的因素很多，但是又有一些似是而非的道理在裡面，有時又能一言中的。這裡我們就不多說了，如果哪位朋友有興趣，可以看一看漢代的《易緯》、《乾鑿度》、《京氏易傳》等書，其中對天象災變和人世之間的對應說得很多。

但是話又說回來，中國歷代正統學術對這一套東西從來是不願意接納的，覺得有點蠱惑人心。在歷朝歷代處於衰落、敗亡的時候，往往就

是怪力亂神流行的時候，就會有很多讖語出現。比如陳勝、吳廣起義的時候，就有什麼半夜聽見狐狸叫「大楚興，陳勝王」之類；另外還抓到一條魚，發現魚腹裡面有一卷丹書，上面寫的也是「陳勝王」等，總之，都是些怪力亂神的預言。

在《呂氏春秋》裡面有這麼個故事，說周武王打敗了商紂並取而代之，抓到了兩名俘虜。周武王心情不錯，親自來提審這兩個俘虜，問他們：「若國有妖乎？」我聽說我們周之所以能夠打敗並取代商，是因為商朝裡面出現了很多妖怪，是不是這麼回事呢？看過《封神演義》的朋友就知道，紂王的妃子妲己，是一隻九尾狐狸所變，她淫亂無度，禍亂宮廷，殘害忠良，為害國家，估計當時的確有這種傳說。這時候，一個俘虜就說：「吾國有妖。晝見星而天雨血，此吾國之妖也。」的確有妖怪啊！那段時間白天經常可以看到星星，另外還經常下紅顏色的雨，感覺就像是在下血，確實是有妖怪在作怪。但另一個俘虜就不一樣了，他說：「此則妖也。雖然，非其大者也。」你說的這些現象都有，但還不是大妖怪，只是小妖怪而已。那大妖怪是什麼呢？「吾國之妖甚大者，子不聽父，弟不聽兄，君令不行，此妖之大者也。」當兒子的不聽父親的話，弟弟不聽兄長的話，君王的命令不能執行，這才是大妖怪在危害啊！實際上，他指的是人心壞了，這個東西才是最大的妖怪。周武王一聽，立馬給這兩位俘虜作揖，認為他們說得太對了，以後周朝要引以為戒，並把他們釋放了。

所以，天地間出現些異象怪事，沒什麼了不起的，小妖怪而已嘛。最要緊的，是人心不能壞了，這個大妖怪才是最要命的！就正統的中國文化而言，孔夫子這一套是「祖述堯舜，憲章文武」，遠要追到堯舜兩個老祖宗那裡去，但文化思想、制度典則一類具體的東西，還是以文武周公的做法為榜樣。所以，周武王這個故事也被歷代作為一個警策，讓大家明白什麼東西才是真正最要命的，不要將失天下的罪責歸到自然現象上面去。

補充說一下《洛書》

「河出圖，洛出書，聖人則之」。關於河圖，在前面講大衍之數的時候就講過了。那洛書又是怎麼一回事呢？洛書，傳說是大禹時代，有一隻烏龜從洛水裡面浮出來，背上馱了一個圖形，就是洛書。實際上洛書和文王八卦是相通的，甚至可以說是文王八卦的演變。現在，誰也說不清楚河圖洛書到底是在文王八卦之前還是之後，這裡也只給大家簡單說一下。

剛才我們說的「乾一兌二離三震四巽五坎六艮七坤八」，這是先天八卦之數。那麼大家在看洛書的時候，要記住文王八卦之數的一個口訣：「一數坎兮二數坤，三震四巽數中分；五寄中宮六乾是；七兌八艮九離門。」這是什麼意思呢？就是將文王八卦用九個數字來配合。我們先來看看文王八卦，坎離震兌作為四正卦，代表北南東西四正方。坎為北方，居下；離為南方，居上；震為東方，居左；兌為西方，居右；乾為西北，坤是西南，就文王八卦而言，我們四川是屬於坤方；艮為東北，巽為東南。這是文王八卦的方點陣圖。如何與洛書相配呢？結合剛才說的口訣，用圖示就比較清楚了。

我們在講天數地數的時候講過，凡是單數，也就是奇數，就稱之為天數，在一到十之間，一、三、五、七、九是天數；偶數稱之為地數，二、四、六、八、十是地數，又稱之為陰數。文王八卦方位與天地之數配合，就如下圖所示：

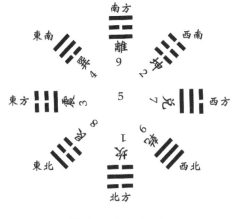

後天八卦方位圖

將八卦的卦象抹掉，只看數位方位，就是洛書，如下圖所示：

《洛書》

洛書圖也很有意思，每兩兩相對的數，都是同一個性質，比如說坎和離都是陽數，而且數字相加都是十；還有四正方均為陽數，四個斜方都是陰數。當然還有其它的一些特點，大家可以慢慢體會。這是文王八卦和洛書。根據兩者的關係，所以後來也有人猜想，所謂的洛書未必是上古時代的東西，反而可能是根據文王八卦畫出來的。宋代以後，對於河圖洛書的研究，就專門稱為圖書之學。這可不是圖書館的圖書，而是專指河圖和洛書，有興趣的朋友可以從這個角度鑽研下去。

在方山易裡面，本光法師對圖書之學也是持一種保留態度。方山易的創始是在唐朝，由華嚴長者李通玄始創出來的。在方山易裡面，就沒有河圖洛書這些東西，所以方山易的傳承對圖書之學持保留態度。雖然從河圖洛書裡面，可以生發出《易經》的很多數術之學，也可以說是中國古代的基本數學模型，但是，這不屬於方山易的重要部分。方山易的根本目的，是以易學的道理，讓修學者反身自修，最終目的是明心見性、行菩薩之道，而不在數術之學上面動腦筋。在這裡，因為和大家一起學習《繫辭》，涉及到了這部分，所以也就跟大家簡單講一講其基本的原理。

「易有四象，所以示也。」易有四象指的是什麼呢？就是前面我們說的內容，首先指的是「天生神物」，也就是蓍草、龜甲；第二指的是天地變化之象；第三指的是天垂吉凶之象；第四指的就是圖書之象。易道就通過這四種現象給大家展示出來。

「繫辭焉，所以告也。」這個繫辭並不是我們這裡所講的《繫辭》，指繫於卦上之辭，繫於爻上之辭，就像用繩子栓著一樣。通過繫辭，創造《易經》的聖人們，就把這個易卦、易象的內容告訴給大家。「定之以吉凶，所以斷也」，繫辭的內容當中，就有關於吉凶悔吝等種種結果，大家就可以據此斷定吉凶、預判結果。

第十二章

上下貫通的聖人之意

第十二章　　上下貫通的聖人之意

易曰：「自天佑之，吉无不利。」子曰：「佑者助也。天之所助者，順也；人之所助者，信也。履信思乎順，又以尚賢也。是以自天佑之，吉无不利也。」

子曰：「書不盡言，言不盡意。然則聖人之意，其不可見乎？」

子曰：「聖人立象以盡意，設卦以盡情偽，繫辭焉以盡其言，變而通之以盡利，鼓之舞之以盡神。」

乾坤，其易之緼邪？乾坤成列，而易立乎其中矣。乾坤毀，則无以見易；易不可見，則乾坤或幾乎息矣。是故，形而上者謂之道；形而下者謂之器；化而裁之謂之變；推而行之謂之通；舉而錯之天下之民，謂之事業。

是故夫象，聖人有以見天下之賾，而擬諸其形容，象其物宜，是故謂之象。聖人有以見天下之動，而觀其會通，以行其典禮，繫辭焉以斷其吉凶，是故謂之爻。極天下之賾者，存乎卦；鼓天下之動者，存乎辭；化而裁之，存乎變；推而行之，存乎通；神而明之，存乎其人；默而成之，不言而信，存乎德行。

——《繫辭上傳》第十二章

大有卦，應乎天而時行

今天我們來繼續學習《易經‧繫辭》上傳的最後一章，先來看第一段：

> 易曰：自天佑之，吉无不利。子曰：佑者助也。天之所助者，順也；人之所助者，信也。履信思乎順，又以尚賢也。是以自天佑之，吉无不利也。

《繫辭》這裡所提到的「自天佑之，吉无不利」這句話是從《易經》中哪裡來的呢？是出自《易經》第十四卦「大有卦」的上九爻辭，如果誰起卦打到這個大有卦的上九爻，那就是很好的，天老爺保佑你，隨便你走到哪裡，隨便你想怎樣，都是無往而不利。那麼，我們就要瞭解，這裡為什麼會有這麼好的事情？為什麼天上會掉下這麼大一個餡餅？我們只有對這個卦有一個整體的瞭解，再結合上九爻辭，才能明白其中的道理。下面就對大有卦的基本情況給大家介紹一下。

 **大有卦**

《大有》：元亨。

《彖》曰：大有，柔得尊位，大中，而上下應之，曰大有。其德剛健而文明，應乎天而時行，是以元亨。

《象》曰：火在天上，「大有」。君子以遏惡揚善，順天休命。

大有卦的卦辭是「元亨」。前面我們講到乾卦的時候，乾卦的卦辭是「元亨利貞」，大有卦是「元亨」，說明這也是一個很好的卦。雖然它沒有乾卦所全俱的四德，只有其中兩德，這也是很不錯。首先是「元」，它是萬物的本源，非常好，很巴適；其次是「亨」，亨通，萬事通達，做任何事情都會成功。大有卦的《彖辭》對卦辭解釋為「大有，柔得中位，大中」，我們對照卦象來講一講：

什麼是柔得中位呢？我們原來講過，陽爻簡稱為剛，陰爻簡稱為柔，那麼從整個大有卦的卦象上看，只有第五爻是陰爻。在《易經》的卦象

中，上卦的中爻也就是第五爻和下卦的中爻也就是第二爻，是全卦最重要的，尤其是上卦的中爻更是重中之重。所以我們看乾卦九五爻的爻辭是「飛龍在天，利見大人」，你已登上大寶之位了，因此在整個卦象中，第五爻是全卦之尊。那麼，大有上卦為離、為火，下卦為乾、為天，其第五爻是陰爻，且居上卦中位，所以說「柔得中位」。

「大中，而上下應之」，這裡的「大中」指的上卦的中位。「上下應之」，怎麼相應？是陰陽相應，陰爻和陽爻之間要相互呼應。原來我們也講過，一和四之間，二和五之間，三和六之間應該要相互呼應。那麼我們來看大有卦，六五爻是陰爻，九二爻是陽爻，正好是一陰一陽，相互呼應，所以這裡說「大中，而上下應之」。正因為柔得中位，而且是「大中」並上下應之，所以稱之為「大有」。

「其德剛健而文明」，這個德指的是大有全卦之德，是整個卦的內涵，是人們從中得到的精神感受。以後大家對《易經》慢慢熟悉了，就知道每個卦都有每個卦的德，就和人一樣，人人都有自己的德行。那麼，這個大有卦的卦德是什麼呢？就是「剛健而文明」。什麼是剛健？下卦為乾、為天、為剛、為健，所謂天行健嘛。那麼文明呢？指的是上卦，上卦為離、為火，有照亮、光明之意，進而引申到文明。如果我們能仔細研究一下《易經》六十四卦的卦辭，凡是涉及到人類文明、文化的卦，一般裡面都含有離卦。離為火，火的使用是人類進化中劃時代的大事啊！火的使用，加快了人類在漫長的文明進化史上的步伐，甚至可以說得到了質的飛躍。在易象之中，離卦由火進而到光明，最後引申到人類文明，這也是順理成章的。因此，這裡說大有卦的卦德，是「剛健而文明」。

此外，下卦又叫內卦，是指內部因素。大有卦的下卦為乾，說明其內在充滿了陽剛之氣，充滿了生生不息的精神，有著乾卦「天行健，君子以自強不息」的精神。但是它表現到外在，上卦即外卦，是為離，是以柔居中，彬彬有禮，和和氣氣，所以象徵著文明、文化。一個人的內心很剛健、很有主見，但是外表很柔和，有一種文明人、文化人的感覺，這個人就是很了不起的，就能夠成就大事，就可以說是具備了「大有」之德。

有了這樣的卦德，當然就「應乎天而時行，是以元亨」。應乎天，即應乎天道，與天道是相應的。那麼「時行」呢？時，就是當下、現在。正是因為他內心有著乾卦的德行，同時外在又體現出一種文明之外象，

因此就能夠時行，現在就能夠履行，馬上就能夠運用，就有著與時俱進的感覺。如果此時誰打到這個大有卦，那就非常好，你現在、當下就可以去做想做的事情，都會是無所不通的，因此是「元亨」。

大有卦的《象辭》是「火在天上，大有。君子以遏惡揚善，順天休命」。火在天上，講的是大有卦的卦象，上離火、下乾天，所以大有卦象是「火在天上」，就像是早晨太陽出來掛在天上一樣，這就是「大有」之象的感覺，總之是一派光明。「君子以遏惡揚善，順天休命」，這裡的君子並不是指普通的老百姓，而是指有能力掌握天下命運的人。這樣的人在遇到這個時候，就能遏制邪惡，發揚善德，就要「順天休命」。這個「休命」說得非常好，對命運有一種很順承、很泰然的感覺。

對大有卦的整體就介紹到這裡。

天助和人助

有了對大有卦的整體概念以後，再來看具體大有卦上九爻的爻辭，你就會明白為什麼會「自天佑之，吉无不利」了。我們看看上九爻的《小象辭》「大有，上吉，自天佑也」。這也是從卦象上面來解釋的。大有卦的上九爻是最吉祥的，並得到了上天的保佑。為什麼會這麼說呢？

從《易經》卦象上看，上九爻是居天位。過去也有一個說法，就是在易卦六爻中，上兩爻是屬天位，中間兩爻是人位，下兩爻是地位，整個卦就把天地人三才完全包容進去了。當然，我們從具體的卦象應用上來說，不能這樣很生硬地把上兩爻說成是天，中兩爻說成是人，下兩爻說成是地，不能如此簡單地劃分。但是，我們從大有卦來看，其卦象本身就包含了天象，下卦為乾、為天，上卦為離、為火、為日，有如天上的太陽，含有光明普照之意。所以從這一卦的具體情況上看，說大有上九爻居於天位，也算是順理成章。

上九居於天位，其六五爻是陰爻居中，是以柔承剛。以前我們講爻位乘承關係時講過，如果是剛承柔就不太好，反之柔承剛就不錯，這是因為陽、陰的關係上就是這麼體現出來的。所以，是以柔順之君承上九剛健之爻。以柔居六五之位，是為君位，其它各爻之位可以說都是臣位。

這裡的六五之君，內心有柔和之象，同時離卦有文明照了之象，其性情既柔和，但其精神又非常明朗清晰，內心的光明可以照了一切。所以，這種感覺如果以一個國家來比喻的話，群爻也就是群臣，皆以剛健之忠正來輔佐明柔之君王，這就是一種非常好的狀態。

下面，我們再回到《繫辭》的原文上來。「子曰：佑者助也。天之所助者，順也；人之所助者，信也。履信思乎順，又以尚賢也。是以自天佑之，吉无不利也」。

這是以孔子的名義對「自天佑之，吉无不利」的一個解釋。佑就是幫助、保佑。「天之所助者，順也」，老天爺所願意幫助的是那些順從於天道的人，是那些順應於天道變化的人。「人之所助者，信也」，別人願意幫助和支持的是那些具備了誠信的人。得天助是因為你順天時，得人助是因為你內心有誠信。

「履信思乎順，又以尚賢也」，履，鞋子，引申出來就是行為。從字面上來說，就是我們的行為，我們為人處事，每一步都踏在誠信上面，這樣自然就能得到別人的幫助，並且思想自然也就能順天而行。那麼從易卦的角度來說，上九爻是陽剛居上，其下是六五居上卦中爻，是陰爻居中，是柔順居中位，自然而然就有尚賢之象。你想一個君王，他的內心非常柔和，同時又很光明，自然也就會選擇很賢良正直的人做臣子來輔佐自己，所以說柔順居中，有尚賢之象。其實不僅大有卦是如此，大畜卦的六五爻也是柔順居中，也有這種「剛上而尚賢」的感覺。凡是上九爻和六五爻之間有這樣一種關係的，一般都有「思順尚賢」的意味在裡面。

此外，大有卦也可以和乾卦對照著來看。乾卦上九爻的爻辭是「亢龍有悔」，是一個很不好的爻位，而大有卦的上九爻卻是「自天佑之，吉无不利」，是非常好的。這是為什麼呢？其差別就是從第五爻和第六爻之間的關係上表現出來。乾卦六爻皆是剛性的，第五爻本來就是居於最尊貴的位置了，九五是乾剛獨斷，有一種非常強烈的排他性，那麼你到了比他還高的上九爻的位置上，坐在那裡肯定很惱火，肯定是坐不住了。

記得前面講到「亢龍有悔」這個地方的時候，曾經舉過袁世凱的例子，袁世凱的二兒子袁克文勸誡父親說「絕憐高處多風雨，莫上瓊樓最高層」。那麼在這個地方，大有卦正好與乾卦是相反的，之所以「自天佑之，吉无不利」，就是因為前面「履信思乎順，又以尚賢也。」正因為如

此，你才能吉無不利，不然的話，你處在那樣一個高位上，誰都把你盯著，誰都看你不順眼，你就不可能大吉大利。所以我們看《易經》裡面，大有卦的上九爻是最舒服的一爻，是最好的一爻。雖然其它卦爻也有不錯的，比如乾卦九五爻是「飛龍在天」，感覺也是很了得，但飛龍在天，畢竟飛來飛去還是很累人的，頭頂上還有個上九爻給你頂在那裡，不小心你就會成為「亢龍」。這就不像大有卦的上九爻，隨便你怎樣，老天爺都會保佑你，大吉大利，好得很。

這一段的排序有一些爭論。過去是在竹簡上面記錄文字，然後栓在一起，由於時間長了，繩子斷了，就有可能把頁碼搞亂。搞研究的人就認為，這一段既然是在講卦，就應該放在前面第八章講卦的部分，而且和下面的內容在銜接上好像也沒有什麼關係，可能是由於錯簡，才排到了現在這個位置上。對於這一點，我們不用去管它，反正通行的版本都將其放在了《繫辭》的第十二章，最重要的是我們從易理上去理解它就是了。

聽其言，會其意

下面一句是子曰：「書不盡言，言不盡意；然則聖人之意，其不可見乎？」跟上面大有卦確實關係不大。我們且不管它，繼續來學習。

這句話比較好理解。一方面在說文字是不可能把你想要說的話表述完全，另一方面即使你有本事把你要說的話全部說完，說個三天三夜不停，但是語言、文字還是不能把你內心的真正想法表達清楚。搞心理學的朋友就很明白這個道理。往往一個人說出一句話，你必須從側面乃至反面去理解，才能體會其中的意思。

前兩天到一個圖書館講課，吃飯時那邊就有人說，來，敬國學大師一杯，以茶代酒啦！我一聽味道不對，回了他一句，狗屁國學大師，你不要罵我！你全家才是國學大師！大家哈哈一笑。現在社會上是「大師」滿天飛，都濫市了。過去稱「大師」那是不得了的！在佛教中，成了菩薩才有資格叫大師！我這樣的人都成了國學大師，那真是羞死先人板板了！所以對於有些人，你就看得出來他是話裡有話，是真的在恭維你還

是在罵你，要分得清楚才行。不然，被人罵了，你還沾沾自喜，那就蠢到家了。

語言對心意的表達確實有它的局限性，即使不是有意正話反說，而是想用準確的語言來精確地表達思想，實際上都未必能表達清楚。因為我們的思維內部和我們表達的語言之間，還隔了一個東西。隔了一個什麼東西呢？就是邏輯。我們的念頭，東一個西一個，是雜亂無章、毫無邏輯可言的。我們坐在那裡不說話，眼睛一閉，腦袋裡往往就是亂哄哄的你方唱罷我登臺。為什麼有些人晚上老是睡不著，就是因為東一個西一個的念頭，一會兒扯到這了，一會兒又扯到那了，老不消停，毫無邏輯。但是，如果你要表達出來，你要說話，要寫文章什麼的，你就必須要用邏輯給它編個框框，前因後果，一個事情的產生、發展、高潮、結束，起承轉合等等這些，你都要用邏輯把它很清晰地串聯起來。如果你說話寫文章沒有邏輯，完全按照你腦子裡面冒出的念頭，想什麼就說什麼，冒出什麼就寫下什麼，那就很麻煩了。

有沒有這樣說話的人呢？有！你看精神病院裡面住的都是這種人。他就是內心裡面怎麼想就怎麼說，沒有邏輯思維在那裡把這個關，讓普通人聽起來，就覺得他是天一句地一句，不知道在說些什麼。實際上精神病人很本真的，他說的就是他的心裡話，只不過這些心裡話直接脫口而出，毫無邏輯可言，人們只能把他當成瘋癲語來看了。

還有，書讀得多的人往往也有這種經驗，就是看其書不如觀其人，聽其言不如會其意。你看有些人在書裡面寫得冠冕堂皇的，很不錯，看了以後就很想去認識這個作者，等到和作者真正一接觸，味道就未必如此了。聽某人說話覺得很有道理的，但是你看他做的事情和他說的話一對照，就是兩回事了。因此，一個人所表達出來的東西，和他本人的內心往往都是有矛盾的，所以古人說「盡信書，則不如無書」。讀史也是如此，就比如二十四史，如果你能把文字背後隱藏的東西讀出來，那還差不多；如果你沒本事把文字背後的東西讀出來，你一天到晚都泡在書裡面，也許你就會被史書蒙蔽了。所以，現在治史學的人大多很聰明，正史要看，但還要看野史，此外，還要看一些坊間流傳的話本、小說，都要互相結合著來看，從各方面相互參照，這樣一來，也許就能找到一個真實的歷史感覺。

這和我們學《易經》，學打卦、解卦，都是一個道理。打一個卦出來，

我們要先看看本卦是什麼意義，接著還要從反面來看，看看它的錯卦說的是什麼道理，然後還要綜合來看，看看綜卦又說了什麼。從哲學上說，要從正、反、合三個角度來看問題，先從正面看，再從反面看，然後還要將正反兩方面綜合起來看。

因此，語言文字和人的精神之間關係非常微妙。佛教中講學習佛法的原則，是「依法不依人，依義不依語，依智不依識，依了義經，不依不了義經」。從道理上來說，「依法不依人」，我們要聽的是佛法的道理，而不是哪一個人說的話。不能因為你崇拜了某個大師，就認為他說的任何話都是聖旨，而是要看他的話與老佛爺傳下來的法是相符合的呢，還是相悖離的？「依義不依語」，對於文字，你要判斷文字背後的意義是什麼？如果你明白了文字背後的意義，那麼文字對你來說，就不再是最重要的了，其背後的真義才是最重要的。「依了義經，不依不了義經」，佛經裡面有了義的經典也有不了義的經典。了義的經典按我們一般的說法，大乘經典，如《金剛經》、《楞嚴經》、《維摩經》、《法華經》、《華嚴經》等等，都屬於了義經典，小乘經典一般都是不了義經典。你既然要學佛法，就要學了義經典，以了義經典的道理為準。

但是話又說回來，了義經典也都是由文字組成的，你能不能真正明白它的義是什麼？你明白了其義之後，還要區分哪些是了義？哪些是不了義？所以，如果你真正明白了什麼是言外之意，什麼是了義，那就算在法理上面學通了。

老禪師接引人的方法

前兩年，我和書院幾位朋友有幸到雲門寺去見佛源老和尚，正好遇到柏林寺過來的大癡法師專門前來參老和尚。

整個過程也很有意思，大癡法師見到老和尚就放了一句話：「趙州茶我已經吃了，雲門餅我還沒有嘗過，老和尚，我能不能嘗嘗雲門餅？」什麼意思呢？過去禪宗有「德山棒、臨濟喝、雲門餅、趙州茶」的說法，趙州茶我已經吃了，我已經得了趙州柏林寺的禪法了，到了老和尚這裡，現在我想接雲門宗的禪法了，想嘗嘗雲門餅，你老和尚給不給？怎麼個

給法呢？老和尚聽了後，把侍者招呼過來，扶著在方丈室裡走了一圈，回到座位上兩手一攤，說：「我走了一圈，都沒找到有什麼餅的嘛！」大癡法師一下就不知所措了，老和尚跟著轉身就走，把大癡和尚晾在一邊了。後來大癡和尚就向那個侍者請教：「老和尚到底會不會給我傳法？」那個侍者就對他說，既然你想請老和尚給你傳法，你還是老老實實的按照禮儀來求嘛，見了老和尚還是應該先頂禮，把自己的情況給老和尚說清楚才行。

第二天大癡和尚一見到老和尚，馬上規規矩矩地跪下來給老和尚頂禮，老和尚甩了一句「囉嗦！」轉身又走了。大癡法師跪在那裡，以為老和尚等一會要回來，結果跪了半天都沒得動靜，心頭就在琢磨這到底是怎麼回事呢？一會兒那個侍者過來了，對他說：「你趕快起來吧，你根本就沒有會老和尚的意嘛！」就是說你大癡和尚根本就沒懂老和尚給你說了什麼，根本就沒理解到老和尚這些行為的意義。大癡和尚就問，我怎麼沒懂呢？那侍者就說：「好嘛，那我來問你，你前前後後在雲門寺住了幾十天了，你嘗沒嘗到雲門餅的滋味？」大癡和尚又一下不知所措了。這是什麼意思？雲門餅究竟是個什麼東西？老和尚前前後後說的這些話、做的這些動作都是什麼意思？跟雲門餅有什麼關係？大癡和尚當時真正是沒明白啊！

禪宗接引人的方法，有時確實也很古怪。有些行為舉止，就是沒法盡言，沒法盡意。你看上去普普通通的，但中間就有不一樣的地方。如果你真正懂了，也就開悟了。所以，古代有個禪師開悟以後，失聲說道：「原來尼姑是女人做的！」誰不知道這個呢？這可是大實話啊！但大實話背後呢？一般人就總覺得有點玄。

那一次，我回成都後把所見所聞都寫了出來，以《雲門五日》為題發在書院的網站上，算是向書院同修們作的一個彙報。前兩天因為佛源老和尚圓寂了，我們在書院網站上搞一個老和尚的紀念專頁，在網上搜索關於老和尚資料的時候，在瀏覽器中輸入「雲門寺、佛源老和尚」字樣，一敲回車，發現出來了很多關於大癡和尚參佛源老和尚的公案，點擊進去一看，發現都是我當時記錄下來的那些話。哈哈！現在居然就流行起來了，成了現代禪門公案，而且還有不少人自以為是地在上面評頭論足，說這一句老和尚是什麼意思，大癡和尚應該如何如何回答；那一句老和尚又是啥意思，大癡和尚又該如何如何等等。我看了覺得很好玩，

沒想到當時流水帳一樣的記錄，現在被搞成這樣了。

這是從「書不盡言，言不盡意」中想到的這個事情。那麼，既然語言文字都沒法把真正的意思表達清楚，「然則聖人之意，其不可見乎？」從禪宗的角度來說，歷代祖師就是聖賢之人，那麼，怎麼見祖師之意呢？怎麼樣才能領會聖人的意思呢？我們看過去的公案，面對有人來問「如何是祖師西來意？」禪師們經常是耍滑頭，給你打個馬虎眼，東一榔頭西一棒子，把你打蒙，或者晾在一邊，讓你摸不著頭腦。

展現聖人之意

但是，孔夫子就要比禪宗祖師們老實得多，要婆婆媽媽得多了。下面，孔夫子就苦口婆心地解釋，如何才能見聖人之意。子曰：「聖人立象以盡意，設卦以盡情偽，繫辭焉以盡其言，變而通之以盡利，鼓之舞之以盡神。」

這幾句很有意思。立象和設卦實際上是一個意思，就是畫了一個卦象。創造了《易經》的古之聖人，是用易道的卦象來表達他的心意，前面都說了書寫不能盡其言，語言文字不能盡其意，於是遠古聖人乾脆另闢蹊徑，就用立象設卦的方式來表達他的真意。

剛才我們在白板上畫六根杠杠，就是這麼一個卦象，古人就是這樣給你用六根杠杠畫出來，放在那裡，這就盡了他的心意了。但是，你有沒有真正理解到他的心意呢？這就說不清楚了。這要看你學習易道的深入程度，你進入到哪一層，就可能理解聖人之意到哪一層。你要想全部理解，那你就要向聖人一樣把易道的精神全部領會。所以對我們這些後學凡夫來說，對聖人立象設卦的真義能夠理解到什麼程度，就全看我們個人的修養、個人的造化。聖人通過卦象把他對天地萬物的理解，把人世間的真情與虛偽全部都表達在其中了，把人世間的吉凶禍福也全部都放入其中了。現在想起來，聖人也真夠可憐的了！又想把自己的心意傳達給眾生，想普渡眾生，但是又找不到一個很好的方法。寫書吧，書不盡言啊；說話吧，又言不盡意；最後沒有辦法了，就獨闢蹊徑，用一些非常符號化的東西，用這些只可意會不可言傳的杠杠來表達。但這些杠

杠真能表達得很充分嗎？

實際上，禪宗說「不立文字，教外別傳」，算是對這幾句有入骨入髓的認識。不立文字，文字很難以表達啊，那怎麼表達禪這個東西呢？怎麼傳禪宗的心燈呢？只能採取一些非常手段啦，只能用一些讓我們常人覺得非常不通情理的方法。過去祖師們真正是不得已而為之，現在看來，他們在舉手投足之間，也真有點立象設卦的感覺。

說老實話，易卦這六根杠杠給你擺在這裡，如果沒有《易經》中這些言辭，沒有人講解，你能搞得懂其中的意思嗎？多半都搞不懂。以前禪宗裡面，有些徒弟見到師父問：「如何是祖師西來意？」祖師就是聖人嘛，聖人從西方來，他來是幹什麼呢？這個時候，有的老和尚就給你在空中畫個圈圈，就給你立了一個「圓象」，就像《易經》這裡的聖人一樣，給你立個卦象。有的老和尚給你豎一根指頭，似乎又是給你立了一個象，看你理不理解、懂不懂。有些老和尚還伸出一隻腳來，或者翻個筋斗，或者扮女人拜等等。這些都是給你立象啊！無論是一棒一喝、一笑一怒，這些都是老禪師給你立的象，關鍵是你能不能透過這個象，認識到立象背後的真義。

如果面對老和尚給你立的這些象，你以為懂了，用語言文字去表達它、解釋它，那你就完了！當你以為懂了的時候，實際上未必真正是懂了。老和尚給你劃個圓象，你接口就說：「啊，老和尚，我懂了，這個叫做圓融無礙。」圓你個頭！對不起，你是吃棒有份！如果老和尚給你豎起一根手指，你馬上自作聰明說：「啊，您老人家說的是萬法歸一嘛！」歸你個頭！對不起，你還是要挨棒子！所以，真正懂了的徒弟，往往都不會用語言文字來表達，因為那是書上的理論，現實運用中是不著數的。所以一般都是以象對象，就好比老和尚給你劃個圓象，徒弟就對著圓象吹一口氣，或者抻出指頭對著圓象的中心一點。這是啥意思呢？懂了的自然就懂了，不懂的就當著看稀奇。如果給你豎起手指，真懂的人說不定扭頭就走。看起來很沒禮貌啊！但說不定老和尚會在背後追加一句「此子可教」的評語。當然，以象對象那是要真懂了才行，不能亂立象。打胡亂說或者玩猜謎語遊戲，那是不行的，真正的過來人一眼就知道你究竟是真懂還是胡鬧。

所以禪宗傳法，那是師師相授，燈燈相傳，真正是心意相通，情投意合。師徒授受的確要達到了這種境界才行。從這一點看，禪宗的「不

立文字，教外別傳」和《易經》此處所說的「聖人立象以盡意，設卦以
盡情偽」，可以說是一個道理。

且看古人如何變通

「繫辭焉以盡其言，變而通之以盡利，鼓之舞之以盡神。」這幾句
可以說是在讚歎古易的卦爻之辭，聖人立象設卦後，還是怕你搞不懂，
實在沒辦法了，只好借用語言文字表達一番，這和佛教也是一樣的，既
有燈燈相傳的禪法，也有經論著述給你一步步地解釋，這也是一樣。聖
人立象設卦又繫辭，真實煞費苦心，就像一個老婆婆一樣，看你這樣子
不懂，就給你換一個方法，還不懂就又換一個方法，慢慢地慢慢地從高
到低，最後給你說一個最低的辦法，看你能不能明白。這裡最後繫辭了，
用語言文字給我們解釋這一切，雖然前面說了「書不盡言，言不盡意」，
但還是要書，還是要言。

「變而通之以盡利」，我們學易跟做其它事情一樣，要活學活用，要
學會變通，這樣才能嘗到易道的真正滋味，才能得到真實不虛的利益。
聖人前面說「書不盡言，言不盡意」，但他也要「變而通之」，一會兒給
你立個象，一會兒給你設個卦，最後還是要用語言文字給你繫一個辭，
還有各種變通的方式，並不因為「書不盡言，言不盡意」就不寫書不說
話了。

「鼓之舞之以盡神」，怕你學煩了，學累了，信心退失了，這裡還要
「鼓之舞之」，激勵大家要好好學習，天天向上，對聖人之道、對易道的
學習要提起全部精神。聖人們好忙啊！就像唱戲的一樣，一邊在給你打
鼓以激勵士氣，一邊還在跳舞表演給你，讓我們提起所有的精神來體會
易道的真意，來參透大道的玄機。

在禪宗裡面，對於「鼓之舞之」之道，往往是採用相反的方式，是
用棒喝交馳的方式來鼓你，來舞你。就比如在禪堂裡面打禪七，有專門
的師父，手上拿著一塊香板，隨時準備「鼓」你一下、「舞」你一下。你
坐在那裡打瞌睡，一香板就給你「鼓」過來，或者看你坐在那裡打妄想，
就一香板給你「舞」過來。而且，這個香板是做成了寶劍的形狀，來源

也很有意思。說是清朝的雍正皇帝是一個參禪開悟了的大禪師，以前他在雍和宮裡面帶了一大幫子弟子打禪七，其中有一個和尚，非常聰明，學得也很好，但就是那一道坎沒跨過去，就是沒開悟。後來把雍正皇帝惹毛了，把尚方寶劍往桌上一放，說：「限你七天之內開悟，不然的話，我就用這把劍取你的腦袋」。這一下就把這和尚逼進死胡同了，一天、兩天……終於在第七天，這個和尚在尚方寶劍的威力之下開悟了。

所以從雍正皇帝開始，就興起了這個禪堂規矩，把香板都做成寶劍形狀，用來激勵大家，鼓舞大家，在禪七期間要克期取證，限期開悟。這是禪宗「鼓之舞之」的特別方法之一。

我們接著看下面的內容。「乾坤其易之縕邪？乾坤成列，而易立乎其中矣。乾坤毀，則无以見易。易不可見，則乾坤或幾乎息矣。」

這幾句是說易道的真諦，是蘊藏在乾坤的變化之中。前面我們也講過太極生兩儀，兩儀生四象，四象生八卦，而且按方山易的說法，中間四象的說法有些牽強，實際上就是乾坤二卦，其中最根本又要歸結到乾卦。乾卦的反面就是坤卦，一正一反相合，就能夠生出大千世界。當然這裡所說的乾坤變化，實際上歸根結底還是指的陰陽二氣交互變化。所以，如果是單指乾坤，就可以說是陽陰二氣的代名詞。那麼陽陰二氣的變化，是蘊藏在單八卦的基本模型當中，而單八卦又是從六十四卦的錯綜變化中提取出來的，所以這中間是一個層層遞進、步步深入的關係。

總的來說，易卦、易象的變化歸根結底還是依陰陽二氣而存在，而陰陽二氣中最主要的還是陽九和陰六。什麼是陽九？陰六？我們在講大衍之數、天數地數的時候說過，經過一系列的揲蓍，最後得出的結果就是四個數字：六、七、八、九。六是陰數之中，稱為陰六，老陰。九是陽數之極，稱為陽九，老陽。那麼陰極變陽，陽極變陰，《易經》中最講究的就是變化，所以對於一個卦，最重要是看它的變爻，變爻對整個卦象而言是最重要的。

當然，靜爻也有它的作用，但就易道而言，最重要的還是要看動的這一面、變的這一面。這個動靜本來是相對的，比如說六爻中有五爻全動的時候，那靜爻對這一卦就很重要了。五爻全動而一爻靜，整個卦象肯定會出現巨大的變化，這個卦象的變數就非常大、非常多，那麼，我們這時之所以說要看靜爻，是因為我們主觀上要想把握這件事情的時候，動爻又非常多，變化非常複雜，已經很難把握它了，我們能看清的、能

把握得住的，也就是其中不變的東西。這個時候，就要以不變應萬變，牢牢把握住這個不變的東西。

所以，學易一定要學通學活，要「變而通之以盡利」，不能僵化死板，照搬教條。《易經》貴在靈活運用，「乾坤其易之縕邪」，也可以解釋成是對陽陰二氣變化的體會和認識，是把握易道真諦的關鍵。

關於乾坤崩毀的警示

「乾坤成列，而易立乎其中矣」，從易卦的角度來說，乾坤就是兩個卦，怎麼能夠成列呢？實際上，這裡的乾坤是一個代名詞，所指已經不再是具體的乾卦和坤卦。所謂天地乾坤，乾代表天，坤代表地，萬物就在這天地之間「排排坐，吃果果」，都一一陳列得清清楚楚。

我們看《易經》單八卦，裡面各有四個陽卦、四個陰卦，就好像男孩子和女孩子各自排成一列似的，這就是「乾坤成列」。當然如果再兩兩相重，六十四卦中就可以分出三十二個陽卦、三十二個陰卦。「而易立乎其中矣」，上傳第一章我們講到「易簡，而天下之理得矣；天下之理得，而成位乎其中矣」，從這裡就知道，這個易，不是指一個具體的什麼東西，而是指易道的精神、易道的特點、易道的規律，這一切就存在於乾坤兩列當中，存在於六十四卦當中。

「乾坤毀，則无以見易。」這句話感覺上有些不夠嚴密，乾坤怎麼會毀呢？天地又怎麼會毀掉呢？當然從現代天文學來說，認為有個宇宙大爆炸的奇點，從這個奇點開始才形成了宇宙，形成了天地萬物。到了最後，宇宙又要收縮到一點，天地沒有了，乾坤也就沒有了。在佛家的宇宙觀裡面也有這個說法，認為這個大千世界有一個「成、住、壞、空」的過程，而壞與空，就有這裡所說的乾坤毀的感覺。但究竟而言，這裡說的乾坤毀，也並不是真正的毀，而是天地變化當中的某種狀態。乾坤毀，就是說我們看不到這種變化，那麼就無以見易，就無法去瞭解易道。

禪宗裡面有個公案，有個和尚問大隨法真禪師：「劫火洞然，大千俱壞，未審這個壞不壞？」意思是說大千世界，乃至宇宙中的一切事物都毀壞完了，不知道這個，也就是我們的佛性或者說心的本性，它會不會

毀壞？大隨禪師回答說：「壞！」這個和尚一聽就生氣了，認為老和尚在亂說，因為佛經上都說了，這個東西是「不生不滅，不垢不淨，不增不減」，你卻說要壞。後來，這個和尚跑到投子禪師那裡，將這段話說給投子聽，投子禪師聽了後，立馬向著西方禮拜，一邊拜一邊說：「沒想到西川竟有古佛應現世間啊！」大隨禪師這裡說的「壞」，我們該怎麼理解？這就有點像《易經》這裡說的「乾坤毀」的感覺。

其實，佛經說「色不異空，空不異色」，把這話套過來，壞不礙成，成也不礙壞嘛！老和尚都給你說了「壞」，你就先別說誰對誰錯，姑且這麼疑著。其實真正到了劫火洞然，大千俱壞，到了像宇宙大爆炸學說裡說的那樣，宇宙都收縮成一個奇點了，這個時候你還見得到易嗎？肯定見不到了嘛！天地萬物都沒有了，易在哪裡呢？誰去見這個易呢？

王夫之先生認為，這個「乾坤毀」並不是指的天地萬物都毀掉了，而是學易之人在學習易道的過程中，如果沒有認識到乾坤二卦的根本性，沒有從乾坤二卦中體會易道的核心，學易者就不可能見易。歷史上有一些易流派並不是從乾坤二卦生發出整個易道的精神，而是從數術的角度來講易，那麼在王夫之這些正統的儒家易學者看來，就認為他們是毀了乾坤，沒有把乾坤大義立起來，當然也就不可能真正領會易道的真諦。

「易不可見，則乾坤或幾乎息矣！」如果你不明白，沒有見到易道的真諦，當然對於天地乾坤變化的真相，你也就不可能真正明白。這句和前面一句可以說是互相抬轎子，道理差不多，兩者相互補充。

大家注意「或幾乎息」這幾個字，用得真是很妙啊！可能差不多、似乎就要休息了、或者幾乎就要停息了。我們學易之人，如果沒有見到易道的真諦，那麼天地乾坤這麼偉大的變化對你來說，你幾乎就一點也看不到了，就像睜眼瞎一樣。事實也真是如此。我們普通人成天為了柴米油鹽、升官發財這些事，把心都操爛了，哪裡想得到去體會易道的精神？又怎麼可能見易呢？你說易道的精神如何如何，很多人一聽就會把嘴一撇，這個易道多少錢一斤？跟我又有什麼關係啊？還不如我打點小麻將，吃點麻辣燙實惠。更有以前受「破四舊」影響根深蒂固的人，就會直接說，你吹什麼牛喲！封建迷信的東西，糟粕嘛！所以沒有辦法，這就是「不見易」，對於這樣的人而言，乾坤擺在他面前，也幾乎跟熄滅了沒什麼區別。

王夫之先生講到這裡就說：陰陽之盈虛往來，「有變易而無生滅，有

幽明而無有無。」這話很精闢啊！陰陽盈虛的道理，盈，就是充滿的狀態，就如同宇宙大爆炸以後，整個天地之間充滿了各種各樣的物質；虛，就如同宇宙大爆炸之前，還處在一個奇點的時候，那就是一種虛的狀態。陰陽有盈有虛，有往有來，有變有化。但「有變易而無生滅」啊！並不是說宇宙就生了，就滅了。生是手心，滅是手背，都是同一隻手，只是一個完整變化的不同過程而已。「有幽明而無有無」，幽，就是看不到；明，就是清清楚楚，明明顯顯。天地萬物，有看不到的，也有看得到的，但不存在什麼有無。這個話很有意思啊！既然有「有」，那就應該有「無」，反之，有「無」就必然有「有」。這裡船山先生把「有」和「無」全部抹掉，無有無！就像佛源老和尚寫給馮老師的對聯一樣，「學佛超然人我外，成名不住有無中」。不住在有無中，那住在哪裡啊？既沒有有，也沒有無，那到底有個什麼東西呢？不要隨口說什麼即有即無、空有不二之類的大話，我們只有認真體會、真參實悟，到家了才明白這個！

把金子敲打成金碗

我們來看下面一段，「是故，形而上者謂之道，形而下者謂之器。化而裁之謂之變，推而行之謂之通，舉而錯之天下之民，謂之事業。」

中國傳統文化中最基本的概念之一，就是「道」和「器」，在它們之間，還有一個「形」作為媒介。簡單來說，比「形」更高級、處於「形」之上的就稱之為道；比「形」低一檔次，處於「形」之下的就稱之為器。這是從字面意義上來理解的。

那麼，這個「形」是個什麼東西呢？就是指具體有形狀、有相貌，說白了就是有物質形態的東西，就是構成物質世界的這些元素。從物質的角度出發，人們通過對物質形態的研究，然後總結出了其中的性質、規律、原理、變化規則等等，像這樣通過人類思維總結出來的東西，就可以稱之為道。因為它不是直接從物質形態上表現出來的東西，但是它又同時存在於物質形態之中，我們看不見摸不著，但是能夠被認識、被理解，這就是通常意義的道。當然，這還不是我們中國傳統文化中所說的「大道」，而是廣義上的道。

　　打個比方，在傳統文化中，五行是指構成物質世界的基本元素，包含木、火、土、金、水。這個「行」其實也可以當成「形」，只不過它是從物質運行、轉化的角度而言的，是動態的概念；而形，則是從靜態，從物質的形態上來說的。如果我們把這五行看成是五種基本物質形態的話，那麼五行，實際上也可稱之為五形。每一種物質所具有的性質，是必須要通過我們的思維進行抽象、演繹，才能被理解和認識，這就是形而上的範疇。比如說金形，它的屬性是堅硬、不變易，具有一種穩固性、堅固性；木形，具有生長、燃燒的特性；水形，具有流動、濕性；火形，有光、熱等屬性；土形，厚重，同時還有含藏性、包容性，因為五行中的金木水火，都是在土的基礎上形成的，土能夠含藏它們、包容它們。所以，這五種物質本身，屬於「形」；而這五種物質的性質、特點，以及它們相互之間的生剋關係、物質能量的運動關係等等，就屬於形而上的道了。

　　那麼器呢？是形而下，它的概念就是有形之物按照人的要求、按照人的意志而改變了它的原貌，使之獲得一定的使用價值，這樣的東西就稱之為器。還是以五行舉例來說明，為了人們的需要而使之發生變化，比如金，把它做成鍋碗瓢盆，就變成了具體的器；木，做成桌椅板凳，也變成了具體的器。此外水、火、土，都可以變成具體的器。人們既可以使用某種單一的物質變成具體的器，也可以將幾種不同的物質綜合在一起，而成一個具體的器。比所說捏泥巴燒成陶罐，首先土裡面就要加水，捏好後還要用火燒製，這就是借助了幾種物質，最後形成的東西，還是形而下的東西，就是器。

　　對於我們平常所說的大道，實際上是一種特定的、狹義的概念，它是在「形而上者謂之道」的這種廣義概念上，再進一步昇華，再進一步總結之後所形成的概念。我們中國人所說的大道，跟西方哲學裡面所謂的唯一真理、最高真理是一樣的。

　　但是話又說回來，這個最高真理、唯一真理，中國人稱之為道，基督教稱之為上帝，古希臘哲人稱之為邏各斯，但它到底是個什麼東西啊？雖然世界上一切哲學都是圍繞著它展開的，但歸根到底，還是一個不可說、不可說。在基督教裡面，你追問上帝是什麼？這個問題本身就是犯忌的，產生追問的這個念頭都是邪惡的，是受魔鬼引誘的，所以不可能告訴你答案，因為上帝是不可說的。在佛教裡面，你問什麼是佛性？什

麼是空性？這也不可能給你標準答案啊！只要嘴巴一說出來，不管是什麼都成實有的了，怎麼可能是空性的呢？所以這個東西，不管是道也好，還是上帝也好，抑或是空性也好，又說是佛性也好，總之這一切東西都叫做「強為之名」，強行給它安立了一個名，讓我們便於敘述，便於理解。但是安立了這個名字，實際上就已經變成了第二性的東西了，已經不是它本身了。

所以，任何語言文字所表達出來的東西，都已經不是原來那個東西了，因此前面講的，聖人要立象設卦，禪宗要拿棒子打你、要喝你，就是要破除你對大道的概念性認識，而讓你直接去體會大道本身。

道永遠沒離開形器

但是，這個最高的真理，這個大道，它又不能脫離形、器。它不是獨立於形、器之外，而是融為一體的。你說木頭是可以燃燒的，那麼離開了這個可以燃燒的木頭，你怎麼去體會燃燒這個概念？就無從體會了嘛！你只有在木頭本身燃燒的過程當中，就在這個器當中，就在這個形當中，去體會中間所展現出來的特性。大道也是如此，你只有在天地萬物的生生滅滅之中，才能體會大道的運行。

關於道、關於佛教所說的空性、無妄真心，確實是一個很難理解的概念，用思維去理解是很難的，甚至容易背道而馳。在《楞嚴經》裡面，阿難出了問題，找到老佛爺。老佛爺問他出了什麼問題，好給你解決。阿難說我的心出了問題。老佛爺就讓他把心拿出來看一下，看看心到底在哪裡？阿難就說心就在我的身體內部，老佛爺就用了一系列邏輯的方式給他破掉了。阿難發現心不在內部，那一定是在外面，老佛爺又把心在外面這個觀念給他破掉了。既然外面也不對，那就在內外之間，但這還是不對；那既在內又在外，又給他否了；那既不在內也不在外……總之，無論他怎麼說，老佛爺全都給他否了。最後老佛爺對他說，這事你沒法理解，因為你沒有悟到這個東西，所以隨便你說什麼，只要你說出來的就都不是，你所說的一切都不是這個心。

其實，一切都不是心，反過來也就是說一切都是心。一切事物都體

現了這個東西，都是這個東西的體現。只不過，你想找一個實有的東西是找不出來的，就像你離開了物質的形、器去找一個物質的概念一樣，是找不到的。形、形而上的道、形而下的器，它們是互相依存的。

禪宗裡面愛說「平常心是道」，趙州老和尚最愛說這個話。有人來問：「如何是道？」老和尚說：「牆外的！」院牆外面的那條路就是道嘛，平常得很啊！來人解釋說：「我問的不是這個道，而是大道。」老和尚說：「大道透長安！」直接通往首都長安去的大路、那條高速公路就是大道，你到那裡找去！大家看，趙州老和尚從來不說什麼心啊、空啊、佛啊這些，給你說的都是最實在的東西。你要問道，你想問一個形而上的、最高的東西，老和尚就拿一個最低的、最實在的東西給你。注意啊，離開了這些形器，哪裡有什麼道呢？離開了六道中的眾生，哪裡有什麼佛呢！？

因此，空有是不二的，形而上之道和形而下之器也是不二的。對此，很多學佛的人不明白，剛學了一點關於空、有的概念，或者打坐有了一點空靈的感覺，就以為得著個寶了。我們在網上也看到有很多佛教論壇在討論什麼是空性，怎麼才能達到空性、證悟空性等等。其實，哪裡有什麼空性可得！非要說空性，那我告訴你，空性就是老佛爺說的戒定慧！就是八正道！就是十善業！除此之外，都是落入邪空之見，都是著了空魔。你是一個學佛之人，只要認認真真照著戒定慧去做，照著八正道去做，照著十善業去做，你就能逐漸體會到這個空性。離開了這些實實在在的行持，哪裡去找空性呢？根本找不到！所以我們平時看有些人，嘴上說得玄之又玄、妙之又妙，結果一遇到事情，馬上就現原形，貪嗔癡慢疑全來了，沒有一樣放得下。

修習儒業也是如此。什麼是聖人之道？沒什麼玄妙的東西，說白了，你生而為人，就要老老實實行你的仁義禮智信，把忠孝廉恥這些事做好了，你就在聖人之道上了，聖人之道就與你不離分毫。所以，學道的關鍵就是要打破迷信，老實做人！

化裁變通，朝朝風流

「化而裁之謂之變」，這一句省略了主語。是什麼化而裁之呢？就是前面所講的「形而上者謂之道，形而下者謂之器」，就是道和器這個東西，我們把它化了，把它裁決了，就謂之變。化，我們前面反覆講過，「變者，化之初，化者，變之成」。變化變化，變就是剛剛開始在變，化就是已經變化而成了，有結果了。形而上的道和形而下的器，通過在時間、空間的各種因緣之下，發生了變化，發生了演化，這時候，我們就需要裁決它，這樣才能夠確定它的變。

比如說朝代的更迭，中國歷史兩三百年一個輪迴，劉邦建立了漢朝，秦朝滅亡了，如何立一個東西來表示朝代已經更迭、天下已經變化了呢？這就需要裁決了。立一個新的國號就是裁決，就表示天下正式從秦朝變化成了漢朝，一切都要按照大漢天子定下的規矩來了。這個就是「化而裁之謂之變」，但是在正式裁決之前，一切都還未定，還處在一個漸變的過程中。

「推而行之謂之通」，把什麼東西推而行之呢？就是把前面所裁決的變化推廣、推行。一旦作出了正式的裁決，就說明確定了這個變化的合法性。所以，這個裁決還只是一個標誌，在這個標誌下面，還需要繼續推動它。不僅要宣佈出來，還需要所有人都認同，所有人都承認。作為裁決者，他只有把自己的裁決，把這種對變化的確認，讓所有人都知道，讓所有人都認同，變化之後的一切大小事情才可以暢通無阻，否則，就容易出現「階級復辟」的事情。雖然改朝換代了，發生了巨大的變化，但是對於老百姓來說，只要認同了這個變化，飯還是要吃，柴米油鹽照樣要有，每天還是要一樣地過，社會的各種機構還是要繼續運轉。這一切，你作為一個裁決者能夠推而行之，有效地建立新的秩序，這就謂之通。

宇宙天地本來就是要變化的。春天過了就是要到夏天，夏天過了就是要到秋天，秋天過了就是要到冬天，只要我們能夠明白這種變化，用一年中的二十四個節氣來「裁之」，來表明這種變化，並推而廣之讓所有人都知道這種變化，讓大家根據它的變化來安排自己的生活，那麼四季變化就是很通暢的，很通順的，這也是「化而裁之謂之變，推而行之謂

之通」。

「舉而錯之天下之民,謂之事業。」人群當中的領導者把上面所說
的裁決、推廣措施公佈於眾,大白於天下,讓所有人都看見,讓政治透
明起來,讓制度透明起來,才能讓天下所有的人都認可,大家才能夠順
理成章地接受,才能夠在新的制度下順其自然地變化,順其自然地生活,
整個社會才能夠保持和諧安定的狀態。這個就是事業。當然,這不是普
通人的事業,而是時勢所造之英雄豪傑的事業。

然而對於我們小人物來說,這句話也不是完全無關。如果我們明白
自己所處的這種變化過程,知道處在變化的哪個環節上,能夠想通其中
的道理,那麼在這種大勢之下,你就不可能悖逆潮流,就會順勢而為。
即使個人心裡頭有一些塊壘,對時勢變局心有不甘,你也不會因此就去
自找麻煩、調皮搗蛋,因為這是大勢所趨,共業所致。你要是真正通達
了這一點,那麼你就能持盈保泰,就能像前面說的那樣「自天佑之,吉
无不利」。

通卦明德真君子

下一段,「是故,夫象,聖人有以見天下之賾,而擬諸其形容,象其
物宜,是故謂之象。聖人有以見天下之動,而觀其會通,以行其典禮,
繫辭焉,以斷其吉凶,是故謂之爻。」

這一段大家可能會感覺比較熟悉,確實也是如此,因為第八章中有
一段和這裡完全一樣,前面已經講得很細緻了,這裡就不多做解釋。一
般認為,這一段是因為錯簡才會重複出現,所以明代的易學大家,我們
四川的來知德先生在重新理定《易經‧繫辭》時,就將這裡的這一段刪
去了,而將第八章中的這一段保留了。一般注釋《易經》的人,大都認
為《繫辭》是孔夫子所著,一個字都不敢動,所以對這一段還是保留了。

保留也有保留的道理。從上下文之間的銜接上看,還是合得起來的。
我們看下面一段:「極天下之賾者,存乎卦。鼓天下之動者,存乎辭。化
而裁之,存乎變。推而行之,存乎通。神而明之,存乎其人。默而成之,
不言而信,存乎德行。」

「極天下之賾者，存乎卦。」賾，主要是紛繁複雜的意思；能夠窮盡，能夠判斷，能夠明瞭天下最複雜事物變化的東西，莫過於易卦。也就是說，易卦是最能體現天下事物複雜變化的一套學問。「鼓天下之動者，存乎辭」，古時候，無論是兩軍對陣還是祭祀、娛樂等集體活動，鼓一敲，就意味著要有所行動了，所以是「鼓天下之動」。能夠鼓舞、能夠鼓吹、能夠鼓勵天下人行動的東西，莫過於《易經》中間的言辭！為什麼？因為這個東西是最好的，《易經》中的言辭是最具有權威性，最具有煽動性，同時也最具有我們古代意義上的科學性。《易經》把天道的變化、數理的變化和人事的變化，都結合得很緊密，因此，如果你要鼓天下而動，那麼用《易經》中的言辭是最好的。

「化而裁之，存乎變」，化而裁之，能夠化成天下，就像剛剛我們已經講過的，能夠對天下之變進行裁決，進行決定，它根據的是易卦當中的變化規律。社會人事的變化規律和易道的變化規律是一致的，有能力裁決天下變化的人，他的決策一定要和易道的變化規律合拍才行，否則就會做出錯誤的判斷，做出錯誤的事情。這樣的例子不勝枚舉，比如近代的袁世凱稱帝、張勳的辮子軍復辟等等，這些都是屬於裁決失誤、判斷失誤，逆潮流而行，最後就只落得個身敗名裂的結局。

「推而行之，存乎通」，這個通指的是易道之通。《易經》八八六十四卦可以說是一氣相通，是一個整體。大家有時間的話，可以看看《序卦傳》，其中講的就是易卦的順序。乾、坤、屯、蒙、需、訟、師……六十四卦這樣一卦一卦地排列下來，最後到既濟卦、未濟卦而結束，讓你感覺到整個《易經》六十四卦畫了一個圓圈，一卦一卦結合得很緊密，轉化得很自然，互相之間是能夠通達、通透的。在社會人事當中，你要推行一種理念，推行一種思想，乃至於推行一種制度或者方法，這些都必須要體現出易道通暢無礙的特性才行，否則往往就會推行不通。

「神而明之，存乎其人」，關於神明，我們前面已經講了很多了，可能大家耳朵都聽出繭子來了。一直在說凡是《易經》中出現的「神」字，都不要以為在我們之外還有一個非常神秘的東西。它就是我們的精神，就是這麼簡單，就直接這樣認定它。為什麼我們敢這麼說？這裡就是證據之一。「神而明之，存乎其人」，是存在於我們人身上的。不過，「存乎其人」並不是說存乎於每一個人身上，而是說它存乎於真正在易道上有

所深入、能夠參透易道變化規律的人。這樣的人就很「神」，就心地光明，智慧洞徹。更進一步說，這個「神」其實人人都有，關鍵是你能否讓它「明」起來，這個就很難了。有些人從生到死、自始至終都是懵懵懂懂的，那他就不能稱為「神而明之」，充其量說他是「神而暗之」。

所以，神指的是我們精神的本體，人人都有神；而明，指的則是我們精神的光明作用，有了神，發揮它光明的作用，那麼一個人就可以做到聰明正直，就能夠對於萬事萬物產生一種準確的判斷。學易之人要把「神而明之」歸結到自己身上，從而讓自己的光明本性發揮出來，這樣才是一個堂堂正正的人，不然的話，就有可能走上歪門邪道。

「默而成之，不言而信，存乎德行。」這幾句道明了學易者的崇高境界。這是怎樣一種境界呢？就是默默無聞，於人不知不覺當中，就悄然地完成了改天換地的偉大事業。用不著吹，用不著號召，真正的聖賢君子用不著語言，真正學易之人也用不著天天重複念叨《易經》裡面的辭句，而是自然而然就合乎于易道。一個人的易道修養真正到了那個地步，人們自然就會對他充滿了信任，對他毫不懷疑。但是，這樣的境界體現在什麼地方呢？就體現在對聖賢德業本身的身體力行當中，所以是「存乎德行」。

這一段話，尤其是最後的「神而明之，存乎其人。默而成之，不言而信，存乎德行」，可以說是非常精到、非常好！到這裡，《易經·繫辭上傳》就講完了。最後給大家抄一首詩，邵康節的《觀易吟》，寫得非常好，正好和我們今天講的這一段很契合。大家自己細細體會其中的意味吧——

一物其來有一身，一身還有一乾坤。
能知萬物備於我，肯把三才別玄根。
天向一中分體用，人於心上起經綸。
天人焉有兩般義，道不虛行只在人。

國家圖書館出版品預行編目(CIP)資料

易經繫辭大義 ／ 史幼波作. -- 初版. -- 高雄市：
愛德法國際培訓有限公司, 2022.12
冊 ； 公分
ISBN 978-626-96760-0-2(全套 : 平裝)

1.CST: 易經 2.CST: 注釋

121.12   111017309

易經繫辭大義(上傳)
作　　者　　史幼波
責任編輯　　胡翡蘭
校　　對　　林雪莉
封面設計　　胡翡蘭
發 行 人　　劉建人
出 版 者　　愛德法國際培訓有限公司
住　　址　　高雄市楠梓區 811 大學二十六街 30 號 2 樓之 6
電　　話　　(07)3653325
網　　址　　www.edify-inc.com
讀者服務　　liu.cj@edify-inc.com
印 刷 者　　上校文化有限公司
出版日期　　2022 年 12 月(初版一刷)
定　　價　　全兩冊 NT 690 元
書　　號　　A001
ISBN 978-626-96760-0-2

Fb粉絲專頁